双标帝国：从独立战争到反恐战争

丛书主编

魏磊杰 | 孔 元

编辑委员会
（按汉语拼音排序）

常 安	陈 颀	戴 昕	强世功
西北政法大学 人权研究中心	中山大学法学院	北京大学法学院	北京大学法学院
孔 元	魏磊杰	殷之光	章永乐
中国社会科学院 欧洲研究所	厦门大学法学院	复旦大学 国际关系与公共事务学院	北京大学法学院

双标帝国
AMERICAN EXCEPTIONALISM AND AMERICAN INNOCENCE

从独立战争到反恐战争
A People's History of Fake News
— From the Revolutionary War to the War on Terror

[美] 罗伯托·西尔文特　[美] 丹尼·哈方　著
魏磊杰　郭宪功　译

献给玛格丽特·金伯利、格伦·福特、布鲁斯·迪克森、穆米亚·阿布·贾迈尔和美国所有的政治犯

序 言
向强迫我们忘却的暴力反击

阿棘姆·博拉卡*

> 文明人颇为冷酷而刻意地创造了不幸者,并且不打算改变现状;对于屠杀与奴役,他们难辞其咎;无论何时何地,一旦判定其"切身利益"受到威胁,他们就把炮弹如落雨般投到手无寸铁的儿童头上,并不假思索地将人虐待至死;当他们谈论人类生命的"神圣"或者文明世界的良知时,没有人会把这些人的话当真。
>
> ——詹姆斯·鲍德温

20 世纪是一个人类无比堕落的世纪。数百万人在两场全球战争中死亡,还有数百万人在多场小规模战争中丧生。虽然如此,人们还是期待 21 世纪会有所不同。人们一度以为,历史的终点将会出现。在那里,美国将作为唯一的超级大国获得胜利——它的文明令全世界钦羡。尽管原本预计这个世纪将成为美国扩张荣耀的黎明,但在过去的 18 年间,这个国家有 17 年都在打仗,由此可能带来一个真实的结果,即这个世纪因战争而死亡的人数将远远超过上世纪的数百万人。

美国对阿富汗以及伊拉克的先后入侵、无人机战争、虐待以

---

* 阿棘姆·博拉卡(Ajamu Baraka),美国政治活动家,在 2016 年美国大选中曾被绿党(Green Party)提名为副总统候选人。——译者注

及黑牢（作为反恐战争的一部分），与强加到有色人群身上的军事化城市警务活动和贫穷（标志着"主要"政党、企业媒体*以及大部分美国公众都支持的新常态），这两者互为补充。

怎么会这样？

一个自称忠于人权、国际法、民主、自由和人类进步等"普世价值"的国家，同时也是全球范围内对同一批价值进行系统性攻击的主要势力，在这两种相互矛盾的现实之间，竟未出现任何明显的精神紧张，这是如何做到的？

罗伯托·西尔文特与丹尼·哈方提供了一套解释。

如同一道刺破黑暗意识形态迷雾的闪电，《双标帝国：从独立战争到反恐战争》照亮了这片以美利坚合众国之名为世人所知的领土之上那些被官方叙事隐藏起来的空间。

经过精心的研究，《双标帝国》运用去殖民主义的透视镜，曝光了自由主义框架如何通过歪曲事实、虚构神话来将美国的迁居殖民主义事业合理化。现如今，大量号称激进分析的论述当中都渗透着未被辨识、未被公开承认的自由主义和民族沙文主义；而去殖民化的框架使他们能够批判性地将其分析扎根于美利坚合众国的社会心理历史、文化、政治经济和演进中的制度，而不至于被此等观念俘获。

在这个美国正经历制度和意识形态危机的时刻，正是这一特点使得这部著作如此"例外"、如此可贵。事实上，这场危机相比于这个国家历史上的任何时刻都更为严峻，且可能更具变革性。

西尔文特和哈方态度鲜明、毫不畏缩地直指美国当前社会、

---

* 企业媒体（corporate media）意指内容生产、传播、所有权与融资受到企业及其 CEO 主导的大众媒体。用"企业"来形容主流媒体是对这些媒体不服务于公共利益的贬斥。——译者注

政治、经济和意识形态危机的核心。自由主义和国家宣传机器所兜售的一套蒙骗民众的鬼话宣称，特朗普现象是对传统"美国价值观"的根本背离。西尔文特和哈方戳穿了这套鬼话。他们论证了，对于这个国家赖以"立国"的核心价值观，"特朗普主义"丝毫没有背离，反而是它们在当代不加修饰的具体表现。

在这部著作当中，西尔文特和哈方向我们揭示了美国例外主义及作为其必然推论的美国清白论其实是两套相互贯通的观念框架；这不仅解释了为什么唐纳德·特朗普粗野的白人民族主义与美国经验中的暴力和白人至上主义是一脉相承的，还解释了为什么此等暴力能够一再获得大部分美国人的大力支持。

作为例外之国、责无旁贷之国——前总统奥巴马惯用此类词汇来为代表美国和国际资本施行的多重干预、颠覆活动以及单方面扮演全球警察等操作披上人道主义的外衣，然而有一点是美国公民期望并且在很大程度上认同的，即他们的民族国家有权利并且实际上也有道德义务去做任何它认为维护国际秩序所应做之事。它能那么做是因为这一事业是高尚与正义的。我们不要忘了，美国进步主义事业的伟大缔造者西奥多·罗斯福曾说过，"如果让我在正义与和平之间做出选择，我会选择正义"。

在一段简洁而透彻的观察评论中，西尔文特和哈方指出：

> 虽然美利坚强加战争与掠夺的行径已持续几个世纪，但美利坚例外主义却总是推定美国是清白的。自其立国至今，美利坚民族国家90%以上的时间都处于战争状态。所有这些战争都被正当化为捍卫或扩大美国所谓建国价值与信仰所必要的冒险。几个世纪无休止的战争造就了美国独特的历史倾向，即将围绕美国国内和国际政策的现实从意识当中抹去

了，更不用提掌控这两方面政策的帝国主义体系了。

美国的文化调节进程充斥着白人特权、白人权利的傲慢和对白人西方文明的保护，其结果不仅限于对经济制裁和直接/间接军事干预等国家暴力的接受。种族主义排外情绪、杀人警察不受惩罚、大规模监禁、移民与海关执法局（Immigration and Customs Enforcement）和检查站的突击搜查、左右两翼在抹除"黑人性"（blackness）上的意识形态合流，这些都是在美国仍然享有多数派支持的种族管理进程的一部分。

将种族问题边缘化的倾向日益严重。这种倾向甚至伪装成对所谓身份政治的反对而在左翼势力当中得到发展。就此而言，本书通篇对白人至上主义的隐蔽性、腐蚀性影响的聚焦乃是一种必要而珍贵的纠正。

通过集中探讨白人至上主义意识形态的作用及其与美国例外主义和清白论的联系，西尔文特和哈方认为，"在瓦解它们的过程中，社会团体和活动家的作用将会得到更好的发挥"。美国例外主义和美国清白论不仅为殖民主义、资本主义、帝国主义和白人至上主义提供了意识形态上的合理性，还为世界应当如何构造和运作提供了规范化的理论框架——此等框架不可避免地将国内外反对美国统治的人民变成了罪犯。

从自由主义到保守主义，甚至在一些左翼势力的意识形态谱系当中，都共享了这种规范化框架。作为美国自由主义者的一位带头人，保罗·克鲁格曼（Paul Krugman）清楚地表述了此等框架。我曾引述过这种世界观，将其作为白人至上主义病态心理的代表：

我们从第二次世界大战当中崛起，在经济和军事两方面拥有自古罗马全盛时期以来从未有过的统治地位。但我们在世界中的作用从来都不止于金钱和枪炮，还关乎理想：美利坚代表着一些比其自身更为宏大的事物——自由、人权以及法治等普世性原则……到二战结束时，我们和我们的英国盟友实际上已经征服了世界的大部分地区。我们本可以像苏联在东欧所做的那样，成为永久的占领者，抑或建立顺从的傀儡政府。当然，我们也确实在一些发展中国家这样做了，例如，我们与伊朗关系的历史就一点也不美好。但与此相反，我们的主要作为是，通过建立与我们共享核心价值并作为盟友守护这些价值的民主制政权，以帮助战败国重建。美国治下的和平（Pax Americana）是一种帝国；在很长一段时间内，美国无疑都会在众多平等的国家中遥遥领先稳居首位。但以历史标准来看，这是一个非常仁慈的帝国，其维持靠的是软实力和尊重，而非武力。[1]

本书驳斥了这种关于美国的病态观点，并证明了这种观点是世界上被殖民的人民无法承受的奢侈品。

子弹和炸弹——美国的警察占领和军事占领——是将美国黑人的境况与全世界被压迫国家联系起来的纽带。正是此等紧迫性促使两位作者推进其写作任务。对殖民主义/资本主义的白人至上主义父权制（colonial/capitalist white supremacist patriarchy）的受害者发动的物理和意识形态层面的战争，正在造成真实的痛苦。而与受压迫者真正的团结要求我们拒绝暧昧不明的状态。政府意图通过合法或非法手段，通过操纵或完全抛弃人类自由和民主权利来确保自身和统治精英的安全。西尔文特和哈方知道，时间不多了。他们论证了当政府发现自身处于合法性危机当中并努力加以克服时，如何通过与企业和金融精英之间错综复杂的合作来创造条件，从而使意识形态和政治上的反对派变成罪犯。他们认识到，特朗普的"让美国再次伟大"是奥巴马美国例外主义宣传的共和党版本，且两者都为运用跨阶级的白人新法西斯主义来解决新自由资本主义危机奠定了意识形态基础。

美国正在走向一种新型的极权主义（totalitarianism）；相比于1878年到1965年间在美国南部各州司空见惯的新法西斯主义统治形式，这种新型极权主义的传播范围更为广泛。克里斯·赫奇斯（Chris Hedges）将其称作"企业极权主义"（corporate totalitarianism）。并且与非裔美国人所经历的、因新民主党与南方的民族/区域资本结成社团主义联盟（corporatist alignment）而产生的露骨的社会恐怖不同，这种新型极权主义更加温和，但可能更加阴险，因为其控制依赖于操纵思想的能力。而挑战正在此处。马克思主义思想家詹明信（Fredrick Jamison）分享了一个非常简单的教训，"这是一个关于制度（system）的教训：要么改变一切，要么什么都改变不了"。这种关于制度变革的简单理论主张，当你改变某个制度的某一部分时，你必然要改变制度的所有部分，因为所有部分都是相互关联的。

西方左派尤其是美国左派未能理解帝国、殖民化、资本主义和白人至上主义之间密不可分的结构性联系，也未能理解为何必须对抗、瓦解并击败这种压迫性结构中的所有元素。这种理解失败持续在为一个已经准备好被扫进历史垃圾堆的体制输血续命。这就是为何本书无非是一场绝地反击。它颠覆了资产阶级自由主义的霸权假定及其强加的概念框架，并将读者引向了一个不容回避的结论，即当前的美国社会形式对全球人类构成了生存威胁。

西尔文特和哈方向读者发起挑战,请他们重新思考美国历史,并设想一个未来的、去殖民化的国家(nation),而不论这种国家采取何种形式。与此同时,他们援引了原住民权利支持者安德莉亚·史密斯(Andrea Smith)的一段话,这段话捕捉到了他们书中的颠覆性和乐观主义的特点。摘录如下:

> 与其追求依赖于他者之死的生命、自由和幸福,不如……我们可以想象基于互利互惠(mutuality)、互相依存(interdependence)与平等原则的新的治理形式。当我们不再假定美国应当或者将会继续存在之时,我们就可以开始想象更多,而不只是一个建立在种族灭绝和奴隶制基础上的更善良、更温和的迁占者政权。

《双标帝国》给了我们一套重新构想美国国家变革的武器,也揭示了一些意识形态的雷区。如果我们要实现一种新的可能性并打造一种新民(new people),就必须避开这些雷区。

目 录

序　言　向强迫我们忘却的暴力反击　　　　　　　　　　I

导　言　　　　　　　　　　　　　　　　　　　　　　1

第一章　"他们为什么要恨我们？"——美国清白与历史
　　　　记忆　　　　　　　　　　　　　　　　　　19

第二章　征服、种族灭绝与美国的形成　　　　　　　　31

第三章　革命战争对奴隶而言是否具有革命性？
　　　　——关于奴隶制及其死后生命的一些思考　　45

第四章　美国果真拯救了世界吗？——关于第二次
　　　　世界大战的记忆与错误记忆　　　　　　　　59

第五章　朝鲜战争：一场在美利坚例外主义迷雾中被
　　　　遗忘的无尽战争　　　　　　　　　　　　　69

第六章　夏洛茨维尔与白人至上主义真正的纪念碑　　　80

第七章　美国梦 VS 美国现实：黑人财富与功绩制神话　95

第八章　美帝国主义与"黑命攸关"运动有何相干？　　109

第九章　保护谁的言论自由？保护谁的集会自由？　　　124

第十章　我是个忘恩负义的狗杂种吗？　　　　　　　　139

第十一章　上涨的潮水还是下沉的船舶？——美国经济
　　　　　的衰落与非例外大多数的崛起　　　　　　150

第十二章	"我们不能让囚犯管理监狱":黑人劳动、	
	白人享受与亿万富豪资本家阶级	163
第十三章	美国"援助"是援助还是盗窃?——以非洲为例	177
第十四章	美国真的在乎人权吗?	192
第十五章	人道主义激情:美国企业媒体和白人救世主心态	208
第十六章	如果不好,就怪俄罗斯	225
第十七章	拯救美国例外主义:巴拉克·奥巴马、希拉里·	
	克林顿与包容性政治	242
第十八章	包容性的暴力	261
第十九章	旗帜、战斗机和仪式:为国家而献身	272
第二十章	对边界、归属感和民族国家的质疑	286
第二十一章	结论:美国军队究竟为谁服务?	302
后　记		325
注　释		330
索　引		375

导 言

> 美国人是一个令人困惑的族群,因为他们拒不承认这样一项矛盾:他们相信存在一个基于神圣正义的宇宙——在那里,人类背负着原罪;但他们也相信一套世俗的正义观——在那里,人类被推定为清白的。但这两种正义观无法共存。你知道美国人是怎么处理的吗?无论多少次失去清白,他们都假装自己永远清白。问题是,那些坚持自己清白的人认为他们所做的任何事情都是正义的;而我们这些相信自己有罪的人至少还知道自己能做出何种黑暗的事情。
>
> ——阮清越[1]

> 如果我们感到平静,那么为了栖居于这样一种安逸的感觉当中,什么是我们必须忘却的呢?
>
> ——加丝比·普尔[2]

早在唐纳德·特朗普之前,"假新闻"(fake news,即在互联网上传播的虚假信息)就已长久存在。事实上,这个词组表达甚至都不是特朗普想出来的。据英国广播公司(BBC)报道,首先就"假新闻"引发的"现实世界后果"发出悲叹的其实是希拉里·克林顿。[3] 假新闻已成为希拉里 2016 年大选失利的主要解释。与俄罗斯有关的狡诈黑客利用假新闻帮助特朗普赢得了大选,这种说法将人们的注意力从希拉里竞选活动在具体层面与两党政治制度在普遍层面的真正缺点上转移开了。讽刺的是,假新闻的确是美利坚帝国统治者传播的唯一一种新闻。自从被告知美国是世界上一股向善的力量以来，我们就暴露在这种假新闻当中。这种新闻声称：奴隶制是过去的事情；我们并不是真的生活在盗来的土地上；打仗是为了传播自由和民主；上涨的潮水能够将所有的船舶托举起来；监狱能保证我们的安全；警察能服务和保护人民。因此，美利坚帝国的各式媒体所报道的"新闻"只有一种，即关于美国例外主义和美国清白的新闻。而本书将证明，这一切都是假的。

吉尔·斯科特·赫伦（Gil Scott Heron）有一句名言："电视上不会播报革命。"在美国，有数百万人从知名电视人物那里学到了数不清的关于美国例外主义和美国清白论的教导。例如，针对米歇尔·奥巴马（Michelle Obama）公开提醒白宫由奴隶建造这一事实，比尔·奥莱利（Bill O'Reilly）的回应教会了我们如何捍卫美国的"伟大"。奥莱利迅速反驳道，建造它的奴隶们享有"很好的伙食"，并且住得也很"体面"。还有数百万人从哥伦比亚广播公司《60分钟》（60 Minutes）节目对前国务卿马德琳·奥尔布赖特（Madeleine Albright）的访谈中了解到美国例外主义的无孔不入。正是在这个全国性电视台的知名节目当中，她发表了著名的观点，称50万伊拉克儿童因美国制裁而死亡是一种"值得"的牺牲。随后不久，奥尔布赖特在2012年被巴拉克·奥巴马授予了总统自由勋章。对奥莱利和奥尔布赖特来说，美国固有的优越性和善良的意图足以赦免其犯下的反人类罪行。

例外主义与清白论叙事显见于美国社会的所有领域。它们蕴含在特朗普2016年的选举口号"让美国再次伟大"中，也体现在希拉里的反驳当中，"我们不需要让美国再次伟大，美国从未停止过成就伟大"。更近的事例是，竞选亚拉巴马州联邦参议员的罗伊·摩尔（Roy Moore）试图通过表达返回这个国家美好往日的愿望来为特朗普"让美国再次伟大"的口号辩护，"那时虽然存在奴隶制，但家庭是团结的，人们彼此关照，我们的家人很强大，我们的家庭也很强大，并且我们的国家有着清晰的方向"。

美国数十亿美元的体育产业在强化例外主义神话方面也起到了至关重要的作用。不管场地在哪里，在每场体育赛事当中，美国人都会唱国歌。在职业体育联赛中，几乎每场比赛前他们都会祝福和礼赞这个国家的军队。虽然美国职业棒球大联盟（MLB）球员布鲁斯·马克斯韦尔（Bruce Maxwell）参与了美国国家橄榄球联盟（NFL）球员在播放国歌时下跪抗议警察暴行的活动，但他仍然觉得有必要澄清他的抗议没有任何反美动机，"不管怎么说，这里是这个星球上最好的国家。我现在是并将永远是一个美国公民，而且我很感激能来到这里，但引起人们关注的其实是我的下跪行为，而我是为那些没有发言权的人民下跪的"。

主流企业媒体是美国例外主义和清白论的主要宣传者之一。[xvii]翻阅《纽约时报》，或者观察奥普拉·温弗瑞（Oprah Winfrey）之类的名人，往往是发现此等宣传的最佳途径。例如，在《纽约时报》的一篇社论中，工作人员回应了特朗普的一个毋庸置疑的主张，即俄罗斯并不是唯一一个由"杀人犯"组成的政权。"杀人犯有很多"，特朗普说，"你们以为我们国家就那么清白吗？"《纽约时报》进行了辩解，虽承认美国外交政策的"错误"，但重申了其例外特征：

> 毫无疑问，美国确实犯下了一些可怕的错误，比如2003年入侵伊拉克以及"9·11"之后虐待恐怖主义嫌犯……（但）近几十年来，美国总统都是在促进自由和民主之愿望

的驱动下采取军事行动的,并且这些行动时常会有非凡成效,例如,德国和日本在二战后从被征服的敌人演变成了可靠且繁荣的盟友。[4]

看完这篇社论,不禁让人想起电影《教父》(The Godfather)中迈克尔·柯里昂(Michael Corleone)与未婚妻凯·亚当斯(Kay Adams)的对话。为了缓解凯对于迈克尔加入家族事业的恐惧,迈克尔说道,"相比于总统或参议员之类的任何有影响力的、执掌权力的人,我的父亲并无不同"。凯回应道,"你知道你的话听起来有多幼稚吗,迈克尔?总统和参议员不会去杀人"。迈克尔毫不犹豫地反问:"哦。是谁幼稚,凯?"

但是,即便不订阅《纽约时报》,人们也难逃美国例外主义和美国清白论叙事的轰炸。娱乐电视和好莱坞也是该等叙事的传播者。试举奥普拉·温弗瑞为例,她把整个职业生涯都建立在"美国梦推广者"这一身份之上,这可以用她节目中一位嘉宾的一句话来概括:"除了美国,还有什么地方能让没有钱、不通语言的人顺利长大、辛勤工作、尊重他人,最后还能拿到奖学金上大学?这只在美国才有可能。这就是人们多年来梦寐以求的美国梦。"[5] 或以最新的好莱坞大片为例,不论是《美国队长》(Captain America)还是《变形金刚》(Transformers)系列,美国军方不仅将这些电影用作征兵的主要工具,还直接参与到影片本身的制作中。电影正面刻画军队越多,电影公司就能获取越多的军事道具。[6] 听起来像是一个双赢局面,不是吗?就此而言,如果我们要认真考察美国例外主义和清白论如何在意识形态层面运作,听从塞蒂亚·哈特曼(Saidiya Hartman)的论断堪称明智之选。她指出,"99.5%的美国电影院都是彻底工具化的致命宣传机器"。[7]

对美国人而言，共谋和参与到这些爱国主义意识形态当中几乎不可能避免。人们每年都会举办节庆，以致敬美国军队，庆祝美国"独立"诞生和美国首任总统乔治·华盛顿的生日。每位美国总统都会颂扬美国的建国起源。大多数学校教科书、主流媒体和好莱坞最新发行的大片也都如此。换句话说，美国例外主义和美国清白论深深嵌入本国经济、政治和文化生活诸多管理机构的构造当中。即使在"高深学问"的堡垒——大学里，我们也发现，美国例外主义和清白论的神圣性几乎从未受到质疑。

当前，在那些从宣扬美国例外主义和美国清白论神话当中获益最多的人身上，正萦绕着一个幽灵。本书正是对该幽灵的回应。近年来，公司高管、百万富豪政客和军方鹰派都对美国国内和国际力量的脆弱性表达了担忧。尽管美国例外主义和清白论普遍渗透于社会各方面，但众多迹象表明，这些意识形态赖以兴盛的环境稳定性正处于崩溃状态。社会中的矛盾越来越难以承受，广泛的民众群体站起来抗议。2011 年的"占领华尔街"运动、2014 年开始的"黑命攸关"（Black Lives Matter）运动，以及伯尼·桑德斯（Bernie Sanders）2016 年总统竞选中"社会主义"（socialism）一词的崛起，都让这些矛盾暴露了出来。

年轻人处于这些运动的中心。学生和学生年纪的民众来到祖科蒂公园（Zuccotti Park），表达他们对学生债务日益增加而最低生活工资水平的工作机会却不断减少的愤怒。在杀害年仅 18 岁的迈克尔·布朗（Michael Brown）的警官没有被起诉就脱身走人后，美国黑人青年组织了一场反对种族主义警务的大规模群众运动。大量民调证实，越来越多的年轻人开始认同"社会主义"这个词，这也解释了 2016 年伯尼·桑德斯在总统竞选期间所激发的兴奋情绪。

这些事态发展表明,针对这套宣扬美国例外主义和清白论的体制,一股反对的风潮正在涌动。然而,美国例外主义和美国清白论叙事在抑制此等反对力量向社会变革目标的推进上发挥了重要作用。在美国长达数百年的发展历程中,虽然这两种叙事一直是主导性叙事,但新一代的活动家和学者正在逐渐兴起。因此,重要的是,不能让美国例外主义和清白论蒙蔽了历史记忆、政治理解以及争取社会正义的斗争。这正是下文的切入点。

论证与目标

我们的目标是展示美国例外主义和美国清白论叙事如何协同运作,以服务于白人至上主义、帝国、资本主义和美国战争机器。有些时候,这两种意识形态以明显和直白的方式协同运作;其他时候,它们则更具欺骗性和诱惑性。通过采取一种更加专题化的研究路径,我们考察了例外主义和清白论叙事如何出现在关于奴隶制、原住民种族灭绝、超级碗、漫画书、监禁乃至此前身为名流而后由电视明星上位成为总统的特朗普的对话中。部分读者(尤其是自由主义者)可能认为这些都不过是些"好捏的软柿子",但对于接下来所要处理的主题,读者最好提前做好心理准备。本书还全面瞄准了奥巴马、百老汇音乐剧《汉密尔顿》(*Hamilton*)、关于种族进步的浪漫叙事,以及比尔·盖茨、安吉丽娜·朱莉(Angelina Jolie)和许多善良的大学生希望"改变世界"而做的"人道主义"努力。

最终,本书想要为读者装备一套工具,以定位、批判和拆除美国例外主义和美国清白论这两种意识形态。简而言之,我们希望每一个读过本书的人都能被说服放下这些意识形态。虽然"放下"的过程并不容易，但我们试图说明，对于想象和建立一个更加公正的世界，为什么这样做是必要的。可以肯定，我们还不能马上想象出那样的世界将是什么样的。毕竟，我们对什么是可能的构想，受到了诸如美国例外主义和美国清白论之类主导性和破坏性意识形态的严重限制。必须拆除这些意识形态，以便在更广泛的人群当中释放对替代性政治方案的渴求。而有了这种渴求，我们将能够更好地想象一些替代性安排；这些替代性安排将根植于历史，并能团结起那些尝试制定自身政治和经济发展路线的人群。

　　研究美国例外主义的学术文献数量巨大、内容丰富，本书多有借鉴。然而，与以往研究相比，本书至少在四个方面有所不同。首先，既解释了美国例外主义本身又分析了这种意识形态对大众话语之持久影响的作品实在太少。我们希望，本书的专题式研究路径能够简明扼要而非详尽无疑地呈现出美国例外主义在日常生活中的样态——不论是我们消费媒体、组织社群、花费金钱的手段，还是辩论美国外交政策的方式。其次，本书试图表明，美国例外主义的"幻想"（fantasy）最好被看作美国例外主义和美国清白论的"双重幻想"（dual fantasy）。我们认为通过阐明这两种意识形态如何协同运作，社群和活动家将找到更好地拆除它们的策略。再次，虽然一些对美国例外主义的学术批评涉及该意识形态的殖民、帝国和种族根源，但我们试图说明，一边是美国例外主义，另一边是帝国、殖民主义、资本主义和白人至上主义（尤其是反黑人种族主义），这两边之间存在着固有的内在联系。换句话说，我们认为，一个人如果在意识形态上坚持信奉美国乃是世界上一种例外的、优越的、文明的、施行教化的有益力量，他就不可能成为一个坚定的女权主义者、反种族主义者抑或和平活动家。最后，本书的目标读者不是学者和教授，相反，本书旨在为那些真正关注当前美国政治真空地带的活动家、社群组织者和知识分子提供指引。总有一些人梦想着一个没有战争、没有边界、没有监狱、没有警察,以及没有私有财产的世界,本书就是为他们准备的。

美国例外主义

在向前推进之前,提供一些定义可能会有所帮助。当我们使用"美国例外主义"(American exceptionalism)一词时,我们意指被用以呈现和维持关于美国之特定叙事的意识形态工具。根据法学理论家泰勒·斋藤(Natsu Taylor Saito)的观点,这种叙事"预设了人类历史最好被理解成一个向更高阶段文明发展的线性进程,西方文明代表了这一历史的顶层,并且美国体现了西方文明最好、最先进的阶段,因而也是迄今为止人类历史的顶峰"。[8] 例外主义的宏大叙事往往植根于其他神话,比如,"昭昭天命"(Manifest Destiny)的神话、自由市场和自由企业被推定具有可取之处的神话,乃至美国作为上帝"选定之国"(chosen nation)的神话。牵涉美国例外主义的学者,以及信奉美国例外主义的数百万美国人,其秉持例外主义态度的方式并不尽然相同,他们也并不总是以同样的方式表现出来。尽管如此,我们希望说明的一点是,各种各样的美国例外主义都是在一种"殖民逻辑"下运作的:

> 这是一种对社会进行组织的逻辑,根据对人文(humanity)等级的认知来理解地缘政治空间及其视野中出现的一切事物。越是接近人类主体和群体的理想型,就越能享受被认为生而为人正常应有的某些条件,而离人类主体和群体的理想

型越远，就越是接近死亡或早夭、苦难、被剥夺以及永久奴役和战争的境况。这是一种包含了种族灭绝和种族奴役的殖民主义形式，且即便在奴隶制和殖民主义正式终结之后，这种形式的殖民主义仍会继续存在。[9]

为了我们的目的，我们采用了乔伊·詹姆斯（Joy James）对美国例外主义的描述，即一种需要我们将想象力从中解脱出来的"文化毒品"。[10] 最终，我们的任务是在这种有害的民族"幻想"中揭露唐纳德·皮斯（Donald Pease）所说的"社会心理逻辑"。[11]

读者可能会反对我们使用"美利坚/美国例外主义"*（American exceptionalism）一词，原因有几个。首先，有些人可能认为"合众国例外主义"（U. S. exceptionalism）一词比"美利坚/亚美利加例外主义"更合适。我们很清楚，美洲（the Americas）包含的不止合众国，因此，"合众国"例外主义这个词可能更合适。但正如霍顿斯·斯皮勒斯（Hortense Spillers）在分析小说家拉尔夫·艾里森（Ralph Ellison）时所论，对许多人来说，"美利坚/美国……（的意涵）远多于被称为合众国的民族国家实体"。[12] 她补充说，它包含一种思想，以及"生而为人（human becoming）的……一种崇高的可能性"。[13] 其他读者可能会反对我们的定义，理由是美利坚/美国例外主义意味着相信的不是政府的例外性，而是其人

---

* America 一词在西语和中文语境中均有着复杂的历史变迁。在西语中，该词起源于因证明美洲大陆是不同于亚洲的新大陆而闻名的意大利航海家阿美利哥·维-斯普奇（Amerigo Vespucci），有着浓厚的殖民主义色彩。在中文中，对该词的翻译经历了亚墨利加、弥利坚、美理哥、米利坚、大亚美理驾等多番纠缠变迁才沉淀为今日"美利坚"的通行译法。这种译法本身就凸显了美国的例外优越地位，一方面可以说是表达了中国人对美国的尊重，另一方面实则也是近代以来美国利用列强地位迫使中国接受的一种译法。因此，使用美利坚/美国来搭配例外主义，实际上构成了一种双重强调，在中国人读来会比英文原文更多出一重含义。——译者注

民和文化的例外性。我们将证明这种反对在多个方面存在问题，尤其是因为它假定一个国家的人民可以轻易地与他们政府的行为分开。例如，人们可能会声称，我们的政府是建立在反黑人种族主义基础上的，但合众国政府治下的人民不是种族主义者。我们甚至可以承认，白人不过是在无意间成为反黑人种族主义的受益人，甚或他们也是不情愿的同谋，但事实是，在许多方面，美国白人在这些结构中恰恰是有意识的、积极的参与者。因此，美国例外主义不仅假定合众国政府是例外的，还假定其白人公民也是例外的。

另一些人可能会说，从实际情况来看，美国从来并不比他国例外，但在建国理想上，美国的确是例外的。这种说法在很多方面都比较天真。它不仅暗示这些理想是美国人独有的（也就是说，只有美国人重视自由？），而且默认言辞而非行动才是判断一个社会的最有效方式。此外，很少有人意识到，这些理想实际上植根于现代自由主义哲学，而许多学者已经证明，此等哲学深度绑定并依赖于排斥（exclusion）、剥夺（dispossession）和奴役（slavery）。换句话说，在合众国中享有"自由"的权利总是伴随着他人的"不自由"，并且牵涉一系列决定谁是"人"与谁不是"人"的复杂而暴力的处理程序。值得再次强调的是，本书通篇都是在驳斥所有这些反对意见。

最后，这本书可能会被斥为"不合乎美利坚"（un-American），或者只是诋毁合众国的狭隘尝试。当合众国的内政外交政策面临批判之时，这种"不合乎美利坚"的指责往往如同膝跳反应般是一种下意识的反应。这种指责本身就是美利坚例外主义的一种表现。诸如"民主"与"自由"等成就了美利坚民族国家神话般的伟大，而行"不合乎美利坚"之事就是对所有这一切的侮辱。这种框架默认合众国是无可非议的，或者说批判者所针对的"缺陷"都不过是一些可以洗掉的"缺点""不完美之处"或"污点"。不管美国的立国根基上累积了多少剥削和压迫，要"合乎美利坚"（American）就是要忠于这个国家。这种主张进而认为，任何持有异见者都不配生活在这块例外的"自由乐土与勇者家园"中。于是，被称为"不合乎美利坚"，就是被那些因美国例外主义之存续而享有或自以为享有既得利益的人非法化了。

许多人为了避免被贴上"不合乎美利坚"的标签，对战争、贫穷、种族主义和美帝国主义给世界带来的诸多弊端保持沉默。一些活动家甚至提出，通过诉诸美国例外主义，可以更接地气地接近民众，将有助于募集更多美国人加入到社会正义与变革事业当中。他们告诉我们，如果美国人相信"民主"和"自由"是值得追求的目标，那么就应该利用这些情感为发展更为公正的社会秩序服务。但我们认为，这其实是政治思想和行动上的一个巨大错误。它不仅假定美国人（尤其是被压迫者）一开始就认同"美国人"的身份，并且在可预见的将来仍将如此认同，而且，它还假定美利坚民族国家事实上能够带来真正的自由、正义或和平。警察对黑人的种族主义压迫、美军对全世界人民发动的无休止战争以及工人在美国公司压榨下的贫困化，所有这些与"美利坚"本身的关系都被欺骗性地、不自觉地剥离了。这不过是一种害怕被标识为"不合乎美利坚"的机会主义表现，这种恐惧将诸如"自由"之类的美国例外主义价值观从其实际的自由主义语境当中剥离出来。而驱动这种恐惧的正是这样一种现实，即一个群体的"自由"从根本上依赖于另一个群体的"不自由"。

以下章节将把美国例外主义放回其实际语境当中。我们会表明，美国例外主义实际上是一种压迫的武器，以使读者看清这种武器如何被使用以及维护谁的利益。只有认识到这一点，我们才能开始开发一套趁手的新工具和武器，以构建一个摆脱美帝国主义及其例外主义神话束缚的新社会。在这个社会里，"合乎美利坚"和"不合乎美利坚"将不复存在，因为它们所指涉的权力和压迫关系已被彻底消除。如果说建设这样一个社会是"不合乎美利坚"的，那么我们必须开始质疑"合乎美利坚"意味着什么，以及它是否可取。以下数章试图回答的正是这个问题。

美国清白论

在本书中，我们试图表明，美国例外主义和美国清白论是相互配合、相互强化的两种意识形态，将二者放在一起加以研究十分重要。从结果上看，这两种意识形态都服务于帝国、白人至上主义和美国军队。那么，为什么把例外主义和清白论放在一起研究十分重要呢？流行的修辞表明，当所谓例外国家被迫对过去、现在或将来施行的被很多人认为在道德上完全不可接受的行为作出解释之时，美国清白的意识形态工具就会"启动"或被"触发"。美国清白论因而包含很多为了给这些行动辩护或开脱而讲给世界和我们自己听的故事。

美国清白论使得我们只是把奴隶制和迁居殖民主义当作往事来记忆，而不是当作萦绕当下的支配结构。它使得我们把在全球范围内暴力推翻民选领导人的行为，仅仅看作是我们作为一个国家所真正代表之事物的"反常现象"，或者是"通往充分成熟的自由民主制道路上不幸的过渡性发展阶段"。[14] 仅举几个事例，美国清白论使得我们把伊拉克战争看作一个简单的"错误"，把亚伯拉罕·林肯看作解放奴隶的人。它告诉我们，我们的法律是中立的，我们的警察致力于"服务和保护"，我们的军队"为我们的权利而战"。它告诉我们，在这个国家，只要足够努力，每个人都可以取得成功。它告诉我们，跟其他国家类似，我们国家的历史也是一盘"大杂烩"，没必要过多纠缠，所以是时候继续前进了。简而言之，在意识形态上，美国清白论的工作就是提醒我们关注帝国主义和种族灭绝行动背后纯洁、善良的意图，与此同时，却把最不纯洁、最邪恶的动机安到他者的暴力行为头上。换句话说，马丁·路德·金也许是对的，即美国是世界上最大的暴力行凶者，但至少我们总是出于善意。

路线图

以下数章试图揭示美国例外主义话语在意识形态上是如何运作的。这些章节并未停留在特定历史时刻或者按时间顺序分析事件，而是围绕着与美国例外主义意识形态发展有关的某些关键历史和当代问题来展开。四个相互关联的部分构成了此等意识形态的骨架，这些部分包括：（1）在我们对种族灭绝、奴隶制和战争的记忆中植入的关于美国清白的预设；（2）披着"美国梦"外衣的功绩制（meritocracy）神话；（3）对军事征服全世界的渴望；（4）为拓展合众国教化使命而对帝国主义或垄断资本主义统治的持续要求。

在本书的 21 章中，我们将拆解美国例外主义和美国清白论的这四个基本构件，以为理解历史和当代世界提供了一个框架。我们试图表明，美国社会盛行的美国清白假定为美国境内外发生的苦难和剥削掩盖上了一层烟幕。这种清白假定与美国普通人如何被反复鼓励追逐一个越来越遥不可及的"美国梦"深度关联。最后，美国例外主义和清白论不仅使得军事冒险为公众接受，而且也为掩盖银行和企业在大众苦难中所获超额利润提供了主要基础。

　　本书第一部分在历史记忆的语境中论述美国例外主义的问题。我们探讨了，"北美革命"对于非洲奴隶来说是否具有革命性意义，这对合众国的起源神话至关重要。我们考察了被弗朗茨·法农（Frantz Fanon）称作"大地上之卑劣者（或'该死者'）"的"他们"，如何被描绘成对人类的威胁，因而始终面临着一个依赖战争之国家所施加的剥削和毁灭。我们研究了在大众当中流行的诸如美军在二战、朝鲜战争和反恐战争中所扮演角色之类的神话，以证明美帝国主义最令人发指的罪行如何借助美国例外主义话语的掩护而得以维系。

　　下一部分聚焦于作为美帝国主义具体支柱的白人至上主义。自特朗普当选以来，白人至上主义已然占据了主流政治对话的中心位置。然而，对话的主要推动者们寻求的是维持美国例外主义和美国清白论的神话，而不是挑战它们。这部分章节将对白人支配体系的研究扎根于最近的事态发展中，比如美国国家橄榄球联盟四分卫科林·卡佩尼克（Colin Kaepernick）在赛前国歌仪式上的抗议以及美国黑人财富的不断萎缩，凸显了从唯物主义角度看待白人至上及其特权的重要性。我们认为，如果不掌握白人至上主义的现代表现形式，就不可能理解美国例外主义和清白论这对孪生叙事。

　　最后两部分是对美国例外主义和美国清白论所构建之"常识"——套用安东尼奥·葛兰西（Antonio Gramsci）的用语——的最后一击，并为新兴的激进主义领袖和组织者提供了前进的道路。在这两部分当中，只是作为普通线索贯穿之前部分的美国军国主义和资本主义得到了首要关注。美国军方对俄罗斯的挑衅，在利比亚和叙利亚展现出来的"人道主义干预"(humanitarian intervention)的兴起,以及美国资本主义的停滞与衰败,诸如此类决定全球数十亿人命运的关键问题都得到了考察。无论是在大众还是在学术界的讨论中,这些问题经常被忽视,或者被当作单独的、互不关联的现象来处理。之所以会如此,我们认为,一个重要的原因是维护美国例外主义经久不衰之遗产的冲动。因此,我们这项工程的首要目标不应该被看作是要证明合众国并非真的例外,抑或并非真的清白。相反,借用骆里山(Lisa Lowe)的说法,我们更感兴趣的是美国例外主义和美国清白论这对孪生意识形态如何塑造"思考和想象所能触及之事物的界限"。[15]

历史记忆

我们的主要目标之一是鼓励读者批判性地思考,为了使美国例外主义和美国清白论意识形态发挥作用——为了使这些意识形态在人们心中如此内化、让人们感觉如此自然以至于成为"常识",需要进行什么样的叙事。我们邀请读者思考,为了让例外主义和清白论的双重意识形态兴盛起来,什么样的叙事又是必须被抹去、隐藏、排除、强调、重复、歪曲、正当化、开脱、惩罚和遗忘的。简言之,我们邀请读者审视骆里山所说的"确认和遗忘的经济"(economy of affirmation and forgetting)。这种经济创造和构建了这些意识形态,并且在其威胁下使其他替代性叙事变得不为人知或不为人思。[16]

只要有人一直在讲述美国例外主义和美国清白论的故事,就会有人质疑这些故事,一直有人在讲述反故事(counter-stories)或反叙事(counternarratives)。一直有人讲述美国作为文明国家的故事,也一直有人讲述美国作为野蛮国家的故事。有的故事把美国说成是世界上的正义力量,也有故事把美国说成是世界上的恐怖力量。有些人谈到美国逐渐变得更加包容,而其他人则讲述了美国以其他更有创造性的形式继续其支配地位的故事。有些人讲述了美国被上帝选中的故事,另一些人则讲述了美国从一开始就被诅咒的故事。

本书旨在引发争论、刺激关注,推动我们认为值得公众、全国和国际关注的对话。挑战美国例外主义和美国清白论,就是挑战它们赖以生存的体系,这个体系就是美帝国主义。对当前处于全国各地反抗压迫运动中心的很多年轻人来讲,但凡有所耳闻,这个体系也即美帝国主义就仍然是一个可怕的概念。要解构并拆除美国例外主义和美国清白论,并辨识它自建国以来将帝国主义政策正常化的无数方式,没有比现在更好的时机了。本书的一个核心目的是面对这样一个现实:暴力、帝国、种族灭绝、奴隶制、剥夺,以及白人至上主义并非美利坚民族国家的反常现象,反而恰恰是其身份和结构的核心。如今经常会听到一些出于好意的修辞谈到酷刑、反黑人种族主义和穆斯林移民禁令何以不能反映出"我们"作为一个国家的"真实样貌"。然而,正如我们将看到的那样,这种话语恰恰是个重要事例,可以说明美国例外主义和清白论意识形态如何共同描绘一幅关于美国历史、当前社会结构以及没有这些结构将会存在何种可能性的扭曲画面。

随着越来越多的年轻人开始对其所面临之境况的替代选项感到好奇,本书试图培养一种新的反战意识。美国开展战争的方式比历史上任何一个时期都要复杂,事实上也更具扩张性。然而,美国军队的美德是最难挑战的叙事之一。它触动了广大民众的敏感神经,而这恰恰是因为,在美国例外主义意识形态及其背后阶级利益的诸种根基当中,军国主义乃是关键的一个构件。随着美国的战争机器越来越接近更为危险的对抗,反战运动的复兴变得更加重要。

唯有激进的政治方能带来激进的可能性。本书试图将与美国例外主义和美国清白论有关的历史和当代问题汇集在一起,以帮助在我们这个时代的不满中注入一股激进的意识。这并不是要取代社会活动,甚至也不是要告诉大家在组织新运动时应该"怎么做"。毕竟,被压迫的社群无须别人告诉他们美国例外主义和美国清白论是赤裸裸的谎言,很多人已经自觉或不自觉地意识到了这一点。国家暴力一直是这些社群批判分析的中心对象,因为国家暴力一直是他们生活经验的中心。因而,我们的目标乃是为他们扩音,与他人分享这些美帝国主义受害者一直在诉说但却因为刻意无情的压制而一直不被人知晓的故事。

学术研究(scholarship)与社会活动(activism)之间存在的巨大差距往往很少有人提起。这是一种意识形态与实践之间的差距,是知与行之间的差距。但是这两者谁都离不开谁,在社会转型过程中亦是如此。以下各章希望能够缩减这一差距,并为当下努力拆除压迫性意识形态、结构和制度做出一些贡献。用萨帕塔主义者*(the Zapatistas)的话来说,学院和街头有很多人正在努力

---

* 1994年1月1日,在《北美自由贸易协定》生效的当天,在墨西哥南部的恰帕斯州,爆发了萨帕塔民族解放军武装起义,也称为萨帕塔运动(Zapatistas movement)。这场运动借用了20世纪初墨西哥著名革命家埃米利亚诺·萨帕塔(Emiliano Zapata)的名字,其主要诉求是维护土著印第安人的权利,并反对全球化和新自由主义。萨帕塔运动采取多元且灵活的斗争策略,使自治实践在墨西哥政府十多年的镇压中顽强生存并发展了起来,为全世界抵抗运动开创了一个可以实践新的管理和发展模式的空间,使社会运动的战场由街头扩展到了一个固定地域。尽管在政府的重兵包围下,萨帕塔运动自治区的经济在很大程度上只能以自给自足的模式逐步发展,且对外部非政府的支持有诸多依赖,但萨帕塔运动的自治实践正在成为取代新自由主义发展模式的替代选择,对国家作为全球资本经纪人的地位形成挑战。——译者注

创造一个有可能容纳许多小世界的新世界。在这一过程当中，我们将与他们并肩作战。

第一章
"他们为什么要恨我们?"
——美国清白与历史记忆

> 于是,美国例外主义改写了历史和时间线,以把即时性和惩罚性反射行动刻画成美国的行为规范,并把遭受身心创伤的美国躯体置于舞台中央,同时否认美国已然并正在强加给他国躯体之上的恐怖行径。
>
> ——乔伊·詹姆斯[1]

> 尽管没有关于性和反恐战争的公开讨论,但"阿布·格莱布(Abu Ghraib)囚犯性折磨/虐待丑闻",如其现今所获的名称那样,直观地揭示出,性构成了美国爱国主义这一机器装性配的核心和关键组成部分。
>
> ——加丝比·普尔[2]

2001年9月11日发生的事情如今以"9·11"之名为世人所知;它对美国人心理影响之大,历史上很少有事件能与之比拟,近3000名美国人死于对世贸中心大楼的恐怖袭击。美国权力中枢对这场悲剧大加利用,激发出了原本深藏在许多美国人心中,可加以操纵和引导的沙文主义、种族主义和帝国主义态度。自建国以来,美国一直享有地理和政治优势,使其能够成为一个强大的侵略者,而无须承担什么后果。美国以自由和民主的名义在国外实施侵略行为,但很少需要担心在美国本土会因为其伪善而受到攻击。本土受到攻击这件事直接侵犯了美国惯常享受的优越性,而这只会让许多美国人更加渴望再次感受到自己的特殊和强大。

"9·11"事件后,在美国权力中枢的助推下,人们的恐惧如此强烈,以至于仅仅看到燃烧的建筑物,就会再度激起内心的创伤。"9·11"事件十多年后爆发了一场耐人寻味的争议,2014年上映的电影《忍者神龟》将一张海报撤下修改,原因是社交媒体上有数千人谴责该海报画面冒犯了袭击事件的受害者。海报当中是海龟跳出摩天大楼的画面,上映日期恰恰是9月11日,这在人们当中引发的情绪如此强烈,以至于工作室负责人因为犯下这一"错误"而被导演大声斥责。仿佛在美国对亚洲、非洲和拉丁美洲国家的数十次侵略战争中建筑物从未被烧毁过一样。就好像智利没有自己的"9·11"事件一样——1973年9月11日,美国政府推翻了民选的萨尔瓦多·阿连德(Salvador Allende),让残暴的独裁者奥古斯托·皮诺切特(Augusto Pinochet)取而代之。不,我们的"9·11"是不同的。牵涉其中的美国人乃是恐怖行动的受害者,而非行凶者。这种自恋导致许多美国人认为,不论是在世界何地,任何日期邻近9月11日的关于燃烧建筑的画面,哪怕从中跳出的是动画做成的海龟,都是对世贸中心遭袭所受创伤的冒犯。至于这张海报的出现是在袭击发生13年后,这个事实并不重要。并且很显然该海报所宣传的电影发行地是在澳大利亚,这一点也不重要。

大楼燃烧的意象不过是对美利坚民族国家固有特质及其立足根基摇摇欲坠的一个隐喻。2001年9月11日确实是一个震撼世界的日子。一方面,美国数十年间一直被标榜为拥有世界上最安全、最强大的军事力量,而这一天所暴露出的脆弱性让整个美国都为之惊慌。另一方面，一场永久改变国际政治制度的战争因此被发动，时任总统乔治·W. 布什宣布发动"反恐战争"。这场新战争是对旧式战争的改革。美帝国主义已经留下了大量浸透鲜血的足迹，这些足迹可以追溯到大型企业及其对利润和统治地位的追求上。而"反恐战争"却把"9·11"事件的责任推给了美军尚未征服的所有族群或国家。"美利坚民族国家及其所代表的一切都在遭受外国实体的攻击"这样一种被大力宣传的观念掩饰了所有战线上紧锣密鼓的扩军行动。然而，正如李圭（Kyoo Lee）所写的那样，"我们不会忘记我们曾受到攻击，但我们已然忘记其实我们经常是攻击者，至于此等攻击公正与否并不影响这一事实"。[3]

苏联解体后，美帝国主义成为世界政治和经济中无可争议的霸主。这一现实极大地拓展了美国企业的影响力和利润，但也同等程度地带来了一系列新的政治挑战。为正当化其对国内和全球所施加之剥削的增长，美利坚民族国家需要一个新的敌人。"9·11"事件提供了这个敌人，并给美帝国主义统治者修正美国例外主义以维护自身利益提供了政治掩护。这种政治掩护在冷战期间就存在，正如阿斯利·巴莉（Aslı Bâli）和阿齐兹·拉纳（Aziz Rana）所言：

（这种掩护）无疑充斥于美国背叛国际法制（legality）、从事反民主颠覆以及支持与美结盟之独裁政权等行径当中。事实上，从很多方面来讲，美国冷战力量强弱的标志性特征在于对自由主义宪政的推广实际上能在当地产生多大程度的强制力和广泛暴力。[4]

正如以共产主义威胁为借口对美国本土异见人士与海外异见国家发动战争一样，反恐战争也给美国统治阶级提供了一个扩展其战争机器的途径。美国清白论和例外主义不仅将战争的扩张叙述为一种偏离（aberration），而且还强化了"美国只是为了应对生存威胁才发动战争"这样一种观念。这是美国例外主义和清白论的重要组成部分。美国内政和外交政策中固有的暴力不仅被说成是对常态规范的偶尔偏离，而且还被说成是只有在"国家利益"的例外属性面临威胁需要保护时才会施行的策略。正如乔伊·詹姆斯非常贴切地指出的那样，"9·11"事件使美国有机会将自己同时描绘成"易于辨识的受害者和不可避免的胜利者"。[5]

将美国视为因敌人无休止的侵略而被迫在国际舞台上"自卫"的"受害者"，这种观念是美国例外主义和美国清白论协同运行的典型例子。K. J. 霍尔斯蒂（K. J. Holsti）写道，"例外主义国家把自己描绘成清白的受害者，他们从来不是国际不安全的源头，而只是恶势力的目标"。他继续写道，"他们很少主动出击，更多时候只是被动地对敌对世界做出反击"。"他们是例外的，部分是因为，作为他者仇恨的对象，他们在道德上是干净的"。[6] 当然，延续这些意识形态的并不仅仅是总统的花言巧语。作家詹森·迪特默（Jason Dittmer）展示了最受欢迎的漫画英雄之一美国队长如何也对清白论政治叙事有所贡献。迪特默写道，与大多数超级英雄随身携带"华丽的攻击性武器"相比，美国队长的道具是"一面相当不起眼（但涂装却很爱国）的盾牌"。[7] 作为流行文化的消费者，我们不应该低估这种表现手法对我们如何理解世界所产生的影响。如果美国队长要成为我们的价值观和我们国家真正内涵的化身，那么，"对于美国叙事来讲，很重要的一点是，他要体现防御而非进攻"。[8] 就像前得克萨斯州州长乔治·W. 布什在"9·11"之后所塑造的形象那样,美国队长被置于"美国牛仔杀手的英雄传统中,这个抱持单纯清白意图的人在枪战中总是后拔枪,但却比可恶的敌人射得更快更准"。〔9〕

当世贸中心大楼倒塌之时,乔治·W.布什正面临着只能通过全面拥抱美国例外主义才能补救的政治窘境。有人指控他在大选中赖以获胜的佛罗里达州的选票是从民主党候选人阿尔·戈尔那里偷来的。他的政府需要一个重大事件,来改变受此指控阻滞的运行轨迹。布什还没来得及在政策上给统治阶级做出任何明确的指示。"9·11"袭击事件就为这位新宣誓就职的总统提供了一个翻新这个国家最为贪恋之意识形态——美国例外主义和美国清白论——的机会。布什在其对袭击的回应中哀叹:"他们为什么要恨我们?"他回答道,"他们憎恨在这个会议厅中所看到的:一个民主选举的政府。他们的领导人是自封的。他们憎恨我们的自由:我们的宗教自由、我们的言论自由、我们的投票和集会以及彼此持不同意见的自由"。〔10〕

正是在这次演讲中,布什给全世界上了关于美国例外主义意识形态功能的重要一课。唐纳德·皮斯著有大量有关美国例外主义的著作和文章,他认为这种意识形态植根于历史背景之中。他解释道:

> "9·11"事件之前,美国例外主义的阐释者把美国历史的展开描绘成是在"昭昭天命"引导下美国原则的进步式发展。20世纪90年代在冷战后胜利主义的鼓舞下,美国人开始设想……美国式民主制在全世界的福音式传播。但是,这种天佑未来的景象,被布什政府在"9·11"事件后宣布的全球反恐战争作为一种可以牺牲的幻想粉碎了。〔11〕

以"他们为什么恨我们?"这个问题开始宣战,这表明美国式民主制的传播需要战争。但正如卡莉·蒂拉多·布拉门(Carrie Tirado Bramen)所言,被借以发起战争的这个问题,其作用并非真的是作为一个问询,更多的是作为"一种通过将政治人格化来理解复杂事件的方式"。在她所著的《美国的友善:一部文化史》(American Niceness: A Cultural History)一书中,布拉门观察到"该事件所具有的全球性、结构性和历史性的多重维度"如何"被简化为个人之间的嫉妒与仇恨问题。一场政治危机被转化为一个社交(sociability)问题"。她写道,"'他们为什么恨我们?'这个问题其实是在问'他们为什么不喜欢我们'。……这个问题假定,要了解我们就是要爱慕我们"。[12]

认为美利坚民族国家作为美国人民代表是值得爱慕的,这样一种假设强化了美国清白论的种族化特征。它简化了"我们"和"他们"的二分法。同时,它通常又是模糊的,而且它没有给内省或外交留下任何空间。正如 K. J. 霍尔斯蒂所写的那样:

> 对于基地组织的袭击,布什唯一公开的解释是,这些邪恶的人仇恨美国所代表的一切,特别是它的自由。这样一来,自己就成了清白的受害者,因而不必进行任何自我反省,也不必与敌人进行任何对话。敌人并不是要商谈什么问题,只是被仇恨所驱使。所有能做的就只剩下把恶人铲除,并绳之以法。[13]

因此,美国例外主义所做的并不是去探究美国外交政策当中可能激起此等袭击的根源,而是将任何被推定为"仇恨"美国生活方式的人或事都界定为敌人。而那些"仇恨"美国生活方式的人没有什么权利是美利坚民族国家有义务予以尊重的。

尽管美国已经在不同地域给不同对象强加了数个世纪的战争和掠夺，但美国例外主义总是假定这个国家是清白的。自其诞生以来，美国有90%以上的时间都在打仗。所有这些战争都被正当化成是为捍卫或扩大美国所谓建国价值和信仰所必要的冒险。数个世纪无休止战争的一个后果是，产生了一种将围绕美国国内与国际政策的背景性现实（更不用说同时统治着内外政策两方面的帝国主义体系）从意识当中抹除的历史倾向。

对美国例外主义的遗产而言，对反恐战争的宣告曾经是（并因现在仍然是）一个至关重要的时刻。它利用危机巩固了这样一种形象，即美国及其代表性价值观处于永恒的危险之中。而宗教激进主义和恐怖主义的兴起就是美国"国家安全"所面临的威胁。作为"吉哈德"（Jihad）即圣战的实践者，这些来自异国他乡的"他者"被妖魔化，充当了反恐战争帝国政策的替罪羊。而这也是美国例外主义第一次不再仅仅被作为一种对人类的服务而得到推广，而是作为一个以牺牲整个人类和地球为代价来扩张美国权势的方便借口。

反恐战争期间对历史记忆的抹杀，是维系美国清白和例外主义之力量的一个关键构成。普通美国人很少想到，美利坚民族国家的根基牢牢扎根于对原住民的殖民征服和对非裔人口的奴役。普通美国人很少思考朝鲜战争和越南战争抑或其他美国海外战争导致数百万人被杀害的后果。即便认识到前述这些事实，美国例外主义的力量也很少受到大规模的挑战。事实上，反恐战争只是为美国提供了另一种将其殖民逻辑应用于不同场景的途径。

这些场景很大程度上是"9·11"袭击的产物。这场袭击导致华盛顿官方在意识形态方面展开了强烈攻击。这种意识形态攻击试图将群众淹没在披着美国例外主义外衣的歇斯底里当中。迄今为止,由三届总统尽职尽责地实施的反恐战争,需要对阿拉伯和穆斯林人民进行强烈地妖魔化,以证明其国内外侵害行为的正当性。诸如《国防授权法》(National Defense Authorization Act) 新规定和《爱国者法》(The Patriot Act) 之类的政策大大削减了美国本土的公民自由,而与此同时,对阿富汗和伊拉克的入侵则在国外导致大量平民伤亡。重要的是,反恐战争还导致了酷刑在阿布·格莱布监狱大规模系统性泛滥。加丝比·普尔认为,这一丑闻不应该被视为美国战争机器的个别现象;相反,它"需要被放到一系列实践和话语的语境当中……这些实践和话语将性 (sexuality) 捆绑到对美国民族主义、爱国主义以及日渐频繁地对帝国的部署运用上"。[14]

普尔所称"怪物般可怕的恐怖分子"的建构牵涉多种相互关联的意识形态和支配形式。普尔和阿米特·拉伊(Amit Rai)对这一建构过程的解释值得全文引用:

> 首先,该等怪物不仅仅是一种他者;它作为一种范畴 (category),乃是一种具备多重形式之权力赖以运作的载体。就此而言,那些用怪物性 (monstrosity) 来伪饰他者性 (otherness) 的话语也总是被牵扯进规范化权力 (normalizing power) 的运行回路当中:怪物与待矫正者实为近亲。其次,如果该怪物是西方自身系统性异常的一部分,那么种族和性的问题就会一直萦绕在它的造型之上。怪物性的范畴还是一个暗示文明发展水平和文化适应性的指标。当战争机器开始在美国本土限缩人们所拥有的选择和生活机会,并在海外以明显更加血腥的方式这么做时,由"民主""自由""人道"等关

键词组织起来的某种文明进步的网络就会跑过来对怪物的形象加以监督管理。[15]

因此，在很大程度上，反恐战争作为一种心理攻击，为军事扩张提供了理由，并进一步扭曲了支撑该等扩张的经济现实。正如普尔和拉伊所言，在全国范围内，不仅在媒体上，而且在学术型大学当中，都迅即开展起反恐研究。反恐成了一种"文明的"（civilizational）知识。[16] 它为美国社会中存在的种族、阶级和性别等级制度勾画了新的轮廓。恐怖分子成了被蔑视的对象和战争的目标，而其定义却富有弹性，可服务于多种目的。

反恐战争意味着要创造一批新敌人（即怪物），并且要以到处都是的受剥削压迫的穷苦人民为代价追求更大规模的军事开支与扩张。而这意味着，打造"美国新世纪"（New American Century）的工程将不得不依赖于一种改头换面后的美国例外主义来获取正当性。美国的统治圈层再也不能像冷战时期那样，把一种替代性的、邪恶的体制作为美国生活方式的主要威胁。这一次，对于威胁的感知必须跳出常规的国界线和经济安排。美国已然占据主宰地位，并且历史也已在苏联垮台后被宣告"终结"。所谓恐怖主义，就是任何被美国视为威胁自身"安全"者所实施的行为。为满足美国权力和利益的需要，不论何时何地，其定义都可以很轻易地被调整。

为美帝国扩张提供了所需动力的恰恰是这样一套前提性假定，即美国生活方式正遭受一种外来但无国籍的威胁的攻击。在美国本土与世界各地生活水平和条件急剧下降的情况下，美帝国主义，或者说由垄断企业和金融公司支配的社会关系体系，却改头换面了。在世界范围内持续的军事和经济扩张构成美帝国主义社会关系的标志性特征,这一过程使得财富和权力更加集中到少数大企业和民族国家手中。克林顿政府在北约支持下对南斯拉夫的轰炸打击了20世纪社会主义最后的一部分力量。中国作为最后一个由共产党领导的大国,孑然独立。美国的卡特尔和垄断企业在世界各地找到了足够的空间来敛获创纪录的利润,但工业化资本主义世界的生活水平却在继续急剧下降,黑皮肤穷人的境遇尤甚。为了维持美国不可战胜的假象,有些事不得不做。

反恐战争的政治试图通过强化白人至上主义、帝国主义和军国主义方面的利益(正是这些利益形塑了美国例外主义意识形态)来维持美帝国主义的稳定。这导致了一种以恐惧"他者"为特征的害怕遭受伤害威胁的强烈心理。这种威胁并不新鲜,因为美帝国主义的确自其创建伊始就在利用对"他者"的恐惧来强化其统治阶级的力量。事实上,这段历史可以追溯到反黑人的种族主义。正如尼基尔·帕尔·辛格(Nikhil Pal Singh)所言,对奴隶叛乱的恐惧要求殖民精英将非洲人诬陷为天生的"盗贼":

> 本杰明·富兰克林认为奴隶"天生就是盗贼",后来他修正了这一论断,认为盗窃的习性乃是奴隶制的后果。托马斯·杰斐逊声称,解放奴隶将威胁到美国社会……无法忘记白人对他们所犯之可怕错误的黑人将会萌发杀戮的愿望……而白人则会生活在一种预期的恐惧状态当中,促使他们采取先发制人的暴力。[17]

换句话说,自这个民族国家的奠基开始,对"他者"的恐惧就一直是美国例外主义的重要组成部分。反恐战争乃是展现美国例外主义如何被用来服务于少数人之利益、权力和乐趣的一个当代例子。军国主义是少数人——更确切地说，是资本家和听命于他们的国家机关——在民族国家边界之外强制推进帝国主义利益的主要手段。军队和警察在行动中扮演国家武装机构的角色。他们的职能一直是以牺牲大多数人的真正和平与正义为代价，强制推行少数人的统治。

关于美国清白论和例外主义的叙事有效地将美国社会制度置于人类历史上已知的最先进和最进步的地位，藉此来维持这种体制。因此，"恐怖主义"只有一种定义，那就是由执掌美利坚民族国家权柄的政治阶层所给出的定义。据此，"恐怖主义"的定义某天出现在对激进的宗教原教旨主义者的描述中，隔天又出现在对无证移民的描述中。美国黑人群众运动参与者被联邦调查局称作"黑人身份极端主义者"（Black Identity Extremists），这是"恐怖主义"标签的轻微变种。骆里山写道："被称作'恐怖主义'的往往是手无寸铁的被压迫人民反抗国家官方暴力的起义。将他们命名为'恐怖分子'，不仅是为了使他们的行动非法化，为针对他们的'战争'正名，而且也是为了获得民众对国家和军事暴力的支持，以此作为统治区域、人口和资源的手段。"[18] 美国国家安全局不断地以恐怖主义威胁为由，来论证对全民数字通信进行大规模监控的正当性。并且不出意料的是，在伊拉克、阿富汗以及石油和矿产资源丰富的中东地区的军事行动也被曲解成保卫"国家利益"免受恐怖主义侵害所必要的前提条件。

恐怖主义因而成了美帝国主义手上的一个便利的政治工程。这个工程充分利用"9·11"袭击事件，创造了朱奈德·拉纳（Junaid Rana）所说的"恐怖工业综合体"（terror industrial complex）。[19] "恐怖工业综合体"作为美国军国主义的产物，其根基在于对穆斯林的种族化。正如拉纳所解释的那样，"穆斯林的形象使得对有色人种的监控程度不断扩大",并且"(该等形象的)持续运作始终未跳出基于对黑色和棕色身体种族化而打上犯罪性和社会性死亡标签的诸种形象范围"。[20] 美国白人至上主义基础设施的这些改变不仅导致警察和联邦调查局对纽约市和全国各地的阿拉伯人和穆斯林进行监视,而且导致广大民众的公民自由急剧下降。[21]

  反恐战争的白人至上主义逻辑已经成为公认的事实。北约前司令韦斯利·克拉克(Wesley Clark)透露,"9·11"事件后推翻中东和北非七国政府的计划已于2007年实现,该计划几乎没有遭到普通美国人的反对。大规模监视和警务军事化虽然引发了一些像模像样的抵抗,但这些抵抗并不具备足以影响官方政策的力量。太多的美国人还在为美国发动的国内和国际战争寻找合理化的理由。正如奈菲尔蒂·西娜·M.塔迪亚尔(Neferti X. M. Tadiar)提醒我们的:"对作为现状之帝国的普遍拥护,无论其着眼点在于正面的还是负面的现实,都构成了这个严峻的政治、历史时刻的标志。"[22]

  自将近20年前反恐战争开始以来,对帝国的拥护就一直是美国社会的普遍状况。奥巴马领导的民主党政府虽然在反恐战争信息的发布上归于平静,但强化了该战争的每一项政策。白人至上主义和军国主义一直是这项工程的推动力。美国例外主义则是这项工程的锚。这个锚一直在扭曲和抹去我们对美帝国主义自征服殖民地以来所造就之悲惨境况的记忆。"他们"不是恨我们,他们恨的是我们的锚。

第二章
征服、种族灭绝与美国的形成

  合众国作为一个民族国家是经由其原罪而得以界定的：对于美洲印第安人的种族灭绝……美洲印第安部落被视为对这个民族国家的固有威胁，因为他们随时准备着揭露合众国民主的弥天大谎：所谓我们是由法律而非恣意权力统治的民族；所谓我们依靠理性而非信仰指引；所谓我们的治理方式是代表制而非行政命令；以及最后，所谓我们是自治的公民之国而非基于血缘或贵族制的王国……从美洲印第安人的角度来看，"民主"实乃首要且最为致命的大规模杀伤性武器，然而它的使用者却能免受惩罚。

——桑迪·格兰蒂[1]

  但不容允许的是，诸种破坏行径的始作俑者竟也能是清白的。恰是他们自认的这种清白构成了他们的罪行。

——詹姆斯·鲍德温[2]

  美利坚得以形成的第一道根脉便是对原住民的殖民主义种族灭绝。这一根脉至今仍然是美国社会的根本支柱，并且渗透于美国文化当中。美国国家橄榄球联盟就是一个例子。自20世纪60年代以来，部落组织与华盛顿红皮队（Washington Redskins）之间因队名争议而展开的斗争一直在继续。正如体育记者戴夫·齐林（Dave Zirin）指出的，"红皮"影射"一个特殊的历史时期，那时，起先是欧洲人,随后是美国人,为了获取起先是殖民地当局和殖民公司、随后是各州与领地当局发布的赏金,而将原住民中的男人、女人和儿童剥皮,并将他们制作成'杀死印第安人的证据'"。[3] 许多原住民视"红皮"一词为种族污辱的表述。

红皮队老板丹·斯奈德(Dan Snyder)一再拒绝与部落领袖坐下来讨论这个名字。而在2017年,美国国家橄榄球联盟却将感恩节大战的参赛资格授予该球队。美国国家橄榄球联盟让红皮队在这样一个如此具有殖民征服意味的节日进行比赛的决定,对这片土地上的原住民而言,从来不是微不足道之事。联盟的决定再次确认了原住民一直以来所知道的事情:为征服原住民土地和民族提供正当化理由的殖民意识形态已经被美国体制(American institutions)在文化上复制,以使美国人有机会"将自身与美洲印第安人历史上和当前持续的边缘化剥离开来"。德希恩·斯托克斯(DaShanne Stokes)解释说,在这一过程中,"通过假定美洲印第安人会觉得种族化吉祥物是一种荣耀与尊敬,塑造了美洲印第安人和欧洲裔美国人之间一种虚假的团结感"。[4]

由于原住民要么被忽视,要么被符号化,大多数美国人都不觉得有必要去关注他们的生存状况。对于这种现状的维系,美国例外主义一直都至关重要。原住民被视为化石或文物。正如理查德·金(C. Richard King)就华盛顿橄榄球队队名争议所写的那样,"美洲原住民类吉祥物和其他刻板印象之所以持续存在,是因为大多数美国人仍然思想空洞,缺乏对那些刻板印象展开批判性思考所需的资源、知识和技能"。他继续写道,"大多数美国人没有接受过足够的历史指导,也没有接触过鲜活的、重要的、有价值的原住民人群及其观点"。这种对美国教育体系的控诉解释了为什么这么多美国人未能批判性地分析他们所处之体系当中政客、企业媒体和其他文化生产者的言语和行为。金总结道,"在许多方面,虽然大多数美国人都能阅读,但他们仍然处于文盲状态"。[5] 罗克珊·邓巴-奥尔蒂斯(Roxanne Dunbar-Ortiz)和迪娜·吉利奥-惠特克(Dina Gilio-Whitaker)加入到金的行列,一起指责美国媒体和教育系统传播了与美国原住民历史有关的美国例外主义"主导叙事"(master narratives)。他们认为,这些主导叙事,或者说"国家神话"(state mythologies),被策略性地"设计出来以从底层巩固维系公民忠诚所必需的爱国主义和情感承诺"。[6]

但是,虽然美国教育体系对美国民众的历史文盲现象肯定是有责任的,但问题远比信息短缺或亚历克西斯·肖特韦尔(Alexis Shotwell)所说的"良性无知"(benign ignorance)要严重得多。设想人们只要被传授了正确版本的历史,或者被介绍了关于原住民真实遭遇的充足事实,就会想要加入到争取社会正义的斗争中去,这种想法过于单纯了。根据肖特韦尔的说法,"我们面对的不仅是一个知识问题,我们面对的还是一个生活习性(habit-of-being)的问题":

> 在某种程度上,我们白人可能喜欢在生活中把关于社会和历史的记忆全部清除——我们可能喜欢认为,作为过去产物的当下可以独立于前者而独守清白。尽管我们羞于承认,但我们可能喜欢认为,我们不需要讲述或听到缔造我们所生活之世界的那些行为带来的痛苦故事。从情感上,我们想做一群脱离历史的人,支持一套过去跟我们无关的虚伪借口,哪怕这些过去构成了我们外在的物质条件和内在最深处的主体性。正是这种情感界定了我们是谁。社会层面有组织的遗忘(social organization of forgetting)意味着我们遗失了真实的历

史,意味着我们经由谎言而非铭记(unforgetting)获得了关于生活的一种接纳(acceptance)与习以为常(normalness)的感觉。[7]

这种"社会层面有组织的遗忘"使得许多清白的美洲白人迁占者将殖民事业视为一种"教化使命"(civilizing mission),在这种情况下,殖民的好处远远超过了杀伤与毁坏充满活力的原住民社区所造成的任何后果。正是这种逻辑塑造了美国例外主义意识形态的本质。无疑是在美国例外主义和清白论两个意识形态的诱骗下,已故作家和记者克里斯托弗·希钦斯(Christopher Hitchens)以许多美国人非常熟悉的方式为对原住民的种族灭绝进行了正当化辩护:

> 不含糊地讲,有些时候情况就是这样,思想、技术、人口流动和政治军事胜利的某种巧合使人类得以站到比以前略高的水平上。新大陆北部向"美利坚"的转变,开创了一个充满机会和创新的几乎无穷无尽的时代,因此,无论是否有那些希望自己从未出生之人的参与,都值得以极大的活力和热情来庆祝。[8]

这种对国家教化使命取得的"成功"加以"庆祝"的号召,是美国例外主义的重要组成部分。对于一直以来遭受剥夺的原住民而言,美国例外主义没有为他们的生活留下任何值得庆祝的东西。美国政治体系对于原住民的代表性为零。无论赋予他们什么样的"公民身份"(citizenship),都只不过是加诸其身的殖民主义抹杀的延伸。在以国家恐怖和殖民主义驱逐方式迫使他们居住的

"保留地"里，原住民面临极端贫困和居高不下、臭名昭著的警察谋杀率。原住民确实还没彻底灭绝，但在当今美帝国的条件下，他们的生存仍然岌岌可危。[9]

通过颂扬美洲殖民工程的美德，美国例外主义为这种动荡不安的生存状况奠定了基础。本属于原住民的土地使得北美"独立"成为可能，而被视为合众国赖以立国之特征的自由、自治和民主等美德却不覆盖原住民。在正式独立之前，英国迁占者花了几个世纪的时间屠杀北美大陆的原住民。泰勒·斋藤解释说，1513年至1900年期间，在现在属于合众国和加拿大的地方，原住民人口从1500万减少到了25万。[10] 不论是通过传播疾病还是发动血腥入侵，迁占者对原住民的战事都伴随着一种将原住民土地归为"空置"（free）或"未被占领"（unoccupied）的叙事。

因而，原住民的存在本身构成了美帝国最初发展的障碍。正如帕特里克·沃尔夫（Patrick Wolfe）所描述的那样，迁占者殖民主义要求将原住民种族化，以证明扩张的合理性。非洲人和原住民被纳入不同的种族分类，在此分类之下，"（非洲人）作为受奴役之人，其繁衍能扩增其主人的财富，与此相反，原住民阻碍了迁占者获得土地，因此其人口增加反而不利于财富增殖"。[11] 发现和征服不是为了自由，而是为了获利。殖民者寻求从原住民的土地和被奴役者的劳动中获利，从而为带头实施殖民工程的种植园主和商人扩充财富。

迁占者殖民主义往往被归入一个狭隘的历史范畴（即"殖民时代"），而不是被视为美国生活方式发展历程中持续存在的一种结构。也许没有其他例子比感恩节假期更能说明殖民主义对美国例外主义根基的重要性。每年数百万美国劳动者都会在感恩节放假，庆祝这个国家的殖民起源。这项节庆所纪念的历史叙述宣

第二章 征服、种族灭绝与美国的形成 *35*

称,英格兰弗吉尼亚公司支持的普利茅斯殖民者与原住民万帕诺亚格人(Wampanoag)之间有着和平的关系。然而,新英格兰美洲印第安人联合会(The United American Indians of New England)却并不把这一天当作庆祝日,而是将之作为原住民的"哀悼日"来加以纪念。

将之作为"哀悼日"的原因在于,与感恩节相关的历史事件影响重大,表征着整个新英格兰地区原住民生存境况的一段黑暗时期。根据教育类网站"原住民圈"(Native Circle)带头人约翰·双鹰(John Two-Hawks)的说法,参加了1621年庆祝餐会的原住民实际上很可能并未收到邀请。[12] 事实上,这顿餐会甚至并非感恩节庆祝活动的发源。感恩节正式开始于1637年在现为康涅狄格州地界的佩科特人(Pequot)被屠杀之后。温斯罗普(Winthrop)总督领导的佩科特战争杀死了700多名佩科特人,并以殖民者庆祝他们的战利品而结束。一直到1675年"菲利普国王之战"(King Philip's War)结束,新英格兰原住民都进行了英勇的抵抗,但在这个过程中,他们的土地和生命都遭受了致命的损失。

迁占者对原住民土地的征服不仅仅是美利坚民族国家建立的前奏,殖民化为国家本身的形成奠定了基础。英国王室发布的《1763年公告》(Proclamation of 1763)禁止殖民者向西扩张到阿勒格尼和阿巴拉契亚山脉以外的原住民领土。斋藤指出,殖民者认为这一政策是对其扩张野心不可接受的侵犯。[13] 事实上,诸位"建国之父"在他们的《独立宣言》中指责英王乔治煽动"我们内部叛乱……将我们的边境居民交到无情的印第安野蛮人手中,而他们众所周知的战争规则乃是对所有年龄、性别和环境设施进行无差别破坏"。[14] 通过将诸位"建国之父"和民族国家的奠基表述成是一场民主实验,美国例外主义和清白论扭曲了迁占者殖民主义在美国形成过程中的中心地位。

然而，现实情况是，为殖民事业掠夺战利品与对原住民赶尽杀绝乃是这个国家得以形成的组织原则。西方自由主义乃是帮助推进这一进程的诸多意识形态原则之一。自由主义巩固了私有财产的主导地位，并"通过宣称当不受社会关系束缚时个体就是'自由'的"创造了一种将西方世界作为典范的社会。[15] 而"长久以来，在世界上的其他地方看来，处于这种境况中其实无异于死亡"，尽管如此，这种基于个体主义立场建构出来的自由概念为掠夺原住民创造了可能的条件。正如唐纳德·F. 提布斯（Donald F. Tibbs）和特莱恩·P. 伍兹（Tryon P. Woods）所解释的那样：

> 自由主义对个体权利和自主（autonomy）的强调产生于西欧与非洲和美洲的冲突当中，既非在此等征服之前，也不仅仅是此等征服的结果。这样一来，处于"自由"（free）状态、拥有自由（liberty）意味着什么就取决于对不自由（unfreedom）的理解，以及知晓哪些主体（subjects）不仅没有拥有自我（possessing themselves）的能力，而且还可以被他人正当地取得和利用。[16]

在与殖民者接触之前，原住民民族对于社会和土地的组织乃是基于社群的，而自由主义关于自由的承诺则涉及一个完全不同的社会秩序。这就是为什么以下这种想法是有问题的，即一些美国人会说他们虽不一定相信美国的例外属性但却相信美国的理念（ideals）和价值观（values）具有例外性。合众国社会的理念与社会本身是分不开的。美利坚的"理念"和"价值观"植根于古典自由主义思想。"自主、自由、个体权利和财产等西方观念全都与对种族化他者的奴役深度绑定在一起"。[17]

对于殖民者自由和原住民不自由的推进一直持续到美利坚共和国的第一届总统执政期间。乔治·华盛顿和他的战争部长亨利·诺克斯（Henry Knox）不遗余力地奠定了"昭昭天命"的基础。殖民主义意识形态引致了美利坚民族国家的形成，"昭昭天命"则是这种意识形态的变体。它植根于新"独立"之美国统治阶级的扩张主义利益。"昭昭天命"预设了美国从一个海岸到另一个海岸的扩张是注定的命运；此等命运经由共和国的优越"文明"而得以正当化。

原住民的抵抗和殖民主义列强竞争相结合造成的系统性限制，制约了"北美革命"（American Revolution）之前迁占者的扩张。虽然原住民对迁占者殖民主义的抵抗仍在继续，但抵抗力量的强度同合众国成立之前一样有限；在没有西班牙和英国援助的情况下，各原住民部落发现自己愈发孤立。新共和国的经济基础加剧了对原住民领地的欲望，因为"大型奴隶种植园的所有者寻求扩大其土地持有量，而无力与种植园主竞争的小农场主……拼命寻找廉价土地来养家糊口"。[18] 此外，未受管制的迁占者民兵组织与迅速发展的军事当局之间的紧张关系，促使原住民部落边缘地带的一些定居点威胁着要脱离共和国。[19] 这使得向原住民领地的扩张成为平息迁占人群当中阶级分裂的重要手段。

华盛顿政府的精力集中在全面征服俄亥俄地区的领土上。迈阿密人（Miami）、肖尼人（Shawnee）、易洛魁人（Iroquois）和塞内卡人（Seneca）一再击退华盛顿军队的前进步伐。华盛顿军队的主要成员是肯塔基州的擅自垦荒者（squatters），他们对用原住民头皮换取偷来的土地和赏金一事的潜力十分兴奋。战争部长亨利·诺克斯派他的指挥官招募了数百名肯塔基州的"游骑兵"（雇佣兵），以抢光、烧光迈阿密的城镇和田地。40 多名原住民妇女和儿童被绑架，他们被威胁如果原住民不投降，将有更多的人遭受残酷的杀戮。正是这种非常规的、诱发恐怖的战争催生了 1795 年的《格林维尔条约》(Treaty of Greenville)，并为新生的共和国提供了产生税收所必需的罚没土地。[20]

美国例外主义和美国清白论赋予这个北美迁占者国家一股强大的力量以改写和抹去其浸透鲜血的历史。迁占者殖民主义构成了美利坚资本主义和帝国主义的基础。统治阶级需要一种既能抹杀原住民的存在，又能宽恕所谓"优越文明"罪行的叙事。这是因为，随着美国寻求向南和向西进一步扩张其殖民边界，迁占者殖民主义将长盛不衰。1862 年，林肯政府处决了 38 名被控犯有强奸、抢劫和其他与美国-达科他战争（US-Dakota War）相关罪行的达科他人。[21] 博伊德·考瑟伦（Boyd Cothran）解释了美国统治阶级如何纪念那些在 1872—1873 年莫多克战争（Modoc War）中对原住民发动战争的迁占者的所谓英雄事迹。[22] 对迁占者入侵原住民领土行径的纪念巩固了一种原住民形象，即对殖民共和国中文明的白人公民构成威胁的犯罪。

考瑟伦的研究为我们展示了 19 世纪如何从多个方面"完善"了美国清白论的神话。在这一时期，合众国的媒体痴迷于报道暴力迁占者被原住民抵抗者"谋杀"的事件。媒体话语能够"让美洲白人相信，他们是印第安战争的受害者，而不是事实上取得胜利的侵略者"。[23] 考瑟伦将美国清白论的早期殖民地形态与其在当今反恐战争中的表现联系了起来，这种做法使他的分析更加令人信服。考瑟伦推断美国军方给猎杀乌萨马·本·拉登（Osama Bin Laden）的行动取"杰罗尼莫"（Geronimo）这个代号并非偶然，藉此，他主张，审视这些"长期持守的宣称美国清白的传统，促使我们所有人去认真思考,讲求以暴制暴的救赎性暴力(redemptive violence)对于美国人如何从文化与历史层面理解其侵略战争所具有的持续重要性"。他总结道,"换句话说,尽管我们可能试图忘记,但与印第安人之间的数场战争仍然影响着当下"。[24]

美国清白论和例外主义联手帮助美国人忘记这样一项事实,即迁占者对原住民的殖民性种族灭绝首先且主要是服务于美帝国主义利益的。对通过兼并、买卖和使用奴隶劳工开发土地而实现利润积累之体制的经济需求而言,其首要威胁就是原住民民族。"建国之父"和他们的盟友设计了一套从根本上重塑了迁占者殖民主义的叙事。白人男性迁占者第一次被赋予了发展清教徒所谓"山巅之城"所需的一系列特权,他们可以不受惩罚地对原住民民族施行屠杀和掠夺,并且原住民被永远打上了既无历史亦无人性(humanity)的野蛮人烙印。正如西尔维亚·温特(Sylvia Wynter)向我们展示的那样,"所有其他不像西欧人那样观察、思考和行动的人,现在都不被归类为基督的敌人(Enemies-of-Christ),而是被归类为缺乏'真正的人性'(true humanness)的人,据称是因为他们缺乏一种西欧式的理性秩序"。[25] 安德莉亚·史密斯强调了迁占者殖民主义进程中性恐怖(sexual terror)的持续存在。她写道:"殖民主义的目标不仅仅是杀死被殖民者,而且要摧毁他们作为人类的意识。正是通过性暴力,殖民集团试图使被殖民者落入这样一种状态,即他们的人天然(inherently)可被强奸,他们的土地天然可被侵略,他们的资源天然可被开采。"[26]

几个世纪的战争和掠夺都无法摧毁原住民的抵抗精神。在被称作"印第安人战争"的战事当中,原住民对于合众国迁占者殖民主义的抵抗贯穿了17世纪和18世纪。20世纪60年代和70年代的美国印第安人运动,以及美国各城市以原住民日取代哥伦布日的斗争证明，只要迁占者殖民主义存在，原住民对土地和文化盗窃的抵抗就会持续下去。如今，对迁占者殖民主义之抵抗最引人注目的前线是，2014年面对合众国陆军工程兵团（U.S. Army Corps）批准达科他接入输油管道，立岩苏族（Standing Rock Sioux）为保护其祖传土地所进行的斗争。

美国例外主义和清白论仍然是充斥于当今迁占者殖民主义和美帝国主义发展进程的主要意识形态力量。例如，列奥那德·配尔提尔（Leonard Peltier）因其参与美国印第安人运动（American Indian Movement）而被羁押在美国监狱40多年。[27] 他之所以面临死在监狱里的风险，正是因为美国例外主义的叙事已经从大多数美国人的历史记忆中抹去了原住民抵抗的遗留问题和迁占者殖民主义的中心地位。配尔提尔所处的这样一种大规模监禁境况是迁占者殖民主义的一个典型例子。正如历史学家凯利·莱特尔·埃尔南德斯（Kelly Lytle Hernández）所指出的那样，把大规模监禁说成是大规模消除可能更为贴切。在埃尔南德斯看来，合众国的监狱制度无疑能在奴隶制中找到根源，但它也可以追溯到迁占者殖民主义的逻辑上。[28] 用她的话说，监禁是一种消除的形式，"在不同的时代，以不同方式，被用于针对不同的原住民和在种族层面被贬低的社群，但其终极目标都是相同的：通过实施消除来服务于迁占者社会的建立、保卫和繁殖"。[29] 美国清白论将消除原住民视为"必要的罪恶"，一种带来了有史以来最伟大文明的罪恶。因此，即便是那些因占据原住民土地而负罪的迁占者，其所犯下的反人道罪行（crimes against humanity）也能够获得谅解。

斋藤提醒我们，这些罪行规模巨大。据联邦政府估计，到1890年，印第安人只剩下不到 25 万人，居住面积不到其原有土地的 3%。这一结果是直接通过军事力量实现的；是由所谓的"无赖"（rogue）迁占者实现的——这些人对印第安人土地的侵占实际上是受到鼓励的；并且是由无数个人在全国各地方政府和"市民"（civic）组织所出头皮赏金的驱使下实现的。绝大多数存活下来的原住民被强行从他们的家园赶走，被集体关押在无法生存的恶劣环境里，并被限制在陌生且不宜居住的保留地中，这些过程不出意外地导致了那些被赶走或关押者中占 40—50% 的人的死亡。[30]

因此，美利坚民族国家和它所统治的帝国主义体系乃是建立在迁占者殖民主义和战争的基础之上。在这场战争当中，美国例外主义和清白论乃是至关重要的武器。这些相互关联的意识形态使不同阶层的迁占者确信征服者是仁慈的，而被征服者是不人道的。从殖民掠夺的恐怖行径中喷溅出的原住民鲜血塑造了美国人的身份认同和公民资格。不过，值得庆幸的是，近年来，活动家和学者们能够更容易地认识到这样一种现实，即美国人的身份认同乃是建立在对原住民的摧毁和对非洲人的奴役基础之上的。

当然，迁占者在美国至今仍然存在。常见的倾向是指责过去的迁占者，而不把我们自己看作是迁占者，即便我们也生活在盗来的土地上。但如果帕特里克·沃尔夫的观点正确，即迁占者殖民主义是一种结构（structure），而非一个事件（event），那么，我们就必须学会面对迁占者殖民主义的残余。[31] 对于我们被牵连进去的暴力以及我们每一天犯下的暴力行径，我们必须坦白承认。原住民学者兼活动家伊芙·塔克（Eve Tuck）和韦恩·杨（K. Wayne Yang）在《去殖民化不是一种隐喻》（*Decolonization is Not a Metaphor*

一文中辨识了一系列行动，他们首创性地将它们称之为"迁占者清白行动"（settler moves to innocence）。塔克和杨将这些"清白行动"描述为"不放弃任何土地或权力或特权、想要不必改变任何现状就能缓解迁占者罪过感或者减轻其责任的那些策略或者立场"。虽然这种"行动"可能会使我们对自己的共谋行为更有自知之明、更敏感，并感到悔恨，但它们仍然是"虚伪的"（hollow），且"只服务于迁占者的利益"。[32] 然而，如果去殖民化是最终目标，那么揭露这些"清白行动"是绝对必要的，因为它们只是提供了"借口、干扰和回避之法"，对于合众国殖民制度的停止践行、停止习得和分化瓦解而言，有害无益。[33]

不论是美帝国主义在国外发动的无休止战争，还是原住民在合众国本土持续的流离失所，对于这些迁占者殖民主义当代表征的处理，一般都欠缺关于历史与意识形态的必要知识，而这些问题本身恰恰是由历史和意识形态塑造的。斋藤提醒我们，如不将对原住民的殖民化问题考虑在内，就无法理解当今美国对"国际法"的影响。尽管形式上有所不同，但殖民主义最初的"教化使命"（civilizing mission）仍然完好无损地保留了下来。若未能认识到这一点，就会落入美国例外主义的陷阱，进而否定过去和现在的基本教训。简而言之，我们必须非常谨慎地对待故事是如何被讲述的，以及到底是谁在讲述这些故事。正如骆里山提醒我们的那样：

> 像某些版本的现代历史所暗示的那样，将迁占者的实践理解成已经完全消除原住民以至灭绝的地步，或者通过将原住民完全划归过去，而忽视迁占者殖民主义的持续性，那就是以一种呼应和重现早先的剥夺方式来继续抹杀原住民和历

史。可能被我们辨识为迁占者或殖民资本主义历史残留的东西并没有消失。相反,尽管在一套新型主导性叙事的混淆下并不那么容易辨识,但它仍得以存留并延续下来。[34]

这种否定阻碍了我们对于一个更加激进和公正之未来的想象,如果我们不开始质疑和挑战许多美国人为生活在盗来之土地上所作的合理化和正当化论证,那么这样一个未来将不会诞生。只有这样,我们才能将美国例外主义和美国清白论拔出到大众话语表面,并将其解释框架替换为对于赔偿、主权和全新原住民未来——"迁占者民族退去后可过的生活"——的种种诉求。[35]

第三章
革命战争对奴隶而言是否具有革命性？
——关于奴隶制及其死后生命的一些思考

> 如果奴隶制作为一项议题而持续存在于美国黑人的政治生活当中，那并不是因为对往昔时日的恋古式痴迷，抑或过于长久之历史记忆所带来的负担，而是因为几百年前确立起来的种族计算和政治算术仍然在危害和贬低黑人的生命。
>
> ——塞蒂亚·哈特曼[1]

> 美国白人为了让自己安心地视所见为未见消耗了大量精力。当然，这完全是徒劳的，因为他们确实见到了其所见。并且，他们所见的是一段为世界所周知的压迫和血腥程度骇人听闻的历史。
>
> ——詹姆斯·鲍德温[2]

美帝国主义赖以成型的政策不仅限于对原住民的种族灭绝，另一项破坏性不亚于此的政策也塑造了美利坚民族的身份认同，那就是对非洲人民的奴役政策。奴隶制孕育了至今仍主导西方世界的资本主义经济。作为美利坚共和国骨干的13个英属殖民地，其在历史上的发展尤其仰赖这种做法。当奴隶制恰是这一民族国家得以形成的推动力时，人们怎么能够去谈论合众国的例外主义或清白呢？为忽视、掩盖或淡化这一巨大罪恶，什么样的故事一直在被讲述给我们听？

合众国获得了一套起源神话的支持。对于美利坚例外主义的设计师们来讲，这套神话也许是最有价值的叙事。它的前提是，"北美革命"是人类历史上向前发展的积极一步。自由市场狂热者和左翼政治思想家都公开宣称脱离大英帝国的行动为"反殖民"反叛。这一反叛被认为是民主的突破，是挣脱束缚之资本主义西半球取得进步性发展的基石。正如历史学家蒂莎·温格（Tisa Wenger）所写的那样：

> 无论是过去还是现在，评论家、政治家和一些学者经常否认合众国应当被称作一个帝国。但是，这些否认，以及经常与之相伴的对于美国仁慈（American benevolence）的保证，绝不是美国所特有的。相反，它们一直是世界上许多帝国的话语机制的一部分，并协助维持了一种将合众国在全球行使军事和经济权力的实践合理化的例外主义。事实上，1776年宣布从英国统治下独立的殖民地，就是从欧洲列强在大西洋世界竞相推行帝国扩张的实践当中，经由帝国的熔炉而建立起来的。托马斯·杰斐逊因将这一新生共和国描述成一个与众不同的"自由帝国"（Empire of Liberty）而闻名，然而到19世纪末，它就已经加入欧洲在全球各地争夺帝国财产的行列。[3]

尽管美利坚建国者有帝国野心，但许多人却视他们为这个国家的第一批"革命者"而赋予其最纯洁、最善良的动机。尽管在1776年《独立宣言》发表之前的一个多世纪里，领导叛乱的殖民精英们通过贩卖非洲奴隶和窃取原住民土地发了财，但北美"革命"仍然保持了其进步性。

美利坚民族国家仍被视为希望的灯塔，自由（liberty）、民主和自治（freedom）*原则在这里发扬光大。当殖民者与英国王室断绝关系时，"北美革命"将这些原则制定成为法律。这基本已被历史学家和学者们接受成为一个默认的前提。奴隶制对受压迫之非洲人所造成的恐怖经历一直难以彻底掩盖，尽管如此，将奴隶制的建立仅仅看作是一个错误，抑或原本应当完美无瑕之美利坚设计的一个偏差，这样一套叙事也同样一直难以被彻底戳破。因此，许多美国人自豪地回顾殖民者发起的"独立"运动，并称其为"革命"，而几乎未曾流露对于对此民族的建立至关重要之奴隶经济的丝毫悔意。

宪法学者阿齐兹·拉纳在评论他的《美利坚自由的两副面孔》（*The Two Faces of American Freedom*）一书时解释了我们这个国家的起源神话的三个根本性问题。[4] 第一，它美化了这个民族所谓的建国价值，使得奴隶制等制度在更宏大的救赎性历程中显得不过是一个小小的偏差。第二，这种叙事"将美利坚的建国解读为一种反帝行为，并将此共和国解读为第一个后殖民社会"，而事实上，殖民主义和帝国主义是这个国家发展到今天仍然保留的关键特征。最后，这套起源神话为美利坚的社会变革提供了一个框架，在这个框架中，美利坚民族国家的救赎性承诺乃是为未来改革工程设定的理想目标。因此，这一叙事让我们相信，社会正义需要的是对一个变得越来越包容的体系进行轻微地调整，而不是组织起来去拆除这个体系本身。因而，尽管美国的"革命者"或"建国之父"对被殖民的原住民和被奴役的非洲人施加了镇压和

---

* 对于"freedom"一词，为何会出现"自治"与"自由"两个不同译法，主要考虑是，当与liberty同时出现在一个短句中时，freedom与liberty有一定的具体与抽象之别，鉴于liberty只能译为"自由"，所以就把freedom译成"自治"。而当freedom单独出现时，就按"自由"来翻译。——译者注

剥夺自由（un-freedom），但他们仍被视为"自由"（freedom）和"正义"的旗手。

"北美革命"这一主导性叙事乃是将美国故事阐释为关于"自由（freedom）战胜奴隶制"而非"自由根植于奴隶制"之故事的第一次尝试。[5] 骆里山认为，这种叙事"既否认了殖民时期的奴隶制，抹去了对原住民土地的掠夺，又为现代欧洲和北美的人们拓展了自由边界，同时将他者贬低到被建构的落后、不文明和不自由的地理和时间区隔当中"。[6] 不过，美国例外主义和美国清白论的持续关联正依赖于这样一套神话。无论是"北美革命"、《解放黑人奴隶宣言》（The Emancipation Proclamation）、（据信）废除了奴隶制的宪法第十三修正案、民权斗争，还是第一位黑人总统的当选，美国的故事都被刻画成一段走向"更完美之联合"的进步之旅。这种比喻甚至在流行文化中得到了强化，正如萨拉米沙·蒂勒（Salamishah Tillet）在其对电影《种族》（Race）[记录了杰西·欧文斯（Jesse Owens）与1936年奥运会的故事]的分析中所指出的那样。蒂勒驳斥了那种认为一个人甚或一场运动就能够战胜像美国反黑人势力这般强大事物的想法，并将欧文斯的遗产置于历史语境当中。她写道："在欧文斯赢得奥运会胜利后，大屠杀和第二次世界大战的危机已然迫在眉睫，与此同时，吉姆·克劳（Jim Crow）*仍然合法地统治了近30年。这证明，一个人或一个动人的画面无法阻止历史的潮流。"[7]

这也许就是为什么乔治·舒尔曼（George Shulman）邀请我们

---

* 此处指代对黑人实行种族隔离和种族歧视的一套政策和措施。吉姆·克劳是纽约白人喜剧演员托马斯·达特茅斯·赖斯（Thomas Dartmouth Rice）于1828年创作的一个黑人角色，后来逐渐变成了贬抑黑人的称号和黑人遭受种族隔离的代名词。美国内战后，前邦联州施行了一套被称为"吉姆·克劳法"（Jim Crow laws）的系列法律规定，以对非裔美国人施加限制和惩罚，从而确保在"分离但平等"的基础上将黑人与白人隔离开来。——译者注

以不同的方式来讲述美国的故事。他写道:"最好从美洲奴隶制开始,讲述一套新的美国故事——这种故事不是关于美国如何修正制度瑕疵而不断取得进步,而是关于如何持续维系其支配性地位以及对它的不懈抗争(虽然这些抗争仅部分有效)。"[8] 对起源神话的拒绝意味着把被奴役者的反抗置于合众国发展历程的中心,并认真对待塞蒂亚·哈特曼所说的"奴隶制的死后生命"(afterlives of slavery)。相信美国已经变得越来越自由,并且只需要再花一点时间就能建立我们的"完美联合",这样做无疑方便、容易得多。而要拒绝美国关于种族进步的说法,或者承认国家一直在寻找新的、创造性的方法来从对黑人的支配中攫取权力、愉悦和利润,却并非易事。这样做就意味着对仅仅改革或轻微调整体制的承诺失去信心,取而代之的是去想象一个完全不同的世界。正如哈特曼在其《失去你的母亲:沿大西洋奴隶贸易路线的一场旅行》(Lose Your Mother: A Journey Along the Atlantic Slave Route)一书中所写:

> 我知道,无论旅行到那里,离家有多远,我永远都无法抛开自己的过去,我永远无法想象自己成为那种未曾被奴隶制造就和标记过的人。我是黑人,一段恐怖的历史制造了这种身份。这种恐怖是"没有逃跑可能的囚禁",是不可逃脱的暴力,是风雨飘摇的生活。我们无法回到奴隶制之前的时代或地方,而对奴隶制的超越无疑将带来不亚于一场革命的重大后果。[9]

到底能不能为"北美革命"贴上革命的标签,这是一个能够揭示美利坚例外主义与历史记忆之间关联的问题。美国各级教育机构常常把美国的成立作为一个完全脱离历史背景的光荣事件来介绍。乔治·华盛顿等许多"建国之父"拥有非洲奴隶的事实，被解释为对美利坚共和国民主秩序的微小偏离，而非一个令人不安的矛盾。[10] 但在将美国置于区别并优越于其他国家之地位的过程中，这样的叙事仍然一直发挥着关键作用。K. J. 霍尔斯蒂写道："早期美国人自我认知的一个主要组成部分是他们享受着美国独有的自由，并且他们已经在其宪法当中创制了具有历史性进步意义的政治制度和实践。美国是自由的、品德高尚的且和平的。相反，欧洲是堕落的、腐败的和好战的。"[11]

美国殖民者在历史上为自己假想了一种自由斗士身份，在为自身争取到自由之后英雄式地解放了其臣民。这种身份被归于亚伯拉罕·林肯等历史偶像。关于林肯的故事往往会得出这样的结论：是他在南北战争时期解放了非洲奴隶。但正如乔伊·詹姆斯所指出的那样，这些故事表明，"解放（emancipation）是由支配者给予的（given），它是一份法律性（legal）、契约性（contractual）和社会性（social）的协议"。相反，"自由（freedom）是被创造（created）出来的，且是自己原本就有而被剥夺的（taken）。它的存在表现为一种对抗捕获者和（或）奴役者的权利，以及一种在居于从属地位的俘虏社群中共享的实践……自由（freedom）是一种本体论上的地位——只有个人或集体（或许还有神）才能创造出自由"。[12] 换句话说，无论是华盛顿还是林肯，作为压迫性国家（oppressive state）的元首，都不曾有资格将自由"授予"（grant）那些他们所压迫之人。

将"北美革命"及其领导人认定为自由（liberty）与自主（freedom）的推动者，这种观念抹杀了被压迫者在创造历史过程中的作用。历史不是一系列单一、孤立的事件。历史也不是仅仅由统治阶级的突发奇想所决定的。美利坚例外主义严重依赖于这样一种观念，即这个国家的统治精英直接萌芽于反对英国王室的民主斗争。这有效地将非洲人所受之奴役在合众国形成过程中发挥的作用最小化，并切断了这段历史与美国黑人在当今美帝国主义下继续遭受的压迫之间的纽带。因而，在今天争取社会正义的斗争中，我们决不能忘记"有关自主（freedom）、自由（liberty）、个人权利和财产的西方观念都与对被种族化之他者的奴役有着深刻的联系"。[13]

通过传播美国具有特殊属性的信息，美利坚例外主义及其起源神话保护了美国的种族主义权力结构。这套叙事声称，作为一个共和国，美国不受王室利益的限制，也不因国家权力的家族继承而被削弱。然而，这个声称要赋予所有公民自由（freedom）的共和国，却不得不面对这一民族国家的立国价值与驱使其走向"独立"的阶级利益之间的矛盾，这一矛盾在今天的严重程度丝毫没有衰减。正如安吉拉·戴维斯（Angela Davis）等人所指出的那样，宪法第十三修正案规定奴隶制是一种犯罪，但作为刑事指控的惩罚除外。[14] 无论是内战后《黑人法典》（Black Codes）将奴隶劳役作为制裁的刑罚体系，还是当今被许多活动家视为"新吉姆·克劳"或"监狱奴隶制"中心的监禁制度，在第十三修正案确立之后，刑事奴役仍然合法，这对黑人的生活造成了严重的后果。[15]

如果不对美国例外主义和清白论的框架进行一番分析，就无法真正理解对美利坚帝国之当下结构有如此根基性意义的奴隶制死后生命。自由与自主的美利坚美德被绑定到起源神话上，以帮助将人们的注意力限定在美利坚迁居殖民工程的适应性和可变性上。即便有时白人至上主义和私有财产的利益被归结为支撑这项工程的根基，但它们却几乎未曾受到质疑。大卫·奥辛斯基（David Oshinsky）关于重建政策在密西西比州遭遇之强烈抵抗的论述表明，虽然解放（emancipation）运动保护了黑人自由人免受奴役和强迫劳动，但它绝不能保证实现社会和政治基础上的平等。[16]"被解放的"（freed）黑人继续经历着奴隶制的死后生命。通过白人治安维持会恐怖活动的扩散，"吉姆·克劳法"和《黑人法典》的制定使得大多数黑人在美国刑法体系内外都处于被束缚的状态。

在 21 世纪，美国黑人的境况仍然风雨飘摇。种族关系和白人特权是许多大学校园讨论的一贯主题。"黑命攸关"运动使得此等讨论扩大到了全国范围。群众运动从而能有机会将奴隶制的死后生命放在适当的语境当中。此等语境能够击碎美国的起源神话，应该得到广泛的讨论，以使更多的活动家和学者发现有必要清晰地设想一个新的、更公正的社会秩序。例外而清白的美利坚民族国家想要让我们相信，奴隶制是一个我们为之深感遗憾的过去了的事件。但是，如果把奴隶制作为一种支配形式而不只是一种经济安排来看的话，那么它就不属于过去，而是仍然存活于今天。并且，奴隶制也并非一个事件，它是一种结构（structure）——这种结构形成了这个国家何以成为美国的基本内核。即使在所谓的"解放"之后，卡尔文·沃伦（Calvin Warren）写道："恐怖的形式可能会改变，但恐怖的必要性和昭然性依然存在"。通过援引弗朗茨·法农和霍顿斯·斯皮勒斯的作品，他补充道："在恐怖战术和战略层面的变化并不是进步或者自由"，相反，"它是形而上层面的大屠杀（metaphysical holocaust），'其对自身的呈现可以有无数种伪装'"。[17]

美国起源神话尤为遗毒无穷之处在于，它掩盖了刺激迁占者从伦敦独立出来的真正动机。这些动机，再加上当时塑造世界政治的历史背景,表明迁占者的反叛并非一场革命,而是针对废奴浪潮的一场反革命(counterrevolution)。正如杰拉尔德·霍恩(Gerald Horne)所解释的那样,"北美革命"的根源在于13个殖民地之迁占者希望维持奴隶制的愿望:

> 伦敦基于对非洲人大规模奴役所创建的殖民工程具有内在的不稳定性——其时,这些非洲人可能受到毗邻之西班牙殖民地的吸引并造成严重破坏。并且伦敦也无法通过建立一个由自由黑人与混血儿组成之缓冲阶层来防备可能面临的惨败。也就是说,在1763年之前,大陆迁占者深深陷入对黑人暴动与(尤其是来自西属佛罗里达抑或法属加拿大的)外部入侵相结合的恐惧当中;此后,在一些殖民者看来,尤其是当废奴主义情绪在伦敦日渐高涨之时,黑人暴动将会与(英国)红衫军(其中很多人有着乌黑的肤色)对殖民地反抗的扼杀结合起来。[18]

于是,一系列历史事件助涨了美国走向"独立"的动力。对英国统治的反叛,归根结底是为了反对伦敦初露端倪的废奴趋势,以维持奴隶贸易。被从家园掳掠而来并在大陆殖民地和加勒比海地区遭受奴役的非洲人很容易发生叛乱。西班牙和法国利用这一优势,武装非洲人和原住民反对伦敦的统治。这造成一种内外敌人联手的危险局面,有可能使伦敦的大陆殖民地陷入政治和经济危机。18世纪中后期,随着伦敦武装非洲人和寻求逐步废除动产奴隶制(chattel slavery),大陆殖民地的种植园主和商人资产阶级开始将伦敦视为其生存的威胁。"建国之父"试图通过以共和制国家的形式创造一种完美"白人性"(whiteness)的方式来消除这种威胁。它将通过授予所有阶层的欧洲移民（此时皆被视作"白人"）权利和特权来实现这一目标，以保护奴隶主阶级免受迅速增长之非洲人口的影响——到1776年，南卡罗来纳等重要殖民地的非洲人口数量已超过白人迁占者。[19]

1772年萨默塞特案（Somerset case）加深了迁占者对伦敦的怨恨。詹姆斯·萨默塞特（James Somerset）原本是弗吉尼亚州的奴隶，在从海上逃到伦敦后，英国法院给予了他自由。这一裁决在母国本土有效地使奴隶制非法化。迁占者担心他们的1600%、有时是1700%的利润率可能会被伦敦的废奴主义剥夺，他们别无选择，只能从联合王国的旗帜之下脱离出来。[20] 1776年之前的数十年里，英格兰为维护加勒比地区的殖民财产而武装非洲人，在殖民地巩固了这样一种观念，即留在王室的旗帜下就要忍受与大陆迁占者强加给非洲人的同等的那种奴隶制。作为迁占者镇压非洲人反叛之无休止斗争的关键武器，已历经数十年制度化的白人至上主义，乃是"北美革命"最初爆发的最核心原因。

如果1776年或此后都没有发生革命，那么北美殖民工程的根基将原封不动地保留下来。正如塞蒂亚·哈特曼所解释的那样，"赔偿诉求经常会被否定成是抱怨、嫉妒和社会进步的障碍。而抓住过去乃是对当前境况表达失望，并对这种经常性否定加以反击的一种方式"。[21] 历史上的教训对于铸造成功的运动以改变奴隶制的诸种条件至关重要——在历史上，这些条件一直是美帝国主义发展的关键。美利坚例外主义和清白论，及其进步修辞，使得人们更容易否定或驳斥哈特曼所说的"奴隶制的持久遗产"。"通过这样做"，她继续道，"过去（之于现在）的遥远性和不相关性得以确立起来。由于这种姿态，基于这段历史及其持久遗产的赔偿要求被剥夺了资格，并被贬低为荒谬或令人费解的，一些保守的批评家甚至将这些要求诋毁为种族主义行为"。[22] 事实上，声称美国的生活方式是最优越的社会组织形式，或者说奴隶制是过去时代的事物，这种主张无视了"倾斜的生活机会、有限的医疗和教育资源、过早的死亡、监禁和贫困"——这些问题自这个民族创建伊始就一直困扰着黑人在美国的生存境况。[23]

埃里卡·加纳（Erica Garner）的故事是奴隶制遗产对美国黑人境况之不良影响的一个例子。2014 年，埃里卡的父亲埃里克（Eric）被纽约警方勒死。他在生命最后时刻的一声"我无法呼吸"，推动了包括他女儿在内的大批美国黑人上街抗议。种族主义警务体制根植于 17 和 18 世纪在这个国家流行的奴隶巡逻队。埃里卡·加纳本将成为反对这一体制的倡导者。然而，她的生命在 2017 年被切断，27 岁的她在圣诞节前夕心脏病发作，六天后去世。在去世前，埃里卡曾告诉媒体，"这个体制将你击倒在地"。她的说法集中体现了奴隶制死后生命在真实世界中的后果。奴隶制遗产损耗、击倒并杀死了埃里卡·加纳。今天，美国黑人不仅更有可能被警务力量谋杀、陷入贫困以及不成比例地被监禁，而且这些境况带来的压力导致了其在这个国家诸多被种族化群体当中的预期寿命最低。出于这些原因，克里斯蒂娜·夏普（Christina Sharpe）邀请我们"重新思考，成为一种被置于日常密切接触之暴行当中的（黑人）后奴隶制主体（post-slavery subject）——据说此等主体已然或者正在从（尚未真正逝去的）奴隶制过去当中幸存下来，拥有了某种像是自由（freedom）的东西"——意味着什么。[24]

埃里卡·加纳还提醒我们，如果不承认非洲人的抵抗在历史创造中的核心地位，就不可能充分理解奴隶制及其与现代美帝国主义下美国黑人的持续关系。反废奴主义的革命是由世界上所有存在奴隶制之地被奴役者的反抗引发的。加勒比海地区和北美大陆英属殖民地的奴隶所领导的反抗，最终为伦敦向废奴的缓慢败退创造了条件。尽管有流行的论述说英国政治家是如何被令人信服的道德论点所左右而主张废除奴隶制的，但骆里山在她的《四大洲的亲密性》(The Intimacies of Four Continents) 一书中却提出了相反的观点。她表明，这些"自由主义的废奴主张对于《奴隶贸易法》(Slave Trade Act) 和《废除奴隶制法》(Slavery Abolition Act) 之通过的重要性，不如被奴役人民自己的剧烈反抗和日常实践"。[25]因此，殖民列强并非出于内心仁慈而终止奴隶贸易。他们这样做乃是出于，面对那些被他们如此残忍地用铁链锁住并逼迫从事无薪劳动之人无休止的抵抗，为保护殖民财产的需要。

黑人对奴隶制死后生命的反抗也是美帝国主义历史上的一个永恒的主题。事实上，正如西尔维娅·弗雷 (Sylvia Frey) 所展示的那样，美国和其他国家的黑人社群之间的泛非主义和国际团结早在美国建国之时就已经开始了。[26] 弗雷写道："北美革命时期的非裔美国人在泛非主义奠基的浪潮中发挥了重要作用"。他们不仅帮助"创造和传播了一种由失去家园的集体记忆所统一的流散侨民意识"；他们还"含蓄地援引了白人革命者所倡导的不可剥夺的革命权利，从而建立了两种不同的种族建设进程，一种是非暴力的，另一种是革命性的"。[27] 在取得形式上的解放 (formal emancipation) 后，从重建时期到黑人解放 (Black Liberation) 的社会运动也在为打破白人至上和阶级压迫的枷锁而不懈奋斗。我们必须扪心自问，为什么有那么多像赫尔曼·贝尔 (Herman Bell) 这样的前黑豹党成员仍在监狱的围墙后。这些运动和他们的领导人面对着来自美帝国主义政权的反击，此等反击类似于促生"北美革命"的对于英国王室之殖民主义的反击。对于反黑人种族主义和私有财产的保护一直支撑着对黑人反抗的镇压。关于美国拥有例外之民主并致力于自由的支配性叙事，为全国蒙上了一层眼罩，使人们无法看见规制黑人生活的不民主制度。

当"黑命攸关"运动在 2014 年兴起以挑战执法部门对美国黑人近乎一日不落的杀戮时，活动家和社群成员正面挑战了美国例外主义和清白论的持久力量。部署特警队和军事化警力占领弗格森（Ferguson）街道以镇压反抗的做法，只是加剧了因谋杀迈克尔·布朗之警察被免于起诉而引发的愤怒。与此同时，奥巴马政府呼吁"法律和秩序"，并谴责抗议者的"暴力"。"黑命攸关"运动的活动家和组织者很快就明白对于美国例外形象的维护优先于他们对正义的要求。美帝国主义认为警察实施私刑合法的反应表明，事实上是美国黑人的反抗扰乱了这一制度，而不是私刑本身。

奴隶制的死后生命实际上是一场反革命的死后生命，这场反革命致力于维护既成的奴隶体制。这场反革命创造了一个特殊的民族，即美利坚民族。以前没有任何其他类似的民族存在过——但并非出于美国例外主义叙事中所罗列的（进步性）原因。美帝国主义的根基在于对原住民的种族灭绝和对非洲人的奴役，这使得美帝国主义不仅是一个拥有与众不同之繁荣的体系，而且也是一个对大陆内外被压迫人民的生活具有与众不同之危险的体系。从对被压迫者的奴役当中铸就独立的殖民者，并未止步于独立，而是打着白人优越性和资本积累之旗号继续谋求向更远、更广之境地扩张。他们对利润的渴求使得迁占者殖民主义的资本主义事业永远有必要持续扩张下去。为了这些利益，地球上的所有角落及其居民都遭受了掠夺。因此，后解放（post-emancipation）时期的黑人抵抗运动依靠与非洲、亚洲和拉丁美洲的运动结成全球联盟，以加强黑人在美国本土争取自由的努力。这让人联想起被奴役者为抵抗北美大陆的殖民事业而与西班牙和法国殖民势力结成的联盟，这样一种抵抗是英国殖民者极力想要通过脱离英国王室加以阻止的。历史上暗流涌动的诸种国际联盟运动，以及像"黑命攸关"运动与巴勒斯坦之间那样如今新兴起的团结努力，或许可以作为路线图指引我们通往墓地，在那里一劳永逸地埋葬奴隶制死后生命（稍后会有更多论述），以及保护它们的美国例外主义意识形态。

第四章
美国果真拯救了世界吗？
——关于第二次世界大战的记忆与错误记忆

> 美利坚例外主义概念被用于为以下这些实践提供正当化论证：英国殖民地在北美的迁居和扩张、美国作为一个独立国家的创建、美国在整个大陆的领土扩张以及美国军事和政治力量在全球的扩展。在第二次世界大战之后……美国霸权地位日益提高这一事实被视为其赖以按照自身形象重塑世界之固有优越性、进化"健全性"的证据。
>
> ——泰勒·斋藤[1]

> 我的国家和同胞已经摧毁并正在摧毁成千上万人的生命，但他们不知道也不想知道，这就是我要指责的、他们所犯下的罪行，对此，我、时间和历史都永远不会原谅他们。
>
> ——詹姆斯·鲍德温[2]

到1840年，美国资本主义经济已成为一股增长迅速的世界级力量。工业的快速发展得益于从对原住民的种族灭绝和对非洲人的奴役中获得的巨大利润。资本主义下的利润从来都不是平均分配的，因为这将否定这个体制本身的目的。这在美利坚共和国也同样适用。土地掠夺和奴隶制的战利品主要归于土地投机者、银行家、实业家（industrialists）以及任何当时服务于这些群体利益的政党所有。凡是没有被美利坚共和国豪奢的强盗大亨们收入囊中的利润，都被用于在北美和世界各地进一步的工业扩张当中。

军事冲突构成了 20 世纪早期至中期大部分时间的重要特征；当陷入此等冲突之时，世界已然迥异于以往。西方世界的资本主义发展助长了更强烈的殖民扩张动力。帝国主义（imperialism）已经不仅仅是对帝国（empire）的追求，它成了一套社会体系；在这套体系当中，对卡特尔、银行和垄断者的持续利润而言，帝国主义国家之间如何划分世界至关重要。西方资本主义国家在欧洲、非洲和亚洲的利益竞争导致了第一次世界大战。美国资产阶级从帝国主义对世界的划分中获益，逐渐为自己的帝国奠定了基础。当欧洲争相在亚洲和非洲进行殖民时，美国开拓事业则入侵了其边界以东、以西、以南三面的土地。美帝国将法属路易斯安那、墨西哥和南美洲的大片领土都纳入了其经济和政治支配之下，等待着有朝一日能够与老牌欧洲帝国竞逐天下。

正如对原住民的种族灭绝和对非洲人的奴役为欧洲帝国奠定了基础一样，美国得以跻身帝国主义列强依靠的也是国家暴力。在预设了美国文明优于墨西哥、波多黎各和菲律宾"落后"人民之文明的同一面"昭昭天命"的旗帜下，无数人被杀害。门罗主义宣布南美洲是美利坚共和国的延伸，从而赋予美国政府"保卫"南美洲国家和人民免受欧洲殖民的权利。于是，美国例外主义进行了调整，以适应那些视扩张为维系美国生活方式必要前提之美国政客和商人的全球野心。

美国例外主义意识形态当中固有的救世主情结转而被用以正当化美国对于世界上原属欧洲殖民范围之国家与地区所采取的管控。美国在海外的影响力不仅能保护美国人民的利益，还能保护生活在全球各个角落之民众的利益。根据美国的政治和经济体制而确立起来的美式民主是一种注定要统治世界的文明秩序。事实上，早在1780年，诸如托马斯·杰斐逊之类富有而知名的美国人就把美利坚民族国家说成是一个"自由帝国"。这个帝国将在全世界传播自由和民主，就像在其最初的殖民边界内将这种美德带给非洲人和原住民一样。

也许没有哪个历史事件能像第二次世界大战那样，与美利坚"自由帝国"这一概念如此紧密相连。第二次世界大战使美国成为世界上唯一的超级大国。美帝国主义在这次战争中的绝大部分时间里都在发展世界上技术最可怕的军事力量，与此同时，以国内生产总值（GDP）衡量，美国成为最繁荣的经济体。在布雷顿森林协议（Bretton Woods Agreement）下，美元成为全球交易的主导性货币。法国、英国、德国等欧洲列强放弃了对许多殖民地的控制，将其让渡给反殖民势力。然而，许多新独立的国家都在事实上落入了一个新主人的殖民统治之下，那就是美国。超级大国的地位使美国体制获得了同时战胜"大萧条"与"法西斯主义"进攻的荣誉，为美国例外主义叙事提供了很大的可信度。

美帝国主义在第二次世界大战中所扮演的英雄形象，在战争结束后的半个多世纪里经久不衰。在此期间，这场资本主义帝国之间的大冲突被知名历史学家、学者和精英阶层人士描绘成"善"与"恶"的斗争。一边站着以美国军队为首的"民主制"的裁决者。另一边站着德国、意大利和日本领导的"法西斯主义"的裁决者。这种论述声称，民主制占了上风，使得这场战争不仅是必要的，而且是"善的"。据称，美国决定参与这场战争，使它成为拯救世界、让这个世界摆脱法西斯主义和野蛮暴行之幽灵的力量。

二战期间，美国高超的战争技艺给美国民众灌输了一种深刻的爱国主义意识。作为美利坚例外主义的一个关键支柱，爱国主义受到美国在当今世界所占据之经济和军事霸权地位的强化。美国毋庸置疑的支配地位预示着一个由军事优势和"新政"（New Deal）政策带来的黄金年代（Golden Age）。作为美国资本主义经济全球支配性地位的结果，美国工人亲历了工资的增长和生活水平的提高。然而，虽然黑人、原住民和移民等社会阶层所经历的贫困境况依然存在，但在笼罩全国的爱国主义和保守主义狂热中，这些境况被粉饰起来而无从展现。

第二次世界大战是展现美利坚例外主义如何让历史记忆脱离物质现实进而对其进行塑造的典型事例。换种说法，美利坚例外主义和清白论不仅是观念，还是武器。美国优越性的概念掩盖了美国政策的现实，从而使我们无法真正理解设计出此等政策的体制。美国例外主义和清白论是相互联通的，因为将美国假定为"自由帝国"和"民主制"裁决者神化了美国的存在，并免除了美国对于所犯罪行的责任。正如丽莎·米山（Lisa Yoneyama）所言，这种叙事对于当下美国战争的制造起着至关重要的作用：

> 我认为，在军事入侵和占领伊拉克期间，美国犯下如此多的战争罪行，尤其是那些在亚洲犯下的，之所以仍然未得到补救，其原因可能在于这样一套东西——称之为关于"解放和恢复"（liberation and rehabilitation）的美帝国主义神话或许最为恰当。根据这一神话，对于军事暴力造成的灭失和损害，因为这些暴力是为解放被干预国人民所必需的，所以其造成的损害应被视为已经获得了预先赔偿。这种把暴力和解放都说成是"给被解放者之礼物"的神话，对于美军暴力的可赔偿性有严重影响。被解放者受伤和被侵犯的身体……根据这种关于债务的话语，似乎不需要赔偿，因为据信在对他

们施行暴力之前对他们的解放已然被作为一种支付/补偿。这种债务经济……是体现殖民不公（colonial injustices）的不可赔偿制度得以维系的原因。[3]

因此，被作为美国民族身份特质的自治（freedom）、民主和自由（liberty）观念，其实是揭开笼罩美国参与二战实情之清白与高贵面纱的巨大障碍。

正如所有美国战争一样，美国参与第二次世界大战的情况远比学校和媒体普遍教授的复杂。对于主流圈子以外的人们追忆二战的方式，读者可能会感到些许不安。毕竟，当被要求为自己国家的"伟大"辩护时，美国例外主义者似乎总是会绕回二战。那么，为什么会有那么多美国人仍然放不下美国拯救了世界的观点？也许这也反映出一项事实，即美国无法宣称自己在任何其他战争中发挥了任何积极作用。此外，美国还有一个优势，就是在二战后不久就成为最繁荣的资本主义经济体。这让人们兴奋不已，这种情绪让他们觉得这种情况可能再次发生。另外，相信你的国家在世界上是一股为良善而战的仁慈和解放的力量，而不是一个为促进其战略和经济利益而参与（和发动）战争的帝国主义国家，要容易得多。当然，这并不是否认战场上的士兵个体可能抱持着道德高尚的动机而参战。而是要说，美国可能不像我们曾经想象的那样仁慈、例外或清白。

首先，我们最好记住艾梅·塞泽尔（Aimé Césaire）的著名观点，即西方国家从来没有想让德国成为敌人，只是在希特勒"对欧洲实行殖民主义程序之后才对纳粹政权发动了战争；在那之前，这些程序是专门适用于阿尔及利亚的阿拉伯人、印度的'苦力'和非洲的'黑鬼'的"。[4] 换句话说，当此等邪恶行为是针对奴隶和被殖民者施加之时，美国及其西方盟友看到之后并不感到困扰——尤其是当美国也是此等暴力的施行者之时。相反，只有当帝国主义暴力是针对他们自己的由白人统治的西方国家"大家庭"（family）之时，它才会成为一个问题。

虽然我们倾向于认为美国的"自由之地"（land of the free）与希特勒的种族主义政权有着显著不同，但事实却分外令人不安。美国法律体系的白人至上主义根源从意识形态上为德国纳粹主义的崛起提供了巨大的灵感。在《希特勒的美国模式：美国和纳粹种族法的形成》（Hitler's American Model: The United States and the Making of Nazi Race Law）一书中，耶鲁大学法律史学家詹姆斯·惠特曼（James Whitman）指出：

> 正如纳粹分子经常指出的那样，在20世纪30年代，美国处于种族主义立法的最前沿，出台了一系列移民和归化法律。1924年《移民法》的出台标志着此类立法的高潮。这些法律以基于种族的"民族起源"（national origins）表格来限定进入美国的条件。希特勒在《我的奋斗》中称赞的正是美国基于种族的移民法……并且在他之后的主要纳粹法律思想家也反反复复、滔滔不绝地给出了同样的称赞。美国在为黑人、菲律宾人、华人和其他人创造法律上和事实上的二等公民身份形式方面也走在前列；这也是纳粹非常感兴趣的，因为他们正忙于为德国的犹太人创造其二等公民身份形式。[5]

于是，美国的这种独特能力，即通过诸如在制度层面将黑人与白人隔离、将美洲原住民从其故土强制迁出以及在国家层面对移民的歧视性待遇等政策将种族主义编入法律当中，为德国法西斯纳粹运动提供了巨大灵感。

　　白人至上主义只是将所谓的民主美国与法西斯德国联系在一起的诸多纽带之一。在阿道夫·希特勒对德国工会和共产主义者的镇压及摧毁苏联之总体目标的吸引下，美国许多最强大的企业利益集团对德国法西斯政权给予了关键的支持。通用汽车、福特和新泽西标准石油公司（埃克森）只是美国主要垄断企业当中投资纳粹德国经济和军事发展的几个代表。据估计，到珍珠港袭击事件之时，美国在纳粹德国的投资额达 4.75 亿美元。[6] 并且乔治·W. 布什的祖父、银行家普雷斯科特·布什（Prescott Bush），以及知名实业家亨利·福特为希特勒崛起提供了决定性的财政支持。[7] 直到 1941 年，纳粹主义不仅被视为一项有利可图的投资，而且还被视为一道抵御苏联的屏障。

　　美国在 1941 年加入第二次世界大战。流行的叙事宣称，美国参战是为了应对日本对珍珠港的偷袭以及德国随后对美国的宣战。这种说法有很多问题。举个例子，美国的垄断企业从战争开始就已经在支持德国和英国这两个最大的参与者。虽然美国对德国的经济投资在 1941 年之前就逐渐减少了，但与英国的经济活动却通过租借计划（Lend-Lease program）迅速增加。在美国垄断企业强化英国军事力量的过程中，这项政府计划为它们提供了补贴的合同。到 1945 年，美国对英国的军费支出达到 450 亿美元。[8]

　　美帝国主义之所以开始断绝与德国的关系，并非出于某种维护"自由世界"免受法西斯主义侵害的渴望。事实上，正如《时代》杂志所指出的那样，许多美国精英在早期支持德国，寄希望于纳粹主义能够成为"抗击布尔什维克主义的解药"。[9] 诸如赫伯特·胡佛（Herbert Hoover）、亨利·福特、通用汽车的詹姆斯·穆尼（James Mooney）等知名美国精英都支持希特勒，希望他的领导能够摧毁苏联模式。1917年,在一场反对沙皇统治的人民革命中,苏维埃联盟被创建起来。它的社会主义模式给美洲和欧洲世界的私有财产所有者及其控制西方生产的垄断企业和公司带来了噩梦。他们担心,这种模式会蔓延开来,并且私有利润的统治将会处于日渐增长的危险当中。直到1941年,当希特勒的纳粹政权显然无力摧毁苏联之时,美国才试图将其投资分散到在与德国的战争中陷入困境的英国头上。

此外,对于珍珠港袭击事件的发生,美帝国主义的挑衅和刺激在其中发挥了主要作用。美国官员不仅知晓日本的袭击计划,美国政府还持续通过经济制裁和海军挑衅不断升级在太平洋地区与日本之间的紧张局势。罗斯福政府希望日本上钩,日本最终也确实如其所愿。正如米山所言,"冷战时期产生的'好战争'(good war)叙事所刻画的记忆是,美国为了把包括日本人在内的亚太地区人民从日本野蛮的军国主义和种族落后性当中解放出来而打了一场正义的战争"。[10] 但是,美国求战的目的不是要解放日本,而是因为希望东亚地区的宝贵资源能在不久后归美国所有才阻止日本殖民该地区。只有出现被攻击的情况,美国军队才能在无须被迫放弃其所谓"中立"立场的情况下介入战事。

然而,美国精英们失算了;当希特勒在1941年12月11日不顾一切地向美国宣战时,他们被拖入了欧亚战事当中。希特勒希望通过向美国宣战能够说服日本与德国一起消灭苏联。突然间,美国发现自己与宿敌苏联以及其他同盟国站到了一边。这个同盟并非基于原则,而是基于便利。美帝国主义希望德国和苏联互相摧毁。到美国全力参战之时,它的目标只有一个:在英国的支持下,为了美国垄断企业的利益重新设计世界。

战争期间发生的两件大事凸显了美帝国主义的真正动机。首先，1945年英国皇家空军对德国德累斯顿的火力轰炸造成的死亡人数逾30万，其所使用的主要是美国轰炸机。[11] 虽然德累斯顿在战争中并不是一个重要的战略要地，但轰炸的目的是为了向苏联展示美英的军事能力。对德累斯顿的火力轰炸，是美帝国主义利用参战达到维护"民主"、反对新生法西斯主义以外目的的一个典型例子。

其次，经常有人赞誉美国对日本广岛和长崎使用原子弹的操作一劳永逸地终结了第二次世界大战。美国对这些城市的核轰炸烧死了10多万人，核弹对人们造成了长期的伤害。美国当局认为轰炸对迫使日本投降是必要的，当时军方的几位成员却不这么认为。美国陆军航空军部队总司令亨利·"好事将近"·阿诺德（Henry "Hap" Arnold）* 在1949年的回忆录中写道："在我们看来，无论有没有原子弹，日本人都已经处于崩溃的边缘。"罗斯福总统的参谋长威廉·莱希（William Leahy）上将证实了阿诺德的看法，他说："在广岛和长崎使用这种野蛮的武器对我们的抗日战争没有实质性的帮助。日本人已经被打败，准备投降了。"但炸弹还是投下了，直到今天，没有一位美国总统为炸弹或战争造成的损失道歉，没有向广岛人民道歉，没有向长崎人民道歉。而直到1988年，联邦政府才向战争期间被关押在美国集中营的日裔美国人正式道歉。[12]

美国例外主义和美国清白论使得对日本使用核弹背后的现实成为一种为了给残酷的世界大战带来持久和平而"必要的恶"。支配性叙事假定了美国是二战中的例外性角色，因而其对独裁的"日本鬼子"政府发动生物战也是正当的。然而，就连主流历史

---

* "Hap"为该人昵称，源于其日常面部表情通常看似将要露出微笑，因此将其译为"好事将近"。——译者注

学家也就美国对日本使用核武器的英雄主义论证提出了质疑。许多历史学家都提到,美国是在利用炸弹恐吓苏联,为冷战做准备。[13] 这一点尤为重要,因为如果没有轰炸,日本人也很可能投降。历史学家最近得出的结论认为,最终迫使日本投降的是苏联放弃了对日中立的决定,而不是只会给这个被常规战争严重摧残之国家增加更多损害的两枚核弹。[14] 使用核武器最终发挥的作用更多是服务于美帝国主义更广泛的战略利益,而非结束战争。

41　　第二次世界大战的真实情况揭示了美国例外主义在多大程度上影响了历史被教授和记忆的方式。在美国,很少有人被允许了解美国企业与德国纳粹主义之间的联系,也很少有人看到美国白人血统至上主义与欧洲法西斯主义的兴起有关,更少有人能够回忆起冷战序幕中在德累斯顿和广岛等地被杀害的数十万人。美国社会的统治者从参战中获得了巨大的利益,并利用美国例外主义理念来掩盖他们的帝国主义野心。尽管苏联以 2700 万苏联人的生命为代价,在击败纳粹德国的过程中发挥了主导作用,但美国还是强行把自己塑造成了第二次世界大战的英雄。美国在第二次世界大战中扮演英雄角色的幻象,为针对帝国主义所面临之国内外挑战的一套美国永久战争议程铺平了道路,同时强化了美国实际上是一个例外的、民主的国家的观念。这就是"好战争"神话带来的所有益处。

第五章
朝鲜战争：一场在美利坚例外主义
迷雾中被遗忘的无尽战争

> 我们知道，我们不能一只脚站在和平的立场上，而另一只脚站在战争的立场上。
>
> ——埃斯兰达·罗伯逊[1]

> ……借着维系西方文明的名义，100万朝鲜人在我们手中被杀死、残害以及流离失所。同所有蛮不讲理、侵略成性的帝国主义军队一样，美军的所作所为无异于野兽。不论在三八线以北还是以南，他们都蔑视朝鲜人民，唤之以污秽的称号，强奸他们的妇女，对老年人和儿童颐指气使，并在背后射杀囚犯……
>
> ——保罗·罗伯逊[2]

就任美国第45任总统之后没多久，唐纳德·特朗普就迫不及待地加剧了与朝鲜民主主义人民共和国（即许多美国人熟知的"北朝鲜"）之间的紧张关系。美国媒体、军方和政治官员指责朝鲜试验了具有到达美国海岸能力的洲际弹道导弹（ICBM）。特朗普对朝鲜领导人金正恩进行了谩骂侮辱，称这位国家元首是"疯子"和"火箭人"。金正恩反击称特朗普为"精神错乱的"领导人。新政府在朝鲜导弹试验问题上的口水战，助长了以加强针对"流氓政权"的制裁和军事演习为形式的战争挑衅。

朝鲜和邻国韩国以走向和平的举措回应了特朗普的好战挑衅。这始于2018年平昌冬奥会期间,当时两国领导人同意组建一支联合的女子冰球队。随后的几个月里,朝鲜、韩国和中国三国领导人进行了多次会谈。朝鲜邀请特朗普于2018年3月与金正恩会面。特朗普接受了邀请,展现出政策导向上的惊人逆转。当峰会最终在当年6月举行时,特朗普同意停止美韩联合军事演习,以换取朝鲜的无核化,踏出了向和平迈进的一步。

然而,企业媒体和整个统治阶级却对这次峰会有不同的看法。民主党人和共和党人都对朝鲜遵守协议的意愿表示不信任。企业媒体抨击特朗普与美利坚民族国家的死敌金正恩会面。金正恩被描绘成一个不值得美国总统"惠顾"的疯狂独裁者。这样的报道证明,企业媒体和两党主流对朝鲜的鹰派态度丝毫不逊于特朗普。

美国统治阶层对金正恩的敌意是美国民间固有倾向的延伸,这种倾向惯于将美国领导人和朝鲜领导人置于心智状态上对立的两端。一边是肩负着在全世界促进民主重任的例外的美利坚民族国家;另一边是朝鲜,它是美式民主制的对立面。朝鲜被描述为一个贫穷和日益危险的拥有核武器的"政权",而美国及其韩国盟友则被描述为朝鲜必须效仿否则就会面临恶果的成功故事。自哈里·杜鲁门以来,无论是将朝鲜纳入所谓"邪恶轴心"范围的乔治·W. 布什,还是威胁朝鲜"不顾一切地追求核武器"将面临"恶果"的巴拉克·奥巴马,每一位美国总统都在一定程度上坚持这种叙事。[3]

如果不记住那场"被遗忘的战争",也就是1950—1953年的朝鲜战争,就无法充分理解美国例外主义在朝鲜和美国之间种种敌对行动中的作用。这场战争真正的起点其实是在二战终结时。

正是二战使得日本败于美军和苏军之手，日本的战败导致了东亚世界秩序的重构，遭到削弱的日本帝国被迫放弃了包括朝鲜在内的众多殖民地。二战也促成了美帝国主义及其战时盟友所主导的武器生产的迅速扩展。燃烧武器和核武器只是二战期间众多军事进步的一部分，这些进步将在美军入侵朝鲜的过程中发挥作用。权娜莹（Nayoung Aimee Kwon）写道，"在'朝鲜'，外来侵略者历来的操作都是，承诺马上或'在适当时候'授予它'主权'和'解放'，并以此为旗号对它进行事实上的支配。这种操作通常宣称，朝鲜理应被一股新力量从旧霸权下解放出来，重获'自由'。"[4]

当一个殖民国家被迫离开朝鲜时，另一个殖民国家带着明晃晃的枪炮迫不及待地冲进来。当一场全球战争结束时，另一场战争又开始了。第二次世界大战的压轴戏让位于"冷战"的开场戏。冷战源于美帝国主义对共产主义执迷不悟的极度蔑视。当时唯一一个建立在共产主义原则上的国家——苏联是美国事业无限制扩张的障碍。然而，尽管美帝国主义获得了世界经济和军事超级大国的新地位，但其统治者却面临着一个重大问题。这个问题就是，基于对封建农业的集体化、为消除失业以及为服务于人类需求而对私人生产的社会化，苏联在经济和军事上取得了迅速发展。苏联这一"工人国家"在二战期间打败法西斯的过程中起到了决定性的作用，在1945年后形成的世界新秩序中也不容忽视。让这一问题变得更为复杂的是，世界上人口最多的国家之一——中国在共产主义旗帜下发动的一场革命并于1949年取得了胜利。

对东亚失去控制、落入共产主义之手的恐惧，迫使美帝国主义统治者在朝鲜半岛发动战争。在1949年中国革命之前，美国与苏联谈判，同意对朝鲜实施国际"托管"，以确保红军不会与朝鲜共产党人和民族主义者并肩作战,将朝鲜从日本殖民主义者手中彻底解放出来。1945年夏,朝鲜被沿着三八线划分成两部分,北边由共产党委员会控制,南边由朝鲜地主、日本特工和美国军事顾问控制。尽管1948年成立的南朝鲜政府——大韩民国——将投票权限定在地主和纳税大户头上,但根据托管约定,在三八线划分之后五年内,朝鲜就能实现独立。然而,实际发生的却是一场美国领导的阻止朝鲜独立的战争。

1950年6月25日,朝鲜战争正式爆发。这场战争是一场以避免南朝鲜被共产党接管为目的、由美国领导的"警戒"行动("police" operation)。其中,美国的参与获得了联合国的批准。事实上,在1950年,三八线(通常称为非军事区,即DMZ)南北两侧的朝鲜民族主义者和共产党人都在向汉城进军,这促发了美国的入侵。然而,美国例外主义和清白论叙事从一开始就主导了对朝鲜战争的描述。那些对这场战争有所了解的人一直被引导相信美国军队的参战是为了应对邪恶的共产主义起义。近年来,朝鲜战争的起源神话遭到了反驳。新的研究主张,美国支持的南方游击队早在1949年就入侵了北方的村庄。[5] 这些证据支撑了这样的主张,即美国支持的南方政权极其不受民众欢迎,并且经常诉诸暴力镇压手段来应对民众的起义行动。正如蒂姆·比尔(Tim Beal)在谈到1948年抵抗大韩民国(南朝鲜)军队的济州岛起义时所指出的,多达"20%的人口被杀或逃往日本,岛上一半以上的村庄被摧毁。即使是军队也不能幸免于叛乱,第十四团……于1948年10月在港口城市丽水发动了兵变"。[6]

在1953年7月停战协定签署之前的三年里朝鲜爆发武装冲突当中,美韩联合的暴行进一步加剧。1950年秋天,中国的参战使得南北朝鲜经由共产主义实现完全独立的可能成为美国心头一个挥之不去的幽灵，杜鲁门总统一度宣称的"有限冲突"变成了一场由美国人主导的全面屠杀。然而战争中的大屠杀已经从美国人的记忆中被抹去。正如布鲁斯·康明思（Bruce Cumings）所言：

> 被遗忘的战争——1950—1953年的朝鲜战争——或许最好被称为"不为人知的战争"。关于这场战争，一个不可磨灭的事实是，从广泛和持续使用火力轰炸（主要是凝固汽油弹），到威胁使用核武器和化学武器，以及在战争最后阶段对于北朝鲜巨型水坝的摧毁，美国对北朝鲜发动的空袭具有非同寻常的破坏性。[7]

美国例外主义和清白论叙事在很大程度上使美国对朝鲜的入侵成为一场不为人知的战争。这些意识形态的关联性可以分为两部分。首先是对美帝国主义在三年侵略期间的野心和暴行的抹杀。其次是形成一套由美国统治阶级构思的将朝鲜人民非人化（dehumanize）的叙事。这两块组成部分中的任何一个都不能脱离另一个而单独存在，具有同等的重要性。

强加给朝鲜人民的恐怖行径及其背后的野心现已成为公开的记录，即便大多数美国人尚未对此有所认识。美国的联合空袭和占领合计杀死了300万朝鲜人，其中大部分死于凝固汽油弹和无差别杀戮。通过援引与乔·哈利戴（Jon Halliday）合著的《朝鲜：不为人知的战争》（Korea: The Unknown War）以及康拉德·克兰（Conrad Crane）的作品，康明思写道，朝鲜战争造成的损害相当严重，

> 在战争过程中……美国空军"在整个北朝鲜造成了可怕

的破坏。停战时的炸弹破坏评估揭示出，22个主要城市当中，有18个城市被炸毁的面积过半"。(克兰) 提供的一份表格显示，咸兴、兴南等大工业城市有80%—85%被毁，沙里院达95%，新安州100%，镇南浦80%，平壤75%。一位英国记者将这数千个被摧毁的村庄当中的一个描述为"由紫色灰烬堆积而成的低矮、宽阔的山丘"。1950年7月在大田战役后被俘至北方的威廉·迪安（William Dean）将军后来说道，他那时所见的大多数城镇和村庄都只剩下"瓦砾或被白雪覆盖的空地"。迪安写道，几乎他遇到的每一个朝鲜人，都有亲戚在某次轰炸中丧生。甚至温斯顿·丘吉尔在战争后期也不无动摇地告诉华盛顿，当凝固汽油弹被发明出来时，没有人想到它会被"泼洒"到平民身上。[8]

空军将军柯蒂斯·李梅（Curtis Lemay）在几十年后的一次采访中强化了这一评估，他说："在三年左右的时间里……我们烧毁了北朝鲜与南朝鲜的每一个城镇。"[9] 美国的空袭在朝鲜投下了63.5万吨炸弹和3万多吨凝固汽油弹，同时多次威胁使用核武器。[10] 在地面上，在美军督导下的南朝鲜军队对归属他们自己的那些暴行负有责任。金东春（Dong-Choon Kim）写道，从1950年秋到1951年春，约有1万名平民被韩国士兵杀害。[11] 南方的国家安全法将北方标记为"非国家"实体，不享有南方必须尊重的权利，因此，韩国各部门经常对政治犯施以酷刑，并将其埋在集体墓穴当中。

尽管朝鲜人民被迫生活在地下掩体中，但他们对全副武装的美国的入侵进行了英勇的抵抗，并在1953年7月迫使美国的入侵陷入僵局。这就引出了一个问题，即朝鲜战争在留下了如此大规模破坏结果的情况下，它是如何被遗忘的。问题的答案从那时起就一直驱动着美国的外交政策，并且根植于美帝国主义的种族逻辑。因为到 1950 年，二战后美国在世界舞台上的优越性已经深深地扎根于美国人的心里。随之而来的是这样一种信念，即美国是"善"的代名词，而共产主义是必须从世界上铲除的"恶"。来自苏联的日益激烈的竞争、1949 年中国新生的革命政权以及朝鲜的大规模动荡，都威胁着美国的霸权，并给统治阶级在国内外的反共遏制政策（俗称"红色恐慌"）提供了大量的目标。

在为劳工与黑人自由而斗争的激进组织者被贴上共产主义者的标签，以证明联邦调查局或三 K 党的种族主义和基于阶级的镇压是合理的同时，朝鲜人也受到了类似的反共产主义种族主义的支配。康明思解释说，反朝鲜情绪普遍渗透于美国生活的各个领域，特别是在媒体和军队中。诸如《纽约时报》之类的著名出版物和埃德加·约翰逊（Edgar Johnson）之类的"马歇尔计划"官员将朝鲜人描述为"狂热分子"、"野蛮人"和"疯狂的人"。[12] 美国军事官员接受的训练使他们将朝鲜人视为"古克"*，为构成战争期间美国军事政策鲜明特征的大规模灭绝行动提供了肥沃的土壤。反共产主义的种族主义不过是新瓶装旧酒，它源于美利坚民族国家根基中的白人至上主义和资本主义。而这个国家正是依靠对非洲人和流离失所的原住民民族进行非人化奴役才发展出足以入侵朝鲜的经济基础设施。

对朝鲜人民的非人化掩盖了战争的真正目的。披着美国例外主义外衣的反共种族主义使美国人团结在美国军队及其所服务的

---

* 该词系对"gooks"的音译。Gook 作为名词用来指代外国人，尤其泛指亚裔，有明确的冒犯意味。关于该词具体实指和起源众说纷纭，但各种资料的共同意见是，该词产生于美国对海地、菲律宾、朝鲜、越南等国的侵略战争中，被用于将被侵略对象非人化，以正当化其帝国主义侵略行径。——译者注

企业利益周围。美国统治阶级希望阻止共产主义在东亚的发展，以便该地区仍然能够为美国垄断企业和公司利润"敞开大门"。日本是这一安排中的关键角色。它在第二次世界大战中的失败使美国占领该国，并由美国官员对其军事和经济政策进行指导。1947年，国务卿乔治·马歇尔（George Marshall）向其继任者迪安·艾奇逊（Dean Acheson）施压，要求他"起草一份政策计划，以组建一个明确的（南）朝鲜政府，并将……其经济与日本的经济联系起来"。[13] 因而，为了确保日本的经济和军事发展，以将其作为堡垒来抵御共产主义像野火一样在该地区不受控制地蔓延，朝鲜战争乃是一个必要条件。

在南北政权同意停战近70年后，朝鲜仍然处于美国战争的十字瞄准线上。朝鲜在经济上一直被美国实施的制裁扼住咽喉。超过4万名美国军事人员在南朝鲜非军事区（DMZ）沿线执行常规军事任务。[14] 日本、关岛和夏威夷也被占领，有超过10万美军驻扎在装备有B-52轰炸机等致命战争武器的军事基地。尽管"特朗普-金正恩峰会"取得了一些进展，但仍未签署和平条约，因而，作为"热冲突"的朝鲜战争今天仍在继续。如今，美国正在全球范围内领导开展一项泛化的无尽战争工程，在此背景下，这场特殊战争的持续存在意味着，在1991年苏联解体几十年后，朝鲜继续被错误地描述和遗忘在"冷战"的阴霾中。

而且，由于美帝国主义现在拥有与20世纪社会主义阵营崛起时相同的利益，北朝鲜发现自己作为意识形态战争的目标，与朝鲜冲突期间并无不同。北朝鲜被描述为一个极权主义的警察国家。朝鲜战争中的种族主义修辞，比如"古克"一词和对于朝鲜公民"被洗脑"和顺从的嘲讽，在美国媒体和政治中无处不在。美国人几乎没有什么渠道可以揭露朝鲜战争"不为人知"的特征。这一点从朝鲜对朝鲜战争的纪念方式与美国本土的差异中可以很容易看出。正如泰萨·莫里斯-铃木（Tessa Morris-Suzuki）所展示的那样，虽然伊利诺伊州的朝鲜战争国家博物馆将美国人参与战争描绘成反对共产主义的胜利和"民主"的胜利，但朝鲜南北两地的博物馆却讲述了一个不同的故事。北朝鲜的纪念馆将这场战争描绘成朝鲜历经艰难困苦取得独立的伟大胜利，而南朝鲜作为美国保护国，其纪念馆强化了一个基本错误的南朝鲜形象，即是南朝鲜勇敢地击退了外国对北方的威胁。例如，首尔战争纪念馆中的一座雕像"显示了一个身材高大、肌肉发达的南朝鲜士兵拥抱并俯视着他身材瘦小、体弱的北朝鲜同胞——同时体现了胜利与和解的信息"。[15] 这些图像揭示了美国力量对南朝鲜政治制度的深刻影响。

美国例外主义和清白论乃是为美帝国主义掠夺之现实生活后果进行正当化辩护的意识形态基石；对它们而言，对于记忆的操纵至关重要。事实上，对美国优越性的灌输作为这个国家的法律，与继续助长美国在东亚乃至全世界范围战争罪行的种族主义修辞之间存在着密切的关系。把北朝鲜描绘成一个由疯癫儿童统治、怀着对美国民主制的宿怨、热衷于发展核武器的野蛮国家，这将人性从非军事区南北两边的朝鲜人民那里剥离了出来。由于不必承认其"敌人"的人性，美国过去对朝鲜人民犯下的战争罪行不仅被遗忘，而且其目前的战争罪行也在代表统治阶级意见的法庭上被免除。[16] 他们的所作所为被正当化为对于疯狂独裁统治的合理回应。

这些"合理回应"之一便是以核毁灭威胁朝鲜。毕竟，令许多美国人感到恐惧的是这样一种可能，即一个疯狂和狂热的北朝鲜会获得核弹。正如谢恩·马多克（Shane Maddock）在其《核力量隔离制：二战至今美国对原子霸权的追求》（*Nuclear Apartheid: The Quest for American Atomic Supremacy From World War II to the Present*）一书中所指出的那样，像美国这样的超级大国"对于自身在世界体系中享有特权地位的正确性仍然如此坚信，以至于它们拒绝为实现军备控制而相互让步"。[17] 因此，民族优越性和例外主义的意识形态与关于核扩散的大众话语纠缠在一起，不可能分隔开来。马多克写道：

> 即便真心希望阻止核扩散的美国领导人也不能摆脱造就了核歧视的民族优越性假设的影响。这种假设的核心是美国例外主义的一种变体，它认为美国不受好斗的世界体系（combative world system）的常规限制，因此，华盛顿可以不受用来劝阻其他国家获取核武器的大多数论据的约束。[18]

"理性的"西方无法同一个"非理性的"敌人谈判，这样一套修辞让我们很难理解北朝鲜为何寻求核能力。[19] 虽然媒体上的权威专家断言不能相信朝鲜能够妥善管控核武器或有效遵守共同协议，但很少有人提出这样的问题：为什么相信美国能够妥善管控核武器，更何况其数量达到了6400枚之多？或者，再进一步说，为什么大家都期望北朝鲜"非军事化"，而不期望美国也这样做呢？尽管这些问题在许多美国人听来可能会有被冒犯之感，但这种敏感性只会暴露出，人们要能感觉到这种冒犯，首先必须要有的那种历史失忆症和道德优越感。

朝鲜战争只是美国例外主义如何在"民族"优越性与对种族化"他者"的敌对之间建立起一套辩证关系以服务于帝国主义企图的最早事例之一。早期的黑人激进思想家，如埃斯兰达·罗伯逊、她的丈夫保罗、杜波依斯（W. E. B. Du Bois）和洛林·汉斯伯里（Lorraine Hansberry）等人，并没有忽视这一现象，他们激烈地反对朝鲜战争。[20] 杜波依斯的著名评论指出，"大企业希望通过战争让你们忘记社会改革；它宁愿把你们的税款用于原子弹，而不是用于学校，因为这样它就能赚更多的钱"；"（它）宁可让你们的儿子死在朝鲜，也不愿让他们在美国学习并问出一些尴尬的问题。它所倡导的制度依赖于战争和更多的战争"。[21] 后来在越南、柬埔寨、格林纳达、伊拉克、阿富汗以及美国将要推翻的其余 50 个外国政府的战争都遵循了类似的模式，美国的价值观得到颂扬，企业利润得到实现，而目标国家的人民则被非人化为"恐怖分子"、"毛巾头"（towel heads）和"矮脚虾"（dinks）。无论公众对这些战争存在什么反对意见，都会转变为彻底的遗忘或直接的支持，尽管美国人民对这些战争的实施就像他们对大规模监禁或贫困加剧等国内政策一样没有发言权。这就是朝鲜战争的真正遗产，一份朝鲜人民和全世界大多数人都不容遗忘的遗产。

第六章
夏洛茨维尔与白人至上主义真正的纪念碑

> 一个绕不开的事实是,盎格鲁-撒克逊的"例外主义"神话塑造了美国的自我意识。该神话及其赖以维系的基于白人性的文化在这个国家的DNA中根深蒂固。
>
> ——凯利·布朗·道格拉斯[1]

> 沾染上白人性给人带来的问题是,他的思维受到了塑造,只会觉得他人才是问题。
>
> ——亚历克西斯·肖特韦尔[2]

> 换种说法来讲,(种族)是一种"种类划分"——暴力和性在支撑社会形态的同时造就和维持了这种划分——而非对已经存在的身体特征的歧视性操纵。
>
> ——杰瑞德·塞克斯顿[3]

美国例外主义和清白论的意识形态建立在白人至上主义的基础上。西奥多·艾伦(Theodore Allen)在其探讨"白色人种如何被发明出来"的两卷本著作中对白人至上主义进行了描述。[4] 他认为,赋予欧洲裔美国人的"白色人种"特权是由统治阶级创造出来的,此等特权作为一种社会控制制度,导致了对"自由的"美国黑人的种族奴役和压迫。白人至上主义一直是美国资本主义发展的重要组成部分，它构成了将奴隶制、土地盗窃和帝国扩张等政策黏合在一起的胶水。换句话说，白人至上主义在历史上把所有阶层的美国白人——以及非黑人的有色人种[5]——都团结到压迫者的一边，并承诺只要顺从相关要求，他们也将享受这一制度的成果。无论是早期殖民地的奴隶巡逻队，还是为在朝鲜实施大规模屠杀而进行的征兵，美帝国主义都不惜牺牲偏暗肤色民众的利益，从而为美国白人提供特权地位，这使得美国例外主义成为白人例外主义和白人清白论的同义词。

如果说美国资本主义和帝国主义的制度在根源上秉持白人至上主义，那么美利坚民族国家的每一个分支都堪称白人至上主义的纪念碑。美国主流话语当中十分缺乏这种分析。几乎没有机构把白人至上主义作为美国生活方式架构的支柱来加以谴责，这样做即便不算对美国例外主义信条的彻底谴责，也算得上是提出了质疑。这就是为什么三K党成员的系列种族暴力事件往往伴随着人们重复的呼喊："我们不是这样的！"而当美国人不得不承认此等种族暴力的存在之时，白人至上主义大多被描述为过去的遗迹或个人的行为，而这两种行为早已被美国"民主制"的自我纠正性质改造好了。

关于白人至上主义的美国话语当中存在明显的冲突。特朗普就任总统期间只是加剧了此等固有的冲突。唐纳德·特朗普被认为给美国的白人至上主义势力壮了胆。人们一度以为，这些势力已经被日益"无视肤色"（color-blind）的社会埋没掉了。夏洛茨维尔和全国各城市发生的事件证实了对白人至上主义"反扑"的恐惧。2017年8月，美国白人打着"团结右翼"（Unite the Right）的旗号游行抗议拆除了一座罗伯特·李（Robert E. Lee）南方联盟纪念碑。反对这拨右翼暴徒的抗议者随即登场，导致暴力事件爆发,造成一名反示威者死亡以及多人受伤。

夏洛茨维尔事件将聚光灯打到南方联盟纪念碑上,导致了全国各地的雕像和纪念碑被拆除。在夏洛茨维尔抗议发生几天后,北卡罗来纳州达勒姆的反种族主义活动者就放倒了一座南方联盟士兵的纪念碑。特朗普总统反对拆除雕像,认为这是一个危险的先例,他声称,因为对奴隶制的愤怒而拆除罗伯特·李的雕像,这意味着乔治·华盛顿和托马斯·杰斐逊的纪念碑也需要被拆除。特朗普的言论引发了美国本土对白人至上主义特征的新一轮讨论。一方面,抗议者正当合理地指出,南部联盟雕像作为庆祝对黑人奴役和种族主义的象征物,对当下仍有着不良影响。另一方面,美国企业媒体、民主党官员,甚至华盛顿的一些共和党人,利用群众反对南部联盟象征物的机会,大肆鼓吹"民族团结"(national unity),并强化美国例外主义。正如《大西洋月刊》的一篇文章所言,美国人将继续拆除南方联盟纪念碑,因为"美国仍在努力构建一个更加平等的社会,并重新投资于多民族民主的实验"。[6]

这种关于美国例外主义和清白论的叙事将美国视为一个持续完善"民主"与"平等"的渐进性工程,作为其结构性根源的白人至上主义则被有效地抹去了。无疑,南方联盟系为维持很大程度上基于种植园主从对黑人奴役中所获之巨额利润的农业资本主义秩序而出现的军事反应,以此为由反对南方联盟,并没有错。然而,把南方联盟描绘成一个反常现象(aberration),就把对白人至上主义的反对变成了只不过是为维持美利坚民族国家持久清白的清洁行动。美国例外主义的巨大影响确保了关于南方联盟纪念碑的争论被引导到这样一种程度,以至于"拆碑的盛景实际上掩饰了惯常做法中存在的问题",即"法律在常规的运行中动用其日常恐怖与蔑视、违规行为以及败坏的道德等一切手段来针对黑人"。[7]

要真正反对白人至上主义,就必须从根茎和枝干上将统治美国的法律彻底粉碎。在此语境下,对法律的理解不能仅限于对统治阶级立法的执行。法律是白人至上主义和美国资本主义制度所推行之经济、政治和文化压迫的根本表现。诚然,欧洲的殖民势力也有实行各自版本的种族仇恨,以证明对非洲、亚洲和拉丁美洲文明的掠夺是正当的。但只有在后来成为美国的英国殖民地,"白人性"才为资本主义发展提供指导性框架,并因而一个不落地渗透到此后建立的所有机构当中。

于是,要揭露白人至上主义在美国社会结构中到底有多普遍,就存在一个巨大的挑战。白人至上主义在美国发展过程中所扮演的结构性角色导致美国社会结构当中没有留下任何没有受到白人性法律(laws of whiteness)影响的东西。美国白人对白人至上主义的表现往往熟视无睹,因为这种社会体制的运作对他们有利。在种族问题上,"清白"的白人也许会承认他们从白人至上主义中获益,甚至他们可能是白人至上主义的同谋——也许是以一种非故意的、无意识的、被动的方式——但他们很少会承认其主动地、有意识地,甚至骄傲地参与到白人至上主义当中的所有那些方式。正如凯蒂·格莱姆斯(Katie Grimes)所指出的:

> 他们认为白人至上主义更像是高中时的一个阴暗的朋友,时不时地来引诱你做各种恶作剧,或者像一个有些不光彩的女商人,你偶尔与她合作,并经常从其可疑的道德中获利。事实上,白人并不只是与种族罪恶合作并从中获益;种族罪恶就存在于他们体内,他们直接用自己的身体而不仅仅

是通过与结构的互动来实施此等罪恶。[8]

柯斯汀·泰勒（Kirstine Taylor）同样认为，"种族问题上的清白"（racial innocence）为美国富人提供了一条道路，使得他们能够去指责某个阶级或地域（即"穷人"和"南方"）造成了这个国家的种族主义。[9] 换句话说，代表白人至上主义的是那些使用种族蔑称和焚烧十字架的"白人垃圾"，而不是我最喜欢的橄榄球队的老板、我的财务顾问，或者业主管理协会的那个郊区邻居。更令人不安的是，在这里，种族主义在很大程度上仍然被认为是一种个人的态度或信仰，而不是像露丝·威尔逊·吉尔莫（Ruth Wilson Gilmore）更准确地描述的那样，是"为提早促成特定族群之死亡，而由国家批准（state-sanctioned）或不受法律管辖的（extralegal）、对于族群分化之脆弱性的生产和利用"。[10] 因而，白人性和美国例外主义之间是深度关联的。美国例外主义在国家的旗号下消耗着白人性。它确保了即使贫穷的美国白人被他们的精英同胞贴上"白人垃圾"的标签，美国社会结构中根深蒂固的针对有色人种之罪行的绝大部分仍然能够不受质疑。

如果美国社会本身就是一座白人至上主义的纪念碑，那么白人至上主义的经济、文化和法律表现就必然要比个体的态度更为重要。没有比美国的监狱制度更能体现白人至上主义的法律和政治纪念碑了。截至2017年，尽管美国的人口仅占世界总人口的5%，但却拥有世界上25%的囚犯。根据监狱政策倡议组织（Prison Policy Initiative）的数据，尽管美国黑人只占美国人口的13%，但黑人占囚犯总数的比例高达40%。[11] 在无期徒刑服刑人员当中，黑人占到50%以上。近1/3的黑人青年男子被监禁或受到刑事司法监管，与此同时，黑人女性是全国监狱人口当中增长最快的群体之一。[12] 在监狱之外，还有 84 万假释人员与 370 万缓刑人员，这些人员的人种构成反映出与监狱系统相同的种族差异。

安吉拉·戴维斯和斯蒂芬·迪利恩（Stephen Dillion）都认为，在当今美国政治经济的背景下，通常被称作"监狱工业综合体"的监狱制度服务于奴隶制的重新施行。在对曾被监禁的黑人解放活动家阿萨塔·莎库尔（Assata Shakur）经历的记录中，迪利恩写道："奴隶制的幽灵使得监狱牢房的栏杆和环绕被捕黑人的冰冷活跃了起来，（它）渗出监狱的铁丝网和水泥墙，构筑了街头的贫困、福利部门的管制暴力和统治着反黑人世界的那种不自由。"[13] 美国监狱国家的形成可以在美国宪法第十三修正案当中找到根源——该修正案规定，除作为刑事惩罚手段之外，奴隶制均为非法。[14] 因而，后重建时期（post-Reconstruction period）的富裕种植园主和资本家获得了实施基于恐怖的监狱制度的合法授权。1882 年至 1946 年间，至少有 5000 起记录在案的美国白人杀害美国黑人的私刑案件。在《黑人法典》施行的"罪犯-租借"制度*下，更多获得自由的美国黑人被迫在几乎没有任何报酬的条件下从事劳役。今天，囚犯（其中许多是黑人）在狱中同样被迫为与奴隶同等水平的工资工作。然而，如果把奴隶制简化成一种在内战后仅被刑事法律制度重塑或采用的做法，将会是一个错误。这将引致一个错误的结论，即作为所谓解放（emancipation）的结果，这个国家反对黑人的支配统治体系仿佛被限缩了，而不是被扩大了。特莱恩·伍兹写道："我们现在所处理的，不是奴隶

---

* "罪犯-租借"（convict-lease）制度是一种强迫刑事劳动的制度。在内战结束后的重建时期，南方各州立法机构通过了《黑人法典》，使得黑人可能因各种轻微罪行而被判刑，各州得以向种植园和其他寻求劳动力的设施出租囚犯劳动力。这为各州在财政拮据的年份提供了新的收入来源，承租人通过以低于市场的价格使用强迫劳动而获利。——译者注

制如何经过筛选过滤被纳入刑事司法范围的问题,而是奴隶制如何实现社会化的问题,即没有种植园、拍卖区、监狱、法律等传统必要条件,奴隶制如何运作。"[15]

在以黑人劳动力可支配性 (disposability) 持续增强为特征的新自由主义时代,美国高度重视对黑人生命的犯罪化以填补监狱床位。黑人和有色人种(19%的监狱人口被认定为"西语裔")在监狱围墙后的激增是多重相互关联之发展的结果。[16] 新自由主义政策,比如"福利改革"、《北美自由贸易协定》(NAFTA)以及《1994年暴力犯罪控制法》(Violent Crime Control Act of 1994) 等法律中所包含的严厉判刑规则,对黑人的生命造成了越来越致命的威胁。伴随着贫困和失业率的上升,美国黑人被种族主义者妖魔化为"福利女王"(welfare queens) 和 "超级掠夺者"(super predators),通过所有这些,美国囚犯人数大幅增加的现象得以正当化。

正是在这些条件下,美国监狱制度成为白人至上主义的纪念碑,警察则成为旨在填充监狱床位的武装机构。美国新自由主义资本主义下黑人生命的可支配性促成了"黑命攸关"运动的形成,以及该运动对于警察部门强加给美国黑人的日常谋杀和恐怖的抗议。如果没有"黑命攸关"运动的势头,美国针对南方联盟雕像等种族主义标志的抗议活动可能就不会发展到如此重大的程度。然而,在这些抗议活动中,关于白人至上主义之结构性基础的对话是有限的。建立在奴役和种族灭绝基础上的美国资本主义已经发展成为一个由金融资本主导的帝国主义强国。而作为白人至上主义的纪念碑,金融资本的作用并不亚于这个国家的南方联盟雕像。

金融资本最常见的指称是金融和房地产 (FIRE or Finance and Real Estate),其中大部分被管控在华尔街手中。金融资本也是美利坚共和国初期新兴奴隶贸易产业的支柱。在贩卖被奴役劳动力的过程中，奴隶贩子在获取信贷以为其长途旅行提供资金支持上面临着巨大挑战。奴隶贩子需要流动资产，而买家则希望通过融资来帮助降低贸易成本。正如卡尔文·舍默霍恩（Calvin Schermerhorn）所解释的那样，"在切萨皮克（Chesapeake），奴隶贩子经常打出'现金换黑奴'（CASH FOR NEGROES）的广告。但买家却要求通过金融手段进行交易。当在密西西比河谷下游贩卖奴隶（bondspersons）时，奴隶贩子被迫扩大信贷，并接受在区域之间流动性很小的短期债券或承兑期票。"因此，奴隶贸易公司需要外部融资，以最大限度地提高出售被奴役黑人劳动力的利润。[17]

银行资本依赖对黑人的奴役，就像奴隶贩子依赖银行资本以确保这项事业有利可图一样。华尔街本身就是在18世纪和19世纪美利坚民族国家奴隶贸易的巨大增长中形成的。事实上，纽约的第一个奴隶市场就是于1711年在现在的华尔街建立起来的。[18] 现在的花旗银行的创始人摩西·泰勒（Moses Taylor）通过从纽约到古巴的非法奴隶贸易，成为其所在世纪最富有的人。[19]

被俘奴隶为有关各方带来了巨大的利润，尤其是因为对非洲黑人彻底的非人化（dehumanization）使得他们成为有用的金融工具。正如齐尼娅·基什（Zenia Kish）和贾斯汀·勒罗伊（Justin Leroy）所表明的那样：

> 通过一套金融化过程，奴隶主和投资者将奴隶从因其法律地位而被排除在市场活动之外的被支配对象转变为对此等市场之运行绝对必要的风险缓冲因素。然而，他们的地位也掩盖了这种核心重要性。种植园主往往在两种观点之间摇摆，一种观点认为，由于可能出现的潜在叛乱，奴隶最终将

引发风险；另一种观点认为，奴隶是最为审慎的投资，因为奴隶是一种能够自我增殖（self-reproducing）的资本形式，所以奴隶财产的自然增长创造了一种杰斐逊所说的"沉默的利润"（silent profit）。[20]

因而，银行资本对奴隶制的可盈利性大加利用。它把黑人俘虏当作支撑工具，向寻求投资收益最大化的奴隶主和商人提供额外信贷。这段历史清晰展示出，华尔街何以堪称现存白人至上主义纪念碑当中最为突出的代表之一。对于黑人奴隶的束缚，以及赋予所有阶层白人的相对自由，这两者共同确保了早期华尔街金融家的财富扩张，华尔街因此从白人至上主义中获益匪浅。并非巧合的是，白人被引导着相信他们合理合法地（rightfully）创造了有史以来最为卓异（exceptional）的国家。华尔街正是由此发家，并最终形成了六家巨型垄断企业。2008年金融危机期间，正是这些垄断公司导致美国黑人遭到大规模收割。关于这一点的更多内容将在下一章中讲述。

最后，美国的大众文化中也存在许多白人至上主义的纪念碑。美国的学校和体育赛事经常播放《星条旗之歌》（Star-Spangled Banner），而这首歌的作者弗朗西斯·斯科特·凯斯（Francis Scott Keyes）是一个公开的种族主义者，他拥有奴隶，并在这首歌的第三节中提到了他对非洲人的蔑视。[21] 白人至上主义存在于一切被认为是美国"文化"特有的东西当中，而所谓美国"文化"，实际上是一堆偷来的文化的混合体，被通过权力和利润的杠杆重新规定给人民。白人至上主义植根于我们所吃的企业食品，我们所买的企业服装，以及我们所消费的企业音乐中。美国例外主义和白人至上主义不仅深度关联，而且也共同构成了美国文化生活的驱动力量。

2015年首演并很快打破唱片销售记录的百老汇音乐剧《汉密尔顿》就是一个很好的例子。《汉密尔顿》刻意选用了一套黑人演员阵容，将亚历山大·汉密尔顿作为美国"建国之父"的经历置于聚光灯下。鲜有人批评这部广受赞誉的音乐剧是白人至上主义的娱乐性纪念碑。然而，根据罗格斯大学历史学家莱拉·蒙特罗（Lyra Monteiro）的说法，通过给黑人演员穿上建国之父们的服装，并将亚历山大·汉密尔顿描绘成具有废奴主义思想的国父，这部音乐剧淡化了国父们对于奴隶制的参与。[22]伊什梅尔·里德（Ishmael Reed）为其评论文章取了一个引人发笑的标题，即《〈汉密尔顿：一部音乐剧〉：黑人演员装扮成奴隶贩子……而这并非万圣节》（"Hamilton: the Musical": Black Actors Dress up Like Slave Traders... and It's Not Halloween）；在这篇文章中，他认为，这样的展现方式掩盖了汉密尔顿不仅与蓄奴家族联姻，而且在大陆军任职期间还为他们进行奴隶买卖交易的情况。[23]《汉密尔顿》音乐剧中没有提到这些，这使得它成为白人至上主义的又一座纪念碑，而非对后者的批判。

《汉密尔顿》是说明多样性、包容性和多元文化主义等做法如何经常强化美国例外主义和美国清白论意识形态的一个完美事例。考虑一下林-曼努尔·米兰达（Lin-Manuel Miranda）如何解释他让黑人演员扮演乔治·华盛顿和托马斯·杰斐逊等人的理由。他说，这样的选角"让你们能够把自己背负的关于国父们的文化包袱留在门外"。[24]承办《汉密尔顿》演出的公共剧院艺术总监奥斯卡·尤斯蒂斯（Oskar Eustis）补充了他对于此事的看法。他说："这么做解放了很多可能对美国建国实验感到矛盾的人，让他们能够感受到纯粹的爱国情感。我自己就能亲身感受到——既能够回顾铭记美国的一切伟大之处，又能让这个伟大的故事重新适用于移民人群，这让我感到振奋。"[25] 更糟糕的是，在一则欺骗性地伪装成新闻采访的广告中，林-曼努尔·米兰达与华尔街巨头摩根·斯坦利（Morgan Stanley）进行交谈，以宣传个人财务规划的重要性。[26] 摩根·斯坦利会试图利用《汉密尔顿》的成功，这并不让人惊讶，与此同时，鉴于该音乐剧中渗透的亲资本主义意识形态，米兰达会张开双臂欢迎金融资本，也绝对不足为奇。[27]

一旦我们考虑到爱上《汉密尔顿》的都是些什么人，关于《汉密尔顿》具有"革命性"意义的说法就显得相当可笑了。在《针对〈汉密尔顿〉爱好者掌管我们的国家这项事实你应该感到惊恐》（You Should be Terrified That People Who Like "Hamilton" Run Our Country）一文中，记者亚历克斯·尼科尔斯（Alex Nichols）说，每当像迪克·切尼（Dick Cheney）、巴拉克·奥巴马、鲁伯特·默多克（Rupert Murdoch）以及其他华盛顿和华尔街的精英们一致称赞《汉密尔顿》这样的节目时，粉丝们都应该感到相当怀疑。尼科尔斯讽刺性地引用了《纽约客》上一篇正面评论中的一句话，认为《汉密尔顿》确实是"奥巴马时代的音乐剧"，

> 我们可以称其为一种，嗯，"洗黑"（blackwashing），通过追溯性地往一些令人发指的事物中注入多样性，使之看起来似乎可以接受……当代进步主义已经开始变成用代表性层面的多样性（representational diversity）来掩盖物质上的不平等。总统将继续以与其前任相同的速度扩张国家安全状态所覆盖的范围，但至少他是黑人。掠夺性贷款将抽干非裔美国人社群的财富，但至少高盛的董事会将有几个黑人成员。不平等将

继续猖獗并恶化，但至少有1%的人会"看起来有美国范儿"。我们这个时代实际的种族不公将继续有增无减，但权力结构将是多样化的，这样就不会有人觉得实际状况有那么糟糕了。《汉密尔顿》只是这种倾向在文化-历史层面的类同之表现；我们不必因美国这个国家的残酷起源，以及那些早期不平等的持久经济影响，而担忧自身的处境；我们只需把建国之父们变成黑人，然后欣赏这场演出。[28]

像林-曼努尔·米兰达一样，银行家和其他统治阶级精英将对国家起源中种族灭绝和奴隶制因素的谴责视为"文化包袱"。而如果某人拒绝对美国这些反黑人和反原住民的建国之父表达崇敬抑或赞美，那么他就处于一种必须从中加以"解放"的境地。难怪保守派和自由派都迷恋《汉密尔顿》。尼科尔斯总结道："这部音乐剧同时迎合了左右两派的感情。保守派可以看到他们心爱的建国之父们的可怕罪行得到开脱，而自由派则可以看到民族主义被包装成一种让人感觉良好的多元文化形式。"所以正如结果所表明的，除了国家橄榄球联盟（NFL）、《纽约时报》、有线电视新闻网（CNN）、国家公共广播电台（NPR）、好莱坞制片厂高管和美国的公立学校之外，我们现在有了另一个美国国家的首席宣传工具：《汉密尔顿》。在这部音乐剧中，"随着一个建基于种族主义强制劳动力的时代被转化为一场多种肤色的、文化上进步的以及政治上不会招致反对的华丽表演，关于这个国家起源更为麻烦的诸多问题马上就消失了"。[29]

对"建国之父"的尊崇是美国例外主义的一个重要方面。民主、自治和自由等价值如此经常地被归为美国特有，而汉密尔顿、华盛顿、杰斐逊以及其他建国者已被尊奉为这些价值最为重要的代表。他们在白人至上主义之维持和扩张上的关键作用很少得到教授或铭记。在美国例外主义指引下对历史记忆的抹杀在奴隶主内部创造出一种等级结构,代表了美国政治中有所分歧但却相互关联的不同趋势。这一点在《周六夜现场》(Saturday Night)的一个短剧中表现得很明显;针对唐纳德·特朗普表示华盛顿和杰斐逊的雕像或许也应该被移除的讥讽性言论,该短剧笨拙地试图提出质疑。在当前夏洛茨维尔的语境中,华盛顿和杰斐逊是"好"的,而罗伯特·李和他的南方联盟盟友是"坏"的。更具体地说,华盛顿和杰斐逊被尊崇为自由主义的代表,相比于南方联盟的野蛮保守主义,前者显得高贵而精巧。

通过宣称华盛顿、杰斐逊和汉密尔顿只不过是"他们那个时代的产物"来为这些建国之父的种族主义辩护,这种倾向是反黑人的一个首要事例。通过暗示"当时信奉奴隶制的每个人都无可厚非",我们把每个人等同成了每一个白人精英人士。但是,当时不仅有大量的白人废奴主义者(包括富人和穷人),更重要的是,还有所有反对奴隶制的奴隶;在被奴役的历史过程中,这些奴隶发动了无数次起义。然而"时代产物"的典型论点将奴隶从我们的想象中完全抹去,仿佛他们是没有道德能动性的。他们又一次被推进了弗朗茨·法农所说的"非存在区"(zone of nonbeing),或者塞蒂亚·哈特曼所说的"不被想起的位置"(position of the unthought)。[30]

同样,这也是《汉密尔顿》令人困惑的地方之一。如果该剧的目标是让有色人种知道这也是他们的国家,美国的故事也是他们的故事,那么就必须提出这个问题:为了把这种论点讲透彻,从这个国家诞生至今的全部历史中,难道就找不出任何一个有色人种的代表?然而,在我们过快地评判这部音乐剧的创作者之前，我们必须正视自己传播美国"建国之父"事迹的险恶做法。为什么这些奴隶主和白人精英银行家被奉为少年儿童成长过程中要效仿的国家英雄？难道我们的想象力就那么有限吗？我们的历史知识被洗白的程度，以及我们对于社会正义的渴望被玷污的程度果真如此严重，以至于我们会让学生们颂扬那些实施国家暴力和压迫的人，而不是那些积极反抗的人？如果我们不再告诉孩子们他们也可以成为美国总统，那会怎样呢？相反，如果我们教导他们，他们也可以像埃拉·贝克（Ella Baker）、埃斯兰达·罗伯逊或她的丈夫保罗·罗伯逊一样，又会怎么样？他们可以像艾达·贝尔·韦尔斯（Ida B. Wells）、安娜·朱莉娅·库珀（Anna Julia Cooper）、杜波依斯、奥克塔维娅·巴特勒（Octavia Butler）、托妮·莫里森（Toni Morrison）、乔治·华盛顿的逃亡奴隶翁娜·嘉吉（Ona Judge），甚至18世纪革命性的废奴主义者贵格会侏儒本杰明·雷（Benjamin Lay）。[31] 关于"我们"以及我们所信奉的关于我们"例外"与"清白"之国家的故事，有件事能够告诉我们一些信息。这件事是，我们认为对一份帝国政府首脑工作的追求是高尚的。事实上，如果我们谈论的是白人至上主义的纪念碑，那么，我们可以把总统职位加入到这个清单当中。正如巴拉克·奥巴马的内政与外交政策所表明的那样，即使由有色人种担任总统，总统也可以成为白人至上主义的纪念碑和执行者。

  白人至上主义为美国的发展及其后来成长为世界上最大的资本主义和帝国主义强国奠定了基础。美国清白论的意识形态欺骗性地使我们承认，我们的国家可能是种族主义的，但我们的建国价值和理想会带领我们不断前进。诸如自由主义和保守主义之类的思想，以及秉持这些思想的美国人，都是一个既定社会之支配性体系的反映。这样的人，尤其是自由主义领域的人被欺骗了，他们天真地认为,我们可以通过这个国家统治者建立的结构和意识形态来摆脱我们残酷的种族主义。但"美国"本身就是一座白人至上主义的纪念碑。正如乔迪·伯德(Jodi Byrd)所指出的那样,"我们可以把遍布全国城镇的李、杰克逊、杰斐逊、华盛顿、库克和哥伦布的纪念碑全部拆掉,但当初设立这些纪念碑背后的结构性意图仍然写在这片土地上。"伯德继续写道,"这些纪念碑,使空间秩序化,使占有和剥夺自然化,甚至能够在不在场的情况下,继续生产土地所有权,将之作为通往自由的唯一道路。"[32] 因此,在华尔街、监狱工业综合体以及诸如音乐剧《汉密尔顿》之类的大量文化再生产渠道等起源中,白人至上主义不仅存活了下来,而且活得很好。那些拆毁南方联盟白人至上主义纪念碑的人已然开启了一段进程;在此进程当中,前述这些非具体雕像的纪念碑也有望得到拆除。

第七章
美国梦 VS 美国现实：
黑人财富与功绩制神话

把美国梦的意识形态与美国噩梦的真实体验区别开来，要具备这种能力，需要进行政治分析，要弄清历史，往往还要进行抗争。

——基安格·雅玛塔·泰勒[1]

事实上，美国白人历来就知道种族不平等的存在，但认为这种不平等与自身的种族优势不相干。他们习惯于将经济特权解释为个人功绩或美德的结果。他们刻意地去谴责最严重的南方罪行，而忽视种族支配的其他存在形式。这些表明，与现实严重脱节长期以来都是美国的突出特征。在这个意义上，种族清白论是美国人将持久存在的、并不那么显眼的不平等转化为关于权利、平等保护、个人主义和进步之救赎故事的炼金术。美国人坚信，就种族主义的物质现实而言，他们是无可指责的。

——柯斯汀·泰勒[2]

有些人一生下来就在三垒上，却终其一生都以为是自己打出了三垒打。

——巴里·斯维泽[3]

美国例外主义的一个核心原则是功绩制神话。这个神话假定美国是世界上唯一一个可以通过努力工作和不懈奋斗获得巨大财富的地方。有关财富和私有财产的成就构成了"美国梦"的本质。19世纪的作家霍雷肖·阿尔杰（Horatio Alger）通常被认为是第一个在自己的创作中推广一套"白手起家"者通过辛勤工作从"贫穷达致富裕"神话的人。他所创作的故事大部分都是谎言，但对于需要借助"美国梦"来掩饰其奢华财富之罪恶起源的美国统治阶级而言，这套神话永远都是受用的。这种叙事稳固地将美国社会中的种族和阶级地位降格为通过对资本主义体系的勤奋参与就能加以克服的普通障碍。

美国总统、媒体专家和资本主义精英代表用"美国梦"将美国描绘成世界上最好的国家；他们不断地提醒我们这里据信拥有独一无二的社会条件。"美国梦"使美国统治阶级的财富合法化。美国的资本主义，说到底，就是赢和输，赢家获得财富，而输家必须继续玩游戏。然而正如丹尼尔·史密斯（Daniel Smith）所指出的：

> 当你听到有人谈论他们的专业性、功绩或辛勤工作时，此举背后的企图通常是转移人们对其所继承之特权的注意力。他们要说的是，因其个体表现，其所处的地位乃是应得的——尽管现实中个人的成就几乎总是追随着继承、财富或人脉积累以及教育经历。[4]

财富积累是美国民族身份的重要组成部分，一直以来都根植于白人性与财产的关系之中。[5] 所谓的美国"独立"领袖不仅是白人，而且还是富有的财产所有者，其中许多人还参与买卖和剥削非洲奴隶。白人性将基于继承和盗窃的美国殖民体系纯净化

(purified)，它篡改了阶级关系，从而确保贫穷的白人只会寻求财产，而不是寻求与没有财产的奴隶达成忠诚联盟。所以，当马尔科姆·X（Malcolm X）说他未曾见过任何"美国梦"，而只看到一场"美国噩梦"时，他所指涉的是，一直以来黑人在美国被迫忍受的、贯穿这个国家历史的真实境况。

由于白人至上和大规模奴役的种种遗产，对于大多数美国黑人而言，"美国梦"从来都是遥不可及的。为了掩盖这一现实，美国例外主义用进步的棱镜来解释美国历史。美国梦的叙事告诉我们，美国黑人如今已不再受奴役，并且他们作为"自由劳动力"对资本主义经济的参与已经持续了一个多世纪。这套故事宣称，他们和其他任何人一样，有同样的机会来使自己变得富有，而且确实有一小部分人富了起来。然而，美国黑人的总体经济状况远远称不上有什么出众（exceptional）之处。[6]

2007年至2008年资本主义经济崩盘后，出现了大量关于美国黑人财富状况的研究。根据政策研究所（Institute for Policy Studies, IPS）的数据，如果当前的趋势持续下去，美国黑人财富将在2053年归零。黑人财富的中位数已经从1983年的6800美元下降到2013年的仅1700美元，降幅达75%。同期美国白人的财富则增加了14%，每户家庭的财富从10.22万美元增加到11.68万美元。丧失抵押品赎回权危机带来的经济创伤解释了美国黑人经历财富急剧流失的原因，2017年美国黑人的房屋资产比2007年少了1.67万美元。[7] 对于美国例外主义所搭建的进步圣坛而言，更要命的是，经济政策研究所最近的研究显示，自1965年以来，非裔美国人在降低监禁率、获得房屋所有权和减少失业等方面没有任何进步，2016年有超过21%的黑人男性处于失业状态。[8]

2007年至2008年的经济危机对美国黑人的打击尤甚，因为美国的资本主义体系一直以对黑人的过度剥削为前提。正如另一项研究所指出的：

> 富国银行前员工的宣誓证词称，该银行故意欺骗被他们称为"烂泥族"（mud people）的中产阶级黑人家庭，使之背上次级房贷，即"贫民窟贷款"（ghetto loans）。富国银行肯定不是这种做法的独家发明人，因为整体上的差异极为显著。负责任贷款中心（Center for Responsible Lending）的一项研究发现，从2004年到2008年，信用评分660分及以上的白人借款人当中只有6.2%获得了次级抵押贷款，而同等信用水平的拉丁裔借款人和黑人借款人分别有19.3%和21.4%获得了次级抵押贷款。[9]

在利润和种族主义的驱使下，美国金融资本家已经将黑人社区隔离，使黑人的房屋贬值，并将数百万黑人家庭推到以低薪工作、失业和贫困为特征的经济边缘。自前总统比尔·克林顿于1996年终结"我们所知道的福利"以来，随着福利计划遭到大幅削减，美国黑人社区的学校一直被刻意隔离，并面临资金不足的问题。[10] 事实上，美国家庭当中有50%都处在社会底层，仅仅控制了全国1%的财富；而在总共1400万个黑人家庭中，有1000万个都属于这50%。总体来说，美国白人控制了全国90%以上的财富。而黑人家庭平均需要228年才能积累起美国白人家庭平均占有的财富。[11]

这些数字反映了美国统治阶级拒绝公开承认的贫困种族化现象。"美国梦"从来就不是为美国黑人准备的现实由此得以显现。事实上，美国在全球种族化资本主义事业中的领导地位使得美利坚民族国家内外的穷人境况普遍恶化。2017年，世界人口中最富有的1%攫取了全球82%的已有财富，而世界人口中最底层的50%在财富上未见增长。[12] 到2021年，仅占总人口数1%的人将拥有美国财富总量的70%，而80%的美国人口则处于贫困边缘或者更糟的境地。

因此，黑人的境况反映了一句常见的谚语：只有昏睡过去的人才会真的相信"美国梦"。这些境况之所以没有引起大规模的动荡，有很多原因。大多数美国工人没有参加工会，也很少有组织集体要求纠正日益恶化的不平等现象。贫穷给劳动人民生活造成的流离失所和混乱则是主要原因。然而，一个不太明显的原因是许多美国人秉持这样一套信念，即无论遇到什么困难，美国仍然是世界上最为"卓异"（exceptional）的国家。

这种普遍的情感是由美国政治和媒体机构的过滤呈现机制（optics）支撑起来的。"美国梦"过滤呈现机制的关键是对个人主义作为经济和文化进步手段的大力提倡。在海克·保罗（Heike Paul）的《造就美国的诸种神话》（Myths that Made America）一书中，她追溯了个人主义在美利坚民族国家历史发展中的核心地位。个体通过奋斗迈向个人经济荣耀的故事可以追溯到本杰明·富兰克林（Benjamin Franklin）的时代，并贯穿美国历史的始终。"白手起家"者这一概念早已成为美国最强劲的文化价值之一。正如保罗进一步解释的那样：

> 这个词……与美国例外主义的各个方面深深交织在一起，相互矛盾的不同力量同时在其中发挥作用：它既包括了教育、勤奋工作和纪律方面的自我否定（self-denial），也包括了基于自我利益行为准则的自我实现（self-realization）——这

种行为准则丝毫不顾他人,纯粹以财产、认可、声望和个人利益的积累为目标。[13]

毫不奇怪,如今"白手起家"式个人主义和"美国梦"最狂热的鼓吹者往往自称当代的霍雷肖·阿尔杰。尤其是在后民权时代,出现了一种助长"英雄心态"(hero mentality)的代表性政治(politics of representation)。黑人政客和名人作为榜样以证明"美国梦"确实存在的例证被大肆宣传。2008年奥巴马当上总统后,全国各地的学校都贴上了说唱歌手Jay-Z的流行歌曲《我的总统是黑色的》(My President Is Black)的歌词海报,上面写着:"罗莎拒绝让座被捕,所以马丁游行抗议*;马丁游行抗议,所以奥巴马能够跑步前进;奥巴马跑步前进,所以我们所有的孩子都能飞翔!"这种对历史的歪曲将黑人自由运动的目标与奥巴马的竞选执政目标等同起来,掩盖了一个事实,即一系列大幅削减黑人财富的经济政策都是在这位前黑人总统任内制定的。[14]

通过构建对美国名人、政客和商业精英之财富和个人成功的盲目崇拜,这种"英雄心态"因而能够把清白赋予美国。财富积累以剥削为前提,或者富人郊区的安全取决于穷人的无家可归和种族主义警务,这些事实都被有效地掩盖了。在社会的普遍认知中,贫穷的美国黑人就应该去追逐"远大梦想"。梦想远大意味着要成为NBA球员、说唱歌手或企业家,而不是为社会和经济正义而战。社会提升(social uplift)的定义被精英阶级垄断,即追求社会提升所渴望达到的,恰恰是对贫穷负有责任的那些人所拥有的地位。

---

* 系指因罗莎·帕克斯拒绝给白人让座被捕引发、由马丁·路德·金领导的蒙哥马利公共汽车抵制运动等一系列民权运动。——译者注

丽莎·格雷罗（Lisa Guerrero）重点揭示了美国国家篮球协会（NBA）在定义黑人经济成功上所发挥的作用。她写道，"在当今的流行文化游戏中"，NBA"对于（美国）梦的营销（和操纵）几乎比任何人做得都要好"。[15] NBA取得的这般成功乃是通过将迈克尔·乔丹、勒布朗·詹姆斯等球员偶像化，并将"美国梦"的修辞附加在他们个人的成功上。诸如NBA之类的企业向美国黑人传递的信息往往充满了矛盾。NBA期待黑人球员能够在拒绝黑人身份认同的同时，又能将这种身份作为广告和产品宣传的重要营销手段而加以拥抱。NBA由此创造出一种二元性（duality），以实现对白人和黑人球迷同样最大化和多样化的营销效果：一些球员，如迈克尔·乔丹，体现了对种族主义、反黑人刻板印象的拒绝；而另一些球员，如阿伦·艾弗森，在受鼓励的同时却又因其代表了"街头"生活（即贫穷的黑人社区）而受到责备。不管怎样，NBA和体育联盟总的来说都是现存的"美国梦"意识形态的最大传播者。

不过，在企业媒体领域，也许没有人比奥普拉·温弗瑞更能体现出"美国梦"神话对于美国文化的影响是多么的广泛而深刻。以奥普拉之名为众人所知的这位黑人妇女在美国资本主义的新自由主义时代从亿万富翁一跃成为明星。作为主持人，奥普拉在节目当中将自己早年的人生奋斗与"普通人"的个人奋斗相关联，并为观众争取个人的自助（self-help）和幸福提供建议；这种兜售"美国梦"的能力使她的节目大受欢迎。在《编造绝对虚假：当代流行文化中的美国》（*Fabricating the Absolute Fake: America in Contemporary Pop Culture*）一书中，作者亚普·库奇曼（Jaap Kooijman）恰当地总结了奥普拉的新自由主义哲学：

作为一个曾经超重、后来位列美国传媒业最有权势人物的非裔美国女性，奥普拉·温弗瑞体现了一个美国成功故事，她的明星神话（奥普拉的美国梦）在她的每一期脱口秀节目中都得到了强化……奥普拉·温弗瑞秀经常邀请美国名人——他们出现在这个节目当中，通过透露个人生活的一瞥来宣传自己和最近的产品，暗示他们也只是普通人，也面临着与奥普拉秀的观众遭遇的同样问题。[16]

通过为系统性的问题开出个人主义的解决方案，奥普拉积累了数十亿美元的财富。通过辛勤工作、坚持不懈和奥普拉的"自助"工具，我们也可以成为亿万富翁。然而在资本主义的新自由主义时代，奥普拉和名人阶层只不过是美国例外主义和清白论的代理人。他们的财富诉说着种族进步的神话故事和社会向更加卓异（exceptional）方向的发展，尽管现实并非如此：财富分配高度偏向占人口极少数的一小部分人；少数人的富裕让美国黑人没有财富可以持有；甚至坎耶·韦斯特（Kanye West）和蒂莎·坎贝尔·马丁（Tisha Campbell-Martin）这样的黑人名流都透露出自己遭逢债务困境，使得他们作为百万富翁的公众形象沦为一种假象。[17]

美国的财富集中以及债务和贫穷的爆炸性增长，使"美国梦"，甚至整个美国经济例外主义的概念，都受到了质疑。靠个人努力和辛勤工作就能实现富裕的叙事，已经让位于美国资本主义一直是一套种族化继承体系（a racialized inheritance system）的现实。而功绩、努力抑或"小政府"从来都不是1%人口所持财富来源的主要原因。相反，历史表明，与"让自由市场发挥作用"的说法相去甚远，银行、商业和公司实际上是依靠政府的干预来实现利润最大化的。正如马特·泰比（Matt Taibbi）所言，"不管是富人还是穷人，没有人希望自己的政府服务被削减"。[18] 这种政府对富人和权贵的利益输送包括：五角大楼的军事合同；美联储的量化宽松计划；严格的政府监管和保护使制药公司免于市场竞争；以及花费"两倍于联邦年度预算的金额"来救助和维系"几乎炸毁世界经济"的数千名华尔街银行家的奖金。[19] 因而，称我们的制度为拿穷人、工人和中产阶级的收入补贴富人和权贵的"向上涓敛"经济（"trickle up" economy）* 可能更为准确。资本主义确实涉及财富的再分配，只不过其分配方式不是一个公正社会所应有的。

通过剥削劳工，特别是黑人劳工，财富积累到私人手里，然后传给后代。公司和富人就其资本收益只需缴纳很低的税赋；税法还因其对非营利组织的捐赠予以税收减免；无论是前者还是后者，美国资本主义的每一根控制杆都在强化继承。通过为富有的捐赠者提供避税场所——通常被视为私营企业仁慈之手的非营利组织——帮助富人因其捐款获得税收减免，从而使财富分化更为具体而现实。大多数非营利组织都处于其富有捐赠者的直接控制之下。克莉丝汀·安（Christine Ahn）的研究显示：

> 2000年，各种基金会的董事会成员当中，男性占比达66%，而白人占比达90%。虽然少数自由主义基金会可能会雇用一些有色人种或进步人士的项目官员，但在经费拨付过程中，拥有最终决定权的还是基金会的受托人。而基金会的受托人几乎没有例外地都来自于美国银行、券商、律所、大

---

* 与向下涓滴经济（trickle down economics）相对。"涓滴"经济学认为，扩大富人消费投资，刺激经济发展，最终会惠及穷人，如水之向下"涓滴"。此处反用原术语，意指政府劫贫济富。——译者注

学和企业。[20]

　　由慈善团体推广并为慈善团体服务的公益手环、马拉松、免费音乐会等物品与活动规模庞大、影响广泛，对这种被称为非营利工业综合体的东西加以批判，普通美国人可能会感到不太舒适。毕竟，谁会反对捐钱给慈善事业呢？但正如海克·保罗所指出的那样，"把自己的财富捐赠出去，无疑就等于回顾性地再次肯认了这些财富是自己合法赚取而来的"。她继而指出，因此，诸种形式之慈善的问题在于，它"试图通过这样一种方式，即将富人以前经由通常具有剥削性的操作从公众那里榨取的东西'归还'给公众，来缩小自我利益与公共利益之间的差距"。[21]

　　对于美国资本主义的发展更多基于继承而非功绩制这一点，非营利组织并非唯一的事例。婚姻制度是美国资本主义一贯奉行之种族化财富继承制度的另一个例子。历史上，婚姻按照一夫一妻制来配对组建家庭，以支撑把女性作为男性私有财产的父权制控制。今天，作为一种重要的社会控制机制，这一制度在很多方面都有影响，包括国家赋予此等浪漫的一对（无论是异性恋还是同性恋）作为亲密关系理想型的特权。此外，婚姻制度为一夫一妻制夫妇保留了某些专属的健康和移民福利，同时还创造了"婚生"和"非婚生"子女这两个相当粗糙的范畴。最后，对此处讨论更为重要的是，诸如摩根·巴西奇斯（Morgan Bassichis）和迪恩·斯派德（Dean Spade）之类的学者已经证明，婚姻在历史上已经被武器化，以牺牲美国黑人的利益为代价来实现白人财富积累的再生产；其武器化的主要表现是为黑人穷人贴上无力维系为达成经济提升所必需之稳定婚姻的妖魔化标签。[22] 这就是为什么在想象一条走出资本主义的道路时必须把继承制的废除考虑在内。

毕竟，在美国社会，继承的不仅仅是财富，还有贫困。

"美国梦"神话被嵌入美国权力结构的每一根纤维中，以阻止美国人看清资本主义的继承制及其产生的不平等。诸如奥普拉秀之类的企业媒体、体育产业、婚姻，甚至非营利组织，所有这些都在强化个人主义的神圣性，以及美国是一个功绩主义社会的观念。然而，现实的物质境况却截然不同。近年来，美国黑人，乃至大多数美国人（以及世界上大多数人）在财富总量中占有的份额急剧下降。当然，这并不能阻止许多白人将其糟糕的经济状况归咎于黑人——他们天真地以为自己的财富是靠辛勤工作赚来的。凯蒂·格莱姆斯认为这种情绪并不新鲜，她将这种种族敌意置于历史背景之下：

> 联邦的财政支出……为白人权力提供了必需的意识形态伪装。在冷战时期，白人需要相信自己不仅不是"种族主义者"，而且也不是"共产主义者"。当局向他们保证，联邦对抵押贷款市场的干预，不仅未违反自由市场原则，而且还是他们的指明灯。在白人看来，政府的住房补贴并不是使他们能够富裕起来的一种馈赠，而是对他们作为辛勤工作之赢家的一种回报。白人仿佛对历史上驱动种族化奴隶主身份的意识形态进行了一番要点重述，在认为这些干预是他们应得的同时，却相信他们并不需要这些干预。相反，在他们的想象中，联邦援助不是黑人应得的，却是其非常需要的。作为白人，他们拥有诸多权利和理应得到的回报；而身为奴隶后裔的黑人所获的施与已经多于其应得的。这个国家不欠黑人任何东西；相比之下，白人没有得到任何东西，他们所拥有的一切都是他们应得的。[23]

再举一个例子，正如艾拉·卡茨纳尔逊（Ira Katznelson）在他的《当平权政策被白人掌控之时》(When Affirmative Action Was White)一书中所表明的，《退伍军人安置法》(GI Bill)在"扩大战后美国本已巨大的种族差距"上发挥了重要作用。[24] 这就是种族和美国清白论在应用于"美国梦"的框架时所产生的物质现实。清白论让我们假定美国为所有人提供了平等的发展机会。如果你真的成功了，那是因为你利用了美国提供的伟大优势。但如果你没成功，那就是你的错，而不是国家的错。

美国例外主义和美国清白论的叙事不再能够维持这个国家功绩主义形象的时候就要到了。财富分化最终将让位于民众的挫败感。在2011年"占领华尔街"运动的兴起、同年威斯康星州的劳工抗议以及2016年伯尼·桑德斯的总统竞选活动中，我们已经看到了这种挫败感的迹象。现在是时候在这些努力的基础上再接再厉，根据马丁·路德·金的"友爱的共同体"（beloved community）理念——"一种所有人都能共享地球财富的全球性愿景"，并且在这个共同体中，"贫困、饥饿和无家可归将不会被容忍，因为关于人类尊严（human decency）的国际标准将不允许这样做"——开发出一种新的社会组织模式。[25]

为启动这一进程，未来的社会运动将不得不重振马丁·路德·金的政治思想，那些在他生命的最后几年才获得根本性发展的思想。到金遇刺时，他正在组织一场"穷人运动"（Poor People's Campaign），以帮助孟菲斯环卫工人的罢工努力，同时谴责军国主义、种族主义和物质主义（资本主义）这三重罪恶。美国黑人财富的彻底蒸发，应该将我们引向类似的愿景，并推动我们走向一个劳动者和穷人真正享有经济正义的梦想在事实上成为现实的社会。这就需要建立一套摆脱美国资本主义利润和继承制度之下掠夺诸多黑人财富之机制的财富再分配制度，从而消除使"美国梦"意识形态得以滋生和发展的条件。

然而，由于奴隶制和资本主义制度对美国黑人产生的经济影响，我们绝不能止步于彻底重新分配甚或赔偿。正如塞蒂亚·哈特曼所指出的：

> 赔偿运动将自己置于这种矛盾或不可能的境地，因为赔偿并不能从物质或任何其他层面上解决种族不平等的系统性地持续生产。像不平等一样，种族支配和种族排斥也在跨越世代持续生产。从这个意义上说，赔偿似乎是一种非常有限的改革：一种自由主义的计划……为纠正某种情况，在显然不能达成目标之时，仍然对法律和国家的权力重新做出背书。我也觉得，这种想法揭示出一种唯心主义的陷阱（idealist trap），就好像美国人一旦知道这个国家的财富是如何获得的，就会认定这个国家对黑人有所亏欠。我的天啊！你为什么会这样假设呢？就像居住隔离是个意外一样！[26]

种族资本主义不是"意外"。它在美国的政治、经济和社会结构中根深蒂固。我们不能仅仅依靠改革来纠正这种严重的结构性不公正。我们必须超越关于普遍的基本收入、更高的最低工资、更公平的税收政策是怎样的，以及如何惩罚大银行的辩论。我们需要把这些重要诉求向更深更远处延伸，并尝试想象一个没有资本主义、没有私有财产、没有向财产所有者出卖劳动力、没有美国梦的世界。我们需要承认，我们无法想象这究竟会是什么样子，因为我们对什么是可能的概念已经受到了资本主义及其美国例外主义和清白论意识形态的严重污染。是的，我们很难想象其他情况，很难想象一个没有资本主义的世界。但如果说克劳迪娅·琼斯（Claudia Jones）教会了我们什么，那就是我们必须梦想一种不同的政治——正如她的传记作者所写的那样，一种甚至"比共产主义更激进"的政治。[27]

第八章
美帝国主义与"黑命攸关"运动有何相干？

> 美国妇女对我们在世界和平阵营中的千百万反法西斯姐妹负有沉重的责任，其原因恰恰在于，世界和平面临的威胁源于我们这块土地上的帝国主义者。
>
> ——克劳迪娅·琼斯[1]

> ……刚果人民拒绝为美国吉姆·克劳工厂制造的原子弹开采铀矿。
>
> ——保罗·罗伯逊[2]

在美国政治话语中，"黑命攸关"已经成为一个耳熟能详的口号。2014 年，弗格森市白人警察达伦·威尔逊（Darren Wilson）谋杀了年仅 18 岁的黑人迈克尔·布朗，最终却未被起诉；该市由此爆发了一系列抗议活动，"黑命攸关"运动应运而生。诸如"举起手来，不要开枪"和"黑命攸关"等口号集中体现了黑人社群的愤怒，他们厌倦了来自警方的骚扰、恐怖和虐待对黑人生命的持续威胁。此等威胁延续的时间即便说不上有数个世纪，也至少有数十年。当配备军用级武器的警察部队占领弗格森的街道时，一些人得出结论，认为美国警察与部署在伊拉克或阿富汗的军事占领部队有许多相似之处。然而，正如活动家塔玛拉·K. 诺普尔（Tamara K. Nopper）和玛丽亚姆·卡巴（Mariame Kaba）所论，"对黑人来说，'反恐战争'并非是从海外传入国内的。相反，国内一直有它的存在"。[3] "黑命攸关"运动提供了一个契机,让我们能够将全国各地针对美国黑人的警察暴力与世界各地反抗美帝国主义和军国主义的斗争联系起来。

从美利坚民族国家对中东地区迁占者殖民国家——以色列的长期支持当中,很自然地流露出美国黑人与巴勒斯坦之间的关联。2016年,奥巴马政府同意在未来十年内向以色列提供380亿美元的军事援助。[4] 尽管世界上许多国家认为以色列严重侵犯了巴勒斯坦人民的自决权,但美以两国仍然达成了这项有史以来最大规模的交易。宪法权利中心(Center for Constitutional Rights)称,以色列长达数十年的驱逐、军事占领和恐怖等殖民政策违反了国际法,已然构成联合国定义的种族灭绝。[5] 1948年获得联合国授权后,以色列军事力量使得数十万巴勒斯坦人丧失生命或流离失所,以及随后在21世纪以色列对加沙的入侵,这些都被宪法权利中心援引作为以色列犯下危害人类罪行的例证。

与以色列部队类似,美国警察部门在黑人社区的所作所为与占领军并无二致。几乎每天都有美国黑人被警察谋杀,与此同时,更多的美国黑人遭受着警察持续的恐吓和暴力。[6] 以色列和美国警方之间的联系是多方面的。根据一份报告,到2014年,奥巴马政府将五角大楼向警方转让战地武器的规模增加了2400%。[7] 警察部门不仅配备了与以色列士兵相同的军用级武器,而且许多美国警察部门还将其警官派往以色列,接受被冠以"反恐"措施之名的残暴手段的培训。[8]

在"黑命攸关"运动的初始阶段,活动家并没有忽视这些联系。弗格森的黑人活动家马上将以色列对巴勒斯坦的占领与警察对美国黑人的占领联系了起来。在达伦·威尔逊未被起诉后,怒目凝视军事化警察的巴勒斯坦人通过推特与弗格森的黑人活动家保持沟通。他们向弗格森活动家传授如何用合适的方法将同为以色列国防军（Israeli Defense Forces）常用的催泪瓦斯罐扔回给美国警察。后来，"黑人生命运动"（Movement for Black Lifes，众多"黑命攸关"组织的联盟）将团结巴勒斯坦、减少对美国军事活动的资源投入作为其纲领中的重要诉求。[9] 此外，"黑人生命运动"联盟的几位代表于2016年前往约旦河西岸地区参加了反对以色列占领的抗议活动。[10] 这些跨越国界的团结事例令人几乎不再怀疑"黑命攸关"运动相信美帝国主义对于社会变革也是至关重要的。"黑命攸关"运动似乎很好地走向了这样一条道路，即发展出一场能够改变美国社会的国际主义运动。

自从2016年8月美国国家橄榄球联盟球员科林·卡佩尼克决定在赛前奏国歌时坚持单膝跪地代替站立以后，这样的乐观情绪受到了挑战。卡佩尼克对国歌的抗议引发了长达数年的政治辩论，而"黑命攸关"运动在这场辩论当中几乎是缺席的。卡佩尼克将他的抗议活动与警察的暴行和美国黑人遭受的压迫联系在一起，他表示，他不会"站起来为一个压迫黑人和有色人种的国家的旗帜自豪"。美国国家橄榄球联盟的老板们，乃至大部分美国统治精英们，都认为卡佩尼克的行动是比单纯地抗议警察暴行大得多的事情。卡佩尼克已经被美国国家橄榄球联盟强行放逐。通过将国歌与黑人遭受压迫联系在一起，他的行为质疑了与美帝国主义在全球各个角落进行永无休止的战争密切相关的美国例外主义的合法性。

对国歌的尊崇是一种种族主义的文化传统，与美帝国主义近年来发生的激烈的军事化进程密切相关。军方和企业既得利益集团在体育联盟中大量投资以为美国军队进行宣传，尤其是美国国家橄榄球联盟与国防部联手打造了一种"有偿爱国主义"（paid patriotism）形式，而卡佩尼克的抗议触动了他们的神经。[11] 美国国家橄榄球联盟历史上没有球员要在播放国歌时列队站立的规定；这种规定一直到 2009 年才出现。这一变化的发生乃是因为五角大楼同意从国防部向国民警卫队和国家橄榄球联盟划拨 1100 多万美元，让他们在球场上进行"爱国主义"的展示，以此作为推动军队征兵的手段。[12] 在老板们的协同努力下，卡佩尼克被禁止进入国家橄榄球联盟，以确保联盟任何方面的盈利能力都不会遭到破坏——特别是通过将军队作为美国优越性之延伸来加以赞颂所赚取的数百万美元联邦投入。

美国国家橄榄球联盟的"有偿爱国主义"制度揭示了军队与美帝国主义之间的广泛关系。美帝国主义是一个全球性体系，它依靠军队对受压迫人民实施残忍的占领和恐吓以保证垄断企业的利润能够"安然无恙"。美国军队的预算为 7000 亿美元，比排名在其后的十个国家的军事预算总和还要多。800 多个美国军事基地散布在世界各地。[13] 这个数字还不包括美国的特种作战部队——这些充分装备了高科技武器并接受了酷刑技术培训的部队在全世界 149 个国家都有部署。[14]

据估计，自 1945 年以来，美国的战争机器已经在越南、伊拉克、阿富汗、危地马拉和利比亚等国家杀害了 2000—3000 万人。这样一个庞大的数字还没有算上 2001 年以来因无人机袭击而死亡的数千人。另外，美国在叙利亚等国正在进行的代理人战争所造成的人员伤亡也没有计算在内。也许与我们的讨论更相关的是，当下美国在非洲 54 个国家中的 50 个都保有军事存在。[15] 美国军事机器的扩张不仅通过武装威胁强化了美国例外主义的意识形态，而且为美国在海外的支配性地位创造了必要的经济、政治和文化条件。美国在全世界 70% 的国家部署有特种作战部队，在世界150多个国家有现役部队。由于21世纪美国战争永无休止的特点，对美军全球触角之巨大范围的衡量已经变得愈发困难。

美帝国主义的进一步军事化实际上加剧了美国例外主义的军事化。美国例外主义依赖于美国的军事投射和力量。美国前总统特朗普和奥巴马都曾多次将美军的实力与"民主"和"自由"等所谓美国价值观挂钩。历史上，美国是通过对非洲人和原住民进行军事征服和非人化来宣称并确立其文明优越性的；而美国社会如今的军事化也建立在这种文明优越性框架之下，以证明一种更广泛的全球帝国形式是合理的。大卫·西奥·戈德堡（David Theo Goldberg）认为，种族是社会军事化的一个重要组成部分，

> 相应地，军事化社会是指这样的社会，即在此等社会当中，任何一个被定性为非我族类、具有威胁、不友善的人，以及那些被认为是他们的同伙、努力争取他们的人，都可以被杀死或处死。他们可能只会在关塔那摩或超高安全级别的单人监狱中一边腐烂，一边被人遗忘。在这个社会里，凡被认为代表国家或其名义利益而值得信赖的人，都可以获得杀人的许可。例如，警察杀害手无寸铁的黑人却能免于被起诉，这种事情多到已经成为陈词滥调。它也是这样一种社会，在这个社会里，借助日渐可以通过无人机等远程毁伤技术，职命在身者可以越来越便利地授权实施无人杀戮。他们得到了主权秩序的许可，以辨别谁可以杀或处死而谁不能，谁是兽与谁是人。[16]

种族构成了一套思维骨架，指引美国军队扮演诸如"繁荣""国家安全""民主"等所谓"白人"例外价值的武装保护者角

色。[17] 阻碍美国利益的国家和人民被视为野蛮人；那些执行美国战争暴行的人则被认为是文明人。美国公众未能关注波音等美国军工企业如何从开发无人机的政府合同中获取巨额利润，也未能关注企业对矿产资源的攫取与阿富汗战争之间的联系，而是被引导着认为美国的战争机器是在帮助世界各国。现实情况是，它使地球上的大部分地区长期处于暴力、贫困和恐怖的状态。

这种对于美国战争机器的肯定性评价之所以能够与对美军和警察的崇拜同时存在，可以在美国军国主义的种族主义基础中找到解释。尽管美国军人退役后陷入贫困、自杀以及毒瘾的概率很高，但不论是谁担任总统，几乎每一次总统演讲中都会把美军作为英雄加以礼赞。警察因公受伤或死亡的情况发生概率很低，但与军队类似，警察也被当作英雄对待。对于战争士兵的人道化是以战争受害者为代价的。警察和军官越是被定位为美国例外主义的守护者，就越是难以批评他们的暴行。因此，卡佩尼克仅仅因为大声反对每年都在发生的数百件警察对美国黑人的谋杀案就遭受国家橄榄球联盟的鄙视与禁赛，而部署在受压迫社区的警察和军事部队却可以犯下数不清的暴行而逍遥法外。

这些情况给"黑命攸关"相关的组织和运动带来了巨大的压力，让他们对美军的全方位支配地位保持了沉默。正如卡佩尼克的事例所示，对美国军队象征物即美国国旗的抗议会带来重大后果。反战活动不会带来奢华的职业、非营利产业的机会或任何类型的个人收益。虽然美国的警察暴行只是美帝国主义强加给世界之全面战争的局部反映，但统治阶级总是试图将其界定为一种单一议题式的改革工程。谷歌等公司向特定的"黑命攸关"组织捐赠了数百万美元，以使"种族偏见"的信息更加"容易获得"。[18] 但与此同时，这种资金不会被用于支持这些行动目标：

使那些杀害美国黑人的警察得到监禁，或者让公众更多地了解美国海外战争的信息。

因此，将反对白人至上主义和警察暴力的斗争与美利坚民族国家在国外发动的战争联系起来的责任就落在了科林·卡佩尼克等勇敢个体或者"黑命攸关"等群体运动身上。"战争"一词并不只反映了国家之间的关系，它更广泛地反映了与压迫的关系，并指出了大多数人之间的一条重要纽带。克里斯蒂娜·夏普指出，2011年纽约警察局的警员对逾70万名黑人和拉丁裔青年进行了拦截和搜身，其理由通常是被查对象有"鬼鬼祟祟的行动"（furtive movements）。[19] 这种说法将被种族化的青年描绘成受性欲驱动的野兽，与奥巴马政府在同年北大西洋公约组织（"北约"）轰炸利比亚这个非洲国家之前对其人民的描绘并无不同。利比亚领导人穆阿迈尔·卡扎菲（Muammar Gaddafi）被美国领导人认为是"杀害自己人民的凶手"，并且该国军队也被指控犯有使用伟哥强奸妇女和儿童的罪行。这些说法都没有得到证实，但以美国为首的北约入侵利比亚后，在6个月内对这个非洲大陆最繁荣的国家进行了6万多次轰炸。北约对利比亚的战争造成了至少5万人死亡；由于北约被指对这场战争造成损害的完整规模进行了掩盖，这还只是一个保守的估计。

不论在其殖民疆界之内，还是之外，美帝国主义的体量都如此之庞大，以至于这个体系必须竭尽全力掩盖其造成的损害。美国例外主义给美国在经济和政治上的支配披上一层清白的外衣。因此，针对美国黑人的种族主义警务行为是可以宽恕的，因为警察本就应该在国内战线上"服务和保护"美国的利益。[20] 一年（2016）之内美国向全世界投下26 000多枚炸弹，但美国军方却可以得到谅解，因为其宣称这样做是为了保护美国在海外的利益。美国政治官员以及为他们服务的企业媒体将这些利益描述为普遍的道德原则,但实际上它们反映的是统治精英的政治和经济目标。

子弹和炸弹——美国的警察占领和军事占领——是将美国黑人的境况与全世界受压迫国家联系起来的纽带。芭芭拉·兰斯比(Barbara Ransby)在谈到埃斯兰达·罗伯逊时说:"在一次又一次的演讲和一篇又一篇的文章中,她坚持认为,资本主义、性别主义、殖民主义、种族主义和帝国之间存在着共生关系。"[21] 因此,正如克劳迪娅·琼斯也曾表明的那样,问题的关键不仅仅是美国黑人应该关心国内的压迫和国外的压迫,仿佛这两者是由美国实施的分开的、孤立的行动一般。相反,黑人国际主义者能够将国外的压迫与国内的压迫联系起来。正如克劳迪娅·琼斯的传记作者所说,"团结成为一种反对男性气质、种族主义和帝国主义的激进策略。把这些不同的斗争联系起来,形成一个追求社会正义的统一运动——这正是政府认识到的危险之处。"[22]

美帝国主义发展的规模越来越大、致命程度越来越高,因为美国企业为了充分实现利润最大化,必须对私有财产加以保护。因此,美帝国主义必须使美国黑人成为由性欲驱动的野兽,使利比亚人成为由性欲驱动的雇佣兵,使北朝鲜人成为被洗脑的奴隶,以解释为什么美国警察和军队要对他们的财富和劳动行使政治权力。尽管非洲大陆每年有价值数百亿美元的利润损失外流到美国和西方企业手中,但美国例外主义使得美军非洲司令部(AFRICOM)麾下美军对几乎所有非洲国家的军事接管仅仅成为"民主制度"传播方式的问题。另一方面,美国黑人的财富也急剧减少,与之相伴的是,严密的警务、监视和大规模监禁已然成为黑人的日常生活特征。[23]

罗伯逊传记的作者托尼·佩鲁西（Tony Perruci）写道，黑人国际主义者"对美国外交政策的批判不仅揭示了美国在国外宣扬'自由'而在国内维持吉姆·克劳暴力的矛盾，而且正如《芝加哥卫士报》（Chicago Defender）所抗议的那样，还揭示了'美国大企业将南卡罗来纳州盛行的制度体系带到国外的企图'"。佩鲁西继续说，"换句话说，通过补贴跨国资本主义，美国政府正在支持对非洲的所有国家输出自己残酷的劳工实践"。[24]因此，正如罗伯逊和无数其他黑人国际主义者所证明的那样，美国例外主义所产生的条件有助于强化人们原以为相互分离的对警察暴行和战争的抵抗运动，使之成为一种更广泛的为整个美帝国主义体系设想替代方案的努力。

一种将国内黑人境况和美国海外战争联系起来的集体意识正是统治阶级不希望看到的。对卡佩尼克抗议国歌的反应就是一个很好的例子。当该抗议举动开始激发全国各地的国家橄榄球联盟成员和其他体育运动员的行动时，统治阶级抓住时机缩小了他们的关注范围。在美国前总统唐纳德·特朗普因一名国家橄榄球联盟球员抗议国歌而骂其为"狗杂种"并宣称其应该因此被解雇之后，要实现这一目标就变得更加容易了。突然间，人们所能听到的全部都成了对于抗议国歌如何关乎美国"民族团结"（national unity）的讨论。说唱歌手埃米纳姆（Eminem）制作了一首即兴说唱歌曲来谴责特朗普的言论，但同时宣称"我们爱我们的军队，我们也爱我们的国家"。埃米纳姆收获了企业媒体、民主党以及包括美国黑人在内的相当一部分美国公众的欢迎。由此可见，美国例外主义的力量就在于这样一种能力，即它能够将反对唐纳德·特朗普公然的种族主义或警察谋杀美国黑人的行为塑造成政治上可接受的反应，从而强化美利坚民族国家的合法性。在这种情况下，尽管美国军方对世界各地的受压迫境况负有责任并与反黑人种族主义之间有着亲密关联，但埃米纳姆对美国军方的颂扬却能够伪装成一种与反黑人种族主义对立的立场。

黑人国际主义一直都是美国例外主义及其权力掮客造成之政治混乱的历史性解药。国际主义，特别是黑人国际主义，是一种意识形态，它假定美国黑人的自由与全世界受压迫民族的自由完全交织在一起。[25] "黑命攸关"运动和像卡佩尼克抗议这样的行动，已经无法恢复20世纪中后期达到顶峰的黑人国际主义精神。众多"黑命攸关"组织的主流倾向是向美国刑事"正义"（justice）体系申诉寻求纠正，或者成立非营利组织为黑人社区服务。虽然这些努力做了一些好事，但要发展出一种符合美国黑人激进传统之历史遗产的国际主义意识，美国例外主义仍然是一个强大的意识形态障碍。关于黑人激进运动中的知识分子英雄，历史学家罗宾·斯宾塞（Robyn Spencer）重点介绍了其中之一，即曾担任黑豹党国际协调员的康妮·马修斯（Connie Matthews）：

> 在接受安吉拉·戴维斯的采访时，马修斯概述了黑豹党的国际主义议程。她宣称，该政党寻求教育黑人"国际主义的重要性。要让他们理解我们处于一个庞然大物的腹中，并且要让他们明白在美国表现出来的帝国主义是一个有触角的怪物，世界上其他受压迫的人民都在试图切断其触角，但我们在这里必须从怪物的内部将其抓住。"[26]

因此，与其重蹈一些黑人运动领袖（他们理解对美国外交政策进行批判的重要性，但却"觉得必须证明自己对美国忠诚高于一切"）的覆辙，"黑命攸关"运动不如从康妮·马修斯这样的国际主义者身上寻找灵感。[27]

美洲大陆上的国际主义种子最早是由非洲奴隶播下的：为了赢得自由，他们与敌对的殖民列强进行了结盟。[28] 当1917年俄国革命后，反殖民主义和社会主义革命开始席卷全球时，国际主义就有了更具体的意义。埃拉·贝克、保罗·罗伯逊和他的妻子埃斯兰达·罗伯逊是黑人激进传统少有的忠实拥护者，他们自豪地拥护国际主义，认为这是黑人自由运动不可缺少的一个方面。埃拉·贝克领导组建了密西西比自由民主党（Mississippi Freedom Democratic Party），作为向美国政府推动民权改革的替代性载体，他因此被人们铭记。然而，贝克还是一位坚定的国际主义者，她对1934—1935年意大利入侵埃塞俄比亚开展了抗议活动，并对助推战争的欧洲中心主义非洲叙述公开表达了反对。正如她的传记作者芭芭拉·兰斯比提醒我们的那样，贝克的活动"是以更大的国际主义视角为框架的，并且包含了对非洲殖民主义和独立问题的特别关注"。后来，贝克还将她的国际主义支持扩大到波多黎各独立运动，并加入了第三世界妇女联盟等和平组织。[29]

保罗·罗伯逊是一名演员和歌手，他与埃斯兰达一起于1951年向联合国提交了《我们指控种族灭绝》（We Charge Genocide）请愿书。该文件由W. E. B. 杜波依斯、克劳迪娅·琼斯和许多其他黑人自由活动家联合签署，为美国黑人向联合国寻求救济，理由是他们在美国遭受的待遇符合国际公认的种族灭绝定义。在呼吁国际社会为黑人在美国国内所受压迫提供救济的同时，作为补充，罗伯逊还对美国的海外战争，尤其是美国对苏联的所谓"冷战"，表达了坚决的反对。他的行为迫使美国撤销了他的护照并以同情共产主义为由将其列入"黑名单"。正如托尼·佩鲁西所解释的那样，罗伯逊受到惩罚的原因既在于其对非裔美国人权利的促进,还在于他将冷战危机与资本主义对殖民主义的投资联系在了一起……在罗伯逊看来,非裔美国人对苏联开战的可能性是"不可想象的",因为战争对所有黑人侨民群体产生的不利物质影响使得为此类战争而战这种打算本身就与争取实质性救济和实现自由的运动发生了直接冲突。黑人参加这样的战争就等同于为使自身权利被剥夺并使自己陷入不利地位而战。[30]

保罗的妻子埃斯兰达是黑人自由运动的另一位领导人,出于类似原因,她也对美国战争持反对态度。埃斯兰达经常将其对朝鲜战争和美苏军备竞赛的反对与改善美国黑人生活的努力联系起来。兰斯比认为,埃斯兰达,也就是"埃西"(Essie),"倡导将美国黑人争取自由的斗争国际化,并倡导将黑人自由运动与国外的社会主义、共产主义和反殖民主义运动等量齐观"。兰斯比继续写道,埃西"在她后来的著作中极大地扩展了这一理念,在那里,她强调了成为全球政治大家庭的一部分以及发展出一种全球性黑人身份认同的重要性"。[31]

黑人国际主义不仅是一种理念,它还是一场运动——美国黑人的日常斗争贯穿于这场运动当中,这场运动也是围绕着这些日常斗争组织起来的。保罗·罗伯逊和杜波依斯等活动家访问了苏联和中国,向国外反殖民革命学习,并为黑人自由运动争取支持。正如骆里山所指出的,"杜波依斯将非裔美国人的自由斗争置于全世界有色人种劳工的斗争历史当中,并暗示黑人劳工的斗争并不依赖于美国白人或美国国家的承认,而是依赖于殖民地世界其他有色人种劳工的承认"。[32] 这种支持有助于向美帝国主义当局施加压力,因为后者将吉姆·克劳种族主义视为在海外建立经济和政治霸权的一道潜在公共关系障碍。芭芭拉·兰斯比写道,"如果当时的黑人领导层采取了这种立场,即推动将美国的民权和经济正义运动置于更广泛的国外反殖反帝运动框架当中,实际上可能会强化并加速对种族平等的推动,而非使之脱轨"。事实上,在第二次世界大战结束时,美帝国主义就曾担心吉姆·克劳白人至上主义将会影响其在海外的新建霸权。这种担心如此强烈,以至于美国不仅撤销了罗伯逊、杜波依斯和其他黑人自由活动家的护照,而且还向非洲和亚洲派遣了爵士乐手,以抵消国际上对美国种族主义的负面报道。[33]

黑人国际主义将继续发展进入"黑人权力"和黑人解放的时代。马尔科姆·X重新点燃了十年前《我们指控种族灭绝》请愿书的诉求,要求非洲国家在联合国起诉美国政府对美国黑人犯下的种族灭绝罪行。[34]部分系因马尔科姆·X遗产而形成的黑豹党在包括朝鲜和阿尔及利亚在内的世界上几十个国家里都有分支。该组织向其成员提出,在参与美帝国主义在越南发动的战争时,要站在越南人一边。该党创始人休伊·珀西·牛顿(Huey P. Newton)于1971年9月应邀访华,比尼克松总统1972年所谓的历史性访问提早数月。[35]可以说,黑豹党领导了美国有史以来最重要的和平运动。在撤出对越入侵一事上,这一运动给美国施加了至关重要的压力。

于是,对于"黑命攸关"运动而言,美帝国主义理应有重大干系的,因为黑人国际主义对黑人自由之路的发展一直都很重要。基于"在帝国主义的美国(imperial United States)内部对单一群体政治权利的追求可能会造就其他群体在美利坚资本主义帝国内外的从属地位"这样一种认识,像杜波依斯那样,黑人国际主义设想了一个世界,在这个世界里,白人至上主义和帝国被一个基于团结和相互合作的新的全球关系体系所取代。[36] 黑人国际主义想象着一个世界，在这个世界里，科林·卡佩尼克不会因为站出来反对警察对美国黑人的肆意谋杀而被国家橄榄球联盟列入黑名单。它想象了一个世界，在这个世界里，美国军队不再能够通过入侵、制裁和轰炸而使其他国家屈服。美国种族压迫的强度已经达到了一个高潮，正如美帝国主义在地球上基于利益驱动的无休止战争那样。同20世纪一样，当前也存在着让黑人国际主义复兴的条件，由此，对黑人国际主义的纪念可以作为一套关键工具，用以解构美国例外主义及其以美国黑人为代价发动更多战争的刺耳叫嚣。

当今确有一些试图复兴黑人国际主义的努力。2016年，在受到美国警务实践影响的个人和组织提供了大量证词后，一个联合国工作组得出结论认为，警察杀害美国黑人的行为使人回想起了历史上的私刑。[37] 至少从2014年开始，中国每年都会编制美国的人权记录报告，强调种族主义和警察暴力乃是美国社会的标志。[38] 而在美国，黑人和平联盟（Black Alliance for Peace, BAP）正引领一场新反战运动的发展。根据他们的网站，黑人和平联盟"力图重新夺回并发展激进黑人运动历史性的反战、反帝国主义和支持和平的立场"。[39] 这些具体的进展表明，黑人国际主义并没有被遗忘，只是受到美国例外主义影响而暂时退隐了。这是马丁·路德·金在其人生最后几年阐述的一个重要教训。佩妮·冯·埃申（Penny M. Von Eschen）写道，"像20世纪40年代的反殖民主义活动家一样，金把变革——美国社会和全球权力关系真正转变——的可能性与抵抗遗忘维系记忆的持续斗争联系了起来。创造一个真正民主之世界的道德想象取决于对非洲人受奴役、殖民地人民受剥削以及种族资本主义发展的铭记与见证"。[40]

美国例外主义及其附随的意识形态美国清白论帮助美国掩盖了它在国外的暴行，并使之与它在国内的种族化暴行脱开关系。美国人普遍认为美国军队保护我们的国家免受野蛮民族及其低劣生活方式的侵害。警察暴行引发了"黑命攸关"运动，因为它提醒我们美国例外主义从来都不适用于黑人。对被压迫者来说，美国从来都不是一股良善的力量。然而，"黑命攸关"现象尚未能引致一场严肃的反帝国主义运动。此等运动的全面缺失不能怪罪于"黑命攸关"组织。但美国例外主义难辞其咎，因为这种叙事与美国统治阶级用来促进其海外军事冒险的理由是紧密相连的。美帝国主义冒着与俄罗斯、中国、伊朗、朝鲜等国可能发生核战争的风险，美国黑人的境况在不断恶化，在此情形下，我们不能再错过另一个像科林·卡佩尼克国歌抗议那样的机会。也就是，确保将和平聚合而成一场敢于想象一个没有美帝国主义和白人至上主义之未来的运动。这就需要反种族主义和社会正义运动毫不犹豫、毫无例外地与关于美军在世界所扮演角色的美帝国主义虚幻故事公开决裂。

第九章
保护谁的言论自由？保护谁的集会自由？

> 在美国，对那些社会和政治变革追求者施以监禁的做法，就像其根植于奴隶制、反印第安种族灭绝战争和"昭昭天命"的以精英为基础的民主制度一样古老。
>
> ——乔伊·詹姆斯[1]

> 借着彼此互助，我们才得以居住在一个本不宜居且残酷的社会环境中。
>
> ——塞蒂亚·哈特曼[2]

> 我们从来都不是为了苟活。
>
> ——奥德·洛德[3]

87　　大多数在美国接受教育的学生在很小的年纪就会学习到，言论和集会自由是受到美国宪法第一修正案保护的权利。这些权利被誉为全世界独一无二之美式"民主制"的标志。无论是在总统办公室、企业媒体还是美国教育体系当中，人们在讨论这些权利的时候，美国例外主义一直都是他们赖以理解这些权利的支配性框架。这种支配性叙事宣称，美国人是世界上唯一拥有"新闻自由"与表达信仰不受迫害之权利的族群，尽管事实是美国在最近世界新闻自由指数中的排名仅占第 41 位。[4]正如美国例外主义的其他方面一样，一直以来，关于言论和集会自由的辩论都是在美帝国主义的经济和政治利益——而非美国民主工程虚无缥缈且抽象的理念——的引导下进行的。

在特朗普担任总统的时代，关于言论和集会自由的美国话语受到了挑战。当大多数美国人对一个全美90%媒体仅受6家公司控制的媒体格局不甚信任时，美国发现越来越难以证明其"言论自由"的主张。有人得出结论认为，特朗普在2016年总统大选中的胜利反映出，人民群众已经不再相信诸如媒体之类的美国统治机构能够为遭受贫困化、警务监管与信息误导程度日渐严重的民众创造有利的经济和政治条件。[5] 与此同时，美国进步人士将唐纳德·特朗普的种族主义意识形态归结于一种脱胎于新纳粹和三K党的所谓新型时髦的右翼意识形态即"另类右翼"的出现。理查德·斯宾塞（Richard Spencer）和米罗·雅诺波鲁斯（Milo Yiannopoulos）等人物的活动在全国各地的大学引发了大规模的抗议。斯宾塞和雅诺波鲁斯宣称自己领导了所谓的"言论自由运动"（Free Speech Movement），而在其反对者眼里，"言论自由运动"不过是新法西斯主义倾向的一道掩护屏障。

一直以来，美国统治阶级都利用美国例外主义将"言论自由"辩论中的话语控制在可接受的范围内。雅诺波鲁斯和斯宾塞确实是白人至上主义者，他们热切地支持那些声称"白人权利"正遭受攻击的运动。[6] 虽然大学演讲嘉宾邀请范围向斯宾塞和雅诺波鲁斯等人的扩展引发了可以理解的反种族主义情绪，但美国公民自由联盟（ACLU）和其他组织对此的回应却主要聚焦于第一修正案相关权利的适用上，甚至到了不顾话题的种族主义或偏执属性而为雅诺波鲁斯的表达权利辩护的地步。这就创造出一套不失为美国例外主义典型特征的虚假二元对立。一方面，美国公民自由联盟一直在勤勉地抗击对公民自由的侵蚀，并将对诸如爱德华·斯诺登（Edward Snowden）和切尔西·曼宁（Chelsea Manning）等举报人的迫害视作判断一个政治环境对于可接受的言论秉持何种筛选标准的指向标。另一方面，关于什么言论是可以接受的，抗议者表明了自身的立场底线，而打着另类右翼旗号的白人至上主义显然已经越界。

"言论自由"辩论的双方都隐隐约约地认可了这样一种观念的合法性，即美国致力于保护生活在其境内的所有人的言论和集会自由。反种族主义抗议者明确宣称，鉴于这个国家的白人至上历史，"仇恨"言论不应被视为"自由"。这种看法把美国大众定位成判定哪些言论和集会应受美国保护的主要力量。美国公民自由联盟则认为美国应该捍卫所有的言论和集会，因为某些形式的言论和集会被禁止时曾造成一些危险的先例。在辩论双方内部，美国例外主义仍然居于中心位置。美利坚民族国家对社会运动的敌视贯穿其历史，这在很大程度上被忽略了，取而代之的是一场聚焦于如何"修正"政府对待言论自由方式的辩论。然而，恰恰是这段历史暴露了第一修正案如何从未适用于那些挑战美帝国主义、努力建设一个更美好世界的人。

一些关键叙事为美国例外主义赋予了正当性，进而也为美帝国主义赋予了正当性，而很多社会运动对这些叙事提出了挑战。为了提供背景，法律理论家和活动家迪恩·斯派德的有关论述值得全文引用：

> 从事抵抗的各种社会运动向我们传递的美国形象与大多数小学课堂和教科书所教授的截然不同。学校的爱国主义叙事只告诉我们关于美国法律和政治的几个关键谎言：美国是

一个法律和政策都源于大多数人民心中最佳方案的民主制国家；美国过去曾是种族主义和性别歧视的，但由于法律变革，这个国家现在已是公平和中性的；如果某个族群受到伤害，他们可以诉诸法律寻求保护……（但各种社会运动）表明，美国一直有一套套法律，根据原住民属性、种族、性别、能力和国籍出身等类别来安排人们的生活，制造出在经济剥削、暴力和贫困面前脆弱程度各不相同的族群。这些相反的叙事挑战了这样一种观念，即暴力是具有不良想法的个体的行为结果，而国家是我们为免受此等暴力应该寻求保护的地方。相反，从事抵抗的政治理论家和社会运动帮助我们理解了"国家暴力"的概念，这对于揭露原住民、妇女、有色人种、残疾人和移民所面临的核心伤害是至关重要的。他们揭示出，国家项目和执法部门并不是正义、保护和安全的仲裁者，反而是暴力发生的现场和支持者。[7]

一直以来持续挑战这种关于社会变革之爱国主义叙事的两大主义——黑人激进主义和劳工激进主义，其言论和集会自由权利在整个美国历史上始终受到压制。黑豹党联合创始人休伊·牛顿在他的博士论文中讨论了这段历史。牛顿概述了黑人激进主义，更具体地讲是黑豹党遭受压制的历史背景。他写道："在社会和经济事务上的显著优势，不论以何种手段取得，从这个社会创生到现在，一直是美国统治阶级权威得以无所顾忌的前提。"他继续写道，"通过无所畏惧的暴力和施加更多暴力的持续威胁，由动产奴隶制获得的初始社会经济优势得到贯彻"。[8] 无论是实际发生还是停留在威胁层面，压制最狂热之政府批评者政治言论的国家暴力一直延续到所谓的解放之后。美国对所有勇于"说出自己想法"之公民的所谓支持显然只是又一个例外主义神话。这种"言论自由"的神话,就像本书中讨论的许多其他神话一样,掩盖了国家对于谁是美国人而谁不是以及谁是人类而谁不是的系统性分类。

在美国工业资本主义兴起期间,对某些类型的"言论自由"的政治压制出现了新的形式。面对劳工动乱的巨大压力,美国开始为秘密政治警察(secret political police)即当今的"情报体系"(intelligence community)的发展奠定基础。美国的情报工作起源于对罢工争取8小时工作制的芝加哥工厂工人的镇压。在1886年5月4日的一次劳工集会上,有人投掷炸弹后,警察向人群开火,死伤者不计其数。社会主义者和无政府主义者的家里在没有搜查令的情况下遭到了突袭和搜查,31人被控告,4人被绞死。[9]

第一次世界大战和俄国革命使美国将其秘密警察正式化为综合情报处(General Intelligence Division, GID)。到1919年,全国各地的工人都参加了罢工和劳工运动,要求改善工作条件。美国黑人也对不稳定的工作条件和白人私刑暴徒的持续暴力威胁做出了反抗。美国统治阶级害怕这种"工业动荡"会导致民众对俄国革命社会主义特征产生共鸣。伍德罗·威尔逊在一篇日记中明确指出:"从国外(一战)回来的美国黑人将是布尔什维主义在我们美国传播的最佳媒介。"[10] 综合情报处与调查局(Bureau of Investigation)联手收集关于非裔血誓兄弟会(African Blood Brotherhood)和世界产业工人联盟(Industrial Workers of the World)等激进组织的情报。这种情报收集活动在1919年臭名昭著的帕尔默大搜捕(Palmer Raids)当中达到高潮。1917年和1918年先后通过的《反间谍法》和《反煽动叛乱法》(Espionage and Sedition Act)使情报机关的突击搜捕有了法律依据。全国各地数以千计的"外国激进分子"

被捕，其中许多人被驱逐出境或被关进联邦监狱，理由是对美国参加第一次世界大战一事表现出所谓的不忠诚。其他一些人，如艾玛·戈德曼（Emma Goldman）和马库斯·加维（Marcus Garvey），则被指控涉嫌鼓吹推翻美国政府。

美国对国内激进主义的镇压，不仅是对苏联和中国社会主义发展的回应，也是对美国共产党和黑人自由运动联合致力于实现其对美国社会之共同愿景的回应。美国共产党在反对吉姆·克劳种族主义的斗争中，特别是在为 1931 年在亚拉巴马州斯科茨伯勒（Scottsboro）因被错误指控强奸两名白人妇女而被判处死刑的九名黑人青年提供律师辩护的过程中，确立了自己的领导地位。六年后，共产党人和黑人组织的共同努力帮助他们推翻了死刑判决。在联合组织反对吉姆·克劳以及解放后和战后时期经济歧视和剥削的活动时，美国黑人会壮大共产党的力量。牛顿在论文中正确地指出，种族和阶级的裂痕一直阻碍着美国"民主"的建立。[11] 这些裂痕解释了为什么美国一直宣称自己垄断了"言论和集会自由"权利，即使它对黑人组织和共产主义组织都发动了镇压运动。用香登·雷迪（Chandan Reddy）的话说，美国政府"是由其使用暴力的自由所定义的"。[12]

第二次世界大战后，基于人为制造的对"红色威胁"（Red Menace）的恐惧，国家机关继续对国内激进主义进行镇压。鉴于联邦参议员约瑟夫·麦卡锡（Joseph McCarthy）在调查美国非美（un-American）活动和宣传的特别委员会中的领导地位，这一时期美国对共产主义者和黑人激进分子的镇压运动一般被称为"麦卡锡主义"（McCarthyism）。这个由国会设立的委员会驱使法律和情报资源，对被推定为共产党的人采取登记、监视（特别是通过窃听通讯）、驱逐和处决等行动。在此期间通过的两项法令，即

1940年的《史密斯法》(Smith Act) 和 1950 年的《麦卡伦国内安全法》(McCarran Internal Security Act)，为这种严厉的镇压提供了法律依据。在为克劳迪娅·琼斯所作的传记中，作者卡罗尔·博伊斯·戴维斯 (Carole Boyce Davies) 直接将这些法律的起源追溯到对这位碰巧也是共产党领导人的特立尼达黑人 (Black Trinidadian) 妇女的驱逐出境。[13] 这些法律强迫共产党员向司法部长登记，并对宣扬、散布和组织"推翻或摧毁美国任何政府"的含义进行宽泛的解释。克劳迪娅·琼斯不幸沦为这场猎杀女巫行动的受害者，而这显然是"美国政府为将她从美国历史上抹去而蓄意设计之举"。[14]

驱逐琼斯和处决犹太共产党人埃塞尔 (Ethel) 和朱利叶斯·罗森伯格 (Julius Rosenberg) 等暴行，并不是异常现象，而是构成当时美国标志性特征的普遍镇压政策的一部分。另一个黑人共产党员和非裔血誓兄弟会创始人西里尔·布里格斯 (Cyril Briggs) 被传唤至众议院非美活动委员会 (The House Committee on Un-American Activities, HUAC) 面前作证。他的证词总结了美国极力维护的镇压实际上具有的令人憎恶且毫无价值的特点：

> 像被拖到非美活动委员会面前的其他许多人一样，在这不过是场表演的国会审判当中，布里格斯拒绝接受被分配的角色。布里格斯没有扮演一个受其既不能完全理解也不能抵抗之外国意识形态引诱的不幸黑鬼，他也没有像许多其他人那样在非美活动委员会面前退缩，而是对"被一个由彻头彻尾之白人至上主义者组成……且 20 年间从未调查过三 K 党的委员会审问"表示了愤怒。[15]

布里格斯利用公开听证会揭露了美国例外主义的假象和美帝国主义的现实。布里格斯在非美活动委员会的证词是对美国例外主义和美国清白论的确凿批判。他从根本上揭示了，白人至上主义者之所以从未被带到委员会面前，是因为三K党身上不存在任何非美国的东西。通过对三K党等白人民族主义恐怖团体授予法律豁免，而同时却将美帝国主义的镇压全面施加在黑人自由活动家身上，美国证明了自身所具有的例外特性。

这种虚伪在20世纪50年代末麦卡锡时期正式结束后变得更加明显。对激进政治活动的强力镇压一直持续到20世纪60年代和70年代。在共产党被严重削弱的情况下，约翰·埃德加·胡佛（J. Edgar Hoover）领导的联邦调查局对黑人自由运动及其盟友发动了残酷的镇压战争。这场战争在联邦调查局反情报计划的主持下进行；它使地方警察部门、联邦情报机构和美国行政部门联合起来，共同致力于"揭露、破坏、误导、诋毁或以其他方式消除黑人民族主义仇恨型组织和团体的活动"。[16]

在此必须指出，反情报计划经常将"黑人民族主义"领导人和团体描述为罪犯、恐怖分子和对社会安全的威胁。这使得反情报计划机制的多种武器能够以类似于"麦卡锡主义"将任何与苏联或共产主义的联系犯罪化以作为镇压美国共产党之托辞的方式来镇压黑人自由运动。诸如作品具有颠覆性的漫画家杰基·奥姆斯（Jackie Ormes）、[17] 埃拉·贝克、[18] 杜波依斯、[19] 马丁·路德·金等著名的所谓"和平主义"民权领袖，以及他们的附属组织，比如南方基督教领袖会议（SCLC），所有这些都受到了联邦调查局的窃听和情报搜集。很能说明问题的是，1999年，孟菲斯（Memphis）的一个陪审团得出结论，暗杀马丁·路德·金是一个牵涉众多美国政府机构的阴谋。[20] 联邦调查局镇压所谓非暴力民权领袖和组织的意愿表明,"言论自由"和"集会"只能以牺牲黑人自由运动为代价,无论该运动采用何种和平手段。可悲的是,黑人激进活动家不得不经过一番苦难才能学到美国自由的真正含义,即"他们所享有自由的程度与他们所代表的实际威胁完全是成比例的"。[21]

有社会主义倾向的黑人解放运动,尤其是黑豹党,面临的来自反情报计划的镇压最为严厉。这促使一些学者将反情报计划描述为"一份国家针对黑人群体施加恐怖而免受惩罚的记录,以及伴随此等恐怖行为而来之白人性话语施事动力机制(performative dynamic of whiteness)的变化,即公民社会的自我形象开始要求对其施虐狂式的反黑人行为(antiblackness)进行压制以支持一种表面上的种族中立"。[22] 主流和统治阶级的观察家,特别是自由派的观察家,经常把黑豹党与三K党等同起来。尽管自19世纪末以来,数以千计的美国黑人因种族敌意而被处以私刑,但三K党领袖和成员未曾面临过美利坚民族国家任何重大意义上的迫害。而黑豹党只是一个组建了黑人社区巡逻队和黑人儿童免费早餐计划的黑人激进组织。休伊·牛顿等黑豹党领导人受到马尔科姆·X的启发,希望将全国各城市爆发的黑人叛乱的力量组织起来,发起一场全面解放黑人的运动。他们受到越南、中国、莫桑比克反殖民主义和社会主义革命的鼓舞,积极努力使黑豹党成为一个反帝国主义组织。虽然该党要求美国社会朝着这些目标进行重组,但除非出于自卫需要,它一次都未曾呼吁过使用暴力。

但联邦调查局看待事物的方式截然不同,它动用了反情报计划的全部力量来摧毁黑豹党。1969年,约翰·埃德加·胡佛援引黑豹党与马克思主义的关联及其与警察之间所谓的暴力对抗作为主要理由,将黑豹党描述为"对国家内部安全的最大威胁"。[23]

然而胡佛自己的联邦调查局内部备忘录显示，真正对国家安全造成如此威胁的其实是黑豹党的儿童免费早餐计划（Free Breakfast Program for Children）。[24] 因为该计划有助于提高黑豹党在黑人社区中的影响力，使得政府更加难以消除他们。结果，联邦调查局宣战了。数十名黑豹党领导人被暗杀，包括洛杉矶的约翰·哈金斯（John Huggins）和阿尔普伦蒂斯·邦奇·卡特（Alprentice Bunchy Carter），芝加哥的弗雷德·汉普顿（Fred Hampton）和马克·克拉克（Mark Clarke），以及奥克兰的鲍比·哈顿（Bobby Hutton）。还有许多人在监狱中长期服刑。警察和情报部门组织了对该党办公场所的突袭行动，包括臭名昭著的1969年在洛杉矶第41街和中央大街发生的长达6个多小时的枪战。由于《反抗帝国的黑人》（Black Against Empire）和休伊·牛顿博士论文等作品的出版，美国镇压黑豹党的历史现在已为公众所知。[25]

美国例外主义在美国政治、经济、文化生活的全方位渗透，为让这段历史从公众记忆中几乎消失创造了条件。事实上，许多美国人相信，他们生活的国家是全球范围内可以"畅所欲言"、追求自己兴趣而无须承担不利后果的唯一实例。很少有人意识到激进政治组织（尤其是黑人组织）尝试在美国行使"言论和集会自由"权利时所面临的严厉压制。即使有些人知道这种压制的存在，他们也通常会被把它说成是过去发生的不幸或悲剧故事。然而，有16名黑豹党成员至今仍因政治目的而被关在监狱里，且黑豹党和黑人解放军（Black Liberation Army）成员阿萨塔·莎库尔仍然头顶200万美元赏金流亡在古巴。杰里科运动（Jericho Movement）列举了数十名因反情报计划而面临长期监禁的政治犯，其中包括美国印第安人运动（American Indian Movement）领导人列奥那德·配尔提尔。反情报计划可能已不再运作，但其暴力遗产至今仍在继续。

也就是说，关于特朗普时代"言论自由"特征的狭隘辩论，经由对美国例外主义和美国清白论逻辑的遵循，强化了对这一遗产痕迹的擦除。这场辩论的条条框框是基于这样一项假设来设定的，即保护所有人"自由言论和集会"的权利是美国的宗旨。至于定义这些权利的是什么东西、哪些人，往往是讨论中所忽略的。美国是由一个力图从国家和经济的基础设施中实现利润、权力和享乐最大化的资本家阶级统治的，是历史上最强大的帝国主义国家。维护治安和监视是为此阶级服务的国家权力的工具。正如尼基尔·帕尔·辛格所解释的那样：

> 警察权力特有的重要性主要表现为它与包括族群灭绝和人口强制迁移在内的各种殖民、迁占者殖民手段和关系之间的持续关联，但同样重要的是，价值创造、资本积累机制以及这些机制要求和发展出的暴力经济对它的维持和利用。[26]

因此，国家对共产主义运动和黑人自由运动以及任何与之结盟的运动的镇压，对美帝国主义体制的维系和随后的扩张是极为重要的。[27] 于是，必须在赋予美国社会统治者的权利和赋予被压迫者的权利之间做出区分。统治阶级及其美国白人支持者从未将任何自己有义务尊重的权利给予过美国黑人。辛格引用"国父"本杰明·富兰克林的话论证了这一点。富兰克林写道："大多数黑鬼性情狡诈、内心阴暗、沉闷不乐、怀恨在心、报复欲强且极为残暴。"虽然他因对废奴运动的同情而闻名于世，但用他自己的话说，"富兰克林对于'温和的法律能否管理这样的族群'表示怀疑"。[28]

将黑人的存在犯罪化自建国伊始就在为种族和经济方面的压迫提供正当理由。黑人的反抗同样被犯罪化。没有白人至上主义国家强力的管制，美国黑人就既无法统治，也无法存在——这种观念在历史上一直指导着美帝国主义的发展。在其《美国裁判所：第二次世界大战中对日裔美国人不忠诚的猎捕》(American Inquisition: The Hunt for Japanese American Disloyalty in World War II) 一书中，埃里克·穆勒（Eric Muller）讨论了维护治安和监视操作如何强制推行一种对于这个民族国家的独特爱国主义和忠诚情感。他写道，"政府在二战中的各种忠诚度筛选计划给我们留下了许多教训，然而，其中最重要也最基本的教训是：忠诚是一种太过短暂和模糊的标准，无法支撑国家安全计划，尤其是在种族或族裔占据控制地位的场景当中。当政府官员在忠诚调查中筛选公民隐藏的偏见和动机时，他们最可能发现的其实是自己的偏见和动机。"[29] 在美国经济衰退、危机四伏的当今时代，这一点显得更加突出。曾经专用于镇压受压迫种族和叛乱激进运动的技术，现已转化为影响所有人民的世界性战争工具。用保罗·哈利勒·索西埃（P. Khalil Saucier）和特莱恩·伍兹的话来说，"唯一的法律就是种族灭绝的法律"。[30]

对于产生此等境况的政策，美国统治阶级极力想要掩盖并进一步强化，而巴拉克·奥巴马的总统任期正是此等需求的副产品。奥巴马当局突袭占领华尔街运动营地，并动用联邦调查局对"黑命攸关"运动进行监控。美国情报机构，最主要的是国家安全局（National Security Agency, NSA），被授予将其监控网络无限扩大的自由，以把包括默克尔等"自由世界"领导人在内的全世界尽可能多的人的每一个电话、短信和数字通信都监控起来。奥巴马当局运用《反间谍法》控诉政府不当行为举报人的做法达到破纪录的水平；经由此等做法，奥巴马当局主持了一场对公民自由的全面侵蚀。[31] 法律先例让总统可以在世界任何地方无限期地拘留甚至谋杀美国公民，最终导致了让两名美国公民丧生的 2011 年也门无人机袭击事件。此外，在奥巴马执政期间，被驱逐出境的"非法"移民人数创下新的纪录，尽管政府表面上谎称其针对的是"重罪犯，而不是家庭"。[32]

在奥巴马时代，美国黑人仍然继承着前辈们遭受的来自监狱和警察部门最严厉的镇压形式。然而，这个国家（country）设法使得奥巴马建立了一个几乎将每个人和民族（nation）都标记成潜在"恐怖分子"的警察国家（police state）。生存境况的恶化不仅限于美国黑人，美国劳动者普遍来讲也是如此；在此情形当中，美国建立了一座基于镇压的巨型长城，作为自我保护的手段。对于"言论自由"和"集会"的追问必须从这样一个有利的角度来切入。美国不仅远非一个宽容和"言论自由"的国度，而且还发展成了人类历史上最可怕的警察国家。关于警察和法官致力于"服务和保护"什么，政客、企业媒体和大多数法学院教导我们的内容无关紧要。正如克劳迪娅·兰金（Claudia Rankine）告诫我们的那样，"司法系统有其他计划"。[33]

美国例外主义和美国清白论告诉我们，美国既不是一个警察国家，也不是一个帝国体制，而是一个尽管自身存在缺陷却致力于推广"民主制"和"言论自由"的国家。大规模监视、[34] 监禁和镇压社会运动等警察国家措施被宣传为维护"国家安全"的必要之举。然而，美国穷人、美国黑人、"非法"移民和全球"恐怖主义威胁"，都是丽莎·玛丽·卡乔（Lisa Marie Cacho）所说的那些被认为"没有资格成为人"（ineligible for personhood）的部分人群或阶层。[35] 她写道，这些人群"被排除在表面上民主的、使美国法律合法化的程序之外,但他们却被期望毫不含糊地接受并旗帜鲜明地维护一套建立于其毋庸置疑之永久无权无势状况基础上的法律和政治制度"。[36] 所以,"言论自由和集会自由"的权利并不是"普世"的,而是白人和富人的专属财产,且只有符合正确的条件并接受当下的体制构造,才会得到尊重。换句话说,"权利与美国全球权力的同时上升引发了一个根本矛盾:美国捍卫所有人的权利,同时又使人们失去权利"。[37]

关于美国究竟保护谁的言论和谁的集会这一问题的辩论,不应该完全落入右翼白人至上主义者抑或美国例外主义的自由主义看门人手中。许多白人民族主义团体希望通过"言论自由"运动,在白人种族优越性已经牢牢植入国家政策的时期,确保白人性在美国话语中的首要地位。美国例外主义的自由主义看门人试图通过维护"言论自由和集会自由"的神圣性来对抗这一运动。该意识形态的推动者主要是建制派的自由主义者和保守主义者,他们只字不提美帝国主义体制如何致力于压制激进社会运动的言论自由和集会权利,也不提这种压制如何植根于美利坚民族国家本身的白人至上主义和帝国主义特征。

因此,谴责"仇恨言论"和种族主义言论固然重要,但或许更重要的是开始想象一个没有警察国家的世界;这种警察国家正是美国一直致力于强化的。[38] 正如克里斯蒂安·威廉姆斯(Kristian Williams)在其《我们的蓝衣敌人:美国的警察和权力》(*Our Enemies in Blue: Police and Power in America*)一书中所表明的那样:

> 通过、解释和执行法律的方式都旨在使白人对有色人种的控制最大化。但基于同样的目的,法律本身也会被打破、被忽视,并且无法得到严格执行。当白人至上的需求和法律

的要求发生冲突的时候，在警察的议程安排当中，对白人至上的维护几乎总是居于优先地位。警察的非法行为及其与白人恐怖的共谋自重建时代从未间断地延续到了今天。[39]

压迫经常被颇具讽刺意味地说成是为维护大多数人（尤其是美国黑人）权利所必需的，而这些权利恰又是这些人被要求牺牲的；正是在这样一个体制当中，美国的警察国家得以常规化（normalized）。美国对社会运动之国家镇压的历史及其当下表现（以政治犯、驱逐出境、削减公民自由等为其形式）表明，美国不可能也不会保护社会边缘人的"言论自由"。我们必须想象一种保护被剥削和被压迫者之政治和经济权利的新型社会秩序。[40] 这就需要更多美国人来理解美国警察国家的功能。这种功能就是，牺牲穷人、被压迫者以及为人类探索更平等之不同发展道路的社会运动，以此为代价，保护精英阶层的财产和财富。

第十章
我是个忘恩负义的狗杂种吗？

……因而，我们可以看到，比利时国王利奥波德以反奴隶制话语掩盖他在刚果的暴行，抑或英国殖民人物在加纳煞有介事地说，"好吧，我们把你们从奴隶捕猎者手里解救出来，所以你们应该充满感激才对"。在这两个事例当中，侵略者都秉持同样一套观念："我们给了你们自由，所以现在你们欠了我们债"。

——塞蒂亚·哈特曼[1]

……出于何种理由、基于何等程度的健忘，当下之人竟会以为奴隶主与奴隶同样欠缺自由？

——克里斯蒂娜·夏普[2]

在就职已过 8 个月之际，特朗普总统仍然在其竞选之旅当中继续向其票仓群体发表演讲。当时，这位美国第 45 任总统发现自己陷入大量危机之中。民主党和共和党要人均声称，俄罗斯干涉了 2016 年选举以确保特朗普获胜。媒体不是在讨论未经证实的特朗普通俄，就是在推断他不能在移民和医保领域通过有意义的立法。正是在这样的背景下，特朗普决定处理另一组与前述危机不同的来自国家橄榄球联盟（NFL）的批评者。

引起总统关注的并非比赛本身的什么特别之处。因四分卫科林·卡佩尼克和跟随他的球员在赛前奏国歌期间抗议白人至上主义和警察暴力,特朗普利用选民集会和推特账号对他们大加谴责。在集会上,特朗普问道:"当有人不尊重我们的国旗时,你们难道不想当面对这些国家橄榄球联盟的老板们说:'让那个狗杂种马上离开球场。让他出局!他被解雇了。他被解雇了'。"随后,特朗普在推特上发文详述了一番评论,指出不应该让那些赚取数百万美元的国家橄榄球联盟球员对"伟大的"美国国旗表达出"不尊重",并还能保住他们的工作。总统的评论将国家橄榄球联盟的国歌抗议活动推入了"官方"政治的领域。

美国"官方"政治话语的回应并不友好。国家橄榄球联盟的老板和众多特朗普的华盛顿政治批评者利用其评论发动了一场以国歌抗议为中心的"国家团结"(national unity)运动。政治反对派谴责了特朗普评论中固有的种族主义内涵,以及这些评论如何分散了对更紧迫事务的注意力。国家橄榄球联盟的老板们和所有球队则开始将奏国歌时互挽手臂下跪的动作与对总统的抗议联系起来。实际上,特朗普已然成功地将国歌抗议活动的焦点从种族主义维护治安上转移开来。美国统治阶级利用他的评论,使抗议活动聚焦在特朗普未能对美国例外主义的神圣价值表现出应有的尊重这件事上。

每当职业运动员决定对不公正现象发声时,国家橄榄球联盟的球员就会不出意料地被指责为对这个允许他们仅靠打球就能赚取百万美金的国家"忘恩负义"。退伍军人组织美国退伍军人协会(American Legion)很快就打出了这张牌,众议院前议长纽特·金里奇(Newt Gingrich)也是如此,他认为任何感到被压迫的国家橄榄球联盟球员一定是疯了。[3]金里奇说,这些球员"需要的是心理医生,而不是宣传噱头"。一位福克斯新闻评论员甚至声称,需要感谢特朗普发起了这场关于种族的"全国性对话"。但正如喜剧演员萨曼莎·比（Samantha Bee）的讥讽之言，"嘿，哇，我们正在进行的是一场多么伟大的对话"。她补充说，"经过这样一番关于黑人和他们的主人以及他们应该如何对获准在某一领域工作之特权表示感激的讨论，谁还会说特朗普在带着我们开历史的倒车呢？"[4]

特朗普的评论在不经意间让美国例外主义受到了审判，而国家橄榄球联盟及其政治伙伴则坚定地要拯救它。"国家团结"和维护自身信仰的"权利"成为国歌抗议的代名词。国家橄榄球联盟的老板们虽然大多反对卡佩尼克抵制警察暴行的立场并密谋不与他签约，但却开始和球员一起抗议。美国统治阶级要求美国在人民眼里被视为"国家团结"和"民主价值"的仲裁者。这与对美国历史的主流解释是一致的，这种解释假定美国对所有其他过去和现在的国家形态而言都是例外的。

然而，这样的叙述没有考虑到的是，特朗普的评论植根于美国白人至上主义被尘封的历史。在美国主流叙事当中，白人至上主义往往被狭隘地宣扬为一种个体层面针对非白人种族的仇恨症状。种族暴力和歧视行为被看作是在国家整体向建国理想迈进之历史背景下的个别异常现象。美国例外主义和清白论协助掩盖了白人至上主义如何嵌入美国政治经济构造当中的更为微妙（且更为暴力）的表现。

纵观围绕特朗普"狗杂种"评论的争议，很少有观察家指出，特朗普及其支持者对忘恩负义的提及乃是美国历史上比较常见的主题。美国例外主义和美国清白论本质上是白人至上主义的意识形态。前者假定遭受种族压迫之人民，不论其处境如何，都应对美国的民族优越性加以赞赏；后者假定过去的种族主义罪行已经被美国白人主导之机构的仁慈所纠正。对于美国黑人的委屈不满，美国白人通常以一种对美国"要么爱、要么离开"的态度来回应，很少有人会承认这种态度其实植根于通常与奴隶制时期挂钩的仁慈叙事（benevolence narrative）。

仅靠白人至上主义并不能为对整个民族所进行之奴役提供充分的正当理由。它需要创造多种叙事，以强化奴隶的卑劣性和奴隶主的优越性。在南北战争之前的美国南部，弗雷德里克·道格拉斯（Frederick Douglass）将感恩描述为奴隶主用来将奴隶推向奴役、推离自由的教育方法之一。布莱恩·沃尼克（Brian Warnick）这样描述了奴隶制时期对感恩的使用：

> 例如，奴隶主通过将职位和舒适的奖励与忠诚的服务挂钩，突显了奴隶的依赖性。通过压迫性体制当中所提供的这些职位和报酬，主人和奴隶的意志被联系了起来……因此，监工成了奖励和官职的授予者，而奴隶则成了充满感激和依赖的接受者。奴隶们认为一切美好的事物都是以取悦主人为前提的。[5]

弗雷德里克·道格拉斯观察到奴隶主会给予那些对（to）和为（for）主人表现出感激之奴隶某些特权，沃尼克将感恩修辞置于此等观察背景当中。被奴役的黑人被教导说，他们比白人主人低贱，这意味着奴隶制度中的任何好处都只能从其监工者的慷慨中获得。这个假设未必是基于史实的。自非洲人被奴役之初，被奴役者就组织了多次改变历史进程的叛乱。奴隶主认为奴隶应有的感激之情抹杀了被奴役者为争取自由所做的独立抗争，使奴隶主成为历史的唯一创造者。

奴隶制在奴隶主和奴隶之间生成了一种以父爱主义（paternalism)为标志的关系;对于这种观念的维系,历史学家也是有所贡献的。尤金·吉诺维斯(Eugene Genovese)就是这样一位历史学家。他的著作从马克思主义的角度论证了美国南方的奴隶制是一种父子式关系。[6] 然而,乔什·科尔(Josh Cole)解释了吉诺维斯作品的局限性。科尔强调,虽然吉诺维斯理解奴隶制是一种残酷的制度,

> 但他却认为,极端形式的虐待只是非常少数的。吉诺维斯引入了一种奴隶主"父爱主义",虽不是一种优良的、没有痛苦的抑或和善的奴隶制,但在这种奴隶制当中,奴隶主对其奴隶的生活的确是抱有个人关切的。吉诺维斯相信,父爱主义"把白人和黑人联系在一起,并把他们焊成一个具有真正情感和亲密元素的族群整体"。这是主人和奴隶的互相妥协——只要奴隶为他生产,主人就会供养奴隶。吉诺维斯未能区分作为一种意识形态的父爱主义和作为一种生活方式的父爱主义。吉诺维斯语境中的父爱主义是一种自我辩解式的意识形态,除了少数例外情况,这在南方蓄奴州并不是一种很明显的生活实践。奴隶制度存在的目的就是要充分剥削奴隶,而这种父爱主义的意识形态使得白人能够相对问心无愧地享用他们的"优越"地位。[7]

科尔将吉诺维斯的论断与奴隶制的现实情况进行了对比。他解释说,奴隶主"以各种往往是无关紧要的理由鞭打奴隶,给他们打上烙印以重申对他们的支配,并且如果他们不服从直接命令,有时会割掉他们的耳朵"。他写道,奴隶主的惯常做法是,想方设法"削减奴隶生活费用,并威胁他们若不能为主人产出足

够产品就将其出售"。[8] 奴隶主的仁慈并非一种"附加福利"或物质特权,而是往往被用作进一步剥削和安抚受奴役者的武器。

在美国南方,促发奴隶制的社会关系如今依然存在。这些关系虽然有所变化,但其变化的只是形式,而非实质。特朗普的评论暴露出,在美国例外主义的背景下,父爱主义如何继续形塑白人至上主义叙事。特朗普对国家橄榄球联盟抗议活动的反应是美国主导性观点(hegemonic view)的表征;这种观点认为,黑人运动员应该感激其所享有的"特权",无论是真实的还是表面上看起来如此,因为此等"特权"是以牺牲整个社会的利益为代价而赋予他们的。美国黑人应当崇拜这个奴役他们的国家,这正是美国权力结构和许多美国白人所期望的。

在提及奴隶制时,塞蒂亚·哈特曼问道:"对于仍然存续的事物,我们该如何悼念呢?"[9] 美国黑人,尤其是黑人运动员,应该忘记奴隶制,"跨越它","停止沉湎于过去",并"感激"美国给予他们的东西。这种说法强化了主人和奴隶的关系,同时也把奴隶制的死后生命扫进了历史的垃圾堆。但正如骆里山所写的那样,很多"当今的批评家都在质疑将奴隶制作为一种过去境况加以考虑是否合适"。她论证道,鉴于"黑人社群仍在持续遭受囚禁、没收、任意处置和替换出局","批评家们追问,把奴隶制当作一种已经完结或者已被战胜的历史对象加以对待从而认为社会可能从中恢复过来,这种做法是否可行"。[10] 黑人的反抗破坏了父爱主义意识形态提供的舒适感,它提醒了美国统治阶级和那些从白人至上主义中获益的人,黑人对此制度之存续的抵抗所带来的迫在眉睫的危险。这引起美国社会当代奴隶主的许多不同反应,其中之一便是要求受奴役者感谢蓄奴的权力结构授予了他们"自由"。

国家橄榄球联盟对国歌的抗议活动招致了这种反应。联盟球队阵容里的黑人球员越来越多。美国白人对卡佩尼克国歌抗议的最初反应与企业媒体和随后唐纳德·特朗普的反应基本一致。卡佩尼克被描述为自私、不爱国、对其职业生涯所赋予的名气魅力不心怀感激。当其他国家橄榄球联盟球员加入抗议时，他们也被刻画成与卡佩尼克相似的模样。黑人教练迈克·汤姆林（Mike Tomlin）拒绝在这场争论中站边，即便如此也不能让美国白人满意。在汤姆林的钢人队（Steelers）决定在国歌期间不上场以示球队"团结"后，距匹兹堡20英里开外的一位名叫保罗·史密斯（Paul Smith）的当地消防队长通过脸书宣布，汤姆林"把自己加入了（他的）无良黑鬼名单"。[11] 引人好奇的是，另外两位让其球队在奏国歌期间留在更衣室的白人教练——西雅图海鹰队（Seattle Seahawks）的皮特·卡罗尔（Pete Carroll）和田纳西泰坦队（Tennessee Titans）的迈克·穆拉基（Mike Mularkey）——却没有上榜。记者肖恩·金（Shaun King）写道，或者说，如果他们真的这样做了，"史密斯只是忘了就此发布一条脸书状态"。金补充道，"我们不太清楚史密斯多年来建立的名单有多详尽"，但我们知道迈克·汤姆林入选了。并且我们可别忘了，"史密斯并没有把汤姆林列入他的'无良黑鬼名单'，相反，是汤姆林把自己列入了那个名单"。[12]

在玛格丽特·比塞尔（Margaret Biser）那篇引人不适的文章《我曾在种植园做导游，你不会相信游客向我提出的关于奴隶制的问题竟会是这样》（*I Used to Lead Tours at a Plantation. You Won't Believe the Questions I Got About Slavery*）中，她揭示了像消防队长保罗·史密斯这样的人在整个美国是多么普遍。[13] 当她因工作需要而向该景点游客讲述奴隶制的残酷历史时，许多白人都搬出"感恩"的说法作为一种防御姿态来回应。例如，在一次参观过程中，有游客问比塞尔，"这里的奴隶是否感恩他们从女主人那里得到的照顾？"她在日常工作中收到的很多问题都围绕着奴隶主对奴隶是否仁慈或友善。特别是，还有一位游客要求她对此问题做出肯定回答。该游客问："他们忠诚吗？"他在阐述他的问题时声称，奴隶主"给了他们食物，给了他们住的地方"。这种逻辑暗示了，正式解放前的奴役经历中有很多值得美国黑人感恩之处。此外，通过对所受压迫是否抱有感恩之情这一衡量标准，它还强化了将受压迫者划分为"值得帮助"和"不值得帮助"这样一种区分。对于这些白人游客来说，如何正确讲述历史或者完全忘记历史关系重大。正如一位访客提醒比塞尔的那样："听着，我只想说，再把这些奴隶制旧账翻出来，会把美国拖垮的。"当比塞尔抗议时，他打断了她。他说："你不知道。你还年轻。但美国是世界上最伟大的国家，而美国以外的人会不惜一切代价让美国变得不那么伟大。"[14]

"无良黑鬼"名单和感恩叙事都源于造成美国例外主义和美国清白论这般支配性意识形态的社会条件。美国例外主义对于事物的解读是站在美国统治阶级立场上的；这个阶级对于用最为正面的方式讲述美国的发展故事有着既定的利益关切。这个阶级拥有主要的媒体渠道，通过对国家的控制来影响学校课程，并强制执行贫困和压迫的条件。该统治阶级不仅从这些条件中获利，而且针对那些可能偏离其虚假叙事的人设置了强大的物质和意识形态抑制措施。因此，在一个不允许其他叙事盛行的环境中，美国例外主义就成了常识。

因而，对于"无良黑鬼"名单以及期望被压迫者"感恩"压迫他们的国家等现象，把它们放进适当的背景当中颇为重要。从消防队长关于谁"好"与谁"不好"的"名单"以及玛格丽特·比塞尔在担任导游期间收到的问题出发，不禁让人联想到萨沃利娅·格林弗（Thavolia Glymph）关于种植园家庭中黑人妇女家政劳动的开创性工作。[15] 将女孩打造成"善良""更为温和"和"正直"的意识形态在奴隶制及其诸多死后生命中发挥了根本作用。格林弗对南北战争后家政劳动中种族和性别经济的观察发现，"家政服务市场的紧俏并没有让前女奴隶主打消寻找她们想象中曾经拥有的那种黑人仆人的念头"。"他们想找一个'好的（仆人）'，一个能怀着敬畏侍立身边、带着微笑和感恩态度为他们洗衣、做饭、打扫卫生的黑人妇女，一个能理解'黑人妇女生来最适合做的工作就是白人主人期待他们做的那些工作'的黑人妇女。"[16]

美国例外主义要求美国黑人对不公正保持沉默，并感恩美利坚民族国家"赐予"他们的东西。试想这个国家是如何教授大多数美国人社会变革历史的。举例来讲，正统教育告诉我们，是林肯解放了奴隶，使我们走向一个更完美的联盟。[17] 在电影《为奴十二年》中，正是布拉德·皮特（Brad Pitt）扮演的角色"释放"了所罗门·诺瑟普（Solomon Northup）。这种论证认为，保障美国黑人公民权利的立法之所以能够通过，是因为美国政府否定了种族隔离的过分之举。简而言之，美国人一直被教导说，社会正义是仁慈的 CEO、总统、参议员、最高法院法官或白人废奴主义者努力的结果。但是，正如卡尔文·沃伦指出的，把自由"给予"一个已被诅咒至社会性死亡的人群，这是多么讽刺："是什么样的生成哲学（philosophy of becoming）维系着这种浪漫叙事？主人到底给予了什么样的生命竟能够转化已死的事物？"[18]

美国历史进程中由美国黑人领导的自下而上倒逼变革的运

动、组织和反叛等则被有意地忽视。同样的情况也适用于工人运动和其他寻求瓦解美国种族统治和帝国主义的社会叛乱。对于被压迫和被剥削的人来说,感恩就是发誓保持沉默。这意味着接受导致以下这些状况的社会条件,即少数富裕阶层下的广泛赤贫、社会体制无力制止的种族主义警察谋杀以及蔑视和平体制下无休止的战争。在其关于美国在校黑人女孩管理问题的研究中,康妮·温(Connie Wun)检视了国家期望从最弱势群体那里获取感恩的多种最暴力方式中的一种。"有色人种的女孩会被视为过于愤怒、反叛、沮丧和批判",温写道,"她们还被想象成一种从社会、社会制度以及好人身上非法攫取的主体。在从社会提取资源的同时,她们对社会的慷慨并不感恩"。[19]

现实是,美利坚民族国家的"无良黑鬼名单"相当之长。它包括230多万监狱中人、死于无休止战争的数百万人、没有保险或企业保健部门所办保险不足以充分保障的贫穷有色人种妇女以及大量有可能死于狱中的政治犯。科林·卡佩尼克已屡被告知要感谢国家橄榄球联盟以及推而广之的美国所给予他的东西,即对大多数人而言都很高的大额收入。然而卡佩尼克却因为自己的行为而被国家橄榄球联盟放逐,极有可能永远无法再打比赛。正如戴夫·齐林所指出的那样,国家橄榄球联盟的高管们"对于拥有一位思想自由、公开反对种族歧视的球员的厌恶,远远胜过其对于赢得一届超级碗比赛的喜欢"。国家橄榄球联盟宁愿让本赛季打水漂也不给卡佩尼克一份工作的决定让齐林得出结论:"联盟的道德罗盘指向一个方向:它既不指向金钱,也不指向胜利。"相反,他写道:"它指向按照他们的政治图景来重塑这个国家,在这个图景当中,亿万富翁做出决定,而我们其余的人只是闭嘴、工作并按要求敬礼。"[20]

这个信息很明确：如果不能赞赏美国的例外属性，那么任何工作都不安全，任何地位都不会太舒服。美国例外主义只有对少数人来说才是真正的例外。该意识形态依赖于这个体制所强加的恐惧和遵守这套体制所获得的舒适。然而，如果我们要真正瓦解美国例外主义，并发展出一场强大到足够推动转型变革的社会运动，就需要在未来的几周、几个月乃至几年内，涌现更多的"无良黑鬼"和忘恩负义的"狗杂种"。

第十一章
上涨的潮水还是下沉的船舶？
——美国经济的衰落与非例外大多数的崛起

> 没有天量可憎的贫穷，就不会有天量可憎的财富。此乃资本主义的定律。
>
> ——基安格·雅玛塔·泰勒

> 今天，我们看到各种经由文明化、全球化之反恐战争而再度重启的"民主化"项目以及经由自由民主制"法治"之推广而进行的各种政治解放项目。在日渐为新自由主义、资本主义所支配的生活方式当中，嵌入了一套关于如何为人的主导性日常准则。这些项目使得这套准则的暴力天然合理化。
>
> ——奈菲尔蒂·西娜·M. 塔迪亚尔[1]

> 对于清白的宣称……是一把双刃剑：它包含了不知道，但也包含了不想知道。
>
> ——格洛丽亚·韦克[2]

过去数十年间，美国经济学家和政治家都宣称"上涨的潮水会推高所有船舶"。这个口号假定，如果美国资本主义经济繁荣发展，那么美国工人的境况也会如此。它最常被跟"涓滴经济学"等其他流行的新自由主义教条放在一起使用，这并非巧合。

"上涨的潮水"这样一种意识形态与美国劳工阶级和穷人日益恶化的境况是分不开的,两者都是美国资本主义经济衰退的副产品。经济衰退暴露了美国例外主义与大众经济现实之间日益扩大的裂缝,使美国资本主义变得脆弱。

大多数美国人发觉美国的经济现实难以应对。恰是企业掌门人的美利坚民族国家统治阶级散布了一套美国经济至上的叙事。在几乎所有关于美国资本主义经济的主流讨论中,美国例外主义都会显现。我们被告知,美国资本主义是一种"为善的全球性力量",而非一种受利润最大化驱动的体系。诸如奴隶制、贫困和战争等作为资本主义经济引擎的作用并不为人所知,而被认为是实现社会繁荣发展过程中所发生的"意外后果"。然而,尽管美国人对他们的资本主义经济感到自豪,但"资本主义"仍然是一个禁忌词,被提及时往往以"这种经济"作为替代。这个无定形的"经济"是这个星球上规模最大、最为繁荣的。为什么会有人想要改变它呢?

关于美国资本主义经济实际上是如何运作的,很多美国人都被蒙在鼓里;正因如此,我们才会经常听到诸如"美国是实现成功的最佳场所"或者"没有哪里能比这里更让我乐意居住"之类的陈词滥调。美国资本主义的一个核心原则是对私人企业和个人主义的真诚崇拜。个人主义使得由资本主义经济分配的群体性惩罚隐于无形,它也忽视了此等惩罚本身是如何内嵌于资本主义基础架构当中的。美国人过于忙碌于想方设法在一个扼杀社会团结的社会中"出人头地"。事实上,为了实现个人富裕的前景,每个劳动者和家庭都在相互对立,此等对立如此普遍,以至于资本主义的语言在美国的日常生活中已经常规化。正如斯科特·桑达奇(Scott Sandage)在其《天生失败者:一部关于失败的美国史》

(*Born Losers: A History of Failure in America*) 一书中所述:

> 属于我们的是一种以成就大小确定自我身份认同（achieved identity）的意识形态；作为强制义务的努力奋斗是其方法，失败和成功则是其结果。我们每年计算一次收入，但每天都要以早已遗忘来源的标准来审计自己。当我们"盘点"自己如何"花费"我们的生命、如何因我们的成就而收获"荣誉"、如何争取不落入"三流"或"一无是处"之下场时，谁会想到那间陈旧的账房呢？我们希望，有一天，（财务报表的）"结果行"（bottom line）会显示出我们"有所成就"。通过这样一种交谈，我们"平衡"了我们的整个人生，而不仅仅是我们的账户。[3]

很多美国人都很难看清美国资本主义的暴力，因为它披上了美国例外主义和个人主义意识形态的外衣。美国资本主义是一套基于对劳动力的剥削以促进利润累积的制度。资本主义企业之间为争夺剩余价值或无偿劳动的奖赏而进行的竞争，是资本主义的生命线。唯有霸占更多的"市场"份额（垄断）、强化对劳动力的剥削以及投资于能够实现前述二者的技术，资本主义企业才能实现利润最大化的主要目标。

意识形态和物质因素的结合巩固了美国资本主义在世界范围内的霸权地位。美国成为世界上最具支配性的资本主义制度的大本营，首先是通过17世纪和18世纪对非洲人的大规模奴役。虽然其他殖民列强在19世纪初就废除了奴隶贸易，但美国资本家从一直延续到19世纪末的奴隶制的超级利润中获得了至关重要的竞争优势。被奴役的黑人劳动力和被侵夺的原住民土地，将资本主义固有的繁荣和萧条周期的影响与美国隔离开来，并在欧洲资本主义经济开始衰退之时为美国提供救济。白人至上主义也被证明是对劳工团结的有用缓冲，因为对白人性的投资使得贫困的白人劳工在黑人奴隶获得正式解放后的数十年间仍然难以与被奴役的非洲人或自由的美国黑人找到共同的合作基础。社会科学家托比·米勒（Toby Miller）思考了美国资本主义统治的特征，以及为什么被其殖民的对象更加难以推翻这套体制：

> 从美国获得独立要比从欧洲殖民者那里获得独立难得多，因为美帝国主义往往是迂回的、间接的。它很少产生抗拒性国家建设的戏剧性时刻，不像贯穿20世纪的突破传统殖民枷锁迈向主权的那些虽然痛苦但明确的斗争。这是因为扬基帝国主义起步于工业资本主义的发达阶段，并发展出了（事实上是引领进入了）后工业时代；为了在全球层面为获取劳动力和消费市场开辟通道，它寻求打破殖民主义。其成熟的形式恰巧与冷战的需求相吻合，既由于当时盛行的意识形态，也由于避免与旗鼓相当之对手发生直接核冲突的意愿，这个帝国更倾向于掌控帝国主义代理人，而不是直接占有殖民地。[4]

然而，在谈到美国资本主义制度时，美国例外主义被设计出来就是为了将本书前述章节所论及的诸多主题与之脱钩的。这种意识形态既不公开颂扬奴隶制在美国资本主义发展中的核心地位，也不颂扬构建了美国快速工业化与垄断之经济基础的、针对原住民的迁占者殖民主义战争。美国例外主义永远不敢披露美国在第二次世界大战期间的真实意图，也不敢披露美国在朝鲜和此后数十个国家的犯罪行为。如果这样做，就会暴露出把这些事态发展捆绑在一起的历史线索，并使这些事态背后险恶的经济和政治动机公之于世。

因而，美国例外主义叙事将大众注意力转移到所谓的美国资本主义"黄金时代"。"黄金时代"发生在第二次世界大战结束后，适逢世界上最具灾难性之经济危机走向结束的同一时期。在"大萧条"期间（1929—1941），美国资本主义经历了持续时间最长的一轮停滞和危机。失业现象肆虐，工资大幅下降，世界各国民众对资本主义的信心明显减弱。全世界范围内出现了一场资本主义与社会主义的大战。美国的传统观念认为，美国能够从"大萧条"中复苏靠的是自己的努力。卓越的军事战略和进步的新政政策催生了美国资本主义经济卓异于世的繁荣。毕竟，更多的劳动者在二战后进入了经济状况相对舒适的所谓"中产阶级"，并且美国资本主义经济发展成为一个拥有世界近半资源以及相较于其他国家而言国内生产总值规模最大的超级大国。

相比于美国例外主义者企图让我们相信的内容，"黄金时代"的总体情况要复杂得多。吉姆·克劳白人至上主义在很大程度上将美国黑人排除在诸如《退伍军人安置法》之类的新政改革之外。居住区隔离和赤裸裸的歧视确保了新兴"中产阶级"的绝大部分都是白人。[5] 还有一个事实是，美国资本主义并没有基于"善意"或因为它拥有一套天生能够带来繁荣的发展模式而做出让步。美国处于与经济快速增长之苏联的激烈竞争当中，并试图通过控制欧洲的殖民财产来获得优势，从而"拯救资本主义"。富兰克林·罗斯福政府在这方面明确表达了自己的目标。霍华德·津恩（Howard Zinn）在其《人民的美国历史》（*A People's History of the United States*）一书中引用了两位政府官员的话。第一位是美国国务院的发言人,他说,"回顾过去35年的外交史就会发现,石油在美国对外关系历史上的作用比任何其他商品都大"。[6] 1944年,被援引的第二位国务院官员说,"正如你所知道的,对于这个国家在战后大幅增长的产能,我们必须有所计划,而美国国内市场不能无限地吸收所有这些产能。毫无疑问,我们需要大幅增加外国市场"。[7]

因此,美国资本主义在全世界范围内的扩张乃是"黄金时代"的标志。此等扩张为美国在拉丁美洲、非洲和亚洲的战争奠定了基础。这些战争使得美国资本主义体系能够把掠夺的战利品分发给数量不断增长的工人。然而,工人们往往不得不自己迫使美国垄断企业来分配他们的财富份额。根据津恩的说法,第二次世界大战期间,汽车、钢铁和运输业发生了1.4万次罢工,而在战争结束后仅一年的1946年,就有创纪录的300万工人举行了罢工。[8] 为确保企业遵守《国家劳动关系法》(*National Labor Relations Act*, 1935)中的集体谈判协议,罢工和劳工行动是必要的。工人们还要求企业提高工资,提供医疗保健,并在工会合同谈判期间确保体面的工作条件。

美国工人阶级和美国资本之间达成的更广泛的"社会契约"是美国例外主义的经济基石。在第二次世界大战后的30年里,工会在与雇主打交道时变得越来越保守。在"黄金时代"政治氛围受到反共产主义和战争污染的国内环境中,"美国梦"指引下的"中产阶级"情绪占据了主导地位。共产党以外的劳工领袖往往不反对入侵朝鲜等对外战争,却常常反对与受种族主义国家恐怖影响的黑人工人建立任何形式的团结。在20世纪60年代,工会的领导能力与社会运动的政治实际之间的分裂有增无减。很少有工会支持结束美国入侵越南的反战努力,也没有工会愿意支持黑人权力（Black Power）和黑人解放（Black liberation）等社会运动。因此，当美国资本主义为带给美国企业的超级利润而颂扬"黄金时代"时，这一时期的境况却让美国工人在政治上对即将到来的攻击毫无准备。

美国资本主义下的"社会契约"遭遇全面逆转的时期常常被称为"新自由主义"时代。新自由主义被定义为"自由市场"意识形态的重新出现，以及经济生活所有领域当中私人企业享有比国家监管更多的优待。许多人认为罗纳德·里根总统对1981年空中交通管制员工会（Professional Air Traffic Controllers Organization, PATCO）罢工进行破坏的决定是新自由主义的起源，而黑人女性主义者和其他激进思想家将其起源追溯到了更早的时候。[9] 斯蒂芬·狄龙（Stephen Dillon）写道，"尽管新自由主义生产了平等、多样性、自由和机会等中性话语，但它却使得武力、惩罚、战争、通过监禁阻滞社会动员以及社会性和生物性死亡的不均衡分布成为必要"。并且不论美国清白论叙事如何掩饰，国家暴力从来都不是"新自由主义的例外，相反，是其存在之可能的前提条件。简单地说，新自由主义国家要求对过剩的或可牺牲的人口进行管理、规制与去动员化"。[10] 到了里根时代，美国资本主义对劳工组织和社会福利制度展开全面攻击，这一转向导致全体工人生活条件的急剧下降。"黄金时代"正式宣告结束。

分析美国资本主义"黄金时代"突然结束的诸种原因尤为重要，因为它们直接导致了今天大多数美国人处于并不例外的境况（unexceptional condition），使得此等境况成为他们经济生活的标志性特征。从20世纪70年代起，德国和日本就已经开始从战后的残局中恢复过来，在资本主义舞台上与美国展开竞争。资本主义企业的垄断倾向开始对全世界工人和穷人的购买力造成伤害。尽管一个强大社会主义阵营的存在限制了帝国主义列强对世界的彻底瓜分，但也无助于扭转这一局面。随着美国资本主义利润率的下降，美国资本主义在世界经济中的份额也开始稳步下降。此等稳步下降导致美国将新一轮投资投入自动化、私有化和信贷等有助于维持美国资本主义霸权的领域。随着社会主义阵营的解体和"全球化"的推进，这种情况愈演愈烈，但代价巨大。海外社会主义运动的削弱使得美国数百万工人在不断推动削弱劳工组织和福利国家的资本面前变得更加脆弱。

美国资本主义霸权带来的结果是，美国人变得更加贫穷，经济危机持续时间也延长了很多。这些发展并非没有关联的孤立现象。工人越穷，对技术和生产的投资就越难从劳动力的剩余（labor's surplus）中获取利润。也就是说，大多数美国人乃至全世界大部分人口都无力购买在全球市场上销售的东西。这种资本主义生产的必然结果导致了周期性的经济危机。然而，曾经是周期性的经济危机现已成为一种永久性的状况，给大多数美国人带来了可怕的后果。数字是不会说谎的。一半以上美国人的年收入在3万美元以下。[11] 如果发生需要500美元的紧急情况，几乎同等比例的美国人都支付不起。[12] 美国这个国家的工资已经停滞了近40年。[13] 与此同时，财富差距显著扩大，以至于美国挣取收入者当中靠后的90%的人仅拥有全国财富的23%。[14]

这种巨大的贫困把需要帮助的美国工人晾在外边（有时真的如同字面意义所言，晾在室外，无家可归）。联合国极端贫困和人权问题特别报告员菲利普·奥尔斯顿（Philip Alston）花了两个星期的时间在美国进行考察，以了解是什么样的经济状况造就了这个"地球上最伟大的国家"。结果是令人震惊的。[15] 大约有1850万美国人生活在"深度贫困"当中，也就是收入在联邦贫困线的一半以下，而联邦贫困线本身历来被认为低估了贫困程度。[16] 超过3000个县的供水系统的铅含量高于密歇根州的弗林特市——在这个黑人占多数的城市里，供水系统中铅含量达到的危险水平在2014年引起了国际社会的关注和审视。奥尔斯顿访问的许多贫困社区的院子里充满污物，因为居民买不起化粪池系统。每年有近4.5万名美国人因缺乏医疗服务而死亡。据估计，2017年无家可归的美国人数量超过50万，正如菲利普·奥尔斯顿所报告的那样，这个数字"被广泛认为少计了，我所见的各种专家提供的旧金山（仅此一地）的估计人数达2.1万正说明了这一点"。[17]

为了支撑美国工人空空如也的口袋，债务已经成为经济生存的一个极其重要的机制。美国学生陷入了1.3万亿美元永远无法偿还的学生贷款债务泡沫当中。1/5的美国人无力支付医疗费用，数十万人因此宣告破产。然而，华尔街银行借出的最大债务是抵押贷款债务。这些债务导致美国资本主义经济在2008年崩溃，当时美国人无力偿还不当的贷款，导致全国各地出现了一波裁员和丧失抵押品赎回权的浪潮。正如记者乔恩·杰特（Jon Jeter）所指出的那样，家庭、企业和政府自2008年以来新增的43.8万亿美元信贷表明，美国资本主义经济尚未从崩盘中恢复。[18] 如果这还不能说服读者，那么2018年美国公民自由联盟（ACLU）的一份关于目前在"债务人监狱"中服刑的数千名美国人的报告应该可以说服。[19]

2007—2008年经济崩溃造成了并不例外的经济状况；美国例外主义和清白论则在对此等状况的抹除中发挥了关键作用。在奥巴马政府的两届任期内，美国企业媒体不停地宣传经济"复苏"（recovery）的叙事。这套叙事强化了这样一种神话，即经济崩盘与经济系统的结构性特征关系不大，而更多是由个人不良选择造成的。在将这场危机定义为"次级"信贷危机的主流叙事当中，这一点显得尤其正确。正如葆拉·查克拉巴蒂（Paula Chakravartty）和丹妮丝·费雷拉·达·席尔瓦（Denise Ferreira da Silva）所言：

> 可以预见，在谴责那些获取"次级"贷款服务的人时，对法律和道德的援引会占据上风。如果按照任何一种现有的对于现代经济主体的描述标准来衡量，即（自由主义的）理性自利者、（历史唯物主义的）生产-创造型劳动者和（新自由主义的）恪守义务的债务人/债权人，那些人都被认为在智力上（没文化）且道德上（贪婪）是不合格的。美国数百万人面临的"固有的丧失抵押品赎回权的风险"与房屋的最终丧失压倒性地影响了黑人与拉美裔借款人和社区。缺乏世代相传的财产和股票，背负着严重依赖消费信贷的负担，黑人和拉美裔借款人因而更加无力承受房屋价值的突然下降。在他们陷入困境之前，要承担不支付放款人明知无法支付的债务的后果，这种不可思议的任务难免令人对这样的假设产生质疑，即当放款人的利润是通过对"高风险"借款人进行赌博并在全球范围内分散风险来保证的时候，不履行义务必然会导致惩罚。[20]

将美国资本主义的问题归咎于穷人，是新自由主义保护美国例外主义神话的一项重要做法。通过归责于日益贫困的工人阶级，奥巴马政府动用数万亿美元"刺激"资金救助对危机负有责任之银行的做法得以免于被追责。因经济崩溃而加剧的无家可归等问题却很少受到关注，尤其是因为许多美国人被告知，这是遭到欺骗的试图维持"黄金时代"生活标准的美国工人的错。无论是近 1800 万套空置房屋散落在全国各地，等待着这个国家的无家可归者入住，还是里根政府对住房和城市发展部（HUD）预算 77% 的削减幅度标志着现代无家可归现象的起源，这些事实都变得无关紧要。[21] 美国例外主义告诉我们，美国经济的任何大病小疾都是"高风险借款人"即未能"成功"还款的个人的错。很少有人将责任归咎于"美国"自身结构当中固有的剥削和压迫性条件。

新自由主义意识形态不仅将贫穷的责任推给个人，而且还试图将不能仅用个人失败来解释的状况医学化（medicalize）和本质化（essentialize）。克雷格·威尔斯（Craig Willse）以"长期无家可归者"（chronic homelessness）为例，讲述了这个词在过去几十年中如何影响美国的住房政策。通过将政策焦点放在诸如吸毒成瘾者或精神病患者等有问题的个人身上，而非造成住房差异的结构性原因上，"长期"（chronic）一词使无家可归问题医学化。联邦资金和组织策划因而集中于将这些人口从视野和思想范围内剔除出去，其手段主要是强化规训和促进资源"高效"利用的计划。正如威尔斯所解释的：

> ……长期无家可归者计划是新自由主义经济的一部分，因此，这些计划恰恰是促成而非挑战了造成住房不安全和匮乏的条件和制度。正如这些计划的支持者所指出的，十年计划是在警察和地方商业组织的支持下制定出来的，而这两个组织都热衷于支持将没有庇护所的个人从公众视野中清除出去的努力。如此一来，十年计划就成了 20 世纪 50 年代以破坏贫民窟（Skid Rows）为开端的新自由主义城市重组的第二

阶段。这些十年计划试图通过清除留下的个人来清理因贫民窟和其他形式廉价住房的蒸发而造成的混乱。它们丝毫没有改变复制和扩散住房不安全和匮乏的结构性条件。从这个意义上说，这些计划维持了早期对住房不安全（housing insecurity）的医学化观念，仿佛把"问题个人"从"街头"赶走就是一个充分的解决方案。事实却是，"街头"——此处我们可以用劳动力市场、私有化住房、警察/监狱系统和不充分的公共援助计划来代替——将继续产生没有庇护所的人口。[22]

无家可归现象只是美国资本主义衰落的一个症状。这种衰落没有任何减弱的迹象。为此付出代价的正是美国的工人阶级和穷人。美国例外主义奠定了试图恢复资本主义制度下稳定的新自由主义政策反工人、反穷人、反黑人的基础。正是这种意识形态使得希拉里·克林顿把美国的贫困黑人青年称为需要通过种族主义警务和监禁加以"驯服"的"超级掠夺者"。一种具有可处置性（disposability）的政治已经出现了，在这种政治当中，美国可以花费数万亿资金用于在国外消灭其他国家的人民，而在美国国内，无家可归者、黑人和穷人最为国家所恐惧并被罪犯化。与此同时，美国的政治家和媒体分析人士们却声称，美国经济完全有能力重振将近70年前的战后"黄金时代"。

然而，美国例外主义对于美国人民的控制似乎正在减弱。从美国资本主义"黄金时代"收获最多声望的政党——民主党恰恰也是颠覆进步和激进政治的首要操手。也就是说，民主党常常因其所谓宣扬多民族政治多元主义和新自由主义经济教条的能力而自诩美国例外主义政党。但在2016年的大选中，民主党的民众支持率有所减弱。华尔街青睐的候选人、民主党人希拉里·克林顿在竞选时的纲领是美国"已然伟大"且正处于经济复苏之中。希拉里竞选团队被迫利用它的影响力去破坏更受民众欢迎、经济上更具批判性的伯尼·桑德斯的竞选活动以获得党内提名,但她在大选中仍旧输给了一位以"让美国再次伟大"为口号的亿万富翁商业大亨,在这场大选中,更多适龄美国选民更倾向于不投票,而不是在被提名人之间进行选择。

因其经济计划致力于单一支付者的医疗保障、能够维持基本生活的工资水平的就业和学生贷款豁免,伯尼·桑德斯仍然是美国最受欢迎的政治家。然而,他也通过支持美帝国主义战争政策而回应了美国例外主义的召唤。桑德斯在2017年投票支持了有史以来最大的军事预算。桑德斯的例子表明,非例外的多数人的快速增长是美国资本主义体系的内在问题。任何政治家都无法改革它。这个体系是由垄断企业和金融家的战争指令所统治的帝国主义体系。这些实体想让"美国再次伟大",并以牺牲包括美国在内的世界各地的穷人利益为代价,积累更多的利润。他们坚持战争的三个"P"原则:维护治安(policing)、监狱(prison)和利润(profit)。为了使美国"伟大",我们必须想办法结束灾难性的资本主义制度,这种制度已经使美国的大部分地区,甚至是整个世界,成为难以忍受的生活之地。在美国资本主义之下,不会有水涨船高的现象。它的剥削之锚已经让工人阶级沉入了苦海,现在已是时候开始考虑共同建造一条新船了。

第十二章
"我们不能让囚犯管理监狱"：
黑人劳动、白人享受与亿万富豪资本家阶级

> 此处令我关切的是，在愉悦、父爱主义和财产的幌子下，恐怖的扩散与暴力的施行。
>
> ——塞蒂亚·哈特曼[1]

> 这里（监狱）和街道的唯一区别是，一个有最高级别的安保措施，另一个有最低级别的安保措施。警察在我们的街道上巡逻，就像这里的警卫巡视监狱一样。自由的感觉是什么样的，我丝毫都感受不到。
>
> ——阿萨塔·莎库尔[2]

> 那就是美利坚的含义：监狱。
>
> ——马尔科姆·X[3]

亿万富豪控制着美国社会，而大多数美国工人在为生计挣扎，这二者都是无可辩驳的事实。美国拥有世界上最多的监狱人口，遥遥领先于其他国家，这也是公开的记录。然而，亿万富豪们自己并不经常将这些"禁忌性"的发展状况放在一句比喻性声明中加以披露。2017 年 10 月，休斯敦得州人队老板、亿万富豪鲍勃·麦克奈尔（Bob McNair）在谈到抗议种族主义和警察暴力的国家橄榄球联盟球员时说，"我们不能让囚犯管理监狱"。麦克奈

尔被迫为他随后声称只是一种比喻"修辞"的言论而道歉。然而，他的弗洛伊德式失误暴露了黑人劳动、愉悦和利润对于通过美国体育垄断场馆传播美国例外主义何以如此至关重要。

亿万富豪的存在为美国梦提供了鲜活的证明，是美国例外主义的一个核心支柱。对富人的崇拜是部分拥有布鲁克林篮网队的说唱歌手Jay-Z所鼓励的，他在回应黑人自由活动家和歌手哈里·贝拉方特（Harry Belafonte）的批评时说，他本人的"存在就是慈善"。换句话说，成为亿万富豪的潜力本身就应当能够激励美国民众并提升穷人地位。亿万富豪崇拜在美国体育界表现得尤为明显。毕竟，美国体育界是美国文化的分支机构。美国建立在帝国主义窃取、奴隶制和种族灭绝的基础之上，而美国文化正是源于这样一个民族国家的政治经济。如果文化机构能够在其发源的政治和经济体系的谱系中找到自身存在的基础，那么从美国体育界生发的愉悦和利润就必然反映出种族主义、帝国主义式美利坚民族国家的谱系。[4]

对于美国白人的愉悦和利润的维系，黑人劳工历来发挥着核心作用。作为一个受奴役的阶级，黑人劳工构筑了美国事业的基础设施。他们在美国社会中的此等地位被认为黑人不是工人甚或根本不是人类的白人至上主义逻辑加以正当化。一个经常被忽视且最早出现的支配形式不是发生在种植园、监狱抑或拍卖场，而是发生在家庭当中。在《走出奴役之所：种植园家庭的转变》（*Out of the House of Bondage: The Transformation of the Plantation Household*）一书中，作者萨沃利娅·格林弗研究了被奴役的黑人妇女是如何被视为对白人女主人的要求"不够配合"的。[5] 格林弗写道，"她们的举止必须完美，她们的家务必须表现出对秩序、守时和经济的关注。""（黑人妇女达成此等要求的）失败威胁到白人女主人作为女士的地位和奴隶制制度……反过来，成功则取决于因拒绝做好本职工作而声名狼藉的黑人妇女的合作。"[6] 女主人通常"用暗示天生落后的词语"描述黑人妇女，并"把低效、懒惰和肮脏说成是她们不可改变的特征"，进而将她们的拒绝合作解释为"拒绝成为'更好的女孩'"。[7] 一些人要求今天的黑人运动员应该知道自身所处的"位置"，保持自身政治信仰的私人性或者干脆"闭嘴运球"；而格林弗关于家庭暴力和"黑人妇女不合作"的研究成果对于将此等要求置于合适的背景当中至关重要。让此等要求占据中心位置的是这样一项假设，即黑人比白人低等，因此命中注定要以被奴役的方式接受过度剥削。奴隶制创造了使一小部分有产精英阶层富裕起来的必要经济条件。于是，这些精英，即美国的统治阶级，发展出一种"例外主义"意识形态，通过教导黑人工人为了"国家"利益而留在自己的位置上，来对奴役加以正当化。

在美国，一项事物是否例外是由它与白人至上主义和经济权力的接近程度来定义的。现代体育是美国例外主义经由文化领域传播的一道过滤媒介。在这个大规模监禁、贫困、健康差异和军事化警务每一天都会将黑人生命置于危险之中的时代，奴隶制的死后生命继续困扰着美国例外主义的合法性。斯蒂芬·狄龙写道，"奴隶制的死后生命是破碎的、可见的和无处不在的，它也像飘浮在空气中的灰尘"。关于美国人对体育之迷恋和投资的研究有助于阐明狄龙所说的"奴隶制在当下的印记"。[8] 他写道，这个"印记"不仅表现为"监狱、贫困、警务技术"，而且这个印记还"出现在保险分类账簿和对城市空间的安排中。它也出现在被如此多的死亡所清理出的空间中。奴隶制的死后生命从被记录、被遗忘和永远不会被知道的三类历史记忆之间的空隙当中浮现出来"。[9] 各种体育联盟获得了大量的企业投资，与其说是为了缓解奴隶制死后生命的负面影响，不如说是为了提供一种获取愉悦的途径。愉悦作为压迫黑人反抗的一种形式，充分实现了白人享受和（白人）利润同时最大化。科林·卡佩尼克和其他利用体育平台来抗议白人至上主义的国家橄榄球联盟球员破坏了现代企业体育的主要功能。[10] 这就是促使鲍勃·麦克奈尔将他们比作威胁要管理种植园（监狱）的现代奴隶（囚犯）的原因。

在大规模监禁和新自由主义的时代，体育，特别是美国国家橄榄球联盟和美国职业篮球协会，在规制黑人生活特别是黑人男性生活方面发挥了重要作用。对于许多贫穷的黑人男性来说，体育是一条向上层社会流动的途径。体育运动提供了一个从代言和球队薪资中获得丰厚收入的机会。美国对公共教育、福利和就业的投资退出，以及对警务、监狱和军事武器的过度投资，减少了通往"美国梦"神话的路径。在少有其他出路的时期，企业体育因此才有充分机会成为黑人的一条经济出路。但正如露丝·威尔逊·吉尔莫提醒我们的那样，"监狱不是'那一地'的一个建筑，而是无处不在的破坏而非稳定每日生活的一套关系"。[11]

例如，国家橄榄球联盟可以被视为一个由黑人球员（囚犯）主导的价值数十亿美元的监狱产业。然而，国家橄榄球联盟黑人球员看似前景可期，但其经济境况远非美国企业媒体宣传的那般稳固。国家橄榄球联盟里的黑人劳工只存在于球场上。许多观察者已经表明，国家橄榄球联盟被虚假地宣传为美国黑人实现"美国梦"的门票，而实际情况"与种植园及其为白人利润而剥削黑人身体的做法并无二致"。[12] 我们只需想想国家橄榄球联盟选秀中令人作呕的过滤呈现机制（optics）就能明白这一点。在那里，白人老板们被看作是在对黑人的身体进行竞价。记者马特·泰比有一段颇为知名的对国家橄榄球联盟选秀的描述，即该选秀有着"令人毛骨悚然的奴隶拍卖氛围，以及流着口水、贩卖肉体的球探大军……他们寻觅着有着角斗士般生猛肌肉的球员，而这些球员流满汗水的面孔将被藏进头盔，并在教练的驱使下，迅速被搅碎做成汉堡包里的肉饼"。泰比继续说，国家橄榄球联盟是由"不会流血的公司企业组成的，它们使用先进的科学和经济指标来衡量人肉的物质价值，精确到半磅、一英寸的十六分之一"。[13]

尽管像美国国家橄榄球联盟之类的体育联盟更近似于奴隶制的关系，但白人的享受和亿万富豪的利润却伪装成了黑人的机会。黑人男性提供劳动力，而白人观众和有能力在体育领域投入巨额资金的亿万富豪资本家则塑造了该文化领域。近2/3的国家橄榄球联盟球员是黑人，但美国黑人只占到助理教练职位的28%。沿着国家橄榄球联盟的等级阶梯再向上看，美国黑人的境况也没有变得更好。国家橄榄球联盟现有主教练职位32个，美国白人占据其中30个。同时，每一个在国家橄榄球联盟特许经营权中占据多数的业主都是白人。[14] 因此，黑人男性不仅在用劳动为美国白人制造专属的愉悦，还在为他们制造专属的利润。当今鲍勃·麦克奈尔之类在散播基于白人至上主义而设计出来的黑人男性形象的同时，也为自己创造了巨大财富。这些形象使得白人在消费此类运动时觉得尤为享受。正如史蒂文·思拉舍（Steven Thrasher）在其《超级奴隶》（*Super Slaves*）一文中所解释的那样，国家橄榄球联盟事业的所有方面都是为了这个目的：

> 国家橄榄球联盟选秀活动使得观众能够如同在奴隶拍卖场一样看到身体强壮的黑人男子被买卖和交易。全美大学运

124　动联合会（NCAA）在声称要教育学生和球迷的同时，却允许他们观看高大强壮的黑人男子在垫子上摔跤和在球场上战斗。二者都允许观众在受控的场景中观看作为其最大恐惧的大块头黑人。在全美大学运动联合会和国家橄榄球联盟二者的设定条件下，体育运动的粉丝能够看到，大块头黑人在体格上是令人生畏的，但在适当的条件下也是可以被控制的。这些行为都是曼丁戈主义理论（mandingoism）*的实例。这一理论既可以适用于黑人运动员，也可以适用于迈克尔·布朗。如其所是，美国的曼丁戈主义意识植根于这样一套误导性信念，即奴隶们曾经战斗到死，而这种情景事实上从未发生过。但是，这种具体的幻想……助长了美国白人的曼丁戈主义意识，使得黑人橄榄球运动员互相擒抱摔倒或黑人摔跤手互相暴击成为白人观众最喜闻乐见的场面。[15]

在描述黑人男性在体育赛事中的形象如何被按照白人至上主义者的意愿加以剪裁时，思拉舍将美国体育文化与国家认可的警方对迈克尔·布朗的谋杀并列而论。根据引述，达伦·威尔逊警官声称迈克尔·布朗看起来像一个"魔鬼"，这促使他冷血地射杀了他。思拉舍说，这种语言在"有权势的白人当事方……被控对黑人身体所受损害负责"的情形中并不罕见，包括许多球队老板、体育活动招募人员和大多数企业媒体，皆是如此。[16] 无论是"球场之外还是拳击台之外"，思拉舍写道，"当一个具有相似'威胁'的大块头黑人男性出现在超出白人运动队老板和观众都

---

* 意指美国对于非洲及其与盎格鲁-美利坚世界差异的幻想性认知，是东方主义的一种具体表现。这种认知通常基于过时的人种学、人类学研究和刻板印象，并通常认为非洲人不道德、过度放纵性欲、不文明、贫穷、食人以及拥有较大性器等。——译者注

已习惯性期待的范围之时,看到这些黑人的白人男人都会受到极度惊吓"。[17]

思拉舍的主张远非认为职业和大学体育赛事仅仅是对意识形态层面文化斗争的反映,他更进一步地认为,在国家橄榄球联盟和其他体育联盟中出现的威胁和管控(intimidation and control)叙事在塑造美国白人对黑人男性的看法方面发挥了关键作用。此等叙事协助正当化甚至巩固强化了制度性的白人至上主义。根据思拉舍的说法,"作为奴隶的黑人身体和作为监狱主体的黑人身体之间的联系,即在美国最起初和最晚近的日子里黑人身体如何被商品化的联系,乃是通过体育运动这一桥梁连接起来的"。他继续说,如全美大学运动联合会和国家橄榄球联盟之类规模最大的一些体育企业,"将黑人身体货币化,将其视为'可供使役的牲畜'(beasts of burden),是财产,而不是人,通过体育的社会控制机制来加以管束以创造利润"。[18]

科林·卡佩尼克和其他联合抗议的球员破坏了对运动场内黑人境况的认知与运动场外黑人境况的现实之间关系的人为割裂。通过站出来反对警察对迈克尔·布朗、特雷翁·马丁(Trayvon Martin)的种族主义谋杀,以及许多未被报道的针对有色人种妇女的国家暴力行为,卡佩尼克和像玛雅·摩尔(Maya Moore)这样的美国女子篮球联盟(WNBA)球员揭露了美国例外主义如何将美利坚民族国家和权力结构的神圣性与黑人的存在对立起来。正如安德里亚·里奇(Andrea Ritchie)所言,"过去被用以维系种族性别社会等级制度的,为正当化残酷的社会控制而编造出来的种族上性别化和性欲化的神话,伴随时间推移而转型、稳固和变异以适应不断变迁的现实,一直延续到今天"。[19]基于这一原因,像鲍勃·麦克奈尔这样的国家橄榄球联盟老板们才会对不守纪律的黑人身体感受到"极度惊吓"。"对于这种黑人身体的建构与作为受珍视之白人财产的黑人身体截然不同",凯利·布朗·道格拉斯写道。"对美国例外主义叙事而言,因而对美国'昭昭天命'使命的成功也是一样,它都是最大的威胁。"[20] 截至本章写作之时,卡佩尼克仍处于失业状态。卡佩尼克错过了整个 2017 年和 2018 年的常规赛季,这不应该被看作一个巧合,而应被视为美国统治阶级在其对黑人劳动的控制受到黑人运动员挑战时施加惩罚之坚韧程度的最可靠事例。

一些满不在乎的观察者可能会反对说:"但红皮队老板丹·斯奈德和达拉斯牛仔队老板杰里·琼斯(Jerry Jones)不是在抗议活动中与他们的球队挽起了手臂吗?"还有一些人可能会说:"你怎么敢说我最喜欢的球员是奴隶!我爱他们!"但如果历史可以就此给出任何提示的话,那就是,把老板"轻拍后背"或球迷"击掌"的动作等同于对被压迫者的热爱或关怀是一种错误做法。事实上,这种行为反而只是对另一种种族暴力形式的掩盖,即罗宾·伯恩斯坦(Robin Bernstein)所说的"种族清白"(racial innocence)。在其《种族清白:从奴隶制到民权时代美国如何以童年话语施事》(Racial Innocence: Performing American Childhood from Slavery to Civil Rights)一书中,伯恩斯坦加入到一批文化史学者的队伍当中,证明了"身体上的温柔可以作为种族统治和暴力的必要组成部分"。[21] 通过提供"日常生活中各种游戏(play)施演"的历史,伯恩斯坦凸显了"这些游戏隐秘地将蓄奴和奴役重构为种族清白之乐趣"的多种方式。[22] 仔细阅读伯恩斯坦的作品,不仅有助于我们理解所谓"保护我们的孩子"的清白呼吁,而且还能理解在整个运动界听到的"放松,这只是一场游戏!"的看似无害的呼吁。据伯恩斯坦所论,这种话语"将围绕爱、痛苦和乐趣的,围绕清白之种族局限的,以及围绕谁是人(person)而谁是物(thing)之美国问题的,古老且被遗忘大半的争论重新激活、改头换面并从中汲取力量"。[23]

现今已经浮现大量事例可以证明白人享受和资本主义利润如何建立在将黑人运动员作为"物"而加以社会控制的基础之上。凯尔特人队前锋杰伦·布朗(Jaylen Brown)决定在没有经纪人或经理的情况下参加美国职业篮球协会选秀,此举随后受到美国职业篮球协会一位匿名高管"过于自作聪明"的微妙批评。[24] 然而,布朗的故事并没有像近期勒布朗·詹姆斯与福克斯新闻评论员劳拉·英格拉哈姆(Laura Ingraham)的交锋那样成为头条新闻。为回应詹姆斯关于唐纳德·特朗普总统既不理解也不关心人民的主张,英格拉哈姆要求他"闭嘴、运球"。英格拉哈姆在其叫嚷中谎称詹姆斯年薪1亿美元,她还劝阻年轻人不要效仿勒布朗·詹姆斯这样过早离开学校的人。更近期的一件事是,全美大学运动联合会,一个价值数十亿美元的产业,最近动用第十三修正案来证明为什么大学运动员(其中许多是黑人)不应该得到报酬。[25] 这些事例向我们展示了,美国统治阶级如何将黑人运动员行使的任何程度的独立解释为对控制他们身体和劳动之社会的重大威胁,这种恐惧类似于奴隶主对其奴隶怀有的那种恐惧。正如塞蒂亚·哈特曼所写的那样,"从中取悦、使用和占有这三种行为是密不可分的"。[26]

要求杰伦·布朗和勒布朗·詹姆斯等运动员珍惜自己的社会地位并对不公正现象保持沉默,这种做法被美国统治阶级以美国例外主义为框架证明成是合理的。[27] 而白人的享受只不过是社会统治者主宰地位(mastery)的一种表现。既作为商品又作为财产的美国黑人劳动力在历史上归属于奴隶主,而如今归属于现代的统治阶级。因此，美国社会中的娱乐和休闲制度反映了美国统治阶级长期以来的需要，即显示对其臣民的主宰，以此来使其对臣民的统治合法化。塞蒂亚·哈特曼解释道，在动产奴隶制时期，巨大的利润并不是奴隶主和美国白人从这一制度中积累的唯一收益。对于被归于受奴役者的黑人，其身份还发挥了标记（marker）的作用；从这一标记出发，从奴隶经济中受益的白人迁占者得以将他们的权力与所谓内在于此等权力的哲学真理沟通起来。

> 奴隶主对主宰地位的展示与其对奴隶财产的合法所有权同样重要。换句话说，对权力的反复展示对支配性权势（domination）的再生产而言至关重要……为建立其支配地位并规制受奴役者获准享有的少量闲暇，蓄奴阶级策划出一系列清白的娱乐活动和彰显主宰地位的盛大场景；这些活动与场景是奴隶表演（slave performance）的重要组成部分。因此，即便不是不可能，也很难在"到主人面前表演"（going before the master）和其他娱乐活动之间确立一个绝对和明确的定义……这种表演确认了蓄奴者的主宰地位，并使被奴役的身体成为主人权力和真理的载体。[28]

哈特曼的分析将美国体育运动置于资本主义和种族主义对黑人劳动支配性权势之再生产的背景下。自动产奴隶制时期以来，美国大众文化在形式上发生了变化，但在实质上没有发生变化。美国黑人运动员或表演者不再是奴隶主阶级的专属财产。尽管如此，使奴隶制成为如此有害之支配体系——而不仅仅是一种经济安排——的社会关系却牢牢地保持不变。为了获取利润和助长白人享受的目的，体育界老板和企业媒体继续对美国黑人的劳动施加排他性的控制,即便这种劳动是有偿的。尽管我们的国家一再否认,即便在所谓的解放之后,反黑人的诸种支配方式仍然持续到了今天;事实上,这恰恰说明了金伯利·胡安妮塔·布朗(Kimberly Juanita Brown)对"奴隶制所创造之世界"的描述皆非虚言,即此等世界"阴魂不散、混杂难辨且完全陷入历史记忆的健忘症中"。[29]

那些压迫黑人的境况被欺骗性地说成是实现美国梦的机会;通过将大众注意力完全集中到这些伪装成机会的境况上,美国例外主义掩盖了奴役遗留下来的痕迹。这就是为什么把专业运动员的待遇比作奴隶似乎对大多数美国人来说都很疯狂。毕竟,有的人会说,看看他们赚了多少钱财!或者,如果他们是大学运动员,有人会说,看看那数百万欢呼他们姓名的粉丝!!非要对此作出评价的话,这些人会说,正是这些现象让美国变得伟大!但是,这样的反应使得美国统治阶级能够担当起一种仁慈父亲式的看护者的身份,而非一个靠剥削劳动力和土地赚取数十亿美元的残酷压迫者阶级。骆里山的著作在此处很重要,因为她使用塞德里克·罗宾逊(Cedric Robinson)的"种族资本主义"(racial capitalism)一词揭露了这样一个事实,即美国政治和经济体系"扩张的实现不是通过使全世界所有劳动力、资源和市场同一化,而是通过精确地掌控殖民主义分工,识别确定出从事生产的特定地区和需要忽略的其他地区、用于剥削的特定族群以及需要清理的其他族群"。[30]美帝国主义是迄今为止种族资本主义中最可怕和最致命的形式之一。黑人劳工,更具体地说,黑人工人阶级,一直是其剥削性、全球性机器的核心目标。

因此,休斯敦得州人队老板鲍勃·麦克奈尔将国家橄榄球联盟的黑人球员比作监狱囚犯,这并非巧合。美帝国主义确实痴迷于监禁有色人种。美国黑人虽然只占总人口的 12%，但在 230 万囚犯当中却占了大约一半。随着近年来大众对大规模监禁的了解逐步深入，监狱囚犯越来越多地被比作奴隶。乔伊·詹姆斯写道，"监狱是种植园的现代表现形式"。她继续写道，"主奴关系是内战前种植园非人化风气（ethos of dehumanization）的标志，其核心围绕着以下内容：性恐怖和性支配，殴打，身体管制，劳动剥削、对宗教和文化习俗的否认，低于标准的食物、保健和住房、强迫移民、以惩罚和控制为目的之'封锁'孤立、对出生家庭和亲属关系的否认"。[31]

美国宪法第十三修正案因将在押囚犯排除在免除奴隶制待遇的"自由"领域之外而闻名。该修正案在 2017 年 8 月引发了一场"争取囚犯人权百万人大游行"。组织游行的活动人士谴责第十三修正案是奴隶制得以延续背后的政治砝码。游行者将该修正案与黑人囚犯和所有囚犯遭受的过度剥削联系在一起：许多囚犯的工资不超过每小时 40 美分。监狱劳工的服务为美国惩教公司（Correctional Corporation of America，CCA）、星巴克、全食公司和威瑞森（Verizon）等公司提供了巨额利润。然而，正如贝思·里奇（Beth Richie）所指出的那样，如果不是因为一套"政治进程"的存在，这些公司就不会拥有如此丰富的黑人劳动力；在这套"政治进程"中，"执法战略、刑事司法政策、新法律创制和大规模监禁被战略性地作为更大规模之社会议程的一部分，旨在通过控制边缘化群体来维持经济精英的权力"。[32]

在历史上，美国例外主义和白人享受帮助正当化了导致黑人遭受大规模监禁的诸种境况。比尔·克林顿总统通过了针对美国黑人的严厉毒品政策，与此同时，环球音乐集团等美国唱片公司发行了将美国黑人社区描绘成有犯罪倾向之群体的"黑帮"说唱音乐。同样由克林顿签署的《1996 年电信法》(*1996 Telecommunications Act*) 让唱片公司能够对电台进行无限制的兼并和收购。一项研究发现,唱片公司之所以推崇"黑帮说唱",很大原因是它在郊区白人男性中疯狂流行。[33] 因此,唱片公司在宣传一种负面的黑人生活形象以正当化其政治支持者所倡导的"严厉打击犯罪"政策一事上,有其既得利益。

当然,如果认为嘻哈歌手、橄榄球运动员和监狱中人是国家"严厉打击犯罪"政策的唯一目标,那就错了。时至今日,对黑人女孩的监管、惩罚和管教凸显了每天都在我们国家的学校系统中发生的另一种奴隶制的死后生命。康妮·温在其《反黑如俗:黑人女孩与学校规训之外的惩罚》(*Anti-Blackness as Mundane: Black Girls and Punishment beyond School Discipline*) 一文中记录了许多年轻的黑人女孩因为诸如嚼口香糖或将一些东西扔到垃圾桶等无恶意的"违规行为"而被逐出教室的故事。虽然现有研究倾向于关注学校逮捕、开除和停学方面的种族差异,但她认为,这样的研究将社会注意力从更应该关注的事情上转移开了,即在由教师、管理人员和同伴执行的更加普遍的监管和规训形式面前,黑人学龄女孩如何更容易受到伤害。[34] 温写道,"这些做法通常不会在关于学校规训的研究中被追踪到,很大程度上是因为它们不是例外的规训形式"。"相反,它们是司空见惯的,嵌入女孩们的日常生活结构中,是学校教育的一个条件。"[35] 不过,要了解另一种"虽已不再被奴役但也尚未获得自由的背负重担的主体",需要我们审视功绩制和美国梦的例外主义神话如何忽略了这样一种状况,即甚至于全国公立学校系统中的儿童也不能幸免于奴隶制的死后生命。[36] 正如温对其文章所述学生中的一位所作的总结,"尽管她的学术成就很高,但西蒙妮(Simone)的故事表明,即便在学业上取得成功，黑人女学生也会受到无端的惩罚"。[37]

鲍勃·麦克奈尔用一句话戳穿了黑人向上流动的假象；对于促进作为美利坚民族国家"例外"特征之白人享受和资本主义利润而言，这种假象至关重要。美国国家橄榄球联盟的黑人运动员和"黑帮"说唱歌手被大力宣传为"美国梦"的象征，而丝毫不顾困扰大多数美国黑人日常生活的多种形式的种族支配。例外主义叙事将奴隶制建构成一种已被克服的过去发生的不幸事件。这种叙事帮助维系了根深蒂固的白人占绝对优势之精英阶级统治下的美国种族资本主义的力量。美国种族资本主义的现实将促使我们用这样一句强有力的反驳来回应鲍勃·麦克奈尔所说的"我们不能让囚犯管理监狱"，即囚犯确实不会管理监狱；他们会废除监狱。[38] 或者，正如弗雷德·莫顿（Fred Moten）所说，美国资本主义的囚犯们未来需要关注的"与其说是废除监狱，不如说是废除可以拥有监狱的那种社会"。[39] 国家橄榄球联盟的老板、企业媒体、警察和公立学校的管理者都在不断提醒我们，这个问题远比废除一个特定机构所能缓解的问题要大得多。正如特莱恩·伍兹所论，"只要其根本设计保持不变，反对黑人的房子就能经受住对其建筑风格的不断翻新"。[40]

第十三章
美国"援助"是援助还是盗窃？
——以非洲为例

美国例外主义被作为一种便利的神话来运用。它做了大量的工作来简化美国社会表面上的信条与其复杂得多的现实之间的矛盾。

——基安格·雅玛塔·泰勒[1]

事实上，帝国并不是清白的、无意识的、偶然的累积物。它们的统治者向其发出目的明确的指令，有意识地调动大量人员和物资，以掠夺他者的土地和人民。

——迈克尔·帕伦蒂[2]

我们知道，我们黑人，而且不仅是我们黑人，以往一直是，而且现在还是一个以贪婪为唯一燃料、以利润为唯一上帝之体制的受害者。

——詹姆斯·鲍德温[3]

在之前的章节当中，我们强调了美帝国主义海外军事足迹的惊人程度。自第二次世界大战结束以来，美国主导的侵略战争几乎发生在每一个大陆上，特别是在非洲、亚洲和拉丁美洲的深肤色国家。美国每年将 7000 多亿美元的战争预算花费在使数百万人丧生、数十个国家近乎彻底毁灭的大规模杀伤性武器和军事行动上。在拥有这般劣迹记录的情况下，美国似乎不可能同时把自己塑造为既是其他国家罪恶的清白旁观者,又是世界的人道主义拯救者。但在接下来的三章中,我们将审视美国为将自己宣传成世界上致力于"善"的例外力量而使用的各种意识形态工具。

18 世纪末到 19 世纪,美国宣称要建立一个"自由帝国"。由此开始,西方自由主义从根本上塑造了美国借着在全世界传播自由的幌子发展帝国的努力。然而,正如前几章所讨论的那样,自由主义意识形态一直有着内在固有的矛盾:对个人自由的宣扬依赖于对那些被认为无力获取这种承诺成果之人的压迫。正如骆里山所解释的那样,自由主义的矛盾只有"在通过对迁占者强占豪夺、奴隶制和契约制劳工(indentureship)等同时代共存之境况(coeval conditions)的错置(displacement)和删减(elision)而实现的现代西方政治领域内的'自由'中才能得到解决"。[4] 换句话说,自由——正如现代自由主义所定义的那样——不仅是专门保留给相对于"野蛮人"之文明人和相对于非人类之人类的;它还是通过对他者的压迫而获得的,并依赖于这种压迫。[5]

20 世纪中叶,当美帝国主义使欧洲对手的权势黯然失色时,全世界已对战争感到厌倦。西方帝国主义列强之间的竞争不仅在两次世界大战中摧毁了欧洲经济,而且使其殖民统治下的国家处于屈从和饥饿的残酷状态。此外,第二次世界大战后,帝国主义列强之间出现了以美国为首的联盟。这意味着,美国等国家在战后的繁荣仍然依赖于对前殖民地国家的过度剥削;这些国家利用殖民列强的分化铺设了一条走向独立的道路,刚刚摆脱欧洲的束缚。美国既要维护自己作为例外"文明"的声誉,又要统治其西方盟友的前殖民地,这就使得"对外援助"成为美国海外权势的重要保障机制。

正是这种背景解释了为什么美国对在国外分配所谓"援助"

的国际机构拥有不成比例的影响力。关于美国如何通过广泛的多种机制将"援助"作为一种支配手段来加以利用，许多美国人都不知道。2016年总统大选期间出现了很多关于美国海外"援助"的常见误解。唐纳德·特朗普的支持者认为他的"美国优先"口号很有诱惑力，因为这反映了他们长期以来的信念，即美国在海外的政治和经济活动以牺牲美国的国家繁荣为代价，使外国享有特权。该口号将中国等国家定位为以牺牲美国白人的利益为代价从美国经济实力中获益的对手。诸如《北美自由贸易协定》之类的"自由贸易"协定被适当地视为美国工人利益的厄运，但美国人这样认为往往只是因为这些协定允许非白人国家窃取美国的工作机会。另一方面，希拉里·克林顿的支持者反对特朗普的"美国优先"立场，理由是美国的全球影响力在经济和人道主义层面对美国人民和整个世界都有好处。

　　这两种立场都没有反映出美帝国主义权力在全世界范围内的现实情况。美国对外援助在海外的影响比特朗普和希拉里所提及的更为可恶。通过提出美国不应该将宝贵资源浪费在那些以牺牲美国人利益为代价而使用它们的外人身上，特朗普的"美国优先"立场重新强化了美帝国主义权力行使过程中固有的种族敌意。另一方面，希拉里坚信，对美国人和世界各地人民而言，美国的海外影响力一样都是积极力量，这完全抹除了美国外交政策在国内外产生的破坏性状况。面对此等认识混乱，当务之急是对美国的海外影响力加以解构，还原其既不利于大多数美国人、也不利于接受美国"对外援助"之世界诸国的本来面目。

　　"对外援助"不能被定义为一种单一的特定政策，而是多种旨在确保美帝国主义利益的政策集合。"对外援助"采取了军事和政治"援助"的形式。其他类型的"援助"还包括来自美国主导的国际金融机构提供的贷款和金融援助。美国还是大量"民间社会"团体或非政府组织（NGO）的大本营；这些组织在公共和私人资金的支持下为美国的统治创造有利的政治环境。然而，很少有美国人会批判地看待这些政策，因为它们被框定为"援助"。毕竟，贫穷的、不发达的国家怎么可能不从来自这颗星球上最例外之国家的援助中获益呢？在关于美国"援助"的话语中，这个反问句不断重复出现，以提醒全世界，为了照顾全球穷人的需求，美国是可以依靠的。

对许多人来说，"援助"等同于"帮助"，"援助的分配者"（此处指美国）等同于"帮助者"。但从抽象的意义上讲，"援助"和帝国是不能同时存在的。[6] 自从第二次世界大战后成为头号帝国主义强国以来，驱动美国开展对外援助的主要动机是这样一串相互勾连的欲望，即实现其跨国公司、金融垄断企业和军事工业的利润、规模和影响力最大化。在美国"对外援助"机构的实际运行框架中，这些帝国主义动机得到了非常清晰的展现。当美元在1944年成为全球汇率基本单位，并于随后在20世纪70年代初取代黄金成为储备货币时，美国金融家获得了对世界银行和国际货币基金组织（IMF）等布雷顿森林机构的自由支配权。这些机构最初被标榜为第二次世界大战后地球上"援助"和"发展"的代理人，后来却成了美利坚帝国的代理人。[7]

有必要指出，美国历来就对国际货币基金组织和世界银行拥有不均衡的影响力。到目前为止，在这两个机构中，美国都以接近18%的比例拥有最大的投票权。国际货币基金组织和世界银行的政策，特别是使亚非拉国家饱受摧残的结构调整方案（Structural Adjustment Programs，SAP），彰显了美国的影响力。这些计划始于1980年，作为援助措施，旨在减轻殖民主义列强在战后强加给贫穷和前殖民地国家的债务。然而，结构调整方案非但没有提供贷款援助，反而通过迫使负债国将国有工业私有化，为公司投资开放经济，并为了使美国和西方垄断者受益而重组其政治制度，增加了由美帝国主义强加的经济负担。

这种负担在资源丰富的非洲大陆最为明显。美国以结构调整方案形式强加的"援助"并未得到当地拥护，而是在军事"援助"的帮助下强加到当地头上的。20世纪中叶，非洲燃起了独立精神和泛非主义的火焰。阿尔及利亚、加纳、扎伊尔［今刚果（金）］等国家发起了英勇的反殖民斗争，且往往取得成功。然而，这种成功始终面临美帝国主义的强力及其在资源丰富的非洲大陆的利益的冲击。扎伊尔的帕特里斯·卢蒙巴（Patrice Lumumba）和加纳的夸梅·恩克鲁玛（Kwame Nkrumah）等革命领袖在中央情报局（CIA）组织的军事政变中被暗杀。他们犯下了何种罪行？他们不过是决定围绕非洲人民的需求而不是欧美公司的需求来组织各自国家的国民经济。在中情局的评估当中，这使得他们成为20世纪社会主义战略规划的潜在温床，就像苏联和中国存在的社会主义战略规划一样。因此，早期对独立非洲国家的军事"援助"，即对革命领袖的暴力颠覆，为结构调整方案形式的"经济"援助创造了必要的政治条件。

自从成为非洲的主要经济安排以来，结构调整方案为这块大陆带来了灾难性的影响。根据阿萨德·伊斯米（Asad Ismi）的研究，结构调整方案以牺牲大量社会指标为代价极大增加了非洲的外国投资和对外贸易。截至2003年，近3.5亿非洲人生活在极端贫困中，且有十几个国家1999年的收入低于1975年的数字。[8]结构调整方案迫使非洲国家以紧缩和私有化措施换取更多新债务来偿还旧债务。这些措施导致许多非洲国家缺乏清洁饮用水和医疗服务,从而使得预期寿命仍然很低,而艾滋病等疾病的死亡率仍然很高。同时,自 1980 年以来,非洲国家已经向世界银行和世界货币基金组织贷款人偿付的债务是其初始债务数额的四倍以上。

国际货币基金组织是加纳革命领袖夸梅·恩克鲁玛所称的以美国为首的"新殖民主义"的门面。[9] "新殖民主义"准确地描述了非洲国家在其独立地位获得正式承认后仍继续受到外国掠夺的情况。美利坚帝国在世界舞台上的主导地位为新殖民主义的发展提供了便利。由于结构调整方案,美国和西方公司从强加给非洲大陆的债务中获得了巨大的利润。一项由英国和非洲发展活动者联盟开展的新研究表明,非洲的财富流出多于流入,在特定年份,差额规模甚至超过 400 亿美元。[10] 该联盟发现,2015 年给予非洲国家的 320 亿美元"援助"中,有 180 亿美元被用于支付贷款人的未付利息。尽管拥有巨大的资源财富,但非洲国家却因美国主导的"对外援助"安排而深陷贫困。刚果民主共和国一国独占了价值超过 24 万亿美元的矿产财富,但仍是全球最不发达的国家之一。[11] 该联盟没有提到的是美国领导的世界货币基金组织和世界银行在促成此等境况上发挥的作用。

美国回避明确提及它在掠夺非洲财富中的作用。取而代之的是,它部署了非政府组织来解决由此产生的问题。举例来讲,结构调整方案为美国非政府组织创造了其作为美帝国主义慈善部门运作所必需的贫困。非政府组织是"非营利"机构,这意味着捐赠者通过捐款可以得到慷慨的税收优惠。然而,非政府组织的运作并未脱离帝国主义对非洲财富的剥削。它们的慈善使命声明宣称要减轻非洲的贫困和痛苦,但这只是烟雾弹,掩盖了非政府组织捐助者和负责人的潜在动机,而这些人往往正是掠夺非洲大陆之垄断企业的管理者。

比尔和梅琳达·盖茨基金会（Bill and Melinda Gates Foundation, BMGF）是美国在非洲大陆最著名的非政府组织之一。比尔·盖茨是微软公司的所有者，也是世界上第二富有的人。盖茨家族在非洲拥有利润丰厚的投资，包括在刚果民主共和国的矿产；开采活动面临的动荡局面激发了一场由美国支持、由卢旺达和乌干达领导的种族灭绝；自1996年以来，有超过600万的刚果人被杀害。微软和其他科技垄断企业的财富得益于比尔和梅琳达·盖茨基金会的慈善影响力。它是世界卫生组织（WHO）的第二大资助者，仅次于美国本身。

根据"当下全球正义组织"（Global Justice Now）2016年的一项研究，比尔和梅琳达·盖茨基金会有着广泛的、在非洲促进大企业利益的记录。[12] 该基金会在可口可乐和孟山都等公司拥有丰厚的股份。苏联解体后，盖茨基金会利用其影响力，在莫桑比克游说建立公私合作制（Public-Private Partnerships, P3s）体系，有效地破坏了该国的公共卫生系统，并将其置于私人运营商的控制之下，其中一些运营商受到盖茨基金会的监管。[13] 盖茨基金会的许多董事会成员以及基金会农业和医疗项目的主任都是这些垄断企业的现任或前任顾问。基金会农业发展项目主任萨姆·德莱登（Sam Dryden）以前曾为孟山都公司工作，而艾滋病项目主任曾是制药巨头辉瑞公司的高级研究员。"当下全球正义组织"将该基金会的组织治理结构（即大企业对于基金会运作的影响）与其在非洲大陆推行的政策关联起来。例如，盖茨基金会长期以来一直在推动整个非洲的种子和土地所有权归大企业独占。根据该研究报告的摘要：

……该基金会正在与美国贸易商嘉吉公司（Cargill）合作，开展一个价值 800 万美元的项目——在南部非洲"发展大豆价值链"。嘉吉公司是全球最大的大豆生产和贸易商，在南美洲有大量投资。在那里，种植转基因大豆单一作物使农村人口流离失所，并造成了巨大的环境破坏。根据"当下全球正义组织"的研究，比尔和梅琳达·盖茨基金会资助的项目很可能使嘉吉公司占领迄今尚未开发的非洲大豆市场，并最终将转基因大豆引入非洲大陆。[14]

因此，非政府组织里面其实有很多东西，包括富人的避税天堂和大企业利润的人道主义代理，它们还提供了一个美帝国主义不可或缺的宝贵意识形态工具。非洲无休止的贫困需要一套理由，特别是对于很大程度上与从中获取之超额利润分割开来的美国民众来说。非政府组织以人道的名义推进征服，并强化美利坚民族国家的白人至上主义逻辑。总部设在美国的非政府组织宣传的慈善形象，实际上剥夺了非洲人的能动性（agency），并将其牢牢地掌握在美国暴利者及其以白人为主的支持者手中。相比于据信生活于一个繁荣而慷慨之国家的美国人，非政府组织把非洲人描绘成贫穷、无助的非人类。非政府组织惯于利用波诺（Bono）*等名人的才能来宣传"私营部门"是解决"非洲问题"的办法。

非政府组织为美帝国主义对非洲的掠夺披上了一件人道的外衣。然而，在过去的几十年里，尽管有美国非政府组织的存在和

---

* 波诺·沃克斯（Bono Vox），原名保罗·大卫·休森（Paul David Hewson），爱尔兰摇滚乐团 U2 的主唱兼旋律吉他手，音乐家、诗人和社会活动家。为推动减免非洲第三世界国家的债务和解决艾滋病问题游说西方各国以及梵蒂冈教廷，并曾以教皇特使的身份参加八国财长会议。他曾创立或共同创立、发起了多个慈善组织和多项慈善活动。因其在非洲贫困问题上的贡献，曾获诺贝尔和平奖提名，并且被英国伊莉莎白二世授勋大英帝国勋章，以及被《时代杂志》选为时代年度风云人物。——译者注

美国主导的国际货币基金组织的金融安排,但美国在非洲的经济影响力已有所削弱。负债于国际货币基金组织和被大企业在非政府组织支持下掠夺的非洲国家纷纷向中国寻求一种替代性的发展模式。中国与非洲当前的贸易额使美国相形见绌,达到了比美国高出一倍多的 2200 亿美元。[15] 希拉里·克林顿等西方领导人指责中国实行"新殖民主义","仿佛中国是一个进入'天然'就属于欧洲人和美国人之地区的入侵者"。[16] 然而,当美国和西方国家专注于从非洲搜刮有利可图的原材料,以供养垄断企业的生产循环,使非洲国家负债累累时,中国则专注于向非洲国家提供技术支持和基础设施建设,以换取其自然资源。正如赞比亚经济学家丹比萨·莫约(Dambisa Moyo)所指出的,中国不把非洲人当作慈善对象,而是当作商业伙伴,这也是有帮助的。[17]

中国与非洲的经济伙伴关系引起了美国统治阶级的恐慌,并使他们转移了在该大陆的关注焦点。美国不再侧重于将非洲人呈现为贫穷而无助的群体,而是把非洲大陆塑造成一个需要美国军事"援助"才能消除的"安全"威胁。马克西米利安·福尔特(Maximilian Forte)写道:"将非洲作为风险区域,塑造成一个潜在威胁的来源,一直是美国政策声明的核心原则之一。这种做法翻新了殖民时代'黑暗大陆'的叙事。"[18] 许多观察家,包括美国军事机构本身,都公开承认美国军队的爆炸式增长是对中国经济增长的直接回应。美国颇具影响力的外交政策智库对外关系委员会(The Council on Foreign Relations)早在 2006 年就对中国在非洲的崛起发出了警告:"美国的政策并没有对中国和其他亚洲国家在非洲日益增强之活动的影响做出回应。这种活动不仅会对资源的获取产生影响,也许更重要的是会对美国对善治、人权保护和健全经济政策等重要目标的追求产生影响。"[19] 然而,我们不能忘了,他们所谓的"善治"是指"那些在政治制度上以某种方式模仿美国并支持美国政策的政权";他们所谓的"人权"是指一种特殊的"自由"概念,这种概念与"自由"市场、"自由"贸易以及"富裕的私营利益集团为实现收益最大化而相对不受限制地运作和行动的能力"直接捆绑在一起。[20]

对获取非洲财富渠道受限的担忧促使美国增加了对非洲的军事"援助"。2008年美军非洲司令部(AFRICOM)的成立使此等援助有了机构依托,从而更加组织化、制度化。[21] 据哈立德·卡西米所言,美军非洲司令部在历史上首次将美国在非洲的军事行动置于单一机构的领导之下,以回应"9·11"事件后将非洲大陆视为美国国家安全新威胁的叙事。[22] 因此,美国在非洲的军事扩张被描述为一种人道主义任务。通过援引马克西米利安·福尔特的著作,卡西米指出,"西方'将自己封为救世主,有权使用军队来判定谁站在了历史正确的一边',而人道主义总是由其带来的"。他继续指出,"这些神话制造了更进一步对立的二元论,例如,美国是帮助者,因为它是独立的,而非洲人是无助的,因为他们是依赖的"。[23] 在未经非洲国家许可或与之协商的情况下,美军非洲司令部这一机构自设立伊始就扮演了非洲问题合法救星的角色。然而,美国外交政策顾问却声称,美军非洲司令部只是一个与非洲军事"伙伴""合作"解决当地自身问题的合作性机构。[24]

不过,我们不难看出,美军非洲司令部通过重新殖民非洲"伙伴"国家的军队,加强了美国在非洲的霸权。在奥巴马政府的领导下,美军非洲司令部获得了指数级规模的发展。如今,几乎所有非洲国家中都能看到它的身影。仅在2015年,美军就实施了674次行动,比2008年美军非洲司令部组建时增加了近

300%。美军非洲司令部的安全专家毫不犹豫地将其军事存在的扩大正当化为对一些所谓"安全"威胁的必要反应。跨国恐怖集团构成的威胁是时常提及的最大威胁。将非洲描述为捍卫美国"国家安全"利益的"战场",掩盖了美国在非洲军事存在背后的真正动机。

2011年,美军非洲司令部对利比亚的第一次全面军事入侵暴露了这些动机。[25] 在入侵之前,美军非洲司令部在非洲维持着一种相对轻浅的足迹。穆阿迈尔·卡扎菲领导的利比亚民众国强烈反对美军非洲司令部的存在,并向非洲联盟(非盟)提出了一个组建大陆联合军队和独立于美元的黄金货币的计划。事实上,维基解密公开的希拉里·克林顿的电子邮件揭示出,这种计划构成了美国和北约入侵的基础。[26] 此外,马克西米利安·福尔特写道:"通过援助、投资和一系列项目(这些项目旨在减少非洲对西方的依赖,并通过将非洲国家团结起来挑战西方多边机构),卡扎菲在非洲大陆的权力和影响力也一直在增加"。[27] 从2011年3月开始,在卡扎菲将自己定位为美国经济和战略利益的重要敌手之后,由美军非洲司令部领导的美国与北约联盟在6个月内投下了3万多枚炸弹,杀害了至少6万名利比亚人。[28] 美军非洲司令部在对联合国安理会1973号决议所设"禁飞区"的执行上发挥了核心作用。该决议宣称,美国与北约联盟有责任保护利比亚公民免受他们所宣称的正在谋杀"本国人民"的压迫性政权的伤害。[29]

到2011年10月,美军非洲司令部与北约支持的"叛军"成功推翻了利比亚政府。其中,许多人与基地组织等恐怖组织关系密切,并公开呼吁对利比亚黑人进行种族灭绝。正如福尔特所言:

……虽然有些人很快提出以"种族灭绝"这个在打着"保护责任"旗号的西方自由派帝国主义者小圈子里尤其受欢迎的词来作为一种政府镇压叛乱的方式,但"种族灭绝"一词从来没有被同一批人,也没有被联合国或西方领导人用来描述那些在"反黑人战斗"中"激起公众愤怒"的真切事实。如果这算是"人道主义"的话,那么只有在剥夺非洲人作为人类成员资格的前提下,它才称得上是。而军事干预实际上正是要这样做。[30]

非洲大陆最繁荣的国家变成了一片废墟。穆阿迈尔·卡扎菲未经审判就被残忍暗杀。利比亚提供了免费医疗、廉价住房和免费教育的社会主义取向的制度遭到废除,并被相互竞争的"反叛"民兵组织的腐败统治所取代。这些"反叛者"反过来又把武器带到非洲各地,甚至叙利亚等国,去制造类似的破坏,使美军非洲司令部有更多的机会为其到 2014 年向非洲部署 5000 至 8000 名军事人员辩护。[31]

美军非洲司令部完成了它在利比亚的使命,那就是为美国大公司渗透到非洲大陆创造必要的条件。事实上,卡扎菲政府倒台后不久,美国-阿拉伯商会首席执行官戴维·哈莫德(David Hamod)就宣称,美国和西方公司将迎来一场"淘金热"。[32] 哈莫德的言论证实了美国在利比亚战争中的真实意图。美军非洲司令部被创建出来作为美国对非洲大陆"援助"的军事分支。然而,军事"援助"促进了美国的经济利益,却没有给非洲带来任何回报。当然,对于那些了解美军非洲司令部初始设计的利害关系人来说,这并不奇怪。正如福尔特所表明的那样:

为美国争取扩张机会一直是筹划美军非洲司令部的首要考量；早在该机构设立之前的十年里，这种想法就已经被清晰地表达了出来。建立这样一个项目的计划是"美国政府内部思考了一年"的结果；此等思考看到了"非洲日益增长的战略重要性"……事实上，这种想法最初是在石油工业游说者的计划中形成的；2002年，一群经过选择的国会议员和军事官员联合发表了一份题为"非洲石油：美国国家安全和非洲发展的优先事项"的白皮书。[33]

就连海军中将罗伯特·默勒（Robert Moeller）也承认，美军非洲司令部的真正目的是维系"自然资源从非洲到全球市场的自由流动。"[34] 当然，他所说的"自由"流动是指美国政策"旨在确保非洲资源流往'正确'的方向"[35] 至于这个"正确"的方向指向哪里，我们无须猜测便能知晓。

通过审视美国对非洲的"援助"，我们愈发清晰地认识到，这一概念以牺牲非洲国家主权和自决权为代价，为帝国主义政策进行了进一步的正当化辩护。美国的"援助"，无论是以国际货币基金组织和世界银行贷款的经济形式，还是以非政府组织的政治形式，或者是以美军非洲司令部的军事形式，都是为了加强美国例外主义的意识形态。美国例外主义与早在17世纪就为殖民掠夺和奴役辩护的西方资本主义世界有毒的、反非洲的种族主义相仿。美国例外主义将非洲贬低到相比于美利坚民族国家及其西方盟友的卑劣地位，非洲被推定为比"白人"帝国主义国家低下，这正是强加给非洲的贫穷和战争可以被表述为"援助"而大多数美国人却很少批评的原因所在。马克西米利安·福尔特写道，"包括对民主制的仁慈传播、对无辜平民的保护、对国家的良性建设以及对独裁者治下受难人民的解放在内的，西方自由主义关于人道主义的多重神话，捏造了一个由正当行事者和接受施事者组成的世界。"[36] 通过以"世界应该按照美国的形象来设计且美国的使命是使全世界文明化和民主化这样一种信条"来为扩张进行正当化辩护，美军非洲司令部强化了美国外交政策的欧洲中心主义性质。[37] 但非洲国家从未请求过美军非洲司令部出现在利比亚或非洲的其他地方。

在干预其事务前首先寻求非洲国家的允许，才是对非洲人民人性的肯定。然而，美国清白论和美国例外主义在非洲共同抹杀了非洲人的存在。当非洲人确实存在时，对他的观察是通过非人道（inhumanity）的透镜进行的，从中看到，在那里，未开化的非洲人需要美国人的"人道主义"来推动他们的社会发展。美国的"援助"依赖于"人道主义"对它的合法化；这种合法化发生在美国社会的所有渠道当中。比尔·盖茨等白人亿万富翁因其以非政府组织形式开展的慷慨慈善而被推崇为非洲人道主义的中坚力量，却很少有人提及他们对非洲大陆的负面影响。国际货币基金组织和世界银行的贷款被伪装成"发展"援助，以为非洲穷人提供经济发展"机会"。而美军非洲司令部在利比亚的主要行动被描述为"人道主义干预"，以将非洲人从其所谓的残暴政府手中拯救出来。事实上，这些机构已经掌握了黛博拉·伊丽莎白·惠利（Deborah Elizabeth Whaley）所说的"帝国主义的语言"，乃是拥有"征服、教化和驯服野蛮人之神圣权利"的"道德主义十字军"。[38]

美国"援助"的概念暗示美利坚帝国有能力在仁慈和互利的基础上向其他国家提供援助。然而，每一种形式的美国"援助"都只是加强了非洲受援国所面对之不平等、不稳定和压迫境况的再生产。"援助"被作为加强美国优越性和非洲卑劣性这样一种社会关系的工具。非洲证明了，在美利坚帝国的支配下，没有例外主义可言。无论是美国领导的叙利亚战争——"援助"在那里表现为向"叛军"提供武器和"联合"空袭，还是对委内瑞拉、古巴等拉美国家的敌对制裁，帝国的样态在世界各地都有所反映。美国的外交政策远比它的"援助"结构要大得多，本文只涉及其中的一小部分。在下面的章节中，我们将进一步探讨美国外交政策与"人道主义"意识形态之间的关系，这种意识形态对促进美国例外主义并进而促进美国的扩张至关重要。

第十四章
美国真的在乎人权吗？

很少有人将美国政策说成是种族灭绝的，因为对国家政策进行分析的主流趋势是将之作为特定政府或政党的副产品，而不是作为一套建基并浸透于种族仇恨之国家机器的结果。

——乔伊·詹姆斯[1]

……任何对美国黑人生活史的严肃审视，都会颠覆美国例外主义的所有观念。

——基安格·雅玛塔·泰勒[2]

美国统治者在世界上实际所做之事与美国公民以为他们所做之事，两者之间的差异是历史上堪称伟大的宣传成就。

——迈克尔·帕伦蒂[3]

竞争奥运会主办权的国家面临着大量挑战。其中之一就是要让国际奥委会（International Olympic Committee，IOC）相信，他们政府的人权记录并不违反《奥林匹克宪章》中奥林匹克主义的基本原则。在过去的申办中，美国人毫不客气地指出俄罗斯的反同性恋、双性恋和跨性别（LGBT）法律的做法，以此来主张类似国家违反了国际奥委会对于"社会责任和尊重普世性道德"的承诺。然而，美国人很少会质疑自己的人权记录。体育记者戴夫·齐林和朱尔斯·博伊科夫（Jules Boycoff）是令人耳目一新的例外，他们[144]指出了全世界数百万人已经知道的事情。就在洛杉矶提交2024年夏季奥运会主办权申请的时候，齐林和博伊科夫提出了以下观点："单单挑出俄罗斯等国来作为没有资格招待世界顶级奥林匹克运动员的主要人权侵犯者，这样做是很容易的。但美国也应受到类似的谴责。美国人不应该让历史失忆症和支持主队的倾向蒙蔽他们的视野。现在是时候面对事实了：美国是一个人权的显著偏离者。"[4]

如果国际奥委会真的在乎一个国家的人权记录——这一点值得怀疑——那么，美国是如何赢得八届奥运会主办权的？也许更令人费解的是大多数美国人对此类问题表现出的反感。在上一章中，我们分析了美帝国主义如何采用诸多"援助"话语来促进大企业对非洲巨大财富的掠夺。美帝国主义的掠夺一直被掩盖在"人权"话语下，而这一话语主导了关于美国对非外交政策的讨论。美国以帮助非洲大陆摆脱以博科圣地（Boko Haram）和基地组织（Al Qaeda）等为代表的"恐怖主义威胁"为己任。然而，正如美国在非洲的战略所揭示的那样，所谓的"人道主义"关切只是为了给美国以牺牲非洲国家为代价进行政治、经济和军事扩张提供正当化辩护。然而，美国"人权"话语的虚伪并不限于非洲。对世界其他地区来说，美国对"人权"的关切就是战争的同义词。

美国人往往看不到世界所看到的东西，因为美国外交政策界常常将"人权"描述为美国在全球行动的正义动机。此等"行动"是在这样一种紧迫呼吁的驱动下展开的，即对于世界各地侵犯人权的行为，美国的军政官员应当"有所作为"。美国的扩张主义已经被"人权"话语掩盖起来；这种话语认为全世界人民的

第十四章 美国真的在乎人权吗？ 193

福祉是美国外交政策的首要关切。关于人权的例外主义假设使得美国不仅是一个清白的全球行动者，而且是一个仁慈且公正的行动者。[5] 毕竟，政治家们将美国称为对自由世界负有特殊保护责任的"自由世界领袖"，这种话我们不知听过多少次了。

问题的关键不在于评估美国在多大程度上达成了它为自我定义的期望。真正的问题出在美国例外主义和美国清白论的意识形态框架上。在这些意识形态的阻止下，太多的美国人无法理解美帝国主义究竟在世界各地造成了多大的破坏。很少有美国人会质疑美国的海外外交政策，因为人们预先假定了美国是在世界各地维护"人权"。当美国确实搞砸之时，那么它也只不过是"搞砸了"一次。如果有人在美国维护"人权"的道路上丧命，那么其死亡一定是有正当理由的。如果被美国入侵的国家状况比以前更糟糕了，那么至少美国的行动是出于好意的。不管结果如何，美国总是站在历史的正确一边。对于美国是否真的在乎人权这一问题的追问，不仅促使人们进一步研究它在这个问题上的记录，而且直接导向这样一个迫切需求，即设想一个独立于美帝国主义意识形态的新型人权框架。

对美国人权记录的适当审查必须考虑到其帝国主义根源。美国社会一直是按照种族压迫和阶级剥削的原则组织起来的。"种族灭绝一直是西方民主国家体制中一个历史悠久的固定构件，因为它们的公民通过反黑政策积累了生存方式上的财富（existential wealth）（白人特权）和物质上的财富（资本和军国主义）"，乔伊·詹姆斯写道。"但这些现实往往在公共话语中被淡化，在那里，伴随国家和全球叙事对于进步的突显，黑人和其他有色人种被邀请共坐在（通过压迫剥削他们积累而来的）桌子边上。"[6] 为了实现这些目的，这个社会的统治者从一开始就在寻求建立全球统治。这解释了为什么黑人自由运动等常常把人权放在全球政治的背景下。黑人国际主义是20世纪一个经久不衰的主题。1951年，数十名黑人自由活动者向联合国提交"我们指控种族灭绝"请愿书；他们这样做正是基于种族主义压迫违反了国际法。15年后，马尔科姆·X在呼吁联合国承认美国黑人有权举行独立的公民投票时，也表达了同样的观点。这一要求的部分灵感来自于马尔科姆对诸如加纳等一些非洲国家的访问，在那里他目睹了真正独立于美国影响的好处。黑豹党以马尔科姆·X为榜样，公开呼吁终结美国的战争机器，甚至不惜派出黑豹党成员与国外反殖民主义和反帝国主义运动并肩作战。

  因而，黑人自由运动领导了大多数美国国内对外交政策的批评——这一事实也就不足为奇了。人权从来没有适用于美国的黑人。美国从一开始就将黑人非人化，从大规模奴役开始，随后是种族隔离、吉姆·克劳恐怖、种族主义警务和国家镇压。人权只适用于美国白人，因为"白色"（white）一直是美国对于"人"（humanity）的定义。不管遭受劳动剥削的程度如何，美国白人都被赋予了作为人（humanity）的"特权"，以确保他们会遵循并配合对黑人工人的过度剥削。此外，正如马克西米利安·福尔特表明的，为了推行其帝国主义议程，美国强占了尊严（dignity）——作为人权话语的道德基础——这一概念的解释权。"美国的国家安全文件似乎从本质上将尊严等同于拥有现代便利和现金，"他写道，"换句话说，这是一种工具主义或交易主义的尊严观，与资本主义价值观颇为契合，并使政策选择变得容易。"[7] 那些不认同这种资本主义尊严观的人，不可避免地发现自己处于资本主义国家的保护之外。福尔特继续说，"诸如民族尊严、黑人尊严"等概念，"把尊严看作大集体的属性，并认为不能将其化约为实用主义的计算和对金钱利益的追求"。[8] 美国灵活地界定人权,以适应其国内和国际议程,与集体主义对尊严的定义截然相反。[9]

一些学者对美帝国主义选择性地界定人权的方式进行了评论。种族灭绝政治就是一个恰当的例子。由美国实施或协助的种族灭绝行为,抑或"对一大群人(特别是某一特定族群或民族)的蓄意杀害",很少受到质疑,且时常被忽视。不止于此,"种族灭绝"一词还被有选择地用来为海外的"人道主义"干预辩护,同时为像美国这样的帝国主义列强开脱自己的反人类罪行。正如爱德华·赫尔曼(Edward S. Herman)和大卫·彼得森(David Peterson)所指出的,"从'白人的责任'转向选择性的'人权'和'国际正义'制度,比当今走在这条道上的旅行者愿意相信的要直接得多"。[10] 或者,正如马克西米利安·福尔特所说:

> 反思一下人道主义帝国主义者给我们自己创造的矛盾和有分歧的形象也很有意思。一方面,作为文明的西方人,我们是类似于天使的存在。我们的行动和思想凌驾于历史之上施行着统治,处于由无可指摘之正直组成的高层云环绕之中。在我们关于自身进步的目的论观念中,我们处于人类文明进化的最高点,我们的文明就是人类成就的最高阶段。我们是衡量别人的标准,我们是全人类未来的模样。其他社会没有我们的制度和价值观念,是他们卑劣性的表现。我们应该帮助他们,我们应该帮助他们变得更像我们。如果我们帮助他们通过改善"机会"来获得"繁荣",这些多样的"野蛮"他者就可以被提升到我们享有的尊严水平。执着于天意和命运的我们当然会怨恨历史,因为历史承载着变化的必然

性，也承载着帝国衰落的必然性。就像我们怨恨历史一样，我们也觉得文化独特性（cultural particularity）令人厌恶：有一些差异就能够达到我们礼貌性容忍的限度，且需要我们的纠正性干预。在高高的云层中，依托于我们隐形轰炸机的机翼，我们宣扬着普世的、个体的人权这样一种意识形态。[11]

换句话说，美国的外交政策仍然是在这样的假设下运作的，即被视为白人国家的美国必须来拯救深肤色的、较不文明的国家。

很少有人比奥巴马政府时期的美国驻联合国大使萨曼莎·鲍尔（Samantha Power）更能体现美国外交政策中的"白人责任"综合征了。在她的政治、媒体和外交政策智库职业生涯中，鲍尔一直是"人道主义干预"理论最有力的设计师之一。她的著作《来自地狱的问题：美国与种族灭绝时代》（*A Problem from Hell: America and the Age of Genocide*）突显了美国人权理论存在的核心问题。此书还是一项值得欢迎的案例研究，说明被美国例外主义和美国清白论意识形态欺骗和引诱何等容易。这本获得2003年普利策奖的著作将美国在20世纪关于种族灭绝的外交政策描述为旁观者的外交政策。鲍尔详述了无数美国知道种族灭绝正在发生但却决定无动于衷的事例。她认为，美国本来有机会阻止种族灭绝，却选择不干预。鲍尔称，这是我们面临的"来自地狱的问题"。

美国人道主义理论将美国人的罪行伪装成无辜，以掩盖美帝国主义在世界各地最令人发指的战争罪行中所扮演的直接角色。换句话说，通过把美国描绘成种族灭绝的旁观者，鲍尔欺骗性地掩盖了美国持续犯下种族灭绝罪行的长期历史。丹·科瓦利克（Dan Kovalik）认为，鲍尔的问题在于"她拒绝承认这样一个无可争议的事实,即美国……在现实中既是战争罪委员会中的世界领袖,也是种族灭绝的积极推动者"。像我们当中的许多人一样,鲍尔更愿意相信美国一直是"一股制止此等罪恶的力量"。她的书邀请读者接受这样一套诱导性的神话:通过施压政府践行美利坚价值的真正所在,即保护人权的事业,美国人对此本应该知道得更多。科瓦利克总结道,"在推进这套神话上",以及"在延续'美国在世界各地的军事活动越活跃世界就会越美好'这套错误信念上","鲍尔做了令人印象深刻的工作"。[12]

  认为美国是种族灭绝旁观者的想法进一步维系了美国清白论的神话。当论及种族灭绝时,美国清白论迫使美国从国家层面承认"袖手旁观"的罪过或错误,但绝不承认是它自己犯下了种族灭绝罪行。回想一下,这个神话发挥作用的方式之一是把美国描绘成其他国家侵略的受害者。美国则从来不是侵略者,它要么是在报复(它自以为)外界针对美国人所做之事,要么是在报复它预计外界将会针对美国人所做之事。无论哪种情况,美国都像美国队长的盾牌所暗示的那样,始终处于防御状态。这种意识形态的欺骗性使得人们更容易相信萨曼莎·鲍尔的论点。鲍尔的逻辑将美国描述为一个在外交政策领域表现出过多克制的民族国家——当我们本应当有所作为之时,我们却毫无作为。但当我们考虑到美国军队对世界各地的介入程度是何等广泛而深入之时,再要相信这种虚幻的故事,就会变得困难得多。美国一直都在扮演侵略者的角色,它的战争机器一直都在"有所作为"。但鲍尔希望我们相信,美国习惯于不采取行动,且只有在被施加行动时才会采取行动。这种叙事极大地方便了美国的战争机器。毕竟,如果美国被认为只是全球事件的被动旁观者,那么它就更容易驳斥对其帝国主义行径的指控。

鲍尔等人对于进行人道主义干预的紧急呼吁为许多暴行提供了正当化理由，其中就包括1991年美国领导的对伊拉克的制裁。伊拉克运用其石油财富来推进其国内基础设施的现代化，并在与科威特的冲突中巩固其国家边界；这才是美国及其盟友入侵伊拉克的真实原因。然而，美国却通过表达对人权的关切来证明战争的正当性。美国外交政策专家声称，这场战争是为了执行联合国关于清除伊拉克化学和生物武器的决议，防止该国的暴行。当伊拉克被宣告未能遵守决议要求时，美军处心积虑地入侵了伊拉克并对该国的关键基础设施实施了轰炸。制裁确保了伊拉克无法修复被美国炸弹破坏的重要基础设施。1998年，联合国伊拉克人道主义事务协调员宣布这些制裁是一种"种族灭绝"。[13]世界卫生组织发现，有50万伊拉克儿童因制裁而丧命，而美国国务卿马德琳·奥尔布赖特却声称这是"值得的"。

对儿童的大规模种族灭绝是"值得的"，因为据信伊拉克拥有的化学武器和生物武器会给全世界的"人权"事业带来危险（而这一危险早已被证明是谎言）。然而，美国第一次入侵伊拉克所造成的损害最终揭示出美国外交政策中"人权"话语彻头彻尾的虚伪。从历史上看，只有当美国在入侵或破坏有关国家的稳定方面有既得利益时，人权才是重要的。美国声称自己作为"自由世界的领袖"有责任保护国外的"民主"和"人权"，但同时它却在侵犯那些被它派遣军队的国家的人权。当我们比较美国政策对其盟友和被其认定为人权侵犯者国家的差别对待时，这种矛盾就会变得更加明显。

以美国对伊朗拥有核能力和叙利亚拥有化学武器的所谓关切为例。尽管这两个国家都曾努力满足美帝国主义的要求，但以制裁和代理人入侵为形式的战争还是落到了它们头上。伊朗在2015

年签署了"五常加一"（P5+1）的伊核协议，以限制国内核能发展为代价换取制裁的减轻。当2013年奥巴马就叙利亚政府被指使用化学武器一事设定"红线"之时，俄罗斯和美国就与叙利亚谈判达成协议，以使叙利亚放弃储存化学武器。然而，叙利亚和伊朗仍然是美帝国主义的靶心。美国外交政策专家对2011年以来美国、北约和沙特支持的"叛军"在叙利亚犯下的人权暴行讳莫如深，其中包括所谓的"人权"组织"白头盔"所协助和教唆的法外处决和绑架。[14] 正如记者斯蒂芬·戈万斯（Stephen Gowans）所论，对叙利亚和伊朗采取敌对行动的真正原因是它们对美利坚全球帝国保持政治和经济独立的姿态，而这种姿态是美国极力想要摧毁的，就像它在利比亚和伊拉克所做的那样。[15]

因此，尽管伊朗继续面临经济制裁且叙利亚死亡和流离失所的人数持续上升到100万以上，但美帝国主义仍然保持着它作为世界"人权"独裁者的"清白"和"例外"的地位。尽管大多数美国的"盟友"拿着美国的援助在世界各地实施最令人发指的侵犯人权行为，但美帝国主义依然如此。例如，以色列每年接受美国近40亿美元的军事援助，以对巴勒斯坦人民进行殖民。在2009年以色列入侵加沙期间，美国站在以色列一边，阻止联合国通过任何决议来反对这场为期21天的袭击，而这次袭击杀害了1300多名巴勒斯坦人。[16] 以色列通过游说组织美以公共事务委员会（AIPAC）大量投资美国政治；美以公共事务委员会用竞选资金贿赂美国官员，以换取美国对以色列在中东与非洲政策的支持。此外，以色列拥有200多枚核弹头，一直对公众保密，而美国的核武库接近7000枚。[17] 然而，美国却没有把目光放在自己对人类的威胁上，而是盯着那些被它贴上"威胁"标签的国家。因而，美国一直难逃对"保护责任"理论（R2P）最早的一项批评——"选择性问题,即由谁来决定保护对象,以及为什么一些以平民为目标的危机(如加沙)基本上被忽视,而另一些危机却得到最大程度的关注"。[18]

美国例外主义和清白论隐藏了美国外交政策中明显的双重标准,使其难以为人看见。当牵涉到美帝国利益之时,"人权"的叙事就会被引用,以获得足够的公众支持,从而确保对美国战争罪行的反对声音最小。[19] 在被贴上对美国利益和安全构成"威胁"标签的同时,战争针对的目标还会被用犯罪性(criminality)来加以界定。迈克尔·帕伦蒂提供了一份美国政府在此叙事协助下颠覆的左翼独立政府的可靠清单:

> 美国领导人自称致力于民主。然而在过去50年间,危地马拉、圭亚那、多米尼加共和国、巴西、智利、乌拉圭、叙利亚、(苏加诺领导下的)印度尼西亚、希腊、塞浦路斯、阿根廷、玻利维亚、海地、刚果(金)和许多其他国家的民选改革派政府都因引入再分配经济计划的罪行而被美国资助和担任顾问的军队推翻了……美国军队对越南、老挝、多米尼加共和国、朝鲜、柬埔寨、黎巴嫩、格林纳达、巴拿马、利比亚、伊拉克、索马里、南斯拉夫,以及最近的阿富汗等进行了侵略或发动了空袭。1999年,以美国为首的北约部队针对住房工程、私人住宅、医院、学校、国有工厂、无线电台和电视台、政府拥有的旅馆、市政电站、供水系统和桥梁,以及数百个其他非军事目标,对南斯拉夫进行了为期两个半月的全天候恐怖轰炸,给平民生命造成极大损害。[20]

美帝国主义继续发动各种形式的战争,以确保世界各国无法行使主权和自决权。马克西米利安·福尔特写道,所谓"干预","根本就是在反对"对人类尊严的尊重。他写道,"干预行为本身就意味着存在某种缺陷或不足,需要外国行为者的治愈力量"。当然,我们不能忽视美国迷恋于干涉其他国家事务之强烈欲望背后的例外主义意识形态。福尔特总结道,"他们自命为受上帝祝福、命中注定要统治地球的民族,伴随这种对自身权利资格例外性感知的高涨,他们对自身尊严的估计也达到了唯我独尊的地步。与此相伴随的,是他们对'正义'秉持着同等居高临下的看法"。"自19世纪美国对原住民抵抗运动的战争及其对中美洲和加勒比海国家的入侵和占领以来,相信天命能够塑造帝国这样一种信念的基本结构几乎没有变化。"[21]

支持世界各地残暴的寡头独裁政权是美国战争的一个关键环节。正如格伦·格林沃尔德(Glenn Greenwald)所解释的那样,"推翻民选政府一直是"美国外交政策的基础,"对于残暴独裁者的支持、联合与扶持更是如此。这种政策在世界各地、在多个大洲、在美国每届政府手中都得到了应用"。[22] 事实上,在美国的"作案手法"(modus operandi)中,有相当一部分涉及扶持残酷的右翼组织,以阻止特定国家人民运动的崛起与掌权。通常,这些寡头类型政治架构满足于向美国公司输出国家财富,同时输入对美国军事和公司安排(military and corporate arrangements)的依赖。

美国对此等安排的支持可能会让许多美国人感到惊讶,因为他们一直被告知,"人权"和"民主"是其政府的首要关切。然而,美国对残暴独裁政权的支持并不是美国外交政策附带的内容。这种支持是美帝国主义结构不可或缺的重要组成部分;在美帝国主义体系中,战争罪行是其对利润和权力的追求当中所固有的。美国向世界上70%以上的独裁政权提供了军事援助。[23] 因此，马克西米利安·福尔特写道："除了作为武器之外，保护平民、防止种族灭绝、结束人权侵犯、审判战犯、提供人道主义救济"等主张，"在实践中的主要西方国家那里，甚至算不上次要的关切"。[24] 正如我们将看到的那样，在美国与沙特阿拉伯和古巴的交往中，美帝国对独裁的支持与其声称的对人权的承诺之间的这种矛盾更为显而易见。

对于美帝国主义来说，沙特阿拉伯是一个长期的朋友，而古巴则是一个长期的敌人。沙特的人权记录几乎不曾被美国大企业政治或媒体提及，而从1959年古巴革命起，古巴就一直受制于美国从经济、军事和政治方面发动的战争。美国对待古巴和沙特阿拉伯的差异证实了这样一种现象，即"人权协助制造了一种历史叙事；这种叙事同时衍生了……一种高度灵活的政治话语；这种话语能够在政治斗争的不同场合上被不断地挪用、转译、施演和重整"。[25] 美国政治和军事官员灵活地使用人权话语，一方面将古巴妖魔化，另一方面却无视沙特阿拉伯的人权记录。

自1959年古巴革命以来，古巴走上了一条独立的社会主义发展道路，摆脱了此前主宰岛上政治近一个世纪的美国公司的控制。美国从未承认古巴革命的合法性，而是给这个国家贴上了被"自由"和"民主"所唾弃的贱民标签。在近60年的时间里，美国一直对古巴实施制裁，试图通过饥饿让这个国家重新屈服于其帝国主义统治。根据古巴向联合国提交的一份报告，美国的制裁使古巴的整体发展遭受了8000多亿美元的损失；在此期间，仅医疗保健支出就损失了20多亿美元。[26]

然而，尽管制裁加上美国从政治和军事上试图推翻古巴政府的数千次尝试造成了破坏性极强的影响，但古巴在许多方面都是一个将基本人权扩大到所有公民的典范国家。联合国教育、科学及文化组织评定,就全民教育指标(Education for All)而言,古巴的教育系统是拉丁美洲最好的。在古巴,一直到大学的教育都是免费的。在短短 60 年间,尽管面临着低发展水平、奴隶制和殖民主义历史带来的挑战,但古巴还是提高了全体公民的生活水平。古巴的医疗保健系统也是对所有古巴人免费的。古巴的医疗保健系统已经将婴儿死亡率降低到低于美国的水平,消除了儿童营养不良现象,并将艾滋病毒的传播率降低到了世界最低水平。对全民医疗保健的投资还带来了肺癌疫苗等成就。古巴社会对人权的全心全意还体现在其对非洲和整个世界的国际主义取向上。[27] 例如,1975 年到 1991 年间古巴对南非的援助对种族隔离制度的瓦解起到了重要作用,且在向委内瑞拉、海地和巴基斯坦等国提供免费医疗服务上,目前古巴医生和援助人员的人数超过了世界上所有其他国家。

古巴在人权领域的成就未曾得到美国的承认。帝国主义野心迫使美国政治和军事官员给古巴贴上"独裁政权"的标签。古巴"政权"一再被指责侵犯了美国所定义的"民主"和"人权"。美国甚至在 1983 年入侵了格林纳达,借口是古巴(以及苏联)正在把这个岛国变成一个军事基地。当然,在谴责其他国家"失败的"民主制度时,很少有美国人会考虑自己国家的"流氓民主"。[28] 美国人看不到,而且往往拒绝看到,他们所谓的政治"代表"如何"挫败他们自己的民主,破坏他们的宪法,并使他们的外交军事化"。[29]

在沙特阿拉伯的事例中,对其中东关键盟友的侵犯人权行为,美国并非只是"袖手旁观"。美帝国主义与沙特君主国之间存在着深厚的经济和军事伙伴关系。70 多年来,为换取雪佛龙(Chevron)、埃克森(Exxon)和陶氏(Dow)等美国企业对沙特大量石油储备的开发使用权,美国统治阶级为沙特王室提供了军事保护。目前,美国企业在沙特拥有价值数千亿美元的资产。2009 年至 2015 年间,奥巴马总统促成了与沙特安全部队之间价值超过 1000 亿美元的军火交易。[30]

沙特与美国之间以石油换军火的伙伴关系直接将美国牵扯进了沙特阿拉伯的每一项内政外交政策中。他们对恐怖主义的赞助与"9·11"劫机者有关,这在一份长达 28 页的国会报告中得到了充分地揭露。[31] 沙特支持的代理人遍布全世界,并在美国领导的利比亚和叙利亚战争中扮演了尤为关键的角色。然而,在美国牵涉其中的沙特侵犯人权行为当中,或许最令人发指的例子发生在也门。[32]

自 2015 年以来,沙特阿拉伯一直在血腥入侵邻国也门,试图维持对什叶派领导下谋求反叛和独立的胡塞运动的霸权。美国卖给沙特的武器沾满了也门人的鲜血。沙特阿拉伯使用美国生产的 F-15 战斗机和一系列武器对也门的学校、医院和供水系统进行了地毯式轰炸。数千名平民被杀,且该国 80% 的人口需要某种形式的人道主义援助。[33] 美国军方不仅通过提供武器协助沙特对也门的战争,而且还直接参与到了战争当中。为了对其长期敌人伊朗在支持胡塞运动这种未经证实的说法做出所谓的回应,美国军事顾问向沙特阿拉伯和入侵也门的联军提供了广泛的后勤支持。其中包括对在阿拉伯联合酋长国控制的也门南部监狱中实施酷刑提供指导,这让人回想起因被曝光而闻名的布什时期反恐战争期间中央情报局的酷刑项目。[34]

如果美国真的关心人权,它就不会谴责古巴这个利用其微薄资源来促进人权的岛国,而支持像沙特阿拉伯这样利用其巨大财富做着完全相反事情的国家;它就不会以"人权"的名义助推对古巴的经济战争,也不会为沙特阿拉伯对也门的残暴战争提供军事援助。美国例外主义和美国清白论的血液深深地渗入了假定美国为全球人权卫士和保护者的叙事。由于美国对"人权"的"信奉",所有国家都遭到干扰、破坏和非人化。这些战争残酷地提醒人们"美国的狂妄自大建立在数以百万计的尸体之上"。[35] 然而,以"人权"为名的战争罪行对美国统治阶级来说是"值得"的,而不管它们如何抹杀了国际法的概念。美国为世界带去"民主"和"人权"的计划按照它的形象定义了国际法。说得更确切一些,国际法根本不适用于美国。这意味着,美国自称的例外主义使其有权在其想要的任何地方、任何时候进行干预,而绝对不受惩罚。

声称美国关心人权的理论使得大多数美国人无法质疑为美军国主义作正当化辩护的谎言。这一点从反对华盛顿呼吁——对叙利亚政府涉嫌使用化学武器(被奥巴马和特朗普视为不可逾越的"红线")"做点什么"——的人数之少可见一斑。美帝国海外战争的长期记录表明,对"人权"的关切只是促使公众接受使美国公司、军事承包商和金融机构致富之侵略战争的一个公共关系框架。在他们的野蛮暴力和我们维持和平的善意努力之间划出鲜明的对比,乃是这种宣传的一部分。正如马克西米利安·福尔特所论,"美国总统可以在仍然持续使用美国武器库存中的白磷、贫铀和各种集束弹药的同时,宣布对叙利亚涉嫌使用化学武器划出'红线'。毒气成为'不文明'的武器,而巡航导弹成为'文明'的武器"。[36]

要设想一个新的人权框架,就必须对美国例外主义和清白论作为美国以"人权"为基础之外交政策的统治性意识形态予以揭露。人权必须以被美国对全球支配性统治的追求所抛弃的人民为中心,而不是以美国的支配性统治为中心。按照美国人权网络组织(US Human Rights Network)所阐述的方针,人权必须以"人民为中心"。以"人民为中心"的人权路径并非基于内疚抑或"白人救世主"的承诺来定义被压迫民族和国家的存在。相反,这一路径植根于黑人自由运动和古巴革命的历史所反映的被压迫者的国际主义和全球团结。要靠我们人民自己来想象,在如今美国的环境中,"以人民为中心"的人权路径可以是何种形态。[37] 对更多的美国人而言,一个良好的开端是认识到美国例外主义和美国清白论这对双生恶魔如何不可避免地把他们变成了美帝国主义的忠实信徒。

第十五章
人道主义激情：
美国企业媒体和白人救世主心态

> 我不需要被任何人拯救，无论驱使他们的基本动机是石油还是女权主义。就此而言，我对所有的"解放者"只有一个明确的要求：离我远点。我唯一有兴趣看到的团结，是那种对占领我家园的战争机器投掷扳手的团结。
>
> ——S. R.（一名居住在美国的伊拉克人）[1]

> 这个世界的存在，只是为了满足白人和奥普拉的需求，特别是其情感需求。
>
> ——泰茹·科尔[2]

> ……没有殖民者是无辜的。[3]
>
> ——艾美·塞萨尔

2010年，杰森·萨德勒（Jason Sadler）不得不放弃了他的梦想——他想把T恤衫送到非洲。确切地说，是将100万件T恤衫寄到非洲。萨德勒从未去过非洲，估计也没有经济学方面的教育或职业背景，但这并不重要。他不会让这种专业知识的缺乏影响其行动，他关心这个问题就足够了。但是，在读者开始为这个为（据说）衣不蔽体的非洲人提供衣物的失败的"人道主义"任务感到太糟糕之前，更好的消息在几个月后传来。就在那时，TOMS 鞋业的布莱克·米科斯基（Blake Mycoskie）给了白人救世主工业综合体（The White Savior Industrial Complex）很多庆祝的机会，因为他"具有社会责任感"的公司将第 100 万双鞋运送到了非洲。

萨德勒和米科斯基只是理查德·斯图帕特（Richard Stupart）的文章《七个最糟糕的国际援助想法》（7 Worst International Aid Ideas）中提到的众多西方慈善家中的两个。[4] 抛开他们的追求涉及的后勤、经济和政治问题，我们很难不反思艾略特（T. S. Eliot）的智慧之言。"这个世界上有一半的伤害是由那些意图彰显自身重要性的人造成的"，他写道，"他们并非有意伤害他人，但忽视了在无意中造成的损害。他们沉浸在无休止的自以为是的斗争中，导致他们无法察觉到损害的存在，或者竭力为造成的损害进行辩护"。虽然我们可能会犹豫是否要把动机归于像萨德勒和米科斯基这样的人，但将这些援助工作视为美帝国主义的另一个分支并不为过。尽管他们在美国消费者、慈善机构和美国企业媒体中广受欢迎，但我们不能忽视这些行动如何代表了一些"自殖民主义以来帮助他人的最糟糕的尝试"。[5]

美国例外主义的一个重要但被忽视的特征是不仅仅认为美国的经济、政府或文化是例外的，还坚持认为美国是由杰出的公民组成的。正如英德帕尔·格鲁瓦尔（Inderpal Grewal）在其著作《拯救安全国家：21 世纪美国的杰出公民》（Saving the Security State: Exceptional Citizens in Twenty-First-Century America）中写道："在先进的新自由主义环境下，不平等导致了对国家福利缩减的抗议和批评，美利坚民族国家的例外性现在已经转移到了它的公民身上。"因此，格鲁瓦尔帮助我们清楚地看到了美国例外主义与美国清白论之间的联系。不仅美国的民选官员和军事人员是国际上的友好力量,怀着最善良的意图行事,美国民众也同样如此。"与其说美国是一个例外的国家",格鲁瓦尔总结道,"不如说其拥有例外的公民,他们的例外性产生的一种方式就是通过对人道主义的参与"。[6]

新闻领域通常被认为是一个人道主义的场所,公民在这里帮助其他公民了解他们周围的世界。然而在美国,媒体被称为美国政府的第四部门。仅仅五家公司就控制了美国90%的媒体。这些垄断企业,包括时代华纳、迪士尼和维亚康姆(Viacom),它们与美国的政治和军事机构有着密切的联系。前任和现任军方官员主导着新闻广播,经常担任美国有线电视新闻网(CNN)等网络传媒的"恐怖主义专家",而企业媒体的记者也已深度融入了美国军方。美国军国主义与企业媒体之间的这种共生关系并非偶然,而是一种典型的交换性伙伴关系。一方面,美国军方帮助那些渴望战争的新闻网络提高收视率;另一方面,美国企业媒体在帮助美国军事机构塑造大众舆论和对我们所处的世界的看法方面发挥着重要且可靠的作用。这对战争发起者来说是一个双赢的局面,而对所有因企业媒体和美国军方之间的关系而在战争中丧生的人来说,则完全相反。

美国政治和军事官员在利用企业媒体实现其利益方面有着既得利益。企业媒体则从有利的立法政策中获利,如1996年颁布的《电信法》,该法通过放宽对垄断的监管力度,进而提升了企业媒体的盈利能力。然而,这一切的最终赢家则是美帝国主义。美国例外主义和美国清白论的意识形态被企业媒体通过一种重复和可预测的方式进行过滤。企业媒体欺骗性地将其新闻报道标榜为各种"不偏不倚的"和"真实的"观点。美国人被鼓动将微软美国广播公司(MSNBC)、福克斯新闻频道、美国有线电视新闻网、《纽约时报》、《华尔街日报》,甚至全国公共广播电台(NPR)和美国国内公共广播公司(PBS)等媒体作为客观信息的唯一来源。在这些媒体上,人们很少能够——如果有的话——找到批评资本主义、美国军国主义、迁居殖民主义、反黑人、警察的声音,或者批判美国是世界上正义力量的想法。多年来,美国企业媒体一直站在第一线,以讨美国统治阶级欢心且有利可图的方式解释美国在世界各地无休止的帝国冒险。

美国企业媒体通常将帝国主义的冒险活动解读为"人道主义"行动。这种解释助长了一种救世主心态,将战争、帝国暴力和种族主义转变为慈善任务。根据英德帕尔·格鲁瓦尔的说法,国际慈善组织已经成为一个每年100亿美元的产业,其与规模最大的公司和最强大的政府(主要是美国[7])均存在联系。尽管它们的非营利地位和据称抱持以共同体为中心的使命,但这些机构在许多方面都与企业媒体紧密相连,尤其是在意识形态方面。美国这个民族国家、企业媒体和"慈善"之间的关系可被更恰当地称为"白人救世主工业综合体"。白人救世主意识形态是白人救世主工业综合体普遍性的直接产物。

白人救世主工业综合体是美国个人主义的现代化表现,因此也是根植于美国的种族主义和资本主义的直接产物。在《大西洋月刊》的一篇文章中,泰茹·科尔将白人救世主工业综合体描述为"释放建立在掠夺基础上的系统之内难以承受的压力的一个阀门"。[8] 白人救世主主义鼓动美国人——尤其是美国白人——来解决美帝国主义给世界带来的难以忍受的状况所不可避免地产生的罪恶感,而个人的慈善行为正是由对破坏负责的代理人资助和赞助的。"慈善"行为不仅注重个体化行动而非集体反应,而且倾向于强化美国对种族化"他者们"(others)的过度恐惧。白人救世主工业综合体利用慈善来免除美国对这种迷恋所造成状况的责任。白人的负罪感是逃生阀。"我们可以在很长一段时间里致力于破坏海地的经济",科尔写道,"但当地震发生时,每人给救援基金送去10美元却感觉甚好"。[9]

美国企业媒体在报道与美国外交政策相关的重大事件时,历来提倡白人救世主意识形态。在这个过程中,产生了格鲁瓦尔所称的"人道主义公民身份"(humanitarian citizenship)概念。这个概念建基于二战后的国际政治格局,彼时美国在全球范围内的领导地位需要一个制度化的基础来促进其"价值观",以证成美国的海外统治是正当的。在崇奉新自由主义的地区,企业媒体将人道主义公民身份转变为一种家长式的行为,即美国人和西方人在美国有既得利益的国家进行"善举",以维持其支配地位。

以马拉拉·优素福·扎伊(Malala Yousafzai)为例,优素福·扎伊在她的作品中详细描述了所经历的塔利班暴行,因此获得了2014年的诺贝尔和平奖。作为一个年轻的巴基斯坦女孩,优素福扎伊成了企业媒体宣扬白人救世论的极佳题材。她收到了大量赞誉,还收到了《纽约时报》的纪录片拍摄邀请,以及西方国家提供的资金,用来推进其实现巴基斯坦和阿富汗年轻女孩受教育权的目标。[10] 然而,优素福·扎伊和她在企业媒体中的白人救世论支持者都没有提及这样一个事实:自1979年开始,正是美国和西方国家所资助和武装的塔利班前身——圣战者组织,摧毁了苏联支持的阿富汗政府。事实上,苏联支持的阿富汗政府不仅具备世俗性质,还致力于消除文盲和强加在该国年轻女孩身上的其他教育障碍。这些努力在这场代理人战争之前就已经充分发挥了作用,当时的美国国家安全顾问兹比格涅夫·布热津斯基(Zbigniew Brzezinsky)希望这场战争能给"苏联带来自己的越南战争"。[11]

优素福·扎伊在白人救世主工业综合体内的支持者称赞其反对塔利班的立场,认为这是一项极具价值的人道主义事业,但却忽略了美国在促成塔利班崛起方面所扮演的角色,而美国所有的这些举动,均是为了维护其作为世界救世主的形象。

在优素福·扎伊成名之前,格鲁瓦尔分析了 2007 年出版的《三杯茶》(Three Cups of Tea)一书的受欢迎度及其与美利坚帝国在阿富汗的目标的契合性。该书详细介绍了作者格雷格·莫滕森(Greg Mortenson)与其合著者在阿富汗和巴基斯坦修建学校以作为对抗"伊斯兰化"的努力。在该书人气暴涨的同时,美国军方借打击塔利班之由,升级了对这些国家的轰炸"浪潮"。格鲁瓦尔将《纽约时报》对该书的报道描述为典型的"勇敢、贫困且多愁善感的英雄白人摒弃军事解决方案的叙事"。[12] 虽然书中将莫滕森的"人道主义"工作描绘成一项文明化的使命,但是在这个过程中,居于巴基斯坦和阿富汗的当地人却遭受到了非人化的待遇。记者伊丽莎白·布利默(Elisabeth Bullimer)揭示了作者与美国军方之间的密切联系,其中包括与时任美国驻阿富汗军事行动指挥官斯坦利·麦克里斯特尔将军(Stanley McChrystal)的直接协商。在此之后,《三杯茶》一书遭到了质疑,这主要是因为莫滕森与军方之间的联系。尽管莫滕森所在的非政府组织中亚研究所(Central Asia Institute)被发现通过夸大在阿富汗和巴基斯坦实际建造的学校数量而将捐款中饱私囊,但布利默的文章和其他企业媒体仍将《三杯茶》鼓吹为现代"传教士"的典范,称这些人冒着生命危险去"教化"原住民。

美国企业媒体和白人救世论共同将美利坚帝国标榜为仁义之师,《三杯茶》仅是其中的一个例子。人们很少注意到美国军方对阿富汗和巴基斯坦进行的轰炸,以及美国在该地区播下不稳定种子方面扮演的历史角色。白人救世论意识形态为帝国主义的实际利益提供了掩护：阿富汗是一个资源丰富的国家，拥有价值数万亿美元的重要矿产，这些资源对于资本主义经济各部门进行技术革新必不可少。美国军方官员甚至直言道，阿富汗的财富具有"惊人的潜力"。[13] 然而，在一个又一个的案例中，白人救世主工业综合体利用"善意"的幌子掩盖了战争的真正动机。这并不是说这些更邪恶的动机完全没有被报道——毕竟，就是《纽约时报》报道了阿富汗拥有丰富的矿产资源，而是美国民众往往很难相信，这种动机会成为他们国家在海外践行"人道主义"使命的驱动力。

　　白人救世主工业综合体是把美国帝国主义战争埋在大众意识的墓地里的铲子。慈善行为有助于抚慰美国人，特别是美国白人的渴望，让他们在与历史上追求帝国主义目标的"他者"的关系中感到自己是例外和清白的。在企业社交媒体时代，统治阶级传播的信息以极快的速度到达消费者手中。2012 年的一场社交媒体运动利用了白人救世主工业综合体聚焦非洲所产生的大众吸引力。这场活动由非营利组织"被遗忘的孩子"（Invisible Children）发起，涉及传播一段视频，该视频指责乌干达的圣主抵抗军（Lord's Resistance Army）招募儿童兵。该视频有 1 亿人观看，其中许多人被抓捕圣主抵抗军领导人约瑟夫·科尼（Joseph Kony）的紧急呼吁所吸引。

　　"被遗忘的孩子"将乌干达的暴行归咎于科尼，却没有提到该国或整个地区错综复杂的政治语境。该组织也没有解释到底是什么让它有权利去解决一个非洲国家的政治冲突。"被遗忘的孩子"组织通过利用白人救世主工业综合体的意识形态工具暗中宣称自己的合法性。2012 的科尼视频明确地将非洲描述为一个"黑暗的中心",那里的民众无法掌握治理自己所需的西方文明属性。因此,美国人和西方人通常别无选择,只能把这些属性强加给他们。正如内里达·查扎尔（Nerida Chazal）和亚当·波克尼克（Adam Pocrnic）所解释的那样:

> 西方世界,尤其是美国被描述为科尼事件的救世主。在视频的结尾,我们看到美国派出军事支援和技术支持,帮助"原始的"乌干达军队在广阔且原始的乌干达丛林中追捕科尼。这些场景采用了救世主的隐喻,将乌干达人塑造成原始人,需要强大的、经验丰富的、道德高尚的美国来拯救。类似的救世主隐喻贯穿了整部纪录片,例如美国的活动家们宣称:"我们要求正义""我们将尽一切可能阻止他们。我们将阻止他们""我们致力于阻止科尼,重建他所破坏的一切""如果我们成功了,我们将改变人类历史的进程"（"被遗忘的孩子"2012a）。[14]

对"正义"和"有所作为"的诉求使企业媒体点燃的帝国主义和殖民主义火焰更为旺盛。"被遗忘的孩子"不过是白人救世主工业综合体中的一个非政府组织,它通过企业媒体战略性地利用"人道主义"冲动为美帝国主义政策辩护。该组织一再呼吁美国和西方国家进行干预,但却没有提到奥巴马政府放弃了对特定国家适用《儿童兵预防法》（Child Soldiers Prevention Act, 2008）的举措。"换句话说",如同斯维尔克·芬斯特伦（Sverker Finnström）所言,"奥巴马宣称只要儿童兵隶属美国领导的反恐战争中的盟友,他们就可被授权使用,而'被遗忘的孩子'组织在这个问题上却主动保持缄默。这不禁让人产生疑问,其口号'不惜一切代价'

的真正含义究竟是什么"。[15]

"被遗忘的孩子"也没有提到它的游说工作已经成功地迫使奥巴马政府向乌干达派兵,但是其目的并非为了结束暴行,而是为了确保石油的供应。[16] 美帝国主义支持约韦里·穆塞韦尼(Yoweri Museveni)领导下的乌干达政府,与1996年以来600多万刚果人的种族灭绝事件有关,然而这却没有激起"被遗忘的孩子"游说团的任何愤怒。这并非偶然。白人救世主工业综合体依赖于从美国白人和西方人,特别是从那些腰缠万贯之人处募集的捐款。如果他们的政府被指控为种族灭绝提供便利,那么便很难再向富人阶层进行募捐。由于这并非是能让人产生"好感"的事情,因此最好的做法是缄口莫言。人道主义项目必须被用于强化助益美帝国主义工程的美国例外主义和美国清白论,否则便没有支持的价值。事实上,这就是"被遗忘的孩子"组织在科尼视频中所说的"不要研究历史,而要创造历史"的含义。

《科尼2012》最终成为历史上收视率最高的纪录片。它激发了数百万人向所谓的人道主义事业捐款,但实际上却掩盖了美帝国主义在非洲之野心的真实性质。然而,白人救世主工业综合体所掩盖的并不仅仅是美帝国主义下固有的剥削和压迫。巨大的利益不仅来自白人救世论所掩盖的战争,而且也来自战争所遗留的破坏。娜奥米·克莱恩(Naomi Klein)将这种利用悲剧获取利益的行为称为"灾难资本主义"(disaster capitalism)。更具体地说,灾难资本主义是指"通过剥削被削弱的国家来强加给它们新自由主义的经济政策",这种情形在2010年毁灭性的地震之后直接适用于海地。地震使本已脆弱的海地政治、经济和社会系统陷入了崩溃。对于海地人民来说,这是一场灾难,但在白人救世主工业综合体的设计师看来,这是美国经济和政治扩张的一个机会。[17]

海地是白人救世主工业综合体在破坏后取得统治地位所使用公式的典型案例。这个公式有三个组成部分：

1. 利用军事干预，确保美国的政治主导地位。
2. 执行新自由主义经济政策，促进私有化和紧缩措施。
3. 部署非政府组织，通过篡夺主权国家的权力，来永久护持美国的霸权。

地震发生之后，海地被称为"非政府组织共和国"（NGO republic），因为约有3000至10 000个非政府组织在该国境内活动。非政府组织的存在表面上是为了促进"境外援助"的分配，实际上却强化了美国在历史上与海地的帝国关系。美国捐赠的用于紧急救援和重建的援助资金被输送到美国的军事和企业投资中。事实上，在地震后募集的3.79亿美元中，每1美元就有75美分被投到了美国的非政府组织。在详细列出从美国对海地的"援助"项目中获益的美国公司和组织名单后，基尔·福吉（Keir Forgie）总结道："相对而言，海地政府和当地企业在本国重建的过程中几乎完全被绕过，而美国却获得了大量的资本投入。"[18]

换句话说，白人救世主工业综合体创造了一种意识形态环境，非政府组织的"善意"被武器化，以促进对海地的掠夺。也正是对于海地的掠夺，使得富有的白人行动者有机会成为非政府组织的志愿者，并摆出一副贫困国家"救世主"的姿态。白人救世论与美国主导的对海地的占领计划同时发生，该计划包括在海地部署数万名美国士兵和联合国"维和人员"，然而，他们被指控造成了海地全国近百万人的霍乱传播。除此之外，白人救世论还与海地农业、采矿业和建筑业的私有化携手并进。更糟糕的是，由美国支持的私有化使得成千上万的海地人只能居住在帐篷里，海地的最低工资被压低至每小时仅 24 美分。[19]

美国企业媒体一直在努力维护白人救世论在海地的正当性，主要原因在于比尔·克林顿和希拉里·克林顿在海地掠夺计划中所扮演的角色遭到曝光。不仅如此，克林顿在海地的履历还损害了希拉里在 2016 年总统大选中的人气。维基解密发现，正是希拉里·克林顿主导的国务院阻碍了海地最低工资的提升。而她的丈夫克林顿作为总统却支持右翼敢死队（right-wing death squads），协助策划了旨在推翻海地总统让·保罗·阿里斯蒂德（Jean Paul Aristide）的第二次政变（2004）。通过克林顿基金会，克林顿夫妇积累了数十亿美元的捐款，然后将这些捐款转移给亿万富翁投资者，他们以牺牲海地穷人的利益为代价建造了酒店和经营其他有利可图的产业。当克林顿基金会的行为被曝光后，海地的白人救世主工业综合体的正当性基础也随之丧失。甚至连乐施会（Oxfam）最近也因允许援助人员进行性行为以换取参与该组织的食品计划而受到抨击。[20]

尽管如此，企业媒体对克林顿资助的对海地的掠夺却很少关注。企业媒体对美国制造的人道主义灾难的漠视，往往通过持续关注美国主导的人道主义干预来掩盖。例如，当 1999 年北约轰炸南斯拉夫时，表面上是为了防止"种族清洗"，当时《纽约时报》每天用近 18% 的篇幅报道这个问题，以确保美国人不知道北约轰炸事件造成了数十万平民死亡和流离失所。维吉尔·霍金斯（Virgil Hawkins）观察到，在爆炸结束时，"这场灾难已经造成了……通过媒体大范围的误导性报道，'有所作为综合征'（do something syndrome）完全奏效了"。[21]《泰晤士报》掩盖了美国领导的北约在南斯拉夫的暴行，与此同时，却几乎忽视了刚果民主共和国境内彼时正在爆发的人道主义危机，数百万人因持续不断的战争而丧生，但相关报道却不足其国际新闻报道版面的1%。媒体报道的这种差距表明，企业媒体反映的不是世界各国的福祉，而是为富人和权贵服务的美国政治和军事官员设定的议程。白人救世主工业综合体将这一议程掩盖在人道主义的面纱之下。

同样，美国境内也存在着大量的矛盾，这些矛盾进一步使白人救世主工业综合体的正当性受到质疑。2005年卡特里娜飓风对新奥尔良下九区造成的破坏就是例证。[22]数千套公共住房被摧毁，数十万贫穷的美国黑人流离失所，并且毫无返乡的可能。卡特里娜飓风遗留的境况使得美国没有什么空间来鼓吹例外主义。这场灾难清楚地表明，美国帝国机构的建立不是为了服务于多数黑人和贫困城市新奥尔良的利益。因此，美国的企业媒体很难宣扬美国应对所谓国际危机时特有的"人道主义"。布什政府领导下的联邦紧急事务管理署（FEMA）允许媒体上出现黑人家庭被困在房屋顶部以及被淹没的第九区漂浮着的淹死尸体的画面。美国企业媒体以多种方式来解释这场灾难，以避免人们质疑国家及其资本主义基础设施应对灾难的能力。许多企业媒体的记者将这场灾难解释为美国与"大自然"的斗争中罕见的一次失败，而其他记者则将其归咎于"糟糕的政府应对能力"。[23]

然而，美国的企业媒体无法回避的事实是，许多美国人——尤其是受事件冲击最严重的黑人社区——会认为这种应急反应措施乏善可陈。可以预料到的是，时事评论员们的批评集中在美国例外主义的新自由主义逻辑上。受雇于企业新闻机构的白人记者被视为进入灾难中心的英雄，他们质疑这样的灾难性事件为何会在美国发生。英德帕尔·格鲁瓦尔援引安德森·库珀（Anderson Cooper）对于卡特里娜飓风的报道来说明这一现象。库珀因向政府官员发难而被描绘成英雄。他感叹道:"我从未想过在美国会看到这种情况——死者像垃圾一样被遗弃。"[24] 他的报道使 CNN 的收视率飙升了 400%。许多记者赞同库珀的观点,将这场悲剧比作更像是在索马里和伊拉克发生的事件。

  通过将卡特里娜飓风导致的惨状描绘成丑恶的政府官员失职的产物,并由美国企业媒体的英雄记者揭露,美国例外主义的大旗再次被祭出,以弥补在解释这场惨祸时"救世主"叙事的全然丧失。然而,美国没有将卡特里娜事件视为结构性危机的征兆,而是再次在改革的语境下处理此等问题。对不负责任政府官员的强调掩盖了这样一个事实:美国公司在风暴期间放弃了重要的电信基础设施,使得对数以千计受灾人员的救援成为不可能。军事化的美国警察部队阻止了贫穷的美国黑人逃往较富裕的白人社区,这些社区受到保护,不受卡特里娜飓风的影响。换句话说,美帝国主义的整个机器都应对卡特里娜飓风中大部分黑人受害者被完全忽视和遭受的痛苦负责。[25]

  美国的帝国主义体系不会受到负责其传播的企业代理人的指责,这并不新鲜。更令人担忧的是,关于英雄主义的新自由主义叙事仍颇具效用,且时至今日仍有许多美国人对美国改革事业抱有信心。美国例外主义的这些方面有助于在危机时刻拯救帝国主义体系。对美国英雄主义和改革的信念为企业媒体打开了大门,使缺乏资源的美国黑人因从商店和企业中拿走他们能拿的东西而被定罪。黑人被描绘成不值得尊敬的贱民,参与"不文明"的行为,他们为生存而进行的绝望斗争成了针对美国国家的犯罪。在危机时刻,对美国保护"自由"和实施改革的信心,使人们对这种被种族化的"他者"进行了谴责,并使其非人化。卡特里娜飓风在社会上造成了巨大的创伤:美国黑人被诬陷为国家的敌人,以便建立在反黑人种族主义基础之上的美国能够在一个难有如此作为的时刻仍旧保持其英雄形象。美国例外主义中固有的种族犯罪论最终导致了新奥尔良黑人社区中的大量居民永久性地流离失所，以及该市学校体系的完全私有化，这一发展使得奥巴马总统时期的教育部长阿恩·邓肯（Arne Duncan）宣称卡特里娜飓风是"对于新奥尔良教育体系而言所发生的最好的事情"。

基于美国例外主义的人道主义冲动是为帝国的统治者服务的，而不是为其受害者服务的。然而，美国的例外主义也让美国独自承担起教化世界上"较黑暗"国家的责任。世界上"较黑暗"的国家不约而同地成了美国统治阶级的主要利润中心。因此，美国在近至新奥尔良、远至乌干达的"人道主义"努力是以牺牲穷人和被压迫者为代价的，他们被剥夺了世界上一半的财富，而这些财富目前只存在于由六个人掌控的国库里。[26] 美国例外主义和美国清白论催生了白人救世主工业综合体，构成了针对反美国"人道主义"实际影响的第一道防线。它们为诸如财富分配不均、贫困和战争等问题被忽视创造了意识形态条件，尽管美国在这些问题的扩散中扮演着核心角色。更糟糕的是，人们普遍认为企业媒体、公司或非政府组织主要关心世界各地人民的福祉，这使得美国人越来越难以接受这样的现实：事实上，情况恰恰相反。换言之，美国及其"人道主义"支持者所造成的人道主义灾难正是他们声称要解决的问题，但这一点几乎从未被提及。

因此，当像50美分*和波诺这样的名人代表某些公司或基金会在非洲进行最新的"人道主义"努力时，重要的是要记住"谁"和"什么"实际上从表面上可能是纯粹的慈善中获益。当

---

* 50美分（50 Cent），原名柯蒂斯·詹姆斯·杰克逊三世（Curtis James Jackson III），1975年生于美国纽约皇后区，美国说唱歌手、演员、投资商。——译者注

TOMS鞋业宣称每售出一双鞋便给非洲儿童捐赠一双鞋时,我们应当意识到这家公司正在从非洲国家的贫困化中获利,或者说促进了贫困化的发生,而这种贫困化绝不是"把一双鞋扔到那些本来可以雇用人做鞋的地方"就能解决的。[27] 美利坚帝国的"人道主义"引发的真正的问题在于:为什么这么多的美国领导人和机构始终拒绝承认他们试图解决的许多问题正是他们自己创造的?例如,当企业媒体的宠儿安吉丽娜·朱莉宣称"伊拉克冲突"是"伊拉克人至今遭受如此多苦难的根源",并声称自己是"一个自豪的美国人"时,这或许会使一些人感到惊讶。而当她进一步宣称"一个强大的国家,就像一个强大的人,会帮助其他人站起来并获取独立"时,我们更应该感到震惊。正如记者贝伦·费尔南德斯(Belén Fernández)对此指出的那样,"别忘了,美国——一个确实强大的国家——恰好有效地摧毁了伊拉克,给伊拉克人民带来了无法估量的死亡和苦难"。[28]

关于美国例外主义和美国清白论的叙事,试图让生活在美国的"例外公民"相信世界上的危机是由其他人造成的。他们认为,这些问题可以通过慈善捐款、纪录片、名人组织的音乐会以及向"未开化"的地区投掷炸弹来解决,从而使那些"他者"学会认识到自己的错误。此外,许多美国人认为,只要出生在美国,或者是白人,或者在美国上大学,他们便拥有了关于应当如何治理其他国家的独特的上帝视角。正如非洲女权主义者伊菲·阿玛迪姆(Ifi Amadiume)在她遇到一个好心的大学生的故事中所讲述的那样:

> 我问一位年轻的白人女性为什么要学习社会人类学。她回答说,她希望去津巴布韦,并认为她可以帮助那里的妇

女,指导她们如何组织起来。听众中的黑人妇女惊讶地叫了起来。这是个刚跨过少女时代的人,刚上大学,从未打过仗,而她却打算到非洲去指导参与解放战争的女老兵们如何组织起来!这就是我们屡屡遇到的那种傲慢甚至荒唐的态度。这种态度让人以为:遥远地坐在扶手椅上的人类学家竟能比战地上"姐妹"更值得信赖。[29]

这种傲慢在许多美国大学生中普遍存在,这促使马克西米利安·福尔特概括了他向"想要改变世界"的学生们提出的一些问题:"除了能够阐明良好的意图之外,你真的有什么特殊技能可以提供吗?那些可能会从中受益的人是否请求过你的帮助?你对一个不同的社会有多了解,以至于你可以允许自己采取潜在的变革性行动?"[30] 神学家威廉·卡瓦诺(William Cavanaugh)的观点更为激进,这解释了为什么他永远不会被邀请在美国大学毕业典礼上发表演讲。"请不要出去改变世界",他会告诉毕业生们,"世界已经受够了来自美国的善意的中产阶级大学毕业生,他们试图去改变世界,而世界正在因此而死亡……回家去吧。"[31]

因此,美国的人道主义不是解决世界问题方案的一部分,相反,它本身就是问题的一部分。因此,真正具有革命性的社会变革不是来自于前总统的慷慨捐赠、好莱坞名人的扶贫宣传运动,或者拥有国际经济学学位的美国大学生。正如马克西米利安·福尔特对其学生的告诫:"重要的是,不要认为其他人只是在等待一个陌生人来领导他们,就像好莱坞的故事一样,白人救世主总是其他人故事中的英雄。"事实上,真正的改变根本不会来自于美国的统治阶级。[32] 慈善不会带来正义,资本主义也不能带来正义,资本主义的本质就是不公平,这正是问题的根源。[33] 正义的实现要求摧毁统治阶级赖以生存的体制。对于好莱坞名人、CNN记者和克林顿基金会的董事来说，这是一个难以接受的事实。毕竟，如果他们的生活、情感、观念和"存在于这个世界"的方式都依赖于资本主义、军国主义和白人至上主义的体制，那么他们绝不会希望自己走向灭亡。美国的统治阶级依靠美国例外主义和美国清白论的叙事将其操纵的体制描绘成人类的救世主，这就是为什么任何对这个阶级会带来自身灭亡的期待都是徒劳的。我们必须将希望寄托在新的人道主义激情上，而不是由那些接受美国政府或美国公司资金的非政府组织来引导。被压迫的人们需要他们自行筹资的机构（包括媒体），以提供新的愿景和路径，从而实现一个更公平和公正的社会。而实现这些目标的首要做法是：解构以美国例外主义和美国清白论这般致命意识形态为基础的人道主义激情。

第十六章
如果不好,就怪俄罗斯

奉行例外主义的国家,其政府和社会需要树立外部敌人;为此,威胁往往被凭空捏造出来,或者,在轻微的情况下被夸大到极端程度。

——K. J. 霍尔斯蒂[1]

我们永远无法摆脱历史性知识生产的物质基础。但是,通过探究为美国过去的文化记忆赋予形状和意义的记忆市场,我们可以解构美国人用来塑造和重塑身份的叙事,这些叙事从根本上说皆将美国描述为清白的。

——博伊德·科特兰[2]

残暴、酷刑和无度应被理解为美国治国方略的基本要素,而不是其本身的败坏或偏差。

——迪伦·罗德里格斯[3]

到此为止,我们在前述各章已经分析了美国例外主义和清白论在美国资本主义帝国的每个发展阶段使其正当化的方式。美国例外主义构成了美利坚帝国工程(American imperial project)下白人至上主义和资本主义意识形态的主干。美国清白论是例外主义思潮的一个值得信赖的意识形态伙伴,它洗刷了帝国工程因广泛罪行而产生的罪恶感和应承担的责任。美国例外主义和清白论的意识形态赋予了美利坚帝国工程一种"善意"感,使得美国人(尤其是美国白人)引以为豪。由于美国人的生活方式本质上充满"善意",许多美国人认为他们不必关心他们的政府在全球各地造成的恐怖和灾难。不少美国人甚至声称对美国在全球范围内发动的无休止的战争或美国境内无处不在的种族主义一无所知。毕竟,当这些战争被普遍界定为"人道主义"干预、"革命"或仅仅是"被遗忘"时,就很难认定它是罪恶的。你不能与你无法命名的东西进行斗争。

然而,美利坚帝国工程并非一种不可战胜的力量。先前的社会组织系统已经崩溃并被取代。美国的例外主义和清白论试图掩盖这一事实。虽然这些意识形态重塑了帝国工程,但它们无法解决该系统的内在矛盾和这些矛盾所导致的危机。也许没有其他发展能比美国针对俄罗斯持续的歇斯底里更能体现这一点,它吸引了美利坚帝国工程的全部注意力。

唐纳德·特朗普就职后,美国企业媒体和华盛顿政治机构中谈论最多的故事之一是俄罗斯被指控干预了2016年总统选举。这些指控发生在美利坚帝国工程的动荡时期。在国际领域,美帝国主义力量受到了俄罗斯和中国的最严峻挑战。中国在非洲、亚洲和拉丁美洲的经济活动已经威胁到美国的经济主导地位,并促使美国通过"重返亚洲"(pivot to Asia)战略和非洲司令部(AFRICOM)在非洲和亚太地区大规模集结军事力量。近来,俄罗斯也经历了政治和经济的复兴。它在2015年为保护叙利亚政府的完整性不受美国战争的阴谋影响而进行的干预向美国发出了一个强烈的信号,即俄罗斯不会再容忍1991年苏联解体后强加给该国的不稳定和屈从。普京作为俄罗斯国家元首的稳定任期也使得俄罗斯的经济变得更加独立。俄罗斯已经愈发接近中国,并进一步远离当初为苏联解体而热烈欢呼的欧美秩序，普京称苏联解体是20世纪"最大的政治灾难"。

美国统治阶级一直在公开讨论因俄罗斯联邦新出现的政治和经济独立而引发的担忧。兰德公司（RAND corporation）和五角大楼的一系列研究报告都警告说，俄罗斯和中国的崛起给美国的霸权带来了威胁。特朗普政府的前国防部长詹姆斯·马蒂斯（James Mattis）在美国最新的国家安全战略中指出，与俄罗斯和中国的"大国对抗"是对美国利益的主要挑战。[4] 然而，使得美国与俄罗斯本已紧张的局势急剧升级却导源于奥巴马政府时期。尽管美国在1990年与俄罗斯谈判时承诺不会扩大北约在东欧的存在，但在奥巴马的两届任期内，北大西洋公约组织沿着俄罗斯的边界进行了大肆扩张。奥巴马政府采取的帝国主义伎俩最终导致了2014年乌克兰政变，将一个"与纳粹结盟的政府"带到了俄罗斯边境，并将世界推向了战争的边缘。

在国内战线上，美利坚帝国工程也面临着类似程度的动荡，并在2016年总统选举期间浮出水面。坐拥亿万财富的种族主义者唐纳德·特朗普通过鼓吹右翼、种族主义的美国正统观念，加上反对企业自由贸易协定和"政权更迭"战争的强硬立场，以绝对优势击败了所有的建制派共和党候选人。希拉里·克林顿被认为是美国第一位女总统的热门人选，她在民主党初选中艰难地击败了大受欢迎的伯尼·桑德斯，同时利用她在民主党全国委员会（DNC）的关系，以确保这位来自佛蒙特州的联邦参议员主张的全民健保、学生贷款减免和最低生活工资保障等受欢迎的政策立场在大选中没有机会与唐纳德·特朗普的政治主张对抗。

尽管民调数据显示桑德斯赢得大选的概率比希拉里·克林顿大得多，但许多民主党人和共和党人认为希拉里是最有可能击败唐纳德·特朗普的候选人。统治阶级的分析家们依赖那些表明希拉里是总统候选人的民意调查。然而,这些民调忽视了2016年大选中几个难以被忽视的事实。典型表现是,维基解密公布了希拉里电子邮件服务器上的信息,揭示了她在民主党全国委员会反对伯尼·桑德斯的阴谋中所扮演的角色,以及她为华尔街所做的一系列高额回报的演讲,这些事件给希拉里的声誉造成了无法弥补的损害。希拉里越来越像一个战争和华尔街的候选人,而美国企业媒体花费数十亿美元对她的对手唐纳德·特朗普进行报道,试图将这位亿万富翁描绘成一个没有什么资格担任总统职务的局外人。

美利坚帝国工程根本无法预料到,这些情形导致选民将希拉里与特朗普之间非此即彼的选择视为完全没有选择。[5] 在2016年大选中,弃权者在选民群体中占据了最大比例,[6] 这也给予了共和党和特朗普赢得选举人团并因此赢得总统选举所必需的优势。希拉里的失利,不仅仅在民主党中,更是在整个美利坚帝国体制中引起了震动。特朗普的胜利让统治阶级的大多数人感到难堪,许多企业媒体将他与希特勒相提并论,抑或称他为美国的乌戈·查韦斯(Hugo Chavez)。为了摆脱这种尴尬,一个经过反复衡量后的方案诞生:将特朗普描绘成俄罗斯的傀儡,首先为希拉里在选举中的失利开脱责任,然后在特朗普上任后实现更广泛的两党合作目标。

特朗普与俄罗斯关联的故事始于特朗普的竞选承诺,即缓和与俄罗斯的关系。当维基解密在2016年7月将希拉里撰写的私人电子邮件转储到一个不安全的服务器上时,特朗普对这一举报组织表示了赞赏。此时,美国情报部门中众多希拉里的支持者开始质疑,特朗普、维基解密和俄罗斯是否在联手破坏美国的"民主"("民主"在此被定义为希拉里确保无虞地获胜当选)。仅凭这一点就应当引起在政治体制下挣扎求生的美国人的愤怒,甚至连美国前总统吉米·卡特(Jimmy Carter)都将这种政治体制称为寡头政治。[7] 然而,这种愤怒从未发生,这表明美国清白论的意识形态在美国已经深入人心。当然,时至今日,仍有不少美国人对2016年大选的整个过程感到失望。希拉里竞选团队因从桑德斯手中窃取民主党初选权而元气大伤。而桑德斯之所以人气爆棚,很大程度上是因为"亿万富翁阶层"(正如桑德斯所言)被曝光利用他们的财富收买政客并操控政府三大部门。然而,很少有美国人公开谴责这种新兴的叙事,即把俄罗斯置于谋划破坏只为富人服务的美国"民主"的最前沿。

希拉里竞选团队因此获得政治空间以伪装成民主的化身。希拉里通过将这些指控纳入她的竞选谈话要点来跟进对俄罗斯颠覆活动的怀疑。希拉里在其个人网站上发布了一些问题,如"为什么特朗普鼓动俄罗斯干预我们的选举?"[8] 美国联邦调查局(FBI)、中央情报局(CIA)和国家安全局(NSA)对希拉里提出的俄罗斯干预问题做出了回应,对俄罗斯是否因维护特朗普的利益而干预选举展开调查。该调查目前仍在进行中。

自调查启动以来,已经发生了很多事情否定了俄罗斯对特朗普的胜利负有责任的说法。我们所知道的是,早在2016年4月,希拉里的竞选团队就曾向负责"斯蒂尔档案"(Steele Dossier)的Fusion GPS公司支付佣金,以寻找俄罗斯和特朗普之间的联系。[9] 前情报人员克里斯托弗·斯蒂尔(Christopher Steele)是一名受雇于希拉里的线人,他利用与美国情报机构的关系,收买了消息来源,炮制了未经核实的说法,即普京通过对特朗普在俄罗斯的淫秽活动进行录像来对他进行"勒索"。而特朗普的外交政策顾问卡特·佩奇（Carter Page）则被指控与俄罗斯外交官合作，承诺通过放宽制裁来换取"俄罗斯黑客"对民主党全国委员会进行攻击。尽管完全没有证据，但这些指控仍被美国情报部门和企业媒体作为事实加以宣传。

关于俄罗斯"非法侵入"或"干涉"2016年大选的指控已经成为一项刑事控诉。中央情报局及其盟友声称特朗普被俄罗斯勒索，但证据似乎表明情况正好相反。正如丹·科瓦利克所解释的那样：

> ……不同于寻常勒索者所做的那样，由俄罗斯人来告诉特朗普他们握有他的罪证。不，是中情局——我们知道他们想给特朗普施压，让他继续走与俄罗斯对抗的道路——不仅向特朗普询问了据称指挥他有罪的证据，而且还去找了其他一些政府官员和公众，让他们知道了这些"证据"。[10]

奥巴马的中央情报局局长约翰·布伦南（John Brennan）率先"警告"特朗普，令其收回缓和美俄关系的竞选承诺。布伦南的中情局随后成为向媒体、特朗普和公众传播"俄罗斯干预"故事的主要渠道。随后，另外16个美国情报机构的负责人也加入了这一行列，其中包括奥巴马的国家情报总监詹姆斯·克拉珀（James Clapper）。克拉珀、布伦南或中央情报局可被认为是值得信赖的信息来源，这说明俄罗斯调查的可信度很高。然而，在国家安全局对美国公民进行非法监视活动方面，克拉珀则一直在宣誓后撒谎。[11] 布伦南则为酷刑辩护，认为这是有效的"严酷的审讯技术"。[12] 而美国中央情报局长期以来便在"共产主义"之危险的问题上对美国公众撒谎，帮助该机构在亚洲、非洲和拉丁美洲制造残酷的战争和政变，其中就包括1973年对智利的萨尔瓦多·阿连德（Salvador Allende）的暗杀。仅这次政变就导致了成千上万的智利人死亡或失踪，并使得智利的经济全面私有化。

　　智利并不是美国对外干涉的唯一受害者，尤其是在拉丁美洲。美国将数十亿美元的税收投入到彰显"软实力"的非政府组织当中，诸如国家民主基金会（NED）等。而国家民主基金会在利用其影响力阻止民主发展方面则有着悠久的历史。例如，在中央情报局多年来资助"反政府"雇佣军在尼加拉瓜各地挑起暴力冲突之后，国家民主基金会在1990年协助破坏了该国的桑地诺民主运动（Sandinista movement）。[13] 国家民主基金会还向委内瑞拉的右翼反对派提供了数百万美元的资金，而该反对派在2002年对民选的总统乌戈·查韦斯发动了短暂政变。[14] 事实上，正如斯蒂芬·金泽（Stephen Kinzer）指出的那样，国家民主基金会在2013年将俄罗斯列为"优先国家"（priority country），这意味着它在美国希望通过选举程序推翻的国家名单中名列前茅。然而，尽管不乏证据，但美国自由主义者和民主党的信徒们往往对美国在世界各地颠覆民主的悠久历史一无所知。即便他们有所察觉时，他们的结论也会沉浸在美国清白论的意识形态中，认为他们的政府破坏其他国家的民主运动和选举，是建立在"善意"的基础之上。

　　"善意"几乎从未与必要的证据相结合，以证明美国干预造成的灾难性状况是合理的。就通俄调查案而言，美国据称是通过调查普京在特朗普获胜中所扮演的角色来捍卫民主。然而，领导俄罗斯调查的几乎不可靠的情报来源承认，没有什么证据可以证明它们关于俄罗斯干预2016年选举的说法。2017年1月特朗普就职后，一份主要由中央情报局、联邦调查局和国家安全局撰写的《国家情报评估》报告开始从俄罗斯"入侵"民主党全国委员会的说法转向另一种叙事:指责"今日俄罗斯"(RT)等俄罗斯媒体"作为克里姆林宫向俄罗斯和国际受众传递信息的平台在2016年美国大选中"扮演的角色。[15] 这份报告被大肆宣扬为"俄罗斯干预大选"的最无可辩驳的证据,指出了"俄罗斯的入侵者所针对或损害的系统类型并不涉及计票"。[16] 即使美国安全官员在2017年6月作证言,存在身份不明的"俄罗斯人"在俄罗斯政府的支持下入侵了美国21个州的选举系统,但也没有证据表明他们的行动影响了最终的选举结果。[17]

如果说所谓的特朗普与俄罗斯勾结是未经证实的指控,且最终对2016年大选结果没有任何影响,那么,为何美国统治阶级中有数量如此多的一部分人仍继续不停地调查此事?在2017年2月20日至3月31日期间,微软美国广播公司(MSNBC)的蕾切尔·麦道(Rachel Maddow)在广播中共有53%的时间谈到了俄罗斯与特朗普的"勾结"事件。[18] 可以说,即使粗略地研究一下美国企业新闻媒体的总体情况,也会发现关注俄罗斯干涉选举故事的比例明显更大。较之其他国家,美国统治阶级对俄罗斯不成比例的强迫心理(cacophonous obsession)之所以持续,归根结底是由于它对于当下所具有的实用价值。在其心仪的总统候选人缺席的情况下,美国将目光投向了未经证实的俄罗斯对美国"民主"的"威胁",可以帮助美利坚帝国工程成功地实现其国内和外交两个层面的政策目标。

指责俄罗斯破坏所谓的美国民主,给美国提供了一个便于开脱罪名的敌人,以此证明其在世界范围内的军事扩张具有正当性。如果一切"坏事"都是俄罗斯的错,那么美国就是世界上唯一的"善"的力量。俄罗斯被贴上"坏国家"的标签,不仅因为它被指控干预2016年美国总统选举。美国人还一再被告知,俄罗斯是"坏"的,因为它监禁记者、压迫性少数群体(LGBTQ),并在其他国家毒害本国的前情报人员(参见 Skripal 案*)。然而,这些指控要么未经核实,要么出于政治目的而被夸大;即使是真的,其影响与美国仅仅在伊拉克犯下的战争罪行相比也是微不足道的。自 2004 年以来,据估计有 240 万伊拉克人因美国 2003 年的入侵而丧生。然而,我们被告知,正是因为"坏"俄罗斯所实施的干预,使得特朗普于 2017 年被国会强迫签署了一项甚至比他提议的预算还要多的"好"军事预算,这份预算追加了数十亿美元用于美国在俄罗斯边境的军事行动,以"遏制俄罗斯的侵略"。"坏"俄罗斯的干预还导致美国国会一致同意延长"好"的制裁——迫使特朗普延长对俄罗斯和朝鲜的制裁,并对伊朗施加新的制裁。因此,无论是在叙利亚谋杀俄罗斯飞行员,还是美国的军事设施越来越靠近俄罗斯边境,美国的军事侵略都是旨在惩罚"坏"俄罗斯的"好政策",而不顾这种取向可能以一场新的核规模的世界大战威胁人类的生存。

然而,重要的是要认识到,当涉及战争时,美国和俄罗斯(或中国)之间真的不存在竞争。美国是人类历史上最暴力的战争制造者,这意味着,惩罚俄罗斯并不是指责俄罗斯游戏的唯一后果。一些作家和社会活动家,如已故的威廉·布卢姆(William Blum),将美国对俄罗斯的强迫心理定性为一场新冷战。这场战争有两条战线。第一条战线是在国际领域,妖魔化俄罗斯令美国民众准备好迎接另一场海外战争,而这次的敌人拥有与美国军队同

---

* Skripal 案,即所谓的"英国前俄罗斯间谍毒杀案"。2018 年 3 月 4 日,前俄罗斯上校谢尔盖·斯克里帕尔和其女儿尤利娅被发现倒在英格兰威尔特郡索尔兹伯里一处购物中心的长椅上不省人事,经诊断两人神经毒剂中毒,经治疗后已先后苏醒并康复出院。3 月 14 日起,英国、欧洲及美国纷纷对俄罗斯采取抵制行动。2018 年 9 月,英国起诉两名俄国人是下毒凶手,这两人是俄国军事情报官员。——译者注

等甚至更大的核能力。新冷战的第二条战线则在美国国内,将2016年总统大选期间发生的事情归咎于俄罗斯,也导致了一场类似于第一次冷战时发生的针对异端者的反叛乱战争。

与第一次冷战不同的是,第一次冷战针对的是共产主义运动将取代全世界资本主义秩序的非常真实的威胁,而新冷战则是由美国例外主义的危机带来的。民主党带头反对俄罗斯,并利用普京作为领导人带来的威胁,将希拉里·克林顿输给特朗普的尴尬局面归咎于除自己外的所有人。俄罗斯人被指控购买了5万美元的社交媒体广告,以鼓动"黑命攸关"运动以及环保运动。俄罗斯卫星通讯社(Sputnik News)和"今日俄罗斯"已被迫登记为"外国代理人"。此外,还有13位匿名的俄罗斯人被指控通过社交媒体在美国政治体系中"挑拨离间"。激进的声音和组织(例如绿党)因此受到审查和压制,谷歌和脸书(Facebook)迅速改变算法,使互联网用户越来越难以浏览到左翼媒体。所有这些都是以打击俄罗斯支持的"假新闻"为名进行的。正如马特·泰比就2017年1月发布的《国家情报评估》中涉及俄罗斯干预的内容所评论的那样,这份报告,

"评估"得出俄罗斯人正是民主党全国委员会遭到黑客入侵的幕后黑手。情报分析人士坚称,上述结论是基于安全机构对俄罗斯支持的"今日俄罗斯"频道节目的解读。"今日俄罗斯"关于100%的美国人反对利用水力压裂技术开采

石油*、反对滥用监视权力和"所谓的华尔街贪婪"的报道，都是"俄罗斯信息战略"活动的一部分。[19]

这些说法成功地将维基解密妖魔化为俄罗斯的代理人，并将希拉里·克林顿（包括伯尼·桑德斯）的失败归咎于进步和激进的声音。人们忘记了维基解密揭露了希拉里竞选团队通过与民主党全国委员会的关系发起对桑德斯的攻击，也忘记了维基解密揭露了中情局复制了世界各地黑客的网络技术，并有能力使用这些技术来对付目标个人或国家实体。[20] 但我们不应当忘记，希拉里长期以来一直支持种族主义和紧缩政策，她在为比尔·克林顿大规模升级监禁黑人辩护时称美国黑人男性为"超级掠夺者"，并在20世纪90年代中期削减社会福利方面扮演了重要的角色。最后，我们也不应当忘记希拉里从沙特阿拉伯的专制独裁者和华尔街的金融家那里获得了数百万美元，以换取在国外兜售战争和支持华尔街的友好政策。指责普京的阴谋成功地影响了2016年的大选，令特朗普从中获益，并使得美国的政治制度在世界舞台上"难堪"，这实际上是把希拉里的失利和美国政治制度的危机转嫁给了外国势力。然而，事实上，就人类而言，我们国家的"民主"一直都是一个隐藏巧妙的尴尬存在。

美国政治体制的危机实际上是美国例外主义的危机。特朗普没有赢得普选，但希拉里的竞选团队却拒绝批评不民主的选举团

---

* 水力压裂法（Fracking），就是利用地面高压泵，通过井筒向油层挤注具有较高黏度的压裂液。当注入压裂液的速度超过油层的吸收能力时，则在井底油层形成很高的压力，当这种压力超过井底附近油层岩石的破裂压力时，油层将被压开并产生裂缝。这时，继续不停地向油层挤注压裂液，裂缝就会继续向油层内部扩张。一直以来，西方国家对于水力压裂技术的推广和使用都秉持谨慎的态度，水力压裂是否会引起微型地震、水力压裂作业后的废水是否会引起地层水污染等一系列的问题，引起了西方国家居民的广泛关注。——译者注

制度和共和党主导的选民舞弊导致其失利,同样也没有反思选民投票率低的原因。特朗普占据椭圆形总统办公室,标志着民众对美国政治体制的信心严重丧失,这是美国统治阶级无法质疑的。美利坚帝国工程依靠对例外主义的预测来证明其统治的正当性,但这对全世界绝大多数人来说却没有任何好处。特朗普在华盛顿的对手很少批评这位亿万富翁公开的种族主义和仇外心理,引发了数百万美国人的愤怒,而这是可以理解的。的确,同特朗普表现出与俄罗斯关系亲密相比,这种倾向不太值得谴责和弹劾。迈克尔·弗林(Michael Flynn)等行政人员因涉嫌与俄罗斯外交官谈话而被迅速赶下台,但当涉及总统攻击有色人种时,特朗普在华盛顿的反对派却未能凝聚起同样的兴奋。

  特朗普不是一个以政治正确和谨言慎行而著称的人,相反,其存在许多特质会理所应当地引起民众的愤怒。他对移民的种族主义煽动,他对朝鲜的危险挑衅,以及他对妇女令人发指的评论,都是可堪谴责这位以剥削工人为生的亿万富翁房地产大亨统治的理由。虽然美国统治阶级对这些问题做出了无关痛痒的评论,但当特朗普与美国建制派站在同一阵线时,他仍得到了精英对手们的拥护。例如,特朗普在国会的首次演讲中向一名在也门突袭行动中遇难的海豹突击队队员的家属致敬,CNN的自由派宠儿范·琼斯(Van Jones)因此评论道,特朗普"在那一刻成为了美国总统"。2017年4月,当特朗普下令对叙利亚空军基地进行导弹袭击时,微软美国广播公司的布莱恩·威廉姆斯(Brian Williams)称赞特朗普使用了他的"漂亮武器",而其他人则称这一战争行为是他赢得大选后最为"总统"的时刻。美国统治阶级由此为特朗普开辟了一条道路,以使其逃避在上任后受到的批判洪流。只要特朗普继续为美国的战争机器推波助澜,建制派的每个人都会感到高兴。即使如此，美国统治阶级仍然拒绝放弃俄罗斯干涉的故事，以免被迫面对民众对美国政治体制日益减弱的信心。避免这样的对抗，是华盛顿每个身价百万的政客均能达成的共识。

所谓的通俄丑闻越是分散对影响美国人之真正问题的注意力，美国人就越是不信任美国的政治体制。俄罗斯已经成为精英阶层反对特朗普的工具，作为最后的努力以强化这样一种世界观：美国固有的例外主义实际上正受到一个外部敌人的攻击，而这个外部敌人已将一位"傀儡候选人"推入了白宫。例如，将俄罗斯作为替罪羊有助于证明在军事和情报机构的领导下对于美利坚帝国工程的巩固所具有的正当性。近期，世界社会主义网站（World Socialist Website）对 2018 年中期选举中的民主党候选人进行了研究，发现前国务院、军方和国家安全情报人员占所有民主党的国会挑战者（Democratic Party challengers）的 1/4。[21] 军方和情报精英对美国国家机器的逐步接管，明显表明了美国对俄罗斯的歇斯底里将在未来几年会一直持续。在民主党无法为穷人和被压迫者提供任何替代公司和帝国统治之选择的政治语境下，这就变得更加必要了。无情的紧缩政策、无休止的战争和严酷的国家压制已经成为民主党政策的主要内容，使其只能采用旧冷战的工具来维持其对美国选民的合法性。

民主党主导的以牺牲俄罗斯为代价重振美国例外主义的尝试，依靠的是美国清白论的意识形态，作为逃避责任的途径。在新冷战中，"邪恶"的俄罗斯人潜伏在美国社会生活的各个角落，类似于旧冷战中"邪恶"的共产党人。俄罗斯人破坏美国的选举，引发社会动荡和不稳定，并咄咄逼人地向美国诸机构发起攻击。他们应该为美国例外主义的衰落负责，即使俄罗斯被指责的具体"邪恶"构成了美国国内和外交政策的主要内容。然而，美国破坏了世界各地的无数次选举，包括1996年俄罗斯的总统选举。美国通过自由市场资本主义经济和军事入侵的杠杆，给其国内和世界各地都带来了不稳定的因素。美国的自由主义者往往对这种说法最为反感，他们指责此类"克里姆林宫的捍卫者"是在玩一种"什么主义"（what-about-ism）的转移话题的游戏。当媒体评论员们被迫接受这种反对意见时，美国长期以来对其他国家的选举进行干预的历史会被以多种方式加以证成。他们说，美国插手是为了那个国家的利益；或者，如果美国的干涉所导致的不幸状况被公之于众，那么该行动只不过是一个出于好意而犯下的错误。不过，俄罗斯不可能有好的意图，如果他们插手，那就是为了执行一些阴险的计划。然而，几个世纪以来，美国一直在积极地发动战争，无论是对无证移民、美国黑人、本土的原住民，还是世界各地的其他国家（如俄罗斯），以确保在全球的经济和政治主导权。当涉及"邪恶"的俄罗斯叙事时，美国清白论的意识形态起到了强化美国公民身份神圣性的作用，据此，被认定为"美国人"就意味着美国永远不会因2016年选举的尴尬结果或促成这些结果的历史条件而受到责备。

新旧冷战推动美国公民成为政治舞台上"善"的主导力量。而"邪恶"则是由帝国的编剧来定义的。俄罗斯人取代了旧冷战时期的共产党人，在新冷战中扮演了"邪恶"的角色。根据托尼·佩鲁奇（Tony Perruci）所言："共产党人总是被看作是在演戏，而反共的美国人则有着彻底的真诚。由高尚的真诚构成的美国人拒绝惺惺作态，因而拥有真正的公民身份。对反共忠诚的信念是如此强烈，以至于根据专业线人马特·克维蒂克（Matt Cvetic）的回忆录改编的虚构类电影——《我曾是联邦调查局的一名共产党员》(*I Was a Communist for the FBI*)——在 1951 年获得了奥斯卡最佳纪录片提名"。[22]将反共与"真正的"美国公民身份相提并论,使得美国在 20 世纪中期得以将黑人民权主义者、共产党领袖以及几乎所有挑战美利坚帝国国内和外交政策的人污名化。因涉嫌同情共产主义而被驱逐出境、逮捕和处决的情况屡见不鲜。20 世纪中期,美帝国主义在世界各地疯狂扩张。共产主义被描绘成比帝国主义更为邪恶的东西,从而使"吉姆·克劳法"和帝国战争的犯罪性种族主义结构在最好的情况下被忽视,在最坏的情况下则可挑起至关重要的反共产主义战争。从 2016 年开始,共产主义者便被俄罗斯人所取代,此时正值美国统治阶级需要一个"不真正"的非公民来为它给地球带来的苦难负责。如同第一次冷战那般,这导致了对激进政治替代方案的压制,以及危险战争的扩大,这些战争被伪装成反对俄罗斯对美国文明的巨大"威胁"而开展的十字军东征。

新冷战的确引起了诸多进步人士的关注,甚至包括那些自认为激进分子的人。企业媒体的头条经常使用诸如"普京的俄罗斯"和"独裁的俄罗斯"这样的措辞。诸如"黑命攸关"这样的社会运动被描绘成为俄罗斯操控的傀儡,就像 20 世纪黑人自由和劳工运动(Black Freedom and Labor movements)被视为苏联的傀儡一样。因此,发展一种激进的想象力,使美国从复兴例外主义的绝望尝试中找出一条道路,是至关重要的。至于如何开始这一进程,我们只需要寻求保罗·罗伯逊的指导即可。

保罗·罗伯逊是一名美国共产党党员。作为一名广受欢迎的黑人演员和歌手,罗伯逊受到了反共产主义的众议院非美活动委员会(HUAC)的严厉攻击。联邦调查局局长埃德加·胡佛声称罗伯逊"极端鼓吹非洲殖民地人民的独立运动",使得美国国务院撤销了他的护照,并将他驱赶出音乐和电影行业。然而,这种压制只是再次确认了罗伯逊倡导的国际主义和反种族主义原则,而并未改变它们。杰拉尔德·霍恩讲述了罗伯逊在 1948 年的一次听证会上的证词,以指控这位黑人激进分子对美国进行的"共产主义颠覆":

> 罗伯逊承认了无可辩驳的事实,他曾到过莫斯科。"我在那里待了一段时间,大概 1934 年到 1937 年之间,两周、三周、三个月……"。他始终拒绝放弃他的基本观点。"我发现在苏俄",他坚持道,"完全没有种族偏见"。他争辩说,这是"我生命中第一次,参议员先生,能够作为一个人完全有尊严地行走在地球上"。[23]

事实上,罗伯逊不仅去过苏联,而且还让自己的孩子在这个"邪恶"的共产主义国家上学。[24] 当然,他捍卫苏联和反对美国种族主义和帝国主义国家的原则立场没有得到很好的响应:罗伯逊被杜鲁门政府称为"黑皮肤的斯大林"(Black Stalin)。虽然今日的俄罗斯并非苏联,但罗伯逊的例子仍然具有现实意义。罗伯逊询问美国工人阶级和穷人(特别是美国黑人),当美国版本的种族隔离和战争在世界各地造成绝望的状况时,为什么苏联应该成为他们的敌人。此外,他还拒绝回答有关他与共产主义者或共产党的关系的问题,他认为这些问题是出于将人民的正义抵抗定罪的非法企图。2016 年美利坚帝国主义所处的语境可能在形式上与 1948 年不同,但基本结构却是一样的。保罗·罗伯逊和他的妻子埃斯兰达所具有的勇气和对跨国团结的承诺,都为那些想要抵制当前新冷战的人们提供了重要的启示。[25]

像罗伯逊夫妇一样，我们应该挑战美利坚帝国工程对给俄罗斯贴上"邪恶"标签的痴迷，而正是美国体制的"邪恶"首先造就了指责俄罗斯的需要。和罗伯逊一样，我们也应当保护俄罗斯免受美利坚帝国的挑衅，其威胁的不仅仅是俄罗斯，而是全人类。支持对俄罗斯进行"歇斯底里"式的指责，意味着在美国历史上前所未有的危机时刻捍卫美国的例外主义和清白论。与此同时，这也是在支持这样一类的美国人，他们指责萨达姆·侯赛因（Saddam Hussein）拥有"大规模杀伤性武器"，以便为入侵伊拉克和大规模限制美国境内公民的自由而辩护。美帝国主义需要在旧的敌人不再能够帮助它维持在许多美国民众和全世界人民眼中的正当性时，创设一个新的敌人。特朗普的上台应当归咎于美国政治和经济体制正当性的不断弱化，而不是俄罗斯。将俄罗斯作为替罪羔羊是一种孤注一掷的行为，旨在维护美国例外且清白的形象。然而，那些真正渴望看到这个国家不断进步和发生根本变化的人必须意识到，美国例外且清白的形象是挡在路上的最棘手的障碍之一。[185]

第十七章
拯救美国例外主义：
巴拉克·奥巴马、希拉里·克林顿与包容性政治

  这个国家的实际状况从来没有被最富有和最有权势的人衡量或决定——即使在那些人是黑人或棕色人种的少数情况下。对美国更准确的看法来自基层，而非高高在上的白官。2017 年 6 月，一位 30 岁的单身黑人母亲——查理娜·莱尔斯（Charleena Lyles）被西雅图警察连开七枪射杀。当我们通过她的生活来评判这个国家时，这幅画面将变得更加清晰。

——基安格·雅玛塔·泰勒[1]

  我们倾向于在女权主义或支持女性的问题上进行持续性磋商：我们能够迅速地原谅价值数十亿美元的剥削性公司，就像只需给模特戴上头巾一样快；我们也能够迅速地原谅帝国主义，就像给模特换上粉色长裤一样快。

——霍达·卡特比[2]

  如果女权主义只关注我们社会最顶层的女性，那么就根本不是女权主义，它只是精英主义。

——丽莎·费瑟斯通[3]

  美国对俄罗斯的强迫心理可能预示着美国例外主义终结的开

始。美国政府和企业媒体如此严重地依赖对俄罗斯颠覆政权的恐惧,说明了美国所谓"民主"的力量在当前时期微不足道。俄罗斯的经济和军事规模不仅只有美国的一小部分大,而且俄罗斯被指责的一切都被证明是美帝国主义政策的主要内容。美帝国主义推翻了国外的民主国家,是拥有有史以来最先进的监控和警察的国家,并由企业寡头统治,他们用金钱和影响力控制了华盛顿的分支下的所有三个部门。对俄罗斯的歇斯底里掩盖了一个事实,即美利坚帝国的统治已经成为人类政治、经济和文化进步的阻力。2016 年的选举以及由此引发的对俄罗斯的歇斯底里是时代已经改变的一个信号。数以百万计的美国人受够了美国这个民族国家向世界展示自己的方式与它强加给境内外许多人的痛苦之间的巨大差异。

要构建并发展一个新的社会和新的世界,重要的是要理解为什么美国例外主义会因为过度使用而被消磨殆尽。这不是一个容易回答的问题。大多数人会反驳说,美国的例外主义并没有被磨灭,它仍然在美国社会的各个领域中照常运作。这种说法没有错,但也并非完全正确。因为两种相反的趋势同时存在是可能的。美国例外主义及其伙伴美国清白论是持久的意识形态,但美帝国主义却正处于危机之中。这些叙事所依赖的体系正在全球范围内努力维持合法性。然而,随着美帝国主义体系的衰落,这一体系的意识形态影响也随之衰落了。

2007 年,美国例外主义和美国清白论的影响正处于低谷。美国总统乔治·W. 布什基于谎言领导了对阿富汗和伊拉克的灾难性入侵。数百人在关塔那摩湾被无限期监禁——其中的许多人只是被怀疑与恐怖分子有联系而被指控,这很快成了全国性的尴尬事件。之后,诸如《爱国者法》这样的立法代表了美国对其所感兴趣的任何人进行监视的能力的巨大扩展。更糟糕的是，美国资本主义经济在2008年总统选举前崩溃了。在这个关头，美国的表现看起来既不例外，也不清白。因此，必须采取一些措施，使美国例外主义摆脱奄奄一息的状态，以免人们对战争、监禁、移民和金融危机的愤怒演变成公开的叛乱。

正是在这一点上，民主党成了美国例外主义的政治引擎。几十年来，民主党在日益保守和倾向于里根的共和党人面前扮演着"罪恶较小"的角色。它最被认为是民权、妇女权利和华盛顿工会的支持者的政党。这在比尔·克林顿担任总统期间发生了明显的政策转向。克林顿利用自己获取的企业支持放松对银行的管制，破坏了社会福利系统，签署了《北美自由贸易协定》，并发动"人道主义干预"的国际战争，所有这些都破坏了工人和穷人的生活条件，而无论他们居住在何处。克林顿还通过立法，导致被关进监狱的美国黑人以及被拘留和驱逐的无证移民的数量急剧增加。他的政府成员来自于民主党领导层理事会（Democratic Leadership Council）的第一届主席团，而该理事会是一个由民主党领导人组成的著名非营利组织，通常被认为是使该党政治向右翼偏转以吸引更多保守派和富人群体的派别。因此，民主党的美国例外主义引擎是为了推进统治阶级的议程。

共和党的政治家们公开拥护民主党同行更有效地推行的政策，因此引发了对劳动人民和穷人的全面攻击。民主党向右翼的政治转变并不复杂。作为美国例外主义的引擎，民主党在保持对妇女、黑人、性少数群体和工会选民的政治吸引力的同时，也从华尔街和军工企业内部的富人捐赠者那里获得了大量资金。共和党人则是通过分享这些资金的收益，以吸引白人和保守派选民。这些选民根据白人男性的进步来定义美国例外主义，这与民主党提倡的更具"包容性"的形象形成鲜明对比。

包容性政治随着巴拉克·奥巴马在 2008 年登上总统宝座达到了成功的顶点。包容性政治是从 20 世纪黑人自由、女权主义、工人阶级和跨性别群体斗争的灰烬中产生的。而奥巴马则是在一个对美帝国主义体系最有利的时期出现的。随着该体系陷入经济危机和政治动荡,奥巴马的第一次竞选从高盛和摩根大通等公司筹集了创纪录的 7.5 亿美元,以拯救美国的例外主义。他在美国统治阶级中的受欢迎程度越来越高,因为他的参选显然是包容性政治的化身。奥巴马的竞选班子巧妙地利用了来自美国统治阶级的支持,吸引了数百万对华盛顿"一切照旧"的政治感到厌倦的民众。

事实上,作为第一位可识别的"黑人总统",奥巴马将自己打上了人们可以信赖的能够带来"希望"和实质"变革"的标签。他的个人经历证明如果他能够进入美国权力渠道,就有望使美国例外主义实现奇迹般的恢复。奥巴马的竞选被宣传为一场发展更具包容性的帝国体系的"运动",一场允许更多黑人、拉丁裔和其他被压迫者与主要是白人的统治阶级一起共同管理美利坚帝国工程的运动。唐纳德·皮斯解释说,这场"运动"利用了"对普遍被剥夺的利益的幻想,这些被剥夺的利益包括:公民被《爱国者法》剥夺了的宪法权利,父母因战争被迫与子女分离,家庭成员因次贷危机被迫各奔西东等,这些幻想已被写入负责创制布什式国土安全国家的剧本中,正等待着颁布"。[4] 换句话说,奥巴马激发了一种希望,一种植根于恢复"公民身份"和美国例外主义的希望,这使得竞选能够承诺进行全面的变革,而难以解决具有结构性成因的目标问题。

奥巴马因此成为美帝国主义体系的"特洛伊木马"。在包容性政治的武装下,奥巴马迷人的个性及其致力于"改变"美国一切偏离正道之事的巧妙竞选辞令侵入了美国进步人士的心灵。事实上,正如皮斯所说,奥巴马利用自己的人生经历讨好了大批渴望解决美帝国体系面临崩溃状况的美国人:

> 奥巴马将自己的人生描述为三种不同的美国血统融合的结果——移民想要摆脱经济贫困和政治迫害的梦想,美国少数族裔永不休止地期待"有朝一日"被纳入美国梦的梦想,以及美国白人中产阶级对未来繁荣的梦想——他承诺将为这三种人开创一个未来。[5]

换句话说,奥巴马入主白宫本身就为美国例外主义的复兴带来了希望。这个版本的美国例外主义发誓要把最受压迫的群体"纳入"进来,以共享繁荣、优越和民主的成果。但奥巴马的承诺只是一次公关演习。他的名声和名望之所以成为可能,不仅是因为他代表着受压迫群体被纳入美国计划的"被阻延的梦想"的实现,也因为他对美帝国主义的忠诚毋庸置疑。一上任,奥巴马立马就对当初支撑他当选的进步和激进原则进行了全面抨击。

奥巴马政府十分顺利地进行了这种抨击。包容性政治确保了对奥巴马政策的批评与他的共和党对手对他进行的种族主义攻击密切相关。他一上任就让走上街头反对布什在阿富汗和伊拉克发动战争的数千名美国自由主义者悄悄地回到了舒适的家中。奥巴马还压制了美国企业媒体对其前任将公共教育私有化、救助应对经济崩溃负责的银行家以及打着反恐战争的幌子建立严厉的警察国家之努力的批评。然而,奥巴马却没有压制反对布什政策的声音,因为奥巴马政府正揣着扭转布什政策的计划。相反,在奥巴马政府升级他在竞选期间承诺"变革"的政策时,沉默却出现了。

奥巴马的两届任期的确带来了"变革",然而那是以牺牲被压迫和被剥削的人民为代价,以此来造福美帝国主义的。奥巴马在竞选期间高呼"Si, Se Puede"("是的,我们可以"),之后却驱逐了270万没有合法身份证件的移民,其中许多人居住在与墨西哥接壤的高度军事化的边境。除此之外,他对2007—2008年经济危机的解决方案不是惩罚那些负有责任的金融资本家(如承诺的那样),而是向他们提供数万亿美元的公共"救市"资金,而这只会加剧财富和收入的不平等。在奥巴马的领导下,政府大规模扩充反恐战争的监视设备,这使得国家安全局掌握了每一个美国公民的电话、电子邮件甚至在线通讯。他还根据1917年的《间谍法》起诉了数量创纪录的举报人。到2014年,奥巴马政府已经向警察部门转让了价值7.5亿美元的军事武器。在据称美国几乎每天都有黑人被警察谋杀后,这一比布什政府多出24倍的武器转让受到了严厉的批评。

奥巴马的外交政策同样具有破坏性。奥巴马在2009年获得了诺贝尔和平奖,但在2012年却告诉其助手他"擅长杀人"。是的,他并没有说谎。与小布什时期仅有52次无人机袭击相比,奥巴马政府在也门、巴基斯坦、索马里和阿富汗等国进行了几百次无人机袭击,杀害了4000多人,其中还包括一些美国公民。具有奥巴马特色的空袭,是根据"可疑行为"选择目标,对政府来说,这些目标就是上述国家所有满足参军年龄的男子。在奥巴马的领导下,秘密部队,如担当打击和杀戮任务的训练有素的特种作战部队,得到了极大的扩展,在全球70%以上的国家都有他们的军事部署。仅2014年,美国特种作战部队就在非洲执行了

[191]

674次行动。

奥巴马政府对扩大公开的战争行动也并不陌生。奥巴马将美国的战区扩展到了利比亚、叙利亚、乌克兰,以及整个东欧和亚太地区。美国对阿富汗的占领在2009年"突飞猛进",并无限期地持续下去;虽然伊拉克战争在2011年正式"结束",但是美国军队依然继续驻扎。当奥巴马政府计划进行"大交易"(Grand Bargain)以削减社会保障和医疗保险时,它正在为2011年成功推翻利比亚政府的恐怖分子提供武器。同年,它在叙利亚开始了一场类似的、旷日持久的代理人战争。这两场战争都导致了数百万人流离失所和死亡。更不用说2009年奥巴马在洪都拉斯发动的政变所造成的破坏,该政变将权力交给了寡头和准军事团体,这些人对谋杀贝塔·卡塞雷斯(Berta Cáceres)*和其他数以千计的原住民和环保活动家负有责任。

奥巴马政府对美帝国主义的承诺使华尔街和五角大楼对美国政治生活的霸权空前扩张。这样一来,奥巴马成功地说服了一部分激进且政治上好战的民众接受美国例外主义的神话。根据皮埃尔·奥雷勒斯(Pierre Orelus)的说法,

> 奥巴马引导美国人民(其中的很多人)以及全世界相信,有了他作为总统,美国将成为一股向善的力量,而非战争贩子、人权侵犯者以及环境破坏者,美国也不是一个种族主义社会,不是一个基于不公正和仇恨的社会,而是一个天生优越的社会,一个抱持着几乎无远弗届的"美国例外主

---

* 贝塔·卡塞雷斯是洪都拉斯的环保活动家、土著居民领袖以及洪都拉斯人民和土著组织理事会联合创始人。她在2015年因发起"一场成功迫使世界上最大的水坝建设者撤出的基层运动"而获得高盛环境奖。在多年受到生命威胁后,她于2016年在家中被武装入侵者暗杀。——译者注

义"观念的社会。[6]

这就是很少有人对随着奥巴马时代而来生活水平下降进行抗议的原因。或者说,这也是在奥巴马执政期间,即使95%以上的工作都是兼职或低薪的情况下,仍然没有发生大规模工人起义的原因。即使2013年发生了芝加哥教师联盟(CTU)罢工,但奥巴马的"力争上游"计划(Race to the Top Initiative)主导的教育私有化仍关闭了全美数百所公立学校,并解雇了数千名主要是黑人的教师,而没有遭到强烈反对。在奥巴马执政期间,美国黑人失去了重大的经济支撑,仍然是美国人口中被监禁最多的群体,然而研究表明,这一群体对其经济前景却最为乐观。

奥巴马政府对美国黑人的"左倾"政策尤其具有破坏性。正如阿齐兹·拉纳解释的那样,在2012年大选前夕,美国黑人和其他所谓的"少数族裔"群体的投票变得十分重要:

> 当里根对卡特的胜利为左翼根植于阶级的进步政治的梦想钉上最后一颗棺材钉时,65%的投票者是没有受过大学教育的白人。而在2012年投票后的民意调查中,这一比例几乎减半,降至36%。看来,只要奥巴马重新包装的自由主义能够赢得少数族裔的选民,那么在选举时,新的民主党多数派就不需要多数或接近多数的白人工人阶级。并且,伴随白人民族主义和种族排外主义等右翼思潮的兴起,无法想象少数族裔还有什么其他的选择可选。

黑人和"少数族裔"群体对奥巴马选举成功的重要性不容低估,因为在两次大选中,他们对奥巴马近乎一致的100%支持被证明具有决定性作用。奥巴马被宣传为第一位"黑人总统",却不是美国黑人的总统,这是奥巴马在其任期内经常重复的一个现实。在黑人政治家、黑人国会议员和其他黑人政治精英在美帝国主义的各个领域变得日益突出的时期,这种矛盾常常被混淆。正如基安格·雅玛塔·泰勒在她的文章《高位上的黑人面孔》(*Black Faces in High Places*)中所解释的那样,黑人政治家的增加并没有改变这样一个事实:"黑人当选官员仍在很大程度上以与白人同行相同的方式执政,实际上反映了主流政治中存在的所有种族主义、腐败以及偏袒富人的政策。"[7] 例如,巴尔的摩市 2010—2016 年的黑人市长斯蒂芬妮·罗林斯·布莱克(Stephanie Rawlings Blake)没有采取任何措施来追究巴尔的摩警方在 2015 年对弗雷迪·格雷(Freddie Gray)的残忍谋杀。实际上,罗林斯市长在推进统治阶级议程的同时,还照搬了奥巴马的剧本,反称美国黑人为"暴徒"。奥巴马时代的黑人领导层有效地消除了黑人的激进传统及其反战、支持和平政治的悠久历史。事实上,2013 年的一项民意调查显示,美国黑人比美国白人或拉美裔人更支持那年夏天对叙利亚的轰炸提议。另一项民调显示,美国黑人较之任何其他种族群体都更赞成国家安全局的监控。

奥巴马的两届总统任期是反叛乱战争中一个具有破坏性的成功项目。包容性政治是美国统治阶级用来修复前些年对美国例外主义和美国清白论造成损害的武器。奥巴马的重要性被媒体比作马丁·路德·金,甚至是马尔科姆·X,他的存在创造了一种虚拟产业,致力于管理民众对一个更加"多样化"的帝国的不满情绪。奥巴马向许多人特别是美国黑人证实,实现"美国梦"是可能的。他为与帝国主义合谋的一个强大的阶层提供了合法性,比如梅利莎·哈里斯·佩里(Melissa Harris-Perry)和艾尔·夏普顿

（Al Sharpton）等人从为奥巴马和国会黑人核心小组（Congressional Black Caucus）的帝国政策辩护中都获得了巨大利益。这个阶层完全受惠于华尔街和美国战争机器，这比他们所从事的职业更重要。野心主义和机会主义取代了原则，导致许多人极力为奥巴马辩护，反对对其政策的任何批评。对奥巴马的批评常常引发对种族主义的指控，这种指控使奥巴马最令人发指的罪行变得无影无踪，或者完全免除了奥巴马的责任。

奥巴马政府对战争、私有化和国家镇压的扩张，完全受到奥巴马本人所代表的美国例外主义和清白论的保护。当右翼考虑他的移民身份或他是否是一个马克思主义者等种族主义问题时，他的政府在大多数自由主义者，甚至黑人社区的许多进步人士和激进分子眼中是不会犯错的。人们认为，奥巴马给美利坚帝国工程带来的稳定将在希拉里·克林顿的领导下继续下去。毕竟，希拉里是接替奥巴马成为美国第一位女总统的热门人选，她的口袋里装满了华尔街的捐款，而且她的政治履历相当完美。一位女性在椭圆形办公室的就职典礼是包容性政治的逻辑延伸，事实证明这种政治在误导下层的阶级敌人，使其忽视或支持美帝国主义最恶劣但有利可图的冒险方面是如此有效。

与奥巴马一样，希拉里也是一个战争鹰派和新自由主义资本主义的拥护者。她被认为是美国新自由主义版本下女性赋权（women's empowerment）的代表，就像奥巴马是黑人赋权的代表一样。与2012年的奥巴马一样，她获得了超过10亿美元的竞选捐款支持，远远超过任何共和党人在2016年竞选中所能筹集的资金。但希拉里缺乏奥巴马拥有的精明和隐蔽的魅力。与奥巴马不同，希拉里在美国政治的最高层有几十年的经验。虽然奥巴马也拥有在服务于统治阶级的法律和经济机构（如国际商业公司）工作多年的经验,但希拉里作为第一夫人、联邦参议员和奥巴马手下的国务卿,为美帝国主义服务的记录却不能轻易地从公众的视线中隐藏起来。

在许多方面,希拉里·克林顿无法赢得 2016 年大选的原因在于民众对包容性政治幻想的日益破灭。八年来,数以百万计的人,其中许多是工人、黑人和穷人,希望一位黑人总统的出现能解决美帝国主义造成的苦难,但他们得到的却是较之从布什时期继承而来的更为悲惨的境况。然而,希拉里却承诺将重复她认为奥巴马已经交付的任务,也就是说,一个以牺牲大多数人的利益来提高少数人地位的例外的美国。她的参选有力地反击了左翼的伯尼·桑德斯和右翼的唐纳德·特朗普对美国例外主义的大胆质疑。对希拉里来说,美国这一民族国家已经很例外了,而她作为一名女性参选最能证明这一点。

希拉里·克林顿的第二次总统竞选是包容性政治和美国例外主义关系的一个典范案例。希拉里毫不犹豫地以"轮到她了"的说法来确立她作为总统的合法地位。她对这一说法的辩护是基于她作为一名有多年政治经验的女性的身份。然而,正如丽莎·费瑟斯通解释的那样,希拉里和她的支持者都被迫依靠"假女权主义"(faux feminism)形式的包容性政治,因为她的参选对抗争中的美国人来说没有什么好处。"可以理解,希拉里的支持者只有在找到可以攻击的性别主义者时才会感到高兴",丽莎·费瑟斯通写道。"除此之外,还有什么能给这场竞选带来义无反顾的狂热呢?毕竟,她的记录显示,在几十年的公共生活中,希拉里·克林顿在推动克林顿家族的发展方面表现得非常出色,而在为处于弱势的女性争取权益方面却做得非常糟糕。"[8]

不乏例子表明,希拉里为妇女或任何不属于统治阶级的人奋斗的记录糟糕透顶。希拉里的外交政策对全世界的妇女来说都是一场灾难。作为国务卿，希拉里协助策划了洪都拉斯的政变、利比亚的政权颠覆以及正在进行的叙利亚战争。当利比亚领导人穆阿迈尔·卡扎菲被美国支持的恐怖分子非法杀害时，希拉里却对媒体笑着说："我们来了，我们看到了，他死了。"作为参议员，希拉里支持伊拉克战争，这场战争导致了一百多万伊拉克人丧生。希拉里的鹰派外交政策直接投射到她 2016 年的竞选活动中。她多次呼吁"与普京抗衡"，并在叙利亚上空设立类似利比亚那样的禁飞区，这清楚地表明，希拉里致力于扩大美国在海外的杀人舞台。

希拉里·克林顿作为第一夫人的记录最鲜明地凸显了她在帝国治理的所有领域中不受欢迎的国内政策。她对比尔·克林顿取消福利的狂热支持，导致美国最弱势的妇女（特别是黑人妇女）进一步贫困化。希拉里还支持《北美自由贸易协定》，该协定降低了企业在墨西哥和加拿大投资的壁垒，牺牲了数百万个工业工作岗位。这增加了失业率，将工人推向低薪服务部门，并给工资，特别是女性的工资带来了下行压力。当希拉里·克林顿称黑人青年为"超级掠夺者"，需要被"驯服"时，她的言论得到了其丈夫 1994 年和 1996 年签署的有关犯罪法的支持，这些法律极大地增加了监狱中的黑人人口。由于刑事司法政策将美国黑人整体上不成比例地定罪，黑人妇女成为目前增长最快的监狱人口。[9]

希拉里对性别歧视政绩的重要性当然也不应被削弱。美帝国主义和男性统治有着密切的联系，几个世纪以来一直如此。然而，这是一个新的时期，在这个时期，包容性政治有效地掩盖了美帝国主义体系的结构特征。像希拉里·克林顿这样的女性是包容性政治的化身，但这种政治是以牺牲其他女性为代价以提升少数女性的地位的。她辉煌的职业生涯与统治阶级有着深厚的联系，所有这些都使她成为这个体制最恶劣阴谋的顽固拥护者。而正是她试图通过抓住美国例外主义的意识形态来掩饰自己的政治记录，最终使特朗普领导的分裂的共和党获得了选举优势。

希拉里在竞选期间一有机会就援引美国例外主义，希望美国例外主义能保护她免受来自民主党桑德斯派和特朗普的批判。在希拉里·克林顿的一生中，美国例外主义从来没有让她失望过。她在反对者面前捍卫美国例外主义的职业生涯帮助她在阶级阶梯上不断攀升，首先是作为一名律师，其次是作为沃尔玛的董事会成员，之后是作为一名捍卫沃尔玛等公司利益的政治家。这就是为什么，正如戴安娜·约翰斯通（Diana Johnstone）所解释的那样，"希拉里·克林顿是美国例外主义狂妄自大的化身，她几乎坚信美国是'人类最后的希望'。最重要的是，她笃信美国人民相信美国例外主义，并希望听到它得到确认和赞扬"。[10] 正是希拉里对美国例外主义的强烈信念，使她相信美国已经准备好迎接一位女总统，而无论付出多大代价。

希拉里对美国例外主义的坚持在她2016年的整个竞选活动中得到了体现，特别是在反对特朗普"让美国再次伟大"的呼吁方面。希拉里对特朗普的回应是，美国已经很伟大了。在2016年8月对美国退伍军人协会的一次演讲中，她将她反对特朗普的理由概述如下：

> 如果说有一个核心信念指引和激励了我前进的每一步，那么就是——美国是一个例外的国家。我相信我们仍然是林肯在地球上最后的、最好的希望；我们仍然是里根心中的光

辉之城；我们仍然是罗伯特·肯尼迪眼中伟大、无私且富有同情心的国家。这不仅仅是因为我们拥有最强大的军队，也不仅仅是因为我们的经济规模比地球上任何国家都大。这也是我们价值观的力量，是美国人民的力量。每一个努力工作、梦想远大的人，永远都不会停止努力让我们的国家和世界变得更好。美国之所以成为一个例外的国家，其中一个原因在于我们也是一个不可或缺的国家。[11]

然而，希拉里认为不可或缺的东西，在许多人看来是应当受到谴责的。当希拉里谈到一个不会犯错的美国时，她依旧将切尔西·曼宁和爱德华·斯诺登等举报人定罪，因为他们被认为泄露了危及"国家安全"的机密。当维基解密披露了希拉里的大量机密，比如她利用克林顿基金会作为从沙特阿拉伯等国获取政治利益的贿赂基金时，她便将此信息来源定义为俄罗斯幕后炮制的虚假信息。她的竞选团队反对全民健康保险、每小时15美元最低工资标准，或任何其他来自她的初选对手伯尼·桑德斯的进步建议，甚至在发现她对民主党的影响力在他的失败中起到了决定性作用之后，仍旧如此。更糟糕的是，希拉里在竞选中的大部分时间都在迎合传统的共和党统治阶级的利益，同时将共和党选民污蔑为"一篮子可悲的人"（a basket of deplorables）。在希拉里由亿万富翁和国家安全雇佣兵组成的"大帐篷"下，坐着50多名共和党官员、中央情报局的迈克尔·莫雷尔（Michael Morell）等国家安全鹰派人士，以及马克·库班（Mark Cuban）、沃伦·巴菲特（Warren Buffett）和迈克尔·布隆伯格（Michael Bloomberg）等一大批亿万富翁。希拉里认为，有了这样的朋友，谁还需要选民呢？

希拉里·克林顿2016年的总统竞选凸显了美国例外主义的

傲慢。这也暴露出一个严峻的现实,即美国这个民族国家在增加支持她竞选的亿万富翁的利润方面是出类拔萃的,但在其他方面却不尽然。在奥巴马政府执政八年后,包容性政治被证明是统治阶级手中极其有效但却残暴的武器。美国的战争武器继续破坏着地球,金融资本继续掠夺着地球。世界各地的工人(特别是黑人工人)与穷人的收入和财富因此急剧下降。华盛顿的政客们,特别是奥巴马和希拉里,对此并不关心。

然而,这些政客们本应代表美国社会中最受压迫的阶层。希拉里·克林顿和巴拉克·奥巴马当然使美帝国主义的统治变得多样化了。然而,他们的统治既助长了美国右翼的白人至上主义,又削弱了左翼的独立力量。右翼痛恨在奥巴马这样的黑人统治下玷污了白人国家,而统治阶级则喜欢奥巴马为他们的利润和霸权服务。当希拉里宣布"轮到她了"时,剩下的就是政治对立两党的怨恨了。

同时,美国统治阶级拒绝正视美国大部分民众日益增长的怨恨,因为这意味着要在美国例外主义和美国清白论的意识形态面前放置一面镜子,这是统治阶级不能公开做的事情。这样的承认会把这个体制的压迫和剥削关系剥离到最赤裸裸的形式。在奥巴马时代,包容性政治是美帝国主义的救命稻草,但在随后的时期却不是。而且,好像没有多少美国黑人或女性记得奥巴马是如何用种族主义的语言来形容美国黑人男性的,也不记得希拉里·克林顿是如何羞辱那些没有投票支持她的女性,并认为她们被男性控制了。然而,包容性政治给美国人带来的虚假希望与表征此等包容的代表所推行的现实政策之间的矛盾,最终导致许多人将"多样性"与暴力等同起来。

希拉里竞选失败是美国历史上最令人惊讶的选举结果之一。

将特朗普的胜利"归咎于俄罗斯"的运动越来越多,这种观点成了对希拉里失败的主流解释。特朗普已经成为替罪羊,嗯,成了自己的替罪羊。军国主义者、金融家、企业媒体分析者和政治官员都拒绝承认特朗普当选背后的政治现实。他们中的许多人称他"不配"当总统、"精神有问题"、"愚蠢",或是普京的王牌。也有其他人,如《纽约时报》专栏作家纪思道(Nicholas Kristof)则认为读者可以从史蒂文·莱维斯基(Steven Levitsky)和丹尼尔·齐布拉特(Daniel Ziblatt)的《民主政体如何消亡》(How Democracies Die)一书中获知一些信息。克里斯托夫警告我们,根据作者的定义,特朗普是一个"危险的独裁的"(dangerous authoritarian)领导人。其判断标准如下:

> (1)领导人只表现出对民主规则的微弱承诺。(2)他(她)否认了对手的合法性。(3)他(她)容忍暴力。(4)他(她)表现出某种抑制公民或媒体自由的意愿……"除了理查德·尼克松之外,在过去一个世纪里,没有一个主要政党的总统候选人符合这四个标准中的哪怕一个"。作者说,这听起来令人安心。但不幸的是,他们有了一个最新的特例:"唐纳德·特朗普符合所有这些标准"。[12]

这样的分析揭开了美国例外主义和美国清白论在特朗普身上的一个根本缺陷。它忽视了一个事实,即每一位前总统都很容易满足上述四个标准。毕竟,人们真的相信特朗普是第一位"容忍暴力"的美国总统吗?布什似乎在伊拉克"容忍"(纵容)了相当多的暴力;奥巴马军事化警察部队和无人机战争,也是如此。事实上,人们不禁要问,究竟是什么样的国家宣传才能给这么多人洗脑，让他们认为任何一位美国总统都曾表现出对"民主规则的强烈承诺"。种种历史迹象表明，如果我们把美国的国家暴力放在我们分析的中心位置，那么这将是一颗很难下咽的"药丸"：我们并没有生活在一个民主的国家，并且，我们从来没有过。[13]

批评或反对共和党确实有很多理由。共和党和民主党一样，都是富人的政党。而且，无论民主党向右走多远，共和党都会进一步将移民妖魔化，从黑人社区窃取选票，并提议取消所有公共补贴。然而，把特朗普说成是一个在其他方面例外的美国造就的例外失误，就是在故意忽略不是由特朗普而是由他所属的整个阶级引发的危机。这一危机是由两党在导致如此多的人遭受痛苦的基本政策上达成的共识所决定的，这一共识是由管理这些政策的统治阶级促成的。

在政治危机之下，存在着美帝国主义摇摇欲坠的经济结构。特朗普从一个植根于"纯"资本主义的经济基础设施中脱颖而出，这个基础设施不受欧洲封建主义的束缚。美国政府是按照"纯"资本主义的形象构建的。当欧洲的殖民帝国不仅要与被殖民的人口斗争，还要与以前时代留下的公共财产关系抗争时，美国的统治阶级却能够把全部注意力集中在利润积累上。在一个资本主义已经得到对种族化非洲裔奴役和对原住民屠杀这两种独特的美国对立关系支撑的国家，这种聚焦进一步加快了资本主义的发展步伐。这就是为什么美国的政府架构致力于"制衡"统治阶级与大多数人的利益关系，或者说为什么选举人团而不是民众投票仍然是美国总统选举的最重要形式。最近普林斯顿大学和西北大学教授的一项研究发现，美国的选举更像是寡头政治而不是民主政治。[14] 换句话说，美国这个民族国家的运作是为富人服务的，并由富人控制。

塔利布·克韦利（Talib Kweli）在《城市贫民区的来世》（Ghetto Afterlife）这首歌中简洁地描述了美国的寡头政治，他说"美国真正的暴徒是政府，不管你是独立的、民主党的还是共和党的选民"。这句歌词简单地描述了为什么包容性政治已经逐渐成为一种无效的社会和意识形态控制工具。美国的政治体系正遭受着合法性危机，其驱动力是美国有投票权和无投票权的阶层（占总人口的明显多数）的幻灭感。无论是民主党还是共和党，都不被相信他们会给穷人、工人和被压迫者带来任何好处。经验表明，选举美国黑人或女性只能给帝国带来表面上的变化，而暴力的帝国机器依然保持不变。

奥巴马和希拉里本应重振美国的例外主义，将美帝国主义从其多方面的危机中挽救出来。他们在一段时间内取得了成功；然而，他们在大规模苦难面前挽救美国优势幻觉的努力很快就造就了相反的结果。对美国例外主义抱持的信念感不断下降，是导致唐纳德·特朗普崛起的首要原因。一个只能进行经济紧缩和战争的高科技资本主义帝国，试图将少数最脆弱的人纳入其中，以帮助管理国家机器。这些尝试导致奥巴马执政时期成为美国历史上政治最停滞的时期之一（就左翼政治而言），但当数百万美国人决定他们不想被纳入帝国机器，而是想逃离它时，这些尝试才被取消。

然而，美国的例外主义和清白论不会从地球上自行消失。美帝国主义要求将美利坚民族国家视为地球上唯一"不可或缺"的国家，无论这种描述是否能够反映数百万甚至数十亿人的真实想法。事实是，美帝国主义永远不可能真正将被压迫者"纳入"精英阶层，因为精英阶层依靠压迫来维持政治权力、积累利润和财富。在缺乏可行的意识形态和政治选择的情况下，也许还会有许多人选择拥护这种理论。而美国民众将继续逃避美国例外主义，因为它的仲裁者变得越来越不值得信任，这让我们非常清楚地明白，从这里开始所欲追求的目标是给他们一些可以逃避的东西。

第十八章
包容性的暴力

  认为被边缘化和被憎恨的人群可以通过被法律承认、被允许服兵役、被允许结婚、被反歧视法和仇恨犯罪法保护而找到自由,这是美国的核心叙事……但是,如果我们要真正解决和改变这一时期贫困和犯罪人群面临过早死亡的状况,社会运动就必须放弃此等被普遍抱持的信念,即受压迫者可以通过法律承认和包容来获得自由。

——迪恩·斯派德[1]

  黑人妇女认为自己在美国国内不是孤立的,而是黑人和棕色人种全球运动的一部分,她们团结起来,反对以美国为首的西方的殖民主义、帝国主义和资本主义统治。人们可以看到国际团结和认同的重要性,特别是在美国轻易地利用阿富汗等其他国家虐待妇女的行为作为军事干预借口的今天。

——基安格·雅玛塔·泰勒[2]

  在2016年的大选中,统治阶级试图利用包容性政治来推举希拉里·克林顿,但失败了。然而,这丝毫没有降低"包容性"叙事在当前政治时刻的意义。包容性和多样性问题取代了结构性变革问题,在华盛顿的政治辩论中占据了主导地位。在涉及美帝国主义时,民主党和共和党甚至都没有试图解决结构性压迫的问题。负责统治阶级意识形态再生产的大学和企业媒体机构很少——如果有的话——讨论贫困、战争、种族主义和父权制的根源。这样一来，人们便对包容性政治在美国话语中占据的特权地位以及随之而来的暴力产生了质疑。

包容性政治并非没有历史背景。它出现在美利坚帝国主义的新自由主义时代。继 20 世纪 60 年代和 70 年代的妇女运动、黑人自由运动和同性恋解放运动之后，美国资本主义体系的发展迅速发生了变化。在这些运动取得重大胜利的同时，美国资本主义经济也出现了下滑。在世界范围内，社会主义者和资本主义者之间的竞争导致了 1973 年的生产过剩危机。

这场危机标志着世界资本主义经济总体下降趋势的开始。下降趋势是由生产的密集整合和加速推动的。技术进步同时带来了巨大的短期利润，而长期的代价是使生产过剩成为系统的永久顽疾。越战时期社会运动的影响逐渐减弱，彼时美帝国主义正准备削减各种形式的社会福利，扩大其战争机器，以维护其在经济衰退中的霸权。然而，由于 20 世纪中期的社会运动，美国要实现该目的已经不能采用老办法了。

在美国，在新自由主义对穷人和工人阶级（特别是美国黑人）攻击的同时，包容性叙事也得到了增强，这绝非偶然。妇女、有色人种和性少数群体在帝国领导地位上的提升是美国社会改革的产物。这些改革具有双重性质。黑人解放、妇女解放和性解放的社会运动迫使美国这个民族国家在接纳（包容）领域做出让步，但这依旧无法改变社会的权力关系。美帝国主义机器仍然稳固地存在，这不可避免地导致了在新的新自由主义环境下对被压迫群体的暴力升级。

包容性的概念很好地融入了个人主义和精英主义的新自由主义框架之中。像希拉里·克林顿这样的女性个体被认为是女权主义成果的典范。前总统奥巴马在 2008 年的胜利被普遍描述为马丁·路德·金要建立一个更平等社会的"梦想"的反映。换言之，希拉里和奥巴马在政治高层中的存在使美国成为一个更加例外、完美的联盟。然而，当希拉里和奥巴马等人以包容性的面孔从事有利可图的政治事业时，数以百万计的妇女和有色人种却在美国这一新自由主义国家中陷入贫困、被监禁、流离失所和死亡人数创纪录的悲惨境地。

骆里山所说的"包容性的暴力"（violence of inclusion）[3] 对性少数群体运动尤其明显，尤其是对其中的跨性别群体。跨性别者由于在出生时不能接受指定的性别而遭受了不成比例的歧视、失业和犯罪。虽然关于承认跨性别的运动近年来取得了重大进展，但这并非是没有代价的。强调接纳和包容的新自由主义运动主导了主流跨性别运动的政治话语。对跨性别问题能见度的强调往往牺牲了对正在寻求接纳之机构的清醒分析。

例如，2017 年夏天，在唐纳德·特朗普推翻了奥巴马政府允许跨性别人士入伍的倡议后，军队对跨性别人士的包容性问题受到了普遍关注。民主党人和主流的性少数群体组织的愤怒涌上心头，纷纷指责特朗普对跨性别者的偏见和歧视。确实，特朗普扬言军方无法承担满足跨性别者医疗保健需求所需的"额外"费用，这是应当受到谴责的。然而，对特朗普的偏见的愤怒只是将这个问题局限在了狭隘的、新自由主义的包容性框架内。正如伊莱·马西（Eli Massey）和亚斯明·奈尔（Yasmin Nair）在他们的文章《暴力中的包容性》（Inclusion in the Atrocious）中解释的那样，尽管反同性恋歧视联盟（GLAAD）首席执行官莎拉·凯特·埃利斯（Sarah Kate Ellis）就特朗普对跨性别人士的直接攻击进行谴责是正确的，但她却没有说明为什么这个问题不能简单地被框定为反

"歧视"的"包容性"问题。这是因为,

> 鉴于美国军事行动的残酷历史,我们还必须就不公正机构的存在意义本身提出重要问题。在没有审视机构本身的情况下单独提出包容性问题,就会产生道德上不连贯的立场。这就好比问"是否应该允许女性在敢死队服役?"或"黑手党是否秉持不公平的种族中心主义?"或"我们如何使高盛的董事会实现种族多样化?"这样的问题。在每一种情况下,讨论这个问题都需要人们接受此种机构本身。[4]

因此,包容性提高了公众对压迫性的帝国主义机构的接受程度,无论是通过促进人们对其罪行的沉默还是促使人们公开庆祝其民主或人道主义性质。对军队的接受对于把美国塑造成一个例外的国家尤为重要。美国军队可以说是美帝国主义最主要的机构。美国在全世界就有800多个军事基地。美国不仅在其战争机器上花费了数万亿美元,[5]而且还经常在一些节日里为军队庆祝。这使得美国的军事力量也许是美国例外主义的最有力的象征。

性少数群体的融入,特别是跨性别者参军的问题,一直被美国统治阶级用来证明军队在人权领域具有的特殊性。前总统巴拉克·奥巴马的一些标志性政策就是针对性少数群体的包容性问题。奥巴马开创了同性恋婚姻合法化的先例,消除了军队中的"不问不说"的政策,并将跨性别者纳入军队。这使得国务卿希拉里·克林顿宣称"同性恋权利就是人权",并促使奥巴马总统在2015年就肯尼亚和其他非洲国家的反同性恋歧视政策发表了讲演。迪恩·斯派德解释说,这种帝国式的傲慢,"利用男女同性恋者的权利来支持美国是世界警察的观念，在全球范围内将民主和平等强加给所谓的落后和残暴的政府"。[6] 没有人提到美国军方在 2011 年支持利比亚的反性少数群体和反黑人的雇佣军推翻了这个最繁荣的非洲国家。军队对于性少数群体的包容叙事也没有提到美国的炸弹和安全部队在沙特阿拉伯、洪都拉斯和乌克兰支持完全敌视妇女和性少数群体的残暴政权的这一事实。

美国军队更宽松的包容性政策使帝国机器能够"粉饰"（pinkwash）其形象，以此来证明其战争目的的正当性。将压迫性机构粉饰为对性少数群体友好的存在，以转移对其固有的剥削和战争的注意力。正如记者格伦·格林沃尔德所解释的那样，中情局和其他情报机构经常谴责俄罗斯和伊朗的反同性恋政策，以此作为推动这些国家政权更迭的理由。[7] 依其说法，针对性少数群体的排斥政策已被视为强化目标国家落后和野蛮的象征。例如，非政府组织对俄罗斯和伊朗侵犯人权的行为大加挞伐，而这两个国家正是美国军方公然发动战争的对象。美国这个民族国家，甚至美国军队，因此被描绘成解放性少数群体的合法进步力量。

这暴露了包容性事业固有的暴力。大型非政府组织和非营利组织，如人权运动（Human Rights Campaign），带头宣传美国军国主义，并将其视为美国跨性别人士的一条崇高道路。然而，对于跨性别者每天面临的大规模失业、无家可归、治安混乱和精神创伤问题，他们几乎没有解决办法。人们找不到主流的性少数群体组织以及迪恩·斯派德所说的"同性恋公司"（Gay inc.）能致力于与美国监狱中长期截留跨性别者的医疗保健以及为他们在狱中和军队中所遭受的暴力作斗争。相反，这些组织对美国军队进行粉饰，将跨性别者纳入军队作为跨性别者的主要议题，同时将目光投向国外，为美帝国主义的战争议程服务。

粉饰行为也是以色列政府的一项普遍的政策。以色列正是美国最亲密的军事伙伴。诺姆·乔姆斯基（Noam Chomsky）等知名知识分子称以色列政府是一个种族隔离国家。以色列强加的种族隔离正是促使抵制、撤资和制裁（Boycott, Divestment and Sanctions, BDS）运动形成的原因。此等运动认为以色列对巴勒斯坦的军事、政治和经济压迫是迁居殖民主义的一种形式。事实上，以色列殖民主义的现实已经受到了社会更密切的关注，因为它扩大了非法定居点，继续将巴勒斯坦人赶出他们的家园，而它对加沙的定期战争仅在过去十年中就造成了数千名巴勒斯坦人死亡。然而，以色列对巴勒斯坦人民进行种族灭绝和殖民掠夺的长期历史，却给了这个被宣称的"犹太国家"若干理由将其形象粉饰成一个对性少数群体友好的国家。

对以色列的粉饰效仿了美国的类似尝试，但没有强调军队的包容性。非政府组织和非营利组织，如"与我们站在一起"（Stand With US），花费了大量的资源，将以色列描绘成该地区维护性少数群体权利的旗手。具有影响力的"与我们站在一起"组织还将以色列称为"性少数群体的避难所"。[8]迪恩·斯派德描述了"与我们站在一起"组织更广泛的背景：

> 对"与我们站在一起"这个组织来说，"粉饰"——宣传以色列是"同性恋友好"国家的做法，以转移人们对巴勒斯坦野蛮殖民化的注意力——并不是什么新鲜事。至少七年来，该组织一直在举办活动，旨在将以色列描绘成一个对性少数群体友好的国家。然而，"与我们站在一起"组织并不是自己想出这个策略的。以色列政府在十多年前发起的"以色列品牌"运动便提出了该策略，其目的是帮助改善以色列

的公众形象。除此之外，以色列领事馆、"与我们站在一起"组织和其他以色列宣传团体也纷纷资助来自以色列的性少数群体的活动人士进行国际访问，旨在宣传以色列进步、多样化和包容性的形象。[9]

与美国军方的粉饰政策一样，以色列对保护性少数群体权利的宣传既转移了人们对以色列罪行的注意力，又将目标"他者"定了罪。"与我们站在一起"和其他以色列宣传团体强化了文明和不文明对立的迁居殖民主义叙事。根据"与我们站在一起"的说法，伊斯兰极端主义和其他"文化因素"助长了中东地区对性少数群体的排斥。同时该组织还指责巴勒斯坦人试图"通过指控同性恋群体与以色列合作，以此来伤害这一群体的成员，而被指控犯有这些罪行的人通常会被判死刑"。[10]

然而这些罪行的证据很少，甚至没有，但以色列迁居者的殖民罪行及其扩张主义梦想却有很多证据。人们只需冷静地审视一下以色列的历史，研究一下巴勒斯坦1948年的大灾难（Nakba），并阅读1982年呼吁建立大以色列的《奥德·伊农计划》（Oded Yinon Plan），就可以确认以色列的殖民主义和帝国主义性质。[11] 以色列不仅侵占了巴勒斯坦的土地，而且还参与了针对叙利亚、埃及和伊朗的一系列战争。以色列还动用美国数十亿美元的军事援助，向这些国家施压，使它们陷入"犹太国家"实现其帝国梦想所必需的混乱和不稳定之中。因此，通过支持以色列从其美国伙伴那里很好地模仿的例外主义叙述，将以色列宣传为美帝国主义机器的对性少数群体"友好"的伙伴，从而掩盖了其针对巴勒斯坦人以及该地区人民的犯罪暴行。

那么，包容性的暴力究竟要把性少数群体运动和解放运动带到哪里？我们知道，在美国和以色列的军国主义机器中，对跨性别者和性少数群体的包容会给世界人民带来更多的战争和压迫。然而，也许更重要的是，对包容性的关注应当是如何通过将运动转变为可接受的抗议形式，从而使美帝国主义的暴力行为常态化。例如，同性婚姻的合法化加强了私有财产权，并确保性少数群体的贫困成员将通过婚姻关系而不是通过全民医保系统获得医疗保健。又或者，通过美国军队和仇恨犯罪的立法，跨性别者也能利用压迫者的工具来实现被压迫者的解放。包容性不是关注绝大多数人在经济和政治上无能为力（powerlessness）的问题，而是关注法律上的改革方法，以"提升"帝国式国家（imperial state）对其被压迫的臣民的效能。

关注法律改革的社会运动假定，美国的帝国机器是为社会中最弱势的群体服务的。这种假设是美国例外主义和清白论的主要内容。与其说是结构性的变革，不如说是对国家进行微小的改动，使其对性少数群体和其他受压迫群体更具有包容性。然而，对美帝国主义国家的改变或调整，并没有触及剥削、监禁和战争的社会关系。在许多情况下，它们甚至加剧了这些关系。以马修·谢泼德（Matthew Shepard）、詹姆斯·伯德（James Byrd Jr.）提出并于 2009 年通过的《仇恨犯罪预防法》（Hate Crimes Prevention Act）为例，该法因在联邦仇恨犯罪法规中增加了"性别认同或表达"和"性取向"的条款而广受赞誉。同时，它被附在《2010 年国防授权法》中，据迪恩·斯派德的说法：

> 这项法律涉及美国历史上向国防部拨出的最高金额。而增加对国防部的资金是为了支付奥巴马在阿富汗增兵 10 万的费用。钱丹·雷迪（Chandan Reddy）将仇恨犯罪法附在《国

防授权法》中描述为国会民主党人的"天才之举"。将联邦性少数群体仇恨犯罪立法与一项将军费提高到美国历史最高水平的法律联系在一起,带来了通过仇恨犯罪法所需的共和党人的支持,因为共和党人会支持军事扩张,同时在左翼人士对军事开支进行攻击时也有助于提供掩护。[12]

因此,仇恨犯罪立法被用作推销战争的政治筹码,并确保以国家为基础的对性少数群体的"保护"能够促进美国这个民族国家的进一步军事化。自上而下的改革,或由美国统治阶级主宰的改革,反映了上层人士的利益。战争、管制、监禁和经济剥削是用来实现这些利益的武器,它们被嵌入美帝国主义国家的结构之中。这就是性少数群体的政治和经济福祉需要列次于社会包容性政策的原因所在。包容性的概念可以被运用到为统治阶级服务的政策中,而真正地消除贫困,解决无家可归困境以及维持治安和反对歧视的要求则不能。

美国的法律机构没有能力改变性少数群体的境况,尤其是那些穷人、黑人和棕色人种群体的境况。改革的努力,如争取仇恨犯罪立法或容许军队接纳性少数群体,完全忽视了反性少数群体偏见产生的结构性原因,忽视了基层组织的诉求。这些改革不仅经常带来在国外进行更多战争的承诺,而且还扩充了国内战线上的战争机器。根据斯派德的说法,2003 年的《监狱强奸消除法》(*Prison Rape Elimination Act*) 是对这一现象的完美印证。此法表面上是为了解决美国监狱内猖獗的性虐待问题,特别是针对性少数群体囚犯的性虐待问题。然而事实却是,该法被用来惩罚那些无视性别规范的人。监狱部门不太可能相信那些抱怨性侵犯的性少数群体囚犯,却惩罚那些双方都同意的性行为,并称这是为了降低监狱内部强奸的风险。此外，监狱还以《监狱强奸消除法》"作为禁止和惩罚不符合性别行为的理由，例如，对女囚犯来说，发型过于男性化，对男囚犯来说，发型过于女性化"。[13]

《监狱强奸消除法》是一个典型的例子，说明了为什么"他们的法律不能拯救我们"。这是"他们的"法律，统治阶级的法律，旨在管理对被压迫者的剥削。越来越多身为性少数群体的狱警、政治家或军官的存在无法改变美国这个民族国家建立在种族主义、父权制和资本主义基础之上的事实。禁止"仇恨"和奖励极少数人进入压迫阶级行列的法律同样也不能改变这样一个事实："用暴力摧毁和终结大多数生命的人仍然逍遥法外，他们是管理银行、政府和法庭的人，他们是穿着警服和军装的人。"[14] 包容性为那些掌控权力的人提供了一个逃避的阀门，但它并没有为被压迫者提供逃离的机会。相反，包容性的努力使美帝国主义的压迫更为有效，因为它把社会变革运动推向了这个体制的统治阶级所能接受的、事实上也是他们所希望的目标。

包容性的有效性在于它以一种全新的方式为美国贴上了例外主义和清白论的标签。伴随激进的社会运动被美帝国主义的贪婪运动所取代，包容性的重要性在21世纪达到了一个新的高度。由于没有什么可以提供给数量渐增的穷人、受压迫者和处于挣扎中的人民，包容性增强了美国是地球上最"民主"和"自由"社会的虚幻形象。黑人和拉美裔的政治家、名人崛起，或仇恨犯罪立法的通过，造成了一种美国正在走向进步的错觉。美国这个民族国家在国内外犯下的任何罪行，只要是由代表着黑人或同性恋群体的统治阶级实施的，就可以被接受。因此，"多样性"和包容性已经成了烟幕弹，使美国人难以意识到，代表制并不一定会给被压迫的人民带来一个更加公正和公平的社会。实际上，即使他们在政府办公室和公司办公室纷纷欢呼"多样性",但包容性的叙事仍往往未能突显美国黑人日益恶化的状况。

这并不意味着特朗普对女性或性少数人群的右翼攻击是可以接受的,也不意味着不应当动辄反对偏见。保护受压迫者免受攻击与以他们为代价推行包容性的议程是截然不同的。正如斯派德所认为的那样,现在是时候把目光投向底层,为我们面前的状况寻找真正的解决方案。美国黑人群体正在经历什么?跨性别者,特别是有色人种的跨性别者的状态如何?是谁在组织改变这些状况?他们在寻求什么?他们是想让美帝国主义更具包容性,还是要将其统统瓦解?

美国例外主义和清白论的叙述者将包容性作为一个核心焦点,以确保这些问题永远不会被提出。那些敢于提问的人被资金充足的美利坚帝国多样化的努力所淹没。然而,一个多样化的帝国仍然是一个危险的帝国。它现在比以往任何时候都更危险,特朗普阵营内部的对立派系和他的反对者就剥削和压迫大众的最有效手段争论不休。的确,不应容忍特朗普的偏见,但也不应容忍一个更加"包容的"帝国对本国人民和世界上其他国家施加的暴力。

第十九章
旗帜、战斗机和仪式：为国家而献身

> 我理解你的好意，但我的解放不会来自于在我的身上覆盖一面每当我的人民倒下时都会飘扬的旗帜……我希望你的也不会。
>
> ——霍达·卡特比[1]

> 种族和种族主义并不是例外，相反，它们一直是维系美国的黏合剂。
>
> ——基安格·雅玛塔·泰勒[2]

有些人把唐纳德·特朗普总统视为美国"不受约束"的象征。换句话说，特朗普把美国统治阶级中的许多人在相对保密的情况下所想的和所做的事情公之于众。虽然关于美帝国主义在特朗普领导下不那么"克制"的假设值得商榷，但毫无疑问，这位亿万富翁服务业巨头的言行引发了一些人的不满。例如，当特朗普在2018年2月底提议举行阅兵仪式时，美国军方和情报部门的许多代表嘲笑这一建议是对军事资源的浪费。然而真正让美国军方和情报部门代表感到不满的不是阅兵仪式本身，而是阅兵仪式如何进行。

事实上，美国不断在举行纪念战争和军国主义的活动。对军国主义的仪式性颂扬是美国例外主义的基础。美利坚民族国家高于其他所有国家的想法已经成为"常识"，美国人每天都被灌输这种观念。然而,仅仅一遍又一遍地告诉美国人——美国是一个例外的国家——这是不够的。只有建立在现实基础上的意识形态才会得到民众的认同。弗朗茨·法农以"认知失调"(cognitive dissonance)一词来解释意识形态从其萌芽的社会条件来看其所具有的力量。这位反殖民主义理论家表明,在殖民主义下,即使出现相反的证据,许多人仍然坚持美国的制度体系具有神圣性这一核心信念,这种现象并不稀奇。作为迄今为止最发达的迁居殖民体系,美国社会普遍存在认知失调的现象。

认知失调是普遍存在的,因为美国人经常被迫将自己的身体献给民族国家。正如卡罗琳·马文(Carolyn Marvin)和大卫·英格尔(David Ingle)所解释的那样,那些献身于美利坚民族国家的人"必须有其存在的证据,一个可见的身体",[3] 以具体化其存在和与之相关的承诺。国家的可见身体通过心理战和仪式实践到达民众的意识领域。心理战的目标是民众的"心灵"。仪式实践是对心理战的补充,它赋予了生活在美国的所有种族群体、阶级和民族的人们加强美国民族主义工程所需的工具箱。美国民族主义是由美国例外主义的焦点来定义的,据此,民族国家划定的边界反映了许多人愿意为之牺牲的"民主"和"自由"。

美国民族主义被编入美国人的心理,具有类似宗教的特征。美国的"公民身份"在许多方面是美国人"崇拜"的一种形式。国旗是美国信条的中心图腾,或者说是一种具有精神意义的象征。嵌在美国国旗中的,是代表军国主义和帝国主义民族国家的所有价值观和仪式。有些人可能会反对,认为把美国国旗当作人们崇拜的东西是愚蠢的。但正如威廉·卡瓦诺所指出的那样,"如果它走路像鸭子,叫声像鸭子,那它就是鸭子。如果它像宗教一样活动,那它就是宗教。如果人们向一面旗帜宣誓效忠,向它敬礼，充满仪式感地举起和放下它，并愿意为它杀人，愿意为它献出生命，那么，即使他们明知它只是一块布而不是一个神，那也没有多大关系"。[4]

对国旗的崇拜渗透着一种期望美国变革的力量，这激励了许多人投身于军国主义和帝国主义的事业。马文和英格尔进一步评论了国旗所体现的美国民族主义的宗教意义：

> 在基督教中，复兴的图腾是复活的基督。在美国民族主义中，被改造的图腾是在升起的国旗中复活的士兵。在他们的牺牲的基础上，国家重新焕发活力。作为牺牲的化身，国旗具有变革的力量。特定行为只有在国旗在场的前提下才能进行。精心制定的规则规定了什么可以触碰它，以及爱国者在国旗面前必须如何表现。它必须保持完整和完美，就像圣物一样，当它不再适合履行图腾物的功能时，就必须进行仪式性处置。[5]

那么，美国的军国主义和民族主义就不能与对美国例外主义的崇拜分开。对美国战争的颂扬确实定义了美国的"公民身份"。当非公民参加获得该国正式"公民身份"所需的考试时，他们需要背诵一首由奴隶主写的国歌，并列出美国在海外发动的重要战争。这并非随意为之。成为美国人最基本的要求就是颂扬战争。战争为"所谓的民族精神——它的独特性、宏伟性和表演性——提供了实质内容：为之奋斗，为之骄傲，为之投入，为之战斗的真实的东西"。[6]颂扬战争作为美国公民身份的一种表现，使美国军队具有了一种普遍的特质。它不再是为富人利益而进行镇压、破坏和掠夺的工具，而是促使美国"团结"进而获得归属感的力量。

尽管美国的"团结"依赖于对基于白人性和财富所划定边界之外的人的排斥、谋杀和征服，但这一事实也变得无关紧要了。美国的例外主义通过企业媒体施加的心理战而被强化为美国的现实。事实上，这主要基于军方对媒体有很大的影响力，美国军方在自由事业中的牺牲经常受到赞誉。根据2017年的《信息自由法》（Freedom of Information Act）的要求，美国军方和情报机构在塑造1800多部电影和电视节目方面发挥了积极作用。[7] 文件显示，国防部的好莱坞联络员菲尔·斯特拉布（Phil Strub）编辑和修改了大量重要电影的剧本，以使它们更符合军队想要塑造的形象。

无论如何，这意味着以任何方式挑战或批判美国军队在世界上的作用的台词，无论多么轻微，都将被从剧本中删除。涉及越南战争的电影尤其具有争议性。《绿巨人》（2003）和《明日帝国》（1997）在国防部的要求下，删除了有关毁灭性战争的片段。但美国的军事和情报机构并不只满足于对好莱坞剧本的修改；很多时候，军方直接参与电影的制作。正如塔宁·艾利森（Tanine Allison）所解释的那样：

> 电影制作往往可以通过使用军事资产来节省数百万美元，而非在其他地方重新制作或租用所需的器材。军方向电影制片人收取他们提供的所有特殊援助的费用，以避免让人们觉得纳税人要为好莱坞电影买单，但许多为电影进行的演习都被指定为军队的训练行动，从而大大降低了成本，电影制片人也不需要支付任何外景费和相关军事人员的工资。[8]

难怪电影，尤其是那些面向年轻人的电影，会美化美国的军事优势和战斗力。《独立日》（1996）或《黑豹》（2018）等大片将美国军队和中情局描绘成自由和人权的保护者。这些电影强化了军队固有的荣誉——美军为这个民族国家所谓的福祉而牺牲。在这个意义上说，好莱坞电影是最有效的征兵工具之一。漫画中的超级英雄为漫威电影宇宙带来了高额票房，部分原因是它们以诱导性的方式为电影观众强化了美国民族主义的效能。例如，广受欢迎的美国队长，穿着红白蓝三色制服，作为美国国旗神圣性的有力象征。只有那些试图打败美国队长的邪恶反派才敢嘲笑他的服装，正如詹森·迪特默所言，"这是他们反派身份的标志，并向观众展示了什么行为是不应当做的"。[9] 美国国旗被自然化为美国人在战争中勇敢和牺牲的英雄象征，美国军国主义被有效地正当化了。

　　好莱坞只是培养对美利坚民族国家的忠诚和牺牲精神的众多价值数十亿美元的场所之一。正如前几章中提到的，美国体育界也浸透在军国主义文化之中。美国国家橄榄球联盟自2009年以来与美国国防部建立了有利可图的合作关系，以宣传美国军队，这就是一个典型的例子。然而，早在国防部将其正式化之前，颂扬军国主义在国家橄榄球联盟中就已经司空见惯了。乔治·W.布什发起的反恐战争导致了对阿富汗和伊拉克的入侵，"支持我们的军队"的口号在国家橄榄球联盟赛前节目中最为响亮。正如米娅·费舍尔（Mia Fischer）所解释的那样，"持续不断的'支持军队'的言论反而将武装部队的成员商品化，供观众消遣和消费，并将战争的现实常态化"。[10] 对"9·11"事件受害者的纪念活动相当普遍。罗伯特·德尼罗（Robert De Niro）等名人敦促粉丝们追随在军用轰炸机和士兵们的身后，向那些死于双子塔的人"兑现我们的承诺"。

也许美帝国主义邀请民众践行美国例外主义和军国主义最不微妙的例子就是全国大学体育协会（National Collegiate Athletics Association，NCAA）。最近，该协会受到了抨击，因为它从篮球和橄榄球的大学运动员的免费劳动中赚取了数十亿美元的利润。西北大学的橄榄球运动员们试图组建工会，以应对全国大学体育协会的劳工滥用行为。然而，几乎没有大学运动员、球迷或全国大学体育协会的管理人员对通过始于2004年的一年一度的"洛克希德·马丁武装部队杯"（Lockheed Martin Armed Forces Bowl）的赛事来宣扬军国主义的做法提出挑战。迈克尔·巴特沃斯（Michael Butterworth）和斯托米·莫斯卡尔（Stormi Moskal）对这一赛事的意义作了如下简要概述：

> 许多人很容易将其误认为是以"爱国"为主题的纯粹的体育赛事，但更准确的描述却是一种军国主义的媒介化景象（mediated spectacle）。通过沃斯堡社区信贷联盟（Fort Worth community）、娱乐体育节目电视网（ESPN）、贝尔直升机德事隆公司（Bell Helicopter Textron）和比赛的其他赞助商的利益合并，橄榄球比赛在强调支持美国军队重要性的同时，也淡化了战争的严重性。这种修辞上的划分提供了一个适当的界定美国身份的概念，从而支持对一般战争的宣传，并特别认可"反恐战争"。[11]

美国全国大学体育协会这个一年一度赛事的网站毫不掩饰其对美国军国主义的喜爱。不仅比赛的主要赞助者是军事承包商洛克希德·马丁公司，而且杯赛的发起人还为球迷和观众提供了充分的机会来颂扬军国主义，"球迷活动区展示了武装部队的装备、举行的飞行表演……表演的现场入伍仪式、展示的武装部队乐队和仪仗队以及由武装部队保险公司颁发的年度'伟大的美国爱国者奖'（Great American Patriot Award）"。[12] 赛事的口号是"为勇敢者而战"，这使得大学橄榄球爱好者也被迫成为美国军国主义的爱好者。这样一来，武装部队杯赛的参与者通过在赛场上的表现使美国例外主义与军国主义之间的关系得以正当化。参加2016年该比赛的球队和球迷，以及为比赛提供资金支持的媒体和企业赞助商，都为正当化当年美国军方投下的2.6万枚作为"自由"和"牺牲"象征的炸弹做出了贡献。

美国军国主义和民族主义的美化性展示（glorified displays），证明了美帝国主义对例外主义外在表现的投资。数以百万计的美国人见证了这些展示，并直接参与其中。对美国军国主义的颂扬已经嵌入到国旗仪式中，在特定的一周、一个月和一年中，向国旗宣誓和敬礼的次数不计其数。对军国主义的不断颂扬有助于招募平民参军，并确保那些没有参军的人将军队视为一个能彰显英雄气概的机构。

即使忽略体育和企业媒体（这也是越来越多的美国人所做的），美国也会庆祝一些纪念战争和军国主义的节日。事实上，几乎每个联邦节日都是在以某种形式纪念战争。退伍军人节（Veterans Day）是为了纪念在实战中牺牲的美国士兵。乔治·华盛顿的生日是为了颂扬美国第一任总统的一生。华盛顿拥有数百名奴隶，并通过从原住民那里抢夺土地而发家致富。再往前追溯，哥伦布日是为了庆祝克里斯托弗·哥伦布的成就，这些成就包括了在1492年哥伦布"发现"美洲期间，灭绝了加勒比地区的原住民。[13]

节日仪式化了一个沉浸在战争和军国主义中的民族国家的基

本美德。美国人被邀请纪念美国士兵或带领士兵们参加战斗的领导者的"牺牲"。通过接受此等邀请,美国人有机会感受到在建立一个例外民族国家的过程中的一种主人翁意识。当人们把注意力转向战争为国家提供的伟大"服务"(service)时,战争的暴力便变得常态化了。西尔维斯特·约翰逊(Sylvester Johnson)评估了将战争重塑为服务在修辞上的重要性,他写道:

> 国家垄断了夺取生命的专属权利——杀戮——最常见的方式是通过军事战争为之。但是,服兵役上战场并不是单纯的杀人狂欢。相反,它是沉浸在为国家服务中的最极端的暴力形式。这就是为什么(根据国家权力的合理性)军国主义是牺牲而不是谋杀。军人心甘情愿地将自己的生命交给死神,以确保国家的福祉。因此,军人们冒着(他们自己的)生命危险去夺取(国家敌人的)生命,为国家——他们国家的政治机构——献出自己以为血祭。[14]

当然,存在许多经济压力迫使美国穷人和工人阶级加入军队,参加美国的战争。然而,如果美国统治阶级把军队作为一个推行战争、掠夺和种族灭绝的机构来宣传,那么美国人做出参军决定时无疑会更加困难。相反,军队代表的不仅仅是一群准备"保卫"美国的武装士兵,而且是全体人民和国家缔结的多方契约。军队在国外打仗,传播美国例外主义的原则,以换取对美利坚民族国家忠诚的跨阶级联盟。这种在帝国主义下形成的跨阶级联盟是白人至上主义的产物。白人至上主义将美国白人团结起来,服务于激励美国军队的相同原则:为了利润而征服土地和劳动力。白人至上主义是美国军国主义与美国"公民"之间交易关系的主要组成部分。

节日、旗帜和其他对美国军国主义的纪念活动是交易中体现的条款的象征性标志。通过这些标志，民主、自由和解放的崇高理想得到了颂扬，但仅有理想并不足以确保美国人对其军队在海外犯下的暴行保持沉默。契约中包含的经济和政治承诺强化了沉默和颂扬。作为对身体的交换，公民既能荣誉，也能从毁灭他人中获得更多财富和机会。阿拉斯戴尔·麦金太尔（Alasdair MacIntyre）的知名言论强调了国家对公民提出的严重不相称的期望。通过将这种要求与被要求为电话公司而死相比较，麦金太尔表明，美利坚民族国家在我们面前是一个"官僚式的商品和服务的供应商，它总是要给它的客户带来价值，但实际上却从未做到；另一方面，它又是一个神圣价值的保存者，它不时地邀请人们为它献出生命"。[15]

对军国主义及其伟大"牺牲"的颂扬，实际上是对超越他人的权力和利益的颂扬。美国人，尤其是美国白人，被认为比他们所谓的敌人优越。战争和军国主义为美国公民带来的远不止需要为其献身的美国例外主义价值观本身。一支持久存在的军队被认为会造就强大的资本主义经济，这反过来意味着"美国梦"，抑或是说契约的经济激励，对于美国工人和"中产阶级"而言，变得更加容易实现。

当然，经济现实与美国例外主义的颂扬性倾向（celebratory inclinations）所固有的假设完全不同。前总统奥巴马吹嘘2015年收入中位数增长是经济复苏的迹象，却忽略了与美国普遍情况有关的最重要的细节。在2007—2008年经济危机后，美国黑人发现自己走上了零财富之路。美国白人的财富有了实质性的复苏，但数字却是向富人倾斜的。在美国，超过40%的白人被认为"资产贫乏"。中年白人男性自杀和吸毒过量的死亡率急剧上升，这一现象在很大程度上是由失业和贫困的增加造成的。贫困和失业无疑打击了美国民众对战争的热情。2017年的一项研究表明，在伊拉克和阿富汗战争中伤亡最大之地区的美国选民更有可能投票给唐纳德·特朗普，对战争的厌倦可能是促发特朗普当选以及此后困扰这个国家的政治危机的决定性因素。[16]

虽然对战争的厌倦和生活水平的下降为阶级团结提供了更多的机会，但一直以来对在美国军事国家的祭坛上献身的意愿的最大阻力却始终来自于白人至上主义和阶级压迫的对象。原因显而易见——经历过阶级剥削的美国白人，在历史上一直有机会从种族压迫中改善自身的状况，无论是加入"管理良好的民兵"来窃取原住民的土地或猎捕逃跑的奴隶以获取赏金，还是通过参与二战来获得《退伍军人安置法》赋予的财富积累奖励。因此，对于被排除在这些机会之外的遭受种族压迫的人群，特别是美国黑人来说，颂扬美国例外主义是彻头彻尾的虚伪行径。弗雷德里克·道格拉斯曾对7月4日假期（即美国国庆日）的虚伪性发表了著名的论断：

> 你们的7月4日对美国黑奴有何意义？我的回答是：一年之中，没有哪一天比今日更使他们感到让自己无时不被沦为牺牲品的那种滔天的不公和残忍了。对他们来说，你们的庆典是欺人之道；你们鼓吹的自由是放肆的亵渎；你们的国家的伟大是虚荣的浮夸；你们的喜庆欢悦是空虚和无情的；你们对暴君的谴责是不要脸的厚颜无耻；你们对自由平等的欢呼是可笑的虚伪；你们的祈祷和赞美诗，你们的布道和感恩，以及所有的宗教游行和仪式，不过是面对上帝的装腔作

态、虚假欺骗、不虔的亵渎和虚伪的做作——不过是在野蛮人都会感到羞耻的罪行上覆盖的一层薄薄的纱巾。此时此刻，世界上还没有任何一个野蛮民族，没有任何一个其他民族，像美国人那样犯下了如此骇人听闻、鲜血淋淋的罪恶勾当。[17]

对于那些了解美国历史上黑人状况的人来说，道格拉斯的话很难反驳。美利坚民族国家不断美化自己的例外性，这种虚伪的做法使黑人解放运动成为发展一个崭新的、更人道的社会的核心支柱。针对美国穆斯林的种族主义，其中许多是黑人、阿拉伯人或来自中东地区的人，近年来也引发了对美国例外主义和清白论信条的抵制。穆斯林一直是美国种族主义和帝国主义反恐战争的目标，这场战争将对美国黑人的监视、监禁和谋杀扩大到了长相上"类似于"穆斯林和阿拉伯人的人口。诸如在关塔那摩湾无限期拘留数百名"穆斯林"恐怖分子嫌疑人、对七个穆斯林占多数的国家发动无休止的战争，以及纽约警察局对纽约及其他地区穆斯林社区进行监视等事态的发展，都被辩解为"反恐"措施，目的是防止类似"9·11"袭击事件的再次发生。

针对穆斯林的种族主义被错误地描述为"伊斯兰恐惧症"。形成该种族主义的驱动力并不是对穆斯林的"恐惧"，而是一种为特定政治议程服务的种族主义政策。这一议程并非始于"9·11"袭击事件后加剧的将穆斯林充当替罪羊的做法。正如扎里纳·格鲁瓦尔（Zareena Grewal）所解释的那样，NBA球员马哈茂德·阿卜杜勒·拉乌夫（Mahmoud Abdul-Rauf）的案例预示了美国的反恐战争政策。拉乌夫是丹佛掘金队的一名新晋NBA全明星球员，在1995年的60场比赛中，他选择在演奏国歌时留在更衣室。

但直到他称美国国旗是"压迫的象征,也是暴政的象征"后,他才被联盟禁赛。一场比赛结束后,当拉乌夫同意参加国歌仪式后(他被"允许"站着默念穆斯林祈祷词),他的禁赛决定才被撤销。然而,企业媒体对拉乌夫的种族主义反弹使他成为 NBA 的累赘,NBA 担心拉乌夫会造成企业赞助的损失。

拉乌夫在随后的一年被交易,2001 年之后,没有哪支球队愿意在他们的大名单上给他留一个位置,他的 NBA 生涯也随之结束。2001 年 7 月,拉乌夫的家被烧毁,联邦调查局怀疑这是三 K 党所为。格鲁瓦尔认为,拉乌夫的遭遇是美国国旗对"他者"的惩戒功能的产物。拉乌夫批评美国国旗的决定使他成为球迷和媒体严厉谴责的对象,他们指责他对美国缺乏"热爱"。更糟糕的是,格鲁瓦尔称拉乌夫的面部特征被"阿拉伯化",他被描绘成一个向美国发动战争的外国人。拉乌夫的经历表明,美国例外主义依赖于制造一个种族化的敌人,将战争和压迫重塑为为了"国家"利益的民主治理。[18]

利用美国国旗等符号在民众中(特别是在美国白人中)激发极端的民族主义意识,有助于将对美帝国主义压迫的反抗淹没在爱国主义的洪流中。披着爱国主义外衣的种族主义的再生产,并不单单是保守派或"右翼"偏执者的责任。在唐纳德·特朗普当选后,自由派精英阶层的观察家们开始公开批评他们所谓的伊斯兰恐惧症,并呼吁美国的例外主义。他们说,美国是例外的,因为它"接纳"了所有人,不分种族、性别或宗教信仰。这种说法的结论是,特朗普对穆斯林不欢迎的姿态并不能反映美国社会的整体情况。

自由派的反对在"我们人民"(We the People)系列照片中达到了高潮,该系列重制了美籍穆斯林摄影师里德万·阿达米

(Ridwan Adhami)拍摄的一张戴穆斯林头巾的妇女照片。重制后的照片 P 上了美国国旗式样的穆斯林头巾。自由派中的反对者因此利用美国国旗来反对特朗普的种族主义,却没有认识到国旗本身固有的种族主义特征。正如时尚博主和知识分子霍达·卡特比所解释的那样,"美国国旗代表着对全世界有色人种的压迫、酷刑、性暴力、奴隶制、父权制以及军事与文化霸权,他们的家园和家庭遭到破坏和无人机袭击,而人们复制的正是实施此等破坏与袭击的这个人——前总统奥巴马——竞选时使用的照片"。[19] 上述的这幅图片不仅试图通过美国国旗的形象来强化"希望"和"团结",而且其形成本身就充满了种族主义色彩。

这张图片是由一位美国白人创作的,他利用一位美国穆斯林摄影师的作品,对特朗普对穆斯林的排斥言论展开批判。这是一种掠夺,因为"我们人民"运动故意利用一位美籍穆斯林妇女的形象来达到帝国主义的目的。该运动从未提及特朗普的言论是如何体现几十年来美利坚帝国政策的运作模式的。"我们人民"运动不过是帝国主义和种族主义剥削性的另一面。当美国白人和全体美国民众不被以爱国主义和民族主义的名义要求入伍并牺牲生命时,被压迫者就会被施压,通过同化成为"美国人"。成为"美国人"意味着参与其压迫性结构,无论是投票给精英代表,还是参军入伍,抑或是对美利坚民族国家每天犯下的罪行保持沉默。它还意味着以牺牲人性为代价来颂扬"民主"、"自由"和"解放"的价值观。正如卡特比所调侃的那样,"穆斯林已经厌倦了必须'证明'他们是美国人"。[20]

对许多人来说,抵制美国民族主义和帝国主义"右翼"和"自由主义"面相的第一步就是停止颂扬那些被人为编造成美国例外主义神圣衣钵的符号。科林·卡佩尼克和马哈茂德·阿卜杜勒·拉乌夫对于在大众体育文化领域采取这种行动的后果再清楚不过了。黑人解放运动和几十年前的反战社会主义运动已经让我们无比清晰地明白,参与抵制美国国旗所代表的东西,不可避免地会招致监禁、谋杀和诽谤。数十名政治犯因参加黑豹党等组织的活动而被囚禁在美国各地的监狱里。反对企业掠夺土地和侵扰其生活的工人、穷人和原住民也遭遇了类似的命运。

然而,这些个人和社会运动接受了牺牲的概念,并以完全不同于美帝国主义的方式对其进行实践。他们的奉献不是针对爱国主义和民族主义的象征,而是针对被帝国主义暴力和剥削的人民。他们认识到,就像马丁·路德·金在被暗杀之前所说的那样,美国这个民族国家是"世界上最大的暴力行凶者"。那么,我们的任务就是停止为了"国家"的利益而牺牲我们的身体和思想。这只是"对美国统治阶级有利"的委婉说法。为了让我们的身心服务于整个人类,尤其是被压迫者,我们必须拒绝美国的例外主义,拒绝它通过美化"民族国家"而培养的忠贞。这样做就是在追随马丁·路德·金的脚步,播下新的革命文化的种子,这种革命文化能够解决之前美帝国主义体系令人窒息的脚步对我们的世界造成的伤害。

第二十章
对边界、归属感和民族国家的质疑

> 我们生活在一块过去总是被抹去的土地上,美国拥有清白的未来,移民可以在这里重新开始自己的人生,那里的石板是干净的。过去是不存在的,或者说它被浪漫化了。
>
> ——托妮·莫里森[1]

> 追求英雄主义,克服弱点,承诺必将取得救赎、繁荣和进步:这就是美国人的自我感觉、生活风格、做人的道德观念和精神理念。
>
> ——骆里山[2]

> ……那些致力于实现社会正义的人有一项艰巨的任务:在不依赖反黑人和亲资本主义陈词滥调的情况下,阐明移民的价值和权利。
>
> ——塔玛拉·K. 诺普尔[3]

美利坚民族国家的边界代表什么?属于"美国"意味着什么?谁是"公民",谁不是?如何将"美国性"(American-ness)的概念与对"人类"意义的构建错综复杂地联系在一起的?提出这些问题有什么利害关系?对这些问题的回答又是为了谁的特殊利益?除非我们充分理解美国例外主义和清白论的意识形态是如何影响移民话语和政策的,否则我们无法打破移民问题背后帝国主义利益的汇合。美国例外主义将移民分为"好"和"坏"两类,从而缩小了话语范围。此外,正如我们在本章中试图表明的那样,自由派和保守派的话语常常依靠迁居殖民主义、反黑人、资本主义和帝国主义的套路来框定关于移民的讨论。美国在历史上一直都需要敌人,就像在好莱坞电影中,反派人物使英雄正当化那样。缺乏他者,一个人就无法存在。[4]

　　唐纳德·特朗普将移民问题作为其2016年竞选的核心。这位房地产亿万富翁发誓要在美墨边境"筑墙",阻止"非法移民"入境。在一次又一次的竞选集会上,特朗普把来自墨西哥的移民定性为必须立即驱逐出境的"犯罪分子"和"强奸犯"。他关于移民的评论和政策承诺是几十年来美帝国主义历史的反映。然而,反对特朗普的统治阶级并没有讨论特朗普的反移民政治取向是这段历史的产物,而是有意识地决定利用移民问题为自己谋取利益。

　　移民是一个复杂的问题,最好从多个方面进行分析。强制性移民(forced migration)是"全球化"的一个结果。人们出于一系列原因移出和移入美国。一些人是为了逃离由美国造成的政治动荡和战争;其他人则是由于经济困难和贫困而离开了他们的原籍国,而经济困难和贫困往往是由美国主导的帝国主义政策所强加的经济不发达的产物。然而,一些移民在美国得到了特殊的身份保护,他们根本没有被称为"移民",而是被称为投票团体或特殊利益人群。以古巴移民为例,"逃离"社会主义国家的古巴人历来反对他们的政府,理由在于,1959年革命后,他们再也不能以牺牲工人和农民的利益为代价将国家的资产垄断并出卖给美国。公开的记录显示,中央情报局为在美国生活的富有的古巴人支付生活费用并训练他们,只是为了把他们送回古巴进行恐怖袭击,这种做法在1961年失败的"猪湾"入侵事件中达到高潮。

当代的移民辩论在很大程度上忽略了美国存在的分层移民系统（tiered immigration system）。相反，华盛顿的移民政策讨论的焦点集中在来自墨西哥和中美洲的移民上。来自这些地区的移民是马丁·路德·金所说的资本主义、种族主义和军国主义"三害"（triple evils）的产物。为了避免公开讨论移民的起源，在过去几十年中出现了两种相互竞争的叙事方式。这些叙事是相互关联的，并严重依赖美国的例外主义来再生产这个国家的白人至上主义和资本主义关系。

民主党和共和党政府都利用这两种叙事来推进各自的议程。而这两种叙事最终都使来自全球南方（Global South）——特别是来自拉丁美洲——的移民产生的根本原因被忽略。第一种叙事主要涉及"非法"移民的犯罪性和种族的劣等性。这种叙事塑造了一种令人恐惧的情境，即移民正在侵蚀该国自建国以来长期存在的白人多数群体。然而，它真正代表的是企业和帝国主义利益集团对控制被剥削的、种族化的劳动力的深切渴望。这种理解移民的意识形态框架已经在华盛顿的一些政策中得到了具体体现。

第二种叙事直接补充了第一种叙事。它假定，既然美国是"一个移民国家"，那么从逻辑上讲，所有移民都应该被美国社会"接受"。来自墨西哥和中美洲的移民从事"美国人"不想要的工作，在没有社会保障福利的情况下纳税，并使这个国家成为一个更流行"双语"和更宽容的地方。通常情况下，支持这种说法的都是民主党人，他们支持碎片化的措施，这些措施一方面促进了一些人的"归化"，另一方面却使针对数百万"非法"移民的军事化国家机器升级。

所以，关于移民问题的辩论清楚地表明，美帝国主义语境下的边界只是战争和企业掠夺的分界线。美国例外主义为辩论双方的分界线提供了理由。对"非法"移民的关注,为统治阶级提供了一个现成的辩证法。玛莎·埃斯科瓦尔(Martha Escobar)将这场辩论的辩证法总结如下:

> 我们陷入了一场两极分化的辩论中,几乎没有触及移民产生的根本原因以及美国在创造和维持移民方面扮演的角色。辩论中关于犯罪的部分与这种模式没有什么不同。当移民被说成是罪犯时,人们的反应是将移民与犯罪行为拉开距离,通过声明移民不是罪犯而是勤劳的工人来使他们更接近"美国性"。然而,这种努力是在犯罪性的语境下进行的,这种犯罪性与与白人性结合的"美国"国民身份是相互排斥的。因此,将移民美国化的努力是在种族白人性和种族黑人性之间的角力。[5]

换句话说,美国统治阶级试图将那些不属于公民身份范围的人淹没在"美国"身份的范围内,这正是对压迫性移民政策造成的动荡的回应。这在一定程度上说明,当涉及美国拉丁裔人口的崛起时,美国清白论的意识形态如何造就了一种危险的天真(dangerous naïveté)。许多抱持善意的人声称,一旦拉美裔成为国家人口的大多数,白人至上主义将结束。然而,正如许多观察者所表明的,现实可能更加复杂。[6] 事实上,如今拉丁裔社群的许多移民话语深深地根植于反黑人主义(anti-Blackness)。正如埃斯科瓦尔所指出的,"当我们声称移民不是罪犯时,潜台词是——移民不是黑人,或者至少,移民问题不会成为'另一个黑人问题'。"[7]

然而,美国两党代表历来利用"非法"移民"入侵群体"的叙事,来证明针对无证者的密集军事化应对和剥削具有正当性。关于公民身份的移民问题辩论从未整齐划一地被纳入狭隘的两党体制中。在执行保护"非法"移民的政策方面,民主党历来逊色于共和党。但无论是民主党还是共和党,华盛顿的历届总统在"非法"移民问题上都采取了类似的立场。例如,民主党总统比尔·克林顿将毒品犯罪和工作不稳定归咎于"非法移民"。他在演讲中经常将民主与"安全边界"等同起来。这导致他在1996年通过了《个人责任和工作机会协调法》(Personal Responsibility and Work Opportunity Act)和《非法移民改革和移民责任法》(Illegal Immigration Reform and Immigrant Resposibility Act)。前者大大限制了"非法"移民获得国家福利的机会,而后者则扩大了美国政府驱逐有犯罪记录的"非公民"的权力。在1986年,仅有1978名移民因有犯罪行为被驱逐出境;而到了2004年,这个数字增加到了82802人。[8]

克林顿时期的政策在乔治·W.布什时期得到了延续。这些政策引发了对驱逐、逮捕和拘留"非法"移民的强烈抵制。例如,在2006年,全国各地数以百万计的无证人员宣布"没有移民的一天",在各自的岗位上罢工并进行游行。这些抗议活动促使骆里山得出这样的论断:"国家宣布将权利普遍扩展到所有公民,然而美国的历史表明,获得权利的机会总是分配不均,这就要求社会运动呼吁国家为那些在理论上应当得到权利保障的主体确立自由。"[9]更具体地说,抗议活动是对HR-4437号法案的回应,该法案由国会通过,大大增加了边境管制的资金,并对违反移民犯罪的行为规定了更严厉的处罚。许多人认为该法将导致大规模的驱逐出境。

抗议活动未能扭转该法案或使大规模驱逐出境成为可能的广

泛政策。在布什的两届任期内，超过 200 万移民被驱逐出境，而在奥巴马的任期内，超过 300 万移民被驱逐出境。[10] 奥巴马执政期间的驱逐高峰与他的政府决定将在边境抓获的"非法"移民指控为联邦罪犯有很大关系。[11] 奥巴马对无证移民的严厉对待，使得他的前国务卿希拉里·克林顿在 2014 年得出结论，认为应该将来自洪都拉斯、危地马拉和萨尔瓦多的数万名无人照顾的年轻人驱逐出境。[12] 这些严厉的移民政策遭到反对，最终确实引起了一部分统治阶级的注意，迫使这个阶级引导移民支持者采取可接受的抗议手段。美国统治阶级利用美国例外主义，把反对将"非法"移民定罪的行为界定为一种同化主义式的努力（assimilationist striving），或者是埃斯科瓦尔所说的一种造就"美国性"的努力。[13]

特别是民主党一直处于同化主义叙事主导者的位置。自 20 世纪 60 年代迪克西党（Dixiecrats）解散以来，共和党的立法者和行政当局主要在迎合白人至上主义所产生的焦虑；而民主党则独自承续了帝国"进步主义"（progressivism）的衣钵。当移民权利活动家在 2006 年罢工并在 2010 年抗议奥巴马政府的驱逐出境政策时，民主党及其富有的企业支持者认为，来自墨西哥和拉丁美洲的移民选民代表了一个有价值的投票团体。民主党的立法者和政客们利用美国例外主义，在移民问题上创造了一种更为温和的叙事。他们宣称，移民劳动力对美国经济很有价值，因此，移民理应享受与"美国人"同样的待遇。

美国例外主义和清白论由此开始以其自身形象塑造移民问题。移民问题成了一场关于美国社会道德价值的辩论，而非争夺权力的政治斗争。由于移民本身被剥夺了发言权，因此首先围绕美国何以例外产生了争论。共和党人对"不安全"边界的概念以及它所导致的"白人"人口的减少仍然持公开敌对态度。对他们来说,美国之所以例外,是因为其白人占人口多数。相反,民主党人则试图同时吸引移民选民和企业支持者。倡导移民同化给美国披上了一层伪装,即美国是一个天生热情的社会。这种叙事借用了"大熔炉"的框架,以此掩饰导致移民问题的根本原因及他们对移民政策的影响。

这种说法认为,美国之所以例外,不是因为它是一个"白人"国家,而是因为它是一个为不同人群提供机会的国家。民主党人利用这种包容性的叙事,有效地迎合了移民辩论的双方。由于民主党的选民达成了共识,认为并非所有的无证移民都是罪犯(即正如埃斯科瓦尔提醒我们的那样,他们不是"黑人"或者也不会成为"另一个黑人问题"),因此,美国统治阶级接受了奥巴马政府推行的"童年入境者暂缓遣返行动"(Deferred Action for Childhood Arrivals)等碎片化的政策。"童年入境者暂缓遣返行动"是奥巴马在 2012 年颁布的一项行政命令,旨在保护未经授权的未成年移民,使其在两年内免受驱逐出境的威胁。该政策体现了骆里山对美国移民政策的分析,即"为满足资本需求,移民法维系了种族隔离和阶层分化之劳工群体的再生产,因为此等在法律上剥夺公民选举权或限制选举权的做法寻求通过推迟实现在代表制政治领域中对平等做出的承诺,来解决这种不平等的正当性问题"。[14] 虽然"童年入境者暂缓遣返行动"为一些人提供了暂时的安全,但它实际上并没有提供众多移民权利活动家所要求的入籍途径。美国-墨西哥边境仍然戒备森严,移民与海关执法局继续实施其恐怖政策,驱逐"非法"移民,而跨国公司仍然依靠廉价移民劳动力继续赚取利润。

因此,民主党已经将移民问题置于包容型政治的边缘。像

"童年入境者暂缓遣返行动"这样的政策为一些人提供了关键的救济，但同时也使美帝国主义的结构得以保持不变。美帝国主义既依赖"非法"移民的廉价劳动力，又依赖美墨边境的军事化。它还依赖于允许美国公司在拉丁美洲自由统治的"自由贸易"协议——如《北美自由贸易协定》和《中美洲自由贸易协定》（CAFTA）——以及执行这些协议所需的军事统治。移民问题的这些关键方面在很大程度上被忽略了，取而代之的是关于"非法"移民是否应该像所有其他"美国人"一样被对待的协商。

事实是，没有人应该活在国家允许的强加给"非法"移民的恐惧之中。然而，为了实现这一目标，公民身份的定义不能被归结为对美利坚民族国家的认同。移民政策不仅仅是一个关于"非法"移民是否是罪犯的问题。它也不是在两个版本的美国例外主义神话之间的选择，这两个版本假设美国要么是移民的"避难所"，要么是一个严格意义上的"白人国家"，必须被保护以免受来自边境以南的罪犯和偷窃工作的入侵者（job-stealing invaders）的侵害。移民政策是且一直是一个权力问题。

历史表明，移民不是党派的问题。在整个美国的历史上，移民一直是白人至上主义恐怖活动的目标，以此来转移人们对美国资本主义和帝国主义危机的注意力。凯利·莱特尔·埃尔南德斯解释说，早在内战期间，美国资本家就利用其对中国实行的"开放"政策，鼓励中国合同工移民美国，以替代非洲奴隶。[15] 黑人解放的幽灵使种植园主和其他资本家担心在奴隶制的衰落期可能出现劳动力短缺。然而，中国工人经常被蔑称为"苦力"，而种族对立的紧张关系于1862年《反苦力法》（Anti-Coolie Act）的通过达到顶点。该法律禁止引进"苦力"，理由是他们代表了另一种奴隶劳动力。然而，正如弗雷德里克·道格拉斯所反驳的那样,问题不在于中国移民,而在于迫使非洲和中国的工人成为"奴隶和令人垂涎的商品"的制度。[16]

种族主义和资本主义剥削在随后的几年里继续影响着移民政策。中国合同工经常遭受私刑形式的暴力,并经常在工作中受到歧视。中国工人被描述成"肮脏"或"下贱"的情况并不少见。[17] 1882年,美国在歇斯底里地认为中国合同工对整个国家的"自由白人劳工"构成威胁的情况下,开始全面排斥中国合同工。1882年的《排华法》(The Chinese Exclusion Act)为对来自亚洲和东欧国家的移民设置配额或进行限制奠定了基础。在20世纪初,来自墨西哥的移民成为美国所谓的"边境控制"政策针对的重点人群。

美帝国主义在19世纪中叶对墨西哥发动了一场残酷的扩张战争,只是为了让这个国家在经济上屈从美国。墨西哥移民工人成为美国南部经济的重要贡献者,这造就了1942年的"布拉塞洛计划"(Bracero Program)的出台,该计划鼓励墨西哥工人与美国公司签约从事低薪工作。在1942年至1964年间,超过400万墨西哥人通过该计划在美国工作。然而,他们的存在与矛盾的移民执法政策发生了直接冲突。1924年边境巡逻队的成立即是国家对"非法"移民制定的众多法律的直接回应。冲突最终在1954年一场名为"湿背行动"(Operation Wetback)的运动中达到高潮,该行动意在将被种族化地视为"湿背移民"的墨西哥工人驱逐出境。[18]

移民和"边境控制"的矛盾普遍存在,这与美国热情友好、包容的"大熔炉"理论和反移民偏执之间的紧张关系没有什么联系。反移民情绪是种族主义和帝国主义的产物。种族主义和帝国主义如何被具体实施,取决于这些制度在历史上不同时期的特殊要求。移民劳工为美国的垄断企业提供了源源不断的廉价劳动力，也作为移民根源问题的一种缓冲，为强化白人至上主义提供了途径。因此，"公民身份"一直是一个根据与白人性的亲疏远近关系来定义的概念。当美国在二战中认为日本对其在东亚的经济利益构成威胁时，它毫不犹豫地剥夺了日裔美国人的公民身份，将他们囚禁在全国各地条件恶劣的集中营中。[19] 这一政策是由富兰克林·罗斯福总统执行的，他被许多人尊称为美国在和平和对工人友好政策领域最"进步"和"杰出"的总统。

最近的历史也证明，"属于"美利坚民族国家的好处主要赋予美国白人，特别是有产者阶层。乔尔·奥尔森（Joel Olson）解释道：

> 白人公民的民主问题在于，渴望平等和渴望保持自己的种族地位之间的紧张关系造就了一种狭隘的政治想象力，它限制了白人公民对公民身份（作为一种地位而非一种参与身份）、自由（作为消极的自由）和平等（作为机会平等而非社会平等）的理解。白人的想象力对扩大对公共事务的参与没有表现出什么积极性，因为它把公民身份理解为一种可以拥有的身份，而不是一种可以运用的权力。[20]

由于美国建立在白人公民身份的基础上，移民政策就利用白人性来加强统治阶级的权力，而牺牲了"他者"。对于被国家视为罪犯的无证移民来说，所谓的"自由之国"却不是这样的。美国关于移民的话语集中在美国公民身份和犯罪之间虚假的二分法上，以阻止关于压迫和解放这一核心问题的对话。将"非法"移民罪犯化的做法并非孤立存在。"非法"移民存在的原因与美国黑人经历种族主义国家恐怖的原因相同,尽管他们被赋予了公民身份的"特权"。通过将剥削无证劳工的真正原因埋葬在美国例外主义和清白论的墓地里,公民身份缩小了辩论的范围。

美国的例外主义和清白论将"非法"移民描绘成一个清理项目或同化项目。[21] 移民要么被社会同化,要么被社会淘汰。这样的选择与美国黑人每天面对警察恐吓、监禁和经济歧视的情况没有什么不同。而叙利亚和伊朗等整个国家每天都必须决定是接受美利坚民族国家的压迫,还是冒着核毁灭的危险进行反击。因此,美国的例外主义和清白论的意识形态共同造就了一种错觉,即面前只有两种选择:要么美国必须"净化"国内不受欢迎的"入侵者",要么通过将更多的"多样化"人口纳入其队伍,使其进一步公民化。

暴力在造就美国例外性的过程中是普遍存在的。成为美国的"公民"就需要维护甚至颂扬本书所批判的压迫性结构和政策。劳尔·阿尔卡拉兹·奥乔亚(Raúl Al-qaraz Ochoa)明确指出,公民身份"使全球资本主义秩序以及它们的边界、它们的民族国家合法化。当我们今天谈论公民身份时,我们应该问谁/什么人会从对非法移民阶级的剥削中获益"。[22] 美国的边界已经彰显了有助于美帝国主义得以存续的结构和政策。我们必须了解这些结构和政策,才能真正理解移民的根本原因和随后在美国对移民的刑事定罪。[23]

在过去40年里,美帝国主义的结构发生了变化,催生了"非法"移民现象。全球资本主义一直在经历新自由主义的转型,技术和垄断削弱了制度的长期盈利能力。而金融资本利用债务杠杆使垄断企业和银行保持盈利,但是以全世界劳动人民和穷人的巨大牺牲为代价。一个有意为之的决定是把一切都变成潜在的

"市场"，包括美国及其西方盟国的社会福利体系。工会被解散，社会福利政策被取消，公共部门的机构被私有化。数以百万计的美国工人在这段时间里目睹他们的工资急剧下降，因为工作要么转为完全自动化，要么被转移到工资水平较低的国家。无家可归、贫困和失业已经成为美国资本主义经济中被持续的不确定性所困扰的永久"景象"。

这些情况与美国对国内和全球争取自决和社会变革的革命运动采取的高压政策相对应。世界各地的黑人解放运动和争取独立的运动迫使美国在各条战线上大力增强其军事力量。美国黑人在"禁毒战争"中被定义为罪犯，这场战争是在20世纪60年代开始用军事级别的武器武装警察以镇压黑人城市的叛乱之后直接发生的。通过将美国黑人定义为罪犯，美国有效地找到了一种便利的说辞，来证明取消社会福利和增强军事力量的正当性。美国黑人是"超级掠夺者""福利女王"和"暴徒"，用希拉里·克林顿的话说，需要通过监禁来"让他们屈服"。对"非法"移民的歇斯底里是在反贫困、"严厉打击犯罪"政策的背景下出现的，这些政策最初是为了应对社会动荡以及随之而来的美国社会秩序的退化。

移民罪犯化的根源在于黑人和穷人的罪犯化。但美帝国主义发动的战争是促使移民来到美国的首要原因。美国战争的经济引擎（economic engine）是以企业"自由贸易"协议的形式出现的，比如《北美自由贸易协定》。自由贸易协议赋予了美国企业支配被压迫国家经济组织的特权。以墨西哥为例，《北美自由贸易协定》取消了关键的国家补贴，对墨西哥农场工人造成了沉重打击。[24] 数十万人被迫前往城市，在无法雇用他们的美国工厂寻找工作。这使得一大批墨西哥工人北上美国。

美国的军事战争在移民方面也发挥了很大作用。2014 年来自洪都拉斯、危地马拉和萨尔瓦多的中美洲移民数以万计,但很少有评论家将这一发展与美国的外交政策联系起来。然而,正是里根政府在 20 世纪 80 年代对萨尔瓦多和危地马拉等国残暴的反政府雇佣军的资助,导致了不稳定和贫困,使这么多人逃离了他们的祖国。[25] 2009 年,奥巴马政府追随里根的脚步,资助洪都拉斯发生政变,导致与美国利益结盟的准军事部队获得权力。这些部队暴力镇压了社会运动,迫使许多洪都拉斯人到国外寻求庇护。

那么,"归属"美国实际上意味着认同促进移民产生的暴力、压迫和剥削。成为美国"公民"就意味着相信美国是"勇敢者的家园",而实际上它却是剥夺、反黑人恐怖运动和帝国主义的家园。在这一点上,值得回顾一下骆里山倡导的防范措施:不仅要防范排斥性的暴力,还要防范包容性的暴力。美国的移民政策只是加强了"当代人类殖民划分的长期性",骆里山写道,"在这种情况下,受国家保护的公民的生活与对被置于人类社会之外且生活遭受破坏的人群的诋毁联系在一起"。"虽然人类的天性是排斥暴力",她继续说道,"但暴力往往伴随着包容或同化进入人类社会"。[26] 我们需要一个新的公民身份概念来打破影响移民辩论的犯罪和种族主义的循环。这意味着,现在不仅需要质疑边境管制,而且需要同时构想一个没有边界的世界。

安德莉亚·史密斯敦促社会活动家和学者挑战美国固有的例外主义观念。"与其追求建立在伤害他人生命基础上的生活、自由和幸福",她写道:"我们不如设想一种建基于相互性、相互依赖和平等等原则之上的新型治理形式。当我们抛弃美国应该或将会继续存在的假设时,我们就可以开始设想更多东西,而不仅仅是一个建立在种族灭绝和奴隶制基础上的更仁慈、更温和的移民国家"。[27] 当我们质疑美利坚民族国家的永久性时,我们就会质疑其边界的正当性。美利坚民族国家的边界是由对原住民的殖民、对黑人的奴役和对海外国家的破坏而划定的。边界代表了想象中的掠夺线,它导致了这样的状况:一半的美国人口年收入不到3万美元,"非法"移民和黑人工人的收入远远低于普通工人。边界确切地表明哪种人拥有美国的土地和劳动力,而哪种人无权拥有,以及谁应该活着,谁应该死亡,谁应该过着贫穷、受压迫和被监禁的生活,而谁不应该。设想有朝一日这些逻辑的终结就是要实现安德莉亚·史密斯所说的"原住民之梦想";换言之,就是设想"一个没有美国的世界"。

如果维护或改革美国体制仍然是我们社会运动的框架,那么就不可能出现对美国迁居殖民主义和帝国主义安排的替代方案。公民身份构成了美国清白论的关键部分。例如,试图改革或改变美国法律结构的斗争,只是使其作为迁居殖民主义和帝国主义制度的基础保持不变。改革使人们对美国的认同更加强烈,就好像我们联合起来形成了一个"更完美的同盟"。"在古典自由主义传统中",佩斯利·库拉(Paisley Currah)写道,"国家被认为是一个中立的裁判,根据法治进行裁决……根据这一传统的当代剧本,政府过去基于种族和性别等方面的区别而剥夺权利,只是一种不幸的历史偶然事件,它背离了平等原则,但现在已经或很快就会得到纠正"。[28] 因此,美国被视为一个"迷失了方向"的国家,最终可以通过践行其建国原则而得到救赎。然而,在对制度进行简单调整的过程时,不断巩固我们"同盟"的战争、种族主义和剥削问题仍然没有得到解决,反而变得更加根深蒂固。

这并不意味着"非法"移民应该停止为尊严或非犯罪化而斗

争,而是意味着这场斗争不能与帝国主义统治下对所有人的压迫分开。例如,美国支持的对也门和叙利亚的破坏引发了世界各地的难民危机。比尔·克林顿、乔治·W. 布什和巴拉克·奥巴马等总统秉持新自由主义区分"值得救助的"(deserving)穷人和"不值得救助的"(undeserving)穷人的逻辑,不仅使他们将对无证移民的攻击军事化,而且还证明了黑人社区学校的私有化以及当像塔米尔·赖斯(Tamir Rice)这样的12岁黑人儿童在街头被警察枪杀的比率越来越高时他们选择沉默所具有的正当性。

这样的统治结构促使比安卡·C. 威廉姆斯(Bianca C. Williams)这样富有创造力的学者记录下那些参与"女性友人国际旅行团"(Girlfriends Tours International)的人的生活,这是一个由"黑人女性组成的团体,她们认为由于美国的种族主义和性别歧视,她们无法在美国境内经常性地体验到快乐"。她写道,通过暂时逃离美国,"她们开始寻找方法来实现她们'不可剥夺之权利'……利用侨居者的关联和想象,在牙买加追求幸福和归属感"。[29] 威廉姆斯和她的朋友们提出的问题突出了重新思考边界、归属感和民族国家的紧迫性。"作为黑人女性,是什么样的生活促使她们一再离开'机遇之地'去追求幸福?"她问道。"当美国黑人女性开始在她们国家边界之外寻求幸福和满足时,会发生什么?"[30]

美国迁居殖民主义和帝国主义下的压迫的关联性,为推进美利坚民族国家的"终结"提供了可能性。这不应该等同于政治精英们经常反驳的"恐怖主义"或鲁莽的暴力行为。相反,美利坚民族国家的"终结"将意味着通过形成一种新的社会安排来根除造成压迫和剥削的条件。在这种安排下,团结取代了边界。自决指导着国家的发展,而不是一个民族国家及其"公民"对所有其他国家行使不平衡的权力与霸权。种族区分和利润不再代表着推动社会前进的动力。取而代之的是,那些被制度剥夺和剥削的人们的需求将决定谁能控制生产资料,以及如何利用这种控制权力来创造一个更美好的世界。[31]

这样一个社会的具体化不必局限于设想,但它必须从设想开始。我们只有通过理解制度的压迫性条件并与之斗争,才能设想一个新的世界。废除边界和公民身份与无证移民在美国获得安全和尊严的诉求并不互相排斥。但要实现这种目标必须重新定义公民身份,公民身份不是作为受压迫人群的归属之地或"包容"之所,而是作为建设一个不再存在压迫的世界而进行的跨国斗争。正如史密斯进一步解释的那样,"移民权利的解放愿景并非通过在移民国家获取公民身份来实现,而是基于对移民国家本身行为逻辑的质疑来完成"。[32] 2017年9月,移民权利活动家展示了这种解放愿景,他们打断了众议院民主党领袖南希·佩洛西(Nancy Pelosi)的新闻发布会并高呼:"要么全部接受我们,要么一个都别要!"(All of us, or none of us!)他们的呼喊,如果扩展到那些被边界分隔却因被压迫而团结在一起的人,可能预示着一场能够瓦解帝国主义和迁居殖民主义逻辑的新革命运动的开始。这是一场能够实现"原住民之梦想"的运动。

第二十一章
结论：美国军队究竟为谁服务？

……我们是黑人，没有国家或民族保护我们，我们也没有获得应当受到尊重的公民身份……

——克里斯蒂娜·夏普[1]

我们的回忆与我们希望避免的可怕事情有关，也与我们向往的美好生活有关。但是什么时候决定不再回顾过去，而是设想一个新的秩序呢？什么时候才能梦想另一个国家或拥抱其他陌生人作为盟友，抑或在没有的地方开启局面，奏响序曲？

——塞蒂亚·哈特曼[2]

每当我们试图设想一个没有战争、没有暴力、没有监狱、没有资本主义的世界时，我们都无异于是在臆想。所有的组织工作都是虚构出来的。组织者和活动家们毕生致力于创造和设想另一个世界，抑或许多其他的世界……

——瓦利达·伊玛里沙[3]

在一篇题为《为什么我们一直在感谢军队？》（*Why Do We Keep Thanking the Troops?*）的文章中，前陆军游骑兵罗里·范宁（Rory Fanning）对从体育赛事、啤酒广告到教堂圣殿、机场航站楼到处宣传军队的传统提出了质疑。范宁写道："自'9·11'事件以来，感谢信就像机枪扫射一样有规律地对准了退伍军人，这可能是他们挥之不去的噩梦。"作为世界各地许多出于良心或道德原因而拒服兵役者（conscientious objector）的美国士兵之一，范宁听到了许多退伍军人朋友对外交政策的严厉批评。他说，"这些退伍军人常常觉得，美帝国主义的军事化行为正在帮助创造他们当初受命要消灭的种种敌人"。至于给武装部队成员贴上"英雄"标签的普遍倾向，范宁说这个词会让许多退伍军人感到不安，这就是他们经常拒绝这一称号的原因，而并非在假装谦逊。"绝大多数经历过战斗的退伍军人"，他解释说，"眼睁睁地看着婴儿被撕成碎片，或者他们的战友死在他们的怀抱中，或者地球上最强大的军队花费数万亿美元与世界上一些最贫穷的人作战长达13年，他们丝毫感受不到自己的英雄气概"。[4]

本书探讨了美国英雄主义、例外主义和清白论的叙事，以及它们如何影响了我们对美利坚帝国的过去、现在和未来的思考方式。这些相互关联的意识形态被统治阶级以一种掩盖历史记忆和缓解对压迫和剥削之反抗的方式加以利用。换句话说，例外主义和清白论的意识形态将群体成员从团结、自决和革命的实践中转移出来，转而引导他们走向包容性政治、人道主义干预和多元文化公民身份。统治阶级为了压制激进的政治思想和行动，一直在宣传美国及其公民是优越的进而是世界上的一股向善的力量这一信念。而美国优越性和例外主义的最大推动者之一就是美国军队。

美国军队是美国这个国家的武装机构，其借助意识形态和实质暴力强制推行例外主义和清白论。此时，对于进步和激进的学者、活动家和组织者来说，团结起来反对美国军队发动的无休止的战争或许变得空前重要。我们相信这本书将使新一代的进步人士和激进主义者有能力做到这一点。截至目前,可以毫不夸张地断言,美国军队几乎与整个世界都处于战争状态。至少有 800 个美国军事基地散布在全球各地,而且每年有近万亿美元的预算,并不缺乏资金来维持其在世界各地的致命的军队和武器库。美国在朝鲜半岛、叙利亚、乌克兰和波罗的海地区持续的军事存在,有可能引发核战争,进而威胁到人类的生存。

美国军方不会随意发动战争,这就加剧了爆发此等战争的危险。也就是说,每一次无人机袭击、每一次入侵、每一次占领,其背后必有所图。美国军方在地球的各个角落发动恐怖攻击,以获取维持以美国为主导的全球资本主义体系盈利所必需的宝贵资源。世界各国必须被迫默许美国获取经济利益,这就是美国军队经常把推翻或遏制不愿意让自己的国家被掠夺和被迫屈服的政府作为其目标的原因。美国军方现已将俄罗斯和中国列为当下"国家安全"的最大威胁。而它所做的诸多战争努力都旨在确保这两个正在崛起的大国时刻处于被消灭的威胁之下。

从美国将"重返亚洲"战略作为"遏制"中国的手段可以看出,全球核对抗的威胁已经迫在眉睫。而其他引起核摊牌的导火索还包括美国利用北约对俄罗斯进行挑衅,以及俄美两国军队在叙利亚的潜在冲突。尽管如此,美国的反战运动依旧是微不足道的。演员摩根·弗里曼(Morgan Freeman)可以与詹姆斯·克拉珀等美国情报部门领导人站在统一战线上,并宣称"我们正在与俄罗斯开战",而美国国内很少有人对此表示愤怒。[5] 特朗普政府也可以像 2017 年和 2018 年 4 月那样轰炸叙利亚,美国公众也依旧对此缄口不言。

美国公众在战争与和平的问题上普遍保持沉默,这在很大程度上要归咎于美国例外主义和美国清白论的意识形态。本书试图将这种沉默置于以下问题的背景下进行探讨：美国军队为谁服务？它能否保护我们的安全并捍卫我们的"国家利益"？是军队"赋予了我们自由"吗？这些自由属于谁？军队真的是在为我们的权利而战吗？美国军队保护的是谁？而我们如何回答这些问题，将决定着美国当前的全球毁灭进程是继续进行，还是被一场全世界共同参与的谴责美国军事侵略的新的反战运动所阻止。

不过，我们首先需要对"我们"进行定义。在阶级社会中，统治阶级的思想即代表着整个社会的主导思想。美国的阶级社会也是一个种族主义社会，它拥有人类历史上最强大的资本主义帝国。举例来说，在美国，工人与老板、美国黑人与美国白人、压迫者和被压迫者之间形成了复杂的剥削和暴力关系。美国的资产阶级，仅仅因为其占统治阶级的很大一部分，便掌握了话语权并对我们上述提出的问题做出了解答。诸如美国例外主义和美国清白论等统治阶级的意识形态，已经在美国形成了支持军队及其战争的坚实基础，这就是为什么除非这些意识形态成为批判的核心焦点，否则复苏的反战运动不可能发展。

如果我们不是从美国资产阶级的角度回答有关美国军事主宰的问题，那么我们就是从该阶级的受害者的角度来回答此等问题。我们选择从被压迫者的角度来回答它们。我们对于美国例外主义和美国清白论的反对基于一个有意做出的决定，即采取反对美国军国主义的立场。这在美国并非常态，正如特雷弗·麦克里斯肯（Trevor McCrisken）所写的那样，"美国的公职人员似乎自动地采用了代表美国例外性质的某种术语来构想他们的政策。他们这样做并不只是因为这在政治上有利，而是因为这些术语构成了他们用来理解周遭世界的语言的自然组成部分"。[6]美国例外主义和美国清白论的意识形态无疑反映了统治阶级理解周遭世界的方式。这些意识形态通过统治阶级的众多喉舌——美国的企业媒体、两党政治制度以及控制国家的垄断企业、银行和军工企业等——有意地掩盖了被压迫者的观点和生活体验。

意识到美国例外主义和美国清白论的这一主流叙事背后的人和事，是发展一种可广泛推广的替代叙事的先决条件。简言之，如果一个人的生活体验是以国家暴力为主，那么，国家暴力便更有可能成为他做出分析时的主要参考对象。反之，如果国家暴力并非他所主要体验的事物，那么国家暴力就极不可能成为其做出分析的主要依据。正如本书试图说明的那样，国家暴力是美国例外主义逻辑得以创造、传播和存在的基础。一旦被美国例外主义和清白论的叙事所蒙蔽，那么就会对"美国"的结构、制度和观念所实施的日常暴力视而不见。这就是美国国家暴力的受害者在批判美国例外主义和美国清白论方面具有独特地位的原因所在。在历史的进程中，许多人拒绝将这种暴力看作仅仅是一种反常现象，这是对作为一个国家"我们究竟是谁"的偏离。他们拒绝任何关于仁慈的说辞——我们的政府、政府的领导人、甚至某些"国家信条"将会保护我们。而且，每当美国假借所谓"善意"的幌子通过立法和发动战争时，他们总是抱持怀疑的态度。

也许没有哪个机构比美国军队更能体现美国例外主义和美国清白论了。根据这些神话，军队为谁服务是毫无疑问的，那就是美国军队为美国人民的利益服务，甚至为全人类的利益服务。服兵役被称为"服务"便是一个很好的证明。美国军队的拥护者常常把这个武装最为严密的国家机构描绘成一个慈善组织。马克西米利安·福尔特在他对国防部的 Flickr 照片流的研究中探讨了这种有效的宣传工具。尽管它们"勉强被剔除了政治色彩"，他写道，"但这些照片产生了政治效果，并被用于政治目的——它们没有讲述战争的恐怖故事，没有讲述流血和死亡，没有讲述破坏和不幸，而是描绘了类似于生日派对的东西。事实上，在大多数以美国军事人员和其他国家公民为主角的照片中，赠送礼物是一个核心特征"。[7]这些照片只是美国军方在诸如2006年公布的《美国公共外交和策略沟通国家战略》（U. S. National Strategy for Public Diplomacy and Strategic Communication）等文件中简要提到的精心策划的公共关系活动的一个方面。大量散发的美国军人在柬埔寨、海地和菲律宾等国与儿童玩耍的照片，将军队从地球上最凶残的实体变成了一个带着"自由"和"民主"的礼物、心存善意地来到世界各地帮助人们的组织。世界上大多数人经历的恐怖统治，被美国及其盟友视为一场生日派对。

美国军方为维持它实际上是世界上的一支正义力量的假象承受着越来越大的压力。人们永远不会听到美国军方谈论在2003年开始的入侵伊拉克的过程中被美军杀害的100多万伊拉克人；也永远不会看到美国军方领导人公开宣扬那些因不断使用含有毒贫化铀的美国武器而致先天畸形和罹患致命癌症的伊拉克儿童。[8]这样做将是对此等主流叙事的挑战，即美国军队保护了我们的安全，它从邪恶的暴君手中拯救了可怜的妇女和儿童，它的所作所为意在带来和平而非造成破坏。然而，美国在海外干预的现实打乱了美国军队通过保护"我们的自由"来保障"我们"或所有人安全的主流叙事。

从那些一直遭受美国国家暴力的受害者角度来看，军队保护"自由"并且保障我们的"安全"这一说法是可笑的。这些受害者包括美国黑人、美洲原住民和美国境内的"非法"移民。美国军队是这个国家殖民起源的直接产物。对黑人和原住民的奴役和种族灭绝构成了军队和整个国家的核心。美国军队从此将其殖民主义和帝国主义体系全球化；美国的军事扩张也同样确保了美国社会的军事化。美国军方借助于"1033项目"每年向地方警察部门转移价值数亿美元的武器装备。地方警察部门忠实于他们作为前奴隶巡逻队（slave patrols）的根源，以惊人的速度谋杀美国黑人。司法部2015年的一项研究发现，在2007年至2015年间，费城警方向嫌疑人开枪390次，杀死了其中的65人；在被杀的65人中，有55人手无寸铁，有80%是黑人。[9]而这只是当地警察部门对黑人占多数的城市进行的非常真实的军事式占领的一个缩影。

对美国大规模监禁黑人造成的种族不平等已有很多讨论。警察部门作为国家的武装机构，其行为方式与美国军队大体相同，因此，这两个机构之间存在特殊关系也就不足为奇了。在美国，地方警察部门每天都在黑人城市实施恐怖统治，其所作所为与美国军方在其实际统治下的非洲、亚洲和拉丁美洲的所作所为如出一辙——将尸体袋和牢房统统装满。美国例外主义宣称，美国警察和军队都在"保护和服务"美国人，以掩盖他们给人类带来的恐怖。美国清白论也宣称，军队和警察为我们所有人提供自由而非剥夺大部分人生活的自由和决定自己命运的自由。军队和警察作为大规模死亡机构的共同点被抹去了，取而代之的是这样一种观念，即它们代表了一个例外国家为改善人类生活所能做出的最伟大的牺牲。清白论的意识形态将诸如美莱村屠杀*（Mai Lai mas-

---

* 美莱村屠杀，是越战期间美国陆军第23步兵师第11旅第20团第1营C连的官兵于1968年3月16日在越南广义省山静县美莱村进行的屠杀。被杀害者包括男女老幼、甚至婴儿，亦有轮奸女性和肢解尸体。越南官方报告称，住在村中的900名平民中，568名被杀害。屠杀的消息由美国陆军封锁了一年，后来由美国记者西莫·赫许揭发，导致美国国内反战情绪高涨，国际舆论哗然。1971年3月31日，美国军事法庭因陆军中尉威廉·凯利下令开火而判处其终身监禁，然经上诉后被减刑至四个半月。另有25人被起诉，但事后皆被无罪释放。——译者注

sacre）这样的事件归结为美国军队"不按剧本行事",而事实上,它根本没有偏离美国军国主义的剧本。同样,清白论的意识形态也将维护治安工作定性为"警察的暴行"（police brutality）。这使得"暴行"与真正的警察工作背道而驰,而事实上"暴行"构成了美国警察工作的核心描述。[10]

如果美国一直造成其（殖民）边界内被压迫人民的大量死亡、遭受监禁以及经受恐慌,那么美国军队就不可能为海外国家提供自由。正如骆里山所指出的那样,纵观整个美国历史,"从对原住民的破坏和剥夺,到对非洲人的奴役,再到尚未完成的解放工作;从契约工人和移民工人被窃取的劳动成果,到美国在拉美、东亚、东北亚和东南亚,以及现在的中亚和中东地区发动战争所造成的生命损失",人们都可以看出,[11] 美国一直在窃取被压迫人民的自由。再次强调,问题的关键不在于很多美国人不知道这些情况,因而需要我们去教导他们历史上究竟发生了什么,以及这些事情是如何对现在产生影响的。这种对"教授更好的历史"的关注当然是必要的,但它往往忽略了对意识形态的认真审视,这些意识形态影响着我们对美国传统（如奴役、剥夺和帝国）的记忆、辩解或对其加以证成的方式。遵循骆里山的思路,后续同样重要甚至更重要的是,研究这些"情况是如何被美国例外主义的官方历史、通过公民身份获得自由以及通过多元主义和扩张实现进步的承诺所掩盖的"。[12]

美国例外主义承诺自由、公民身份和进步,使美国军队免于罪责,并使其对自己的行为不必负任何责任。因此,部署在海外的美军在对伊拉克、利比亚、阿富汗和叙利亚等国家的破坏中被赋予了有罪不罚的权利。美国的军事干预导致了来自中东和北非的大规模移民潮。灾难所引发的大规模海外移民现象以及强迫移民与海关执法局官员将所谓的"非法移民"驱逐出美国的行为皆系同一关系的产物。美帝国主义造成的破坏使数百万人背井离乡，早早死去，无论是美国国内的原住民被警察谋杀的比率高于美国黑人，还是在海外的叙利亚民众被美军的武器库摧毁了家园、医院和学校。

美国军方及其支持者经常抱怨叙利亚等地所谓的独裁者"杀害自己的人民"，以此来逃避责任。通常情况下，这些说法无法核实，即使它们有一丝真实性，也不会使美国军队的行动在国际法下变得不那么非法。撇开法律问题不谈，令人费解的是，鉴于找到美国杀害"本国人民"的证据是如此容易，这样的指责怎么好意思堂而皇之地提出来呢？美国对于"独裁者"杀害"自己人民"的指责和它自己杀人行为之间的区别在于，当美国杀人时，例如每年有数百名移民在穿越美国和墨西哥边境时被杀，它根本不认为受害者是人；同样的，美国也不认为每年被警察杀害的数百名美国黑人是人。对于这些人而言，美国从来不是"例外的""清白的"抑或"向善的力量"。然而，大多数美国人仍然对每天发生在他们邻居身上的国家暴力视而不见。鉴于美国军方对叙利亚或伊朗政府"杀害自己人民"的道德愤慨，人们不禁要问，为什么他们对自己的政府没有同样的愤慨？！

当然，这样做会威胁到任何标榜例外主义或清白论的主张。将美国的罪行与那些据称是由叙利亚或伊朗犯下的罪行相提并论——甚至承认美国犯了罪！——对公共关系不利。并不是说没有其他国家杀害自己的公民，比如沙特阿拉伯和埃及就是如此。然而我们几乎从未发现美国军队威胁要轰炸它们的首都。几乎可以说，美国军方把矛头指向叙利亚和伊朗，不是因为它们犯下了什么特殊的、不可饶恕的罪行，而是因为它们恰好是美国统治阶级认为摧毁它们对实现其在该地区的经济和战略利益至关重要的两个国家。

因此,当美国政府指控叙利亚的"种种罪行"时,例如指控叙利亚使用化学武器杀人,美国人表示愤怒也是不足为奇的。毕竟,企业媒体会毫不犹豫地反复提醒我们,化学武器会导致一种痛苦且折磨人的死亡方式。对此,除了化学武器作为"大规模杀伤性武器"与常规武器相比效率很低这一事实外,公众并无异议。然而,企业媒体没有报道的是,与资本主义通过美国政府制造的令人痛苦的死亡相比,未经证实的化学武器袭击显得多么地苍白无力。企业媒体指责其他国家的暴行,却忽视了资本主义在美国境内造成的数以百万计的伤亡。也许是因为化学武器造成的死亡更容易被看到,对于 CNN 的摄影记者来说,拍下孩子们痛苦挣扎的照片以唤起公众的同情并非一件难事,而要用镜头捕捉到种族资本主义造成的缓慢的、痛苦的以及致命的破坏性暴力则要困难得多。塞蒂亚·哈特曼将这些往往不为人知的"结构性暴力形式"(forms of structural violence)描述为"持续造成大部分人口过早死亡,这并非正面攻击、战争抑或无政府暴力的结果,而是由缓慢且持久的暴力导致。此等暴力致使每天都有人死于贫困、被忽视、监禁、极端形式的剥削以及被社会边缘化"。哈特曼总结道,对许多美国人来说,"这可能看起来是一种不能归咎于他人的暴力,抑或根本算不上暴力。但它的确会产生定期的死亡人数"。[13]

我们可以想象,如果中国、伊朗,甚至于美国的盟友德国,因为美国"杀害自己的人民"和侵犯人权而决定对美国进行军事干预,美国将会作何反应。这种情况在诸多方面听起来都很荒谬。首先,这些国家没有兴趣挑衅像美国这样有好战记录的核大国，而且它们也不具备在美国边境先发制人的能力。但我们必须扪心自问，为何美国军方有权对其他国家如何管理自己指手画脚，而其他国家却不被允许批评美国的同样行为？如果美国真的关心保护我们的"自由"，为何没有采取任何措施来缓解普通美国人生活水平的不断下降？发动战争的权利似乎是美国的专属权利。当美国在世界各地的军事干预行动造成的数百万人死亡被认为是"附带损害"时，美国人很容易感到自己是个例外。当美国人与本国境内每天都有数百万人过早死亡的情况完全隔绝时，为军方惩罚外国领导人（据称）杀害本国公民的行为欢呼雀跃也就变得更加容易了。简言之，美国军方所谓的"保护自由"的任务并不适用于数百万遭受资本主义法则之害的美国人。

  美国军队在阿富汗、伊拉克和利比亚杀害了数百万人，却很少关注美国每年因缺乏医疗保险而死亡的数万人。[14] 此外，美国军方每年接收7000亿美元用于干预"恐怖主义"国家以及推翻被指控犯下侵犯人权暴行的"独裁者"，然而对于被归类为"准贫困阶级"的50%美国人，它却未尽到"干预"之责。美国军方以"民主"之名在国外促成了数十次政变，但似乎对许多观察家所总结的美国的运作更像寡头政治而非民主政治的事实不感兴趣。[15] 密歇根州弗林特市的居民在2014年被发现饮用了有毒的饮用水，然而并没有美国军队被派遣到这里援助他们。同样，美国军队也未被部署到亚拉巴马州的朗兹县，在2017年联合国特别报告员的一项研究中发现该县有1/3的人感染了钩虫病，这种情况通常发生在欠发达的所谓"第三世界"的国家中。[16]

  难怪大多数美国人对暴力有一种扭曲的理解。美国的资本主义迫使数以百万计的人因毒瘾、精神疾病和失业而自杀，这其中不乏许多白人。[17] 而对上述情况的担忧则被认为不属于美国军队的职责范围。即使存在诸如与当地警察部门合作残害美国黑人，派遣美国士兵到国外打仗却让他们在归国后无家可归，与美国情报部门协同部署无人机监视美国公民等种种劣迹，美国军方依被视为自由的仲裁者。[18] 美国例外主义和美国清白论的意识形态使美国民众无法将现代美国资本主义在国内强加的死亡与美国军队在国外统治带来的苦难联系起来。

美国军队不会保护"我们的自由"，或者说，它可能会保护一些人的自由，但绝对不是大多数人的自由。美国军队保护的是那些受益于白人至上主义和美帝国主义之人的自由。这些相关制度的次要受益者是被归类为白人的个体，这些人享有名义上的特权，不会仅仅因为他们的种族身份而面临即将死亡的生活。然而，由于生活水平下降，许多普通的美国白人也感到了"战争疲劳"。因此，战争的主要受益者是富人和有产阶层，当然，最重要的是公司和银行的所有者。美国例外主义和美国清白论的意识形态之核心其实一直都是白人至上主义，它们被用来为富人服务。而白人至上主义的主要功能则是在白人性的旗帜下普遍化统治阶级的利益，以削弱统一的、基于阶级的抵抗压迫和剥削的潜力。

美国例外主义和美国清白论使得军队背后的强大利益普遍化。我们被欺骗了，以为美国军队在世界各地所保护的"繁荣"和"自由"也适用于穷人和被压迫者。而事实恰恰相反，战争提高了雷神公司（Raytheon）和其他军事承包商的股市数据和利润，却没有提高大多数美国人的收入，抑或改善其就业前景。战争提高了石油公司的生产力，增加了华尔街银行发放贷款的机会，但并没有把美国学生从数万亿美元的学生贷款债务中解放出来。美国军队给世界上的大多数人带来的只有贫穷、痛苦和暴力，它依赖不断营销其例外和清白的性质以及将其目标敌人污名化的方式来维持正当性。

对美军的美化以及对美军的目标国家与人民的污名化这两者之间的关系强化了白人至上主义的功能。这一点在美国谈论军队的方式上体现得尤为明显。当美国军队正在因为他们的"服务"而备受赞誉时，那些战争中的受害者却在遭受着非人的对待。对美国军队的感谢将他们神化，并使得他们代表统治阶级所发动的战争正当化。战争被巧妙地美化为捍卫所有人"自由"和"民主"的英雄行动，士兵们则是这种英雄主义的化身，并因所谓"保护"美国人的利益免受那些劣等国家和民族的侵害而受到颂扬。正如本书所解释的那样，劣等的标签被贴在了共产主义者、民族主义者以及最近的"恐怖分子"身上，以证明统治阶级从美国军事扩张主义中获得的战利品、权力和利润是正当的。美国军队以英雄主义的形式代表了"白人性"，而与之相对应的是更黑暗的国家和民族带来的"威胁"。

没有哪天能比退伍军人节更能反映美国士兵的种族化了。每年的11月，很多美国人都会放假一天，以此纪念退伍军人在战争中的英勇牺牲。总统或副总统会发表讲演，企业媒体也会不厌其烦地播放有关美国军队英勇事迹的节目。2014年，奥巴马政府在众多企业合作伙伴的帮助下扩大了庆祝活动的规模。星巴克（Starbucks）、大通银行（Chase bank）和HBO电视网在华盛顿特区的国家广场上举办了"英勇音乐会"（Concert for Valor），并邀请了奥普拉·温弗瑞等主持人以及布鲁斯·斯普林斯汀（Bruce Springsteen）等流行音乐人参加。

在音乐会举行之前，前陆军游骑兵罗里·范宁有一些非常重要的问题要发问，诸如：

美国为获取石油而将穆斯林国家恐怖化所消耗的数万亿美元,自"9·11"事件以来这个国家的警力和监控力度的不断升级,以及由于乔治·W. 布什和巴拉克·奥巴马发动的战争而失去的数十万生命,在"英勇音乐会"中是否会被提及?会有人为切尔西·曼宁、约翰·克里亚库(John Kiriakou)抑或爱德华·斯诺登——他们中两人正在狱中受折磨,另一人尚在流亡中——对美国人民的付出而献上一首歌吗?"英勇音乐会"是否会让人们意识到,直到今天,退伍军人仍旧缺乏适当的医疗护理,尤其是心理健康问题,抑或让人们意识到在这个国家每 80 分钟就有一名退伍军人自杀?让我们希望他们能在鼓声独奏之间找到时间去思考这些问题,但我自己并不指望。[19]

范宁的问题在音乐会上没有得到回答。如此盛大的退伍军人节庆祝活动旨在通过给予美国士兵的牺牲以特殊对待的方式,让美国人忘记世界各地在美国军队手下受苦受难的数百万人。由于美国军队被赋予了几乎神圣的地位,人们自然而然地认为他们所进行的战争是"好"的战争,是"正义"的战争,是造福全体美国人而非仅造福富人的战争。正如另一位参加过伊拉克战争的退伍军人文森特·埃曼纽尔(Vincent Emanuele)所说,退伍军人节是"美国社会最空洞、最荒谬的节日之一。除非你持有洛克希德·马丁或高盛公司的股票,否则真的没有理由感谢我的'服务'。我们摧毁了伊拉克,杀害了无辜的人,我们肢解尸体,折磨囚犯。而我们所做的这一切都是为了地缘政治和企业利益"。[20]

诸如范宁和埃曼纽尔这样的退伍军人的证词表明,一些对美国外交政策最为猛烈的、最有见地的批评来自于那些被要求参加美国战争的人。往往是那些亲身经历过军队破坏性的人才能够最好地将和平努力动员起来。正如罗里·范宁所观察到的,自2001年以来,大约有5万名反战人士加入了军队,"我认为回国的退伍军人在反对剥削和压迫的斗争中发挥积极影响的潜力非常高。向他们伸以援手并将他们组织起来,将所看到的不公正现象公之于众迫在眉睫。与退伍军人的交流真的很重要"。[21] 文森特·埃曼纽尔以其在伊拉克的经历分享了一个更为个人化的观点,这一观点是对美国战争机器的有力谴责。"较之死在海外的人数,我所在的排的海军陆战队员回国后自杀的人数有过之而无不及",他写道。"不过,退伍军人们还可以回家,至少他们中的大多数还可以回家,然而伊拉克人则不得不在山姆大叔疯狂征战所遗留的各种问题中度过余生。"

然而,由于美国例外主义和清白论的意识形态基本上没有受到挑战,许多美国人实际上已经开始享受美国的军国主义,甚至将其作为娱乐消费的一部分。正如亨利·吉鲁(Henry Giroux)所阐释的那样,迪士尼公司与美国军方在合力塑造美国政治、经济和军事霸权的良好形象方面有着悠久的历史。[22] 虽然吉鲁所关注的是迪士尼公司在后"9·11"政治气候下对诸如《超人总动员》等电影的宣传,但必须注意的是,即使是像票房大卖的《黑豹》这样所谓"进步的"迪士尼电影,也同样再现了对美国军国主义危险的美化。在这部影片中,马丁·弗里曼(Martin Freeman)饰演的中央情报局特工与一位虚构的非洲国家的领导人合作,将该国从一场致命的"内战"中拯救了出来。一名美国黑人男性被设定成反派,而这位"仁慈"的中情局特工则通过谋杀和残害非洲人的方式将他们从这位反派的暴虐统治中解放出来。这部电影与其他许多迪士尼作品一样,毫不掩饰地将美国军方描绘成英雄而将其对手塑造成一个恶棍。在这部电影中,那个"恶棍"便是剧中名为"艾瑞克·克尔芒戈"(Erik Killmonger)的美国黑人。这种表述完全否定了这样一个事实,即中央情报局在历史上通过镇压从加纳到南非的独立革命运动在非洲制造混乱方面扮演了举足轻重的角色。

对美国垄断和金融资本体系(简称帝国主义)的抵抗目前正处于低谷,正是因为美国例外主义和美国清白论将美国军队美化成了一个标杆,一个体现了美国人在他们充满传奇色彩的国家所应珍视的一切的标杆,而根本不顾它在整个地球上散播的压迫、剥削和恐怖。本书所涉主题是有意选择的,以证明美国例外主义和清白论在美帝国主义的再生产中所扮演的关键角色。美国例外主义和清白论的叙事将美国这个民族国家捧为拥有有史以来最为卓越的社会秩序。而它的不完美之处,无论多么明显,也都只是一个污染了原本清白意图的小瑕疵而已。不公正和压迫并不被视为国家结构的基础,而是我们可以忽略不计抑或被抹黑的不幸事件。而如果要对美帝国主义战争进行有效的抵抗,则必须挑战支撑着它的意识形态。

我们以本书为契机,对美国例外主义和美国清白论的意识形态进行了分析,因为这些意识形态不仅影响着历史记忆,还同样影响着诸如种族、阶级和帝国等当代问题。我们聚焦美国这个国家在奴隶制、种族灭绝和企业窃取(corporate theft)方面的根源,以证明美国例外主义和清白论的主流叙事是如何导致许多美国人忘却、歪曲甚至原谅国家的种种罪行的。这种歪曲导致了对美利坚民族国家及其帝国体系的粉饰,甚至当反对种族主义、贫困以及其他重要问题的社会运动兴起时,此等歪曲还在发挥着作用。许多美国人相信美国本质上是"民主"的,美国军队是在世界各地传播"自由",这使得许多社会运动无法对美帝国主义体系本身进行谴责。而本书旨在激起对美国例外主义和清白论的广泛批判,进而推动美国人去设想一个没有美国战争、没有华尔街和白人至上主义主导的剥削机构的世界。

这种抵抗应该是什么样的?它最终应该从狭隘的美国民族主义抑或"全球化"的论争中跳脱出来,而将其重点放在国际团结的建立之上。美国优越性的观念最终将美国人与世界其他地区隔离开来。而过去在美国以及世界各地倡导国际团结的运动可以为将来的长期斗争提供富有成效的经验。在20世纪60年代和70年代,诸如黑豹党这样的组织与为摆脱美国侵略而奋力斗争的越南人民建立起了联系;夏威夷的原住民活动家也在同一时期与越南人民达成了共同的目标。黑豹党和夏威夷原住民活动家都认为,他们反对压迫的斗争与越南人民的反侵略斗争紧密相连,因为他们的不幸有一个共同的根源,那就是美帝国主义。[23]

最终,这些运动不得不拒绝美国的例外主义和美国清白论,以将自己与美利坚帝国的政治区分开来。在黑豹党看来,美国警察对黑人的谋杀与美军对越南平民的杀戮没有什么不同。同样,夏威夷原住民活动家也被美军窃取土地的行为政治化,这些土地随后被用来帮助占领和轰炸越南。正如西米恩·曼(Simeon Man)所阐释的那样:

> 正是自由主义和战争,"天堂"和"种族灭绝"——使得20世纪70年代早期的反战和反驱逐斗争变得激进,并将其转化为一场更广泛的争取夏威夷主权的运动。1976年,夏威夷原住民活动家占领了卡霍奥拉维岛(Kaho'olawe),抗议该岛被持续用于军事轰炸。他们将早先在卡拉玛山谷(Kalama

Valley）提出的为"当地人"保留土地的口号改为更迫切的要求，即保护原住民的土地免遭军事使用和破坏。这些原住民基于其与生俱来的权利而对土地和主权提出的主张，在20世纪80年代继续激励着夏威夷运动，激励着其他跨太平洋联盟（transpacific alliances），"诸如美国大陆上的印第安人活动家的联盟，整个南太平洋的反核独立斗争，以及亚洲和联合国的国际网络等"。事实上，如果这场夏威夷的越南战争（Hawai'i's Vietnam War）传奇地揭示了美国在太平洋地区以"解放"之名利用种族和帝国残留力量在越南发动战争的过程，那么，由此催生的运动不仅要努力使得抹除和否认美帝国主义成为可能，同时还要实现一种与美国发动战争时高呼的"解放"完全不同的解放。[24]

基于此，反对美国战争的抵抗努力必须拒绝美国军方对解放的定义，而用自己的定义取而代之。黑豹党将解放定义为完全以新的社会主义制度取代美帝国主义。黑豹党与美国印第安人运动（American Indian Movement, AIM）建立了联系，并向越南、莫桑比克以及世界各地在他们看来在为了同样的事业而努力的其他解放斗争组织发出了合作邀请。而如果黑豹党认为美国是一个例外的国家，其缺陷仅仅是通过改革便可消除的异常，那么以上这些举措便不会发生。由此可见，与世界各地受压迫民族建立国际团结，至关重要的第一步就是摒弃美国例外主义和美国清白论的意识形态。

本书旨在成为一个工具，用以帮助重建目前正命垂一线的美国反战运动。诸如黑人和平联盟（Black Alliance for Peace）和退伍军人和平组织（Veterans for Peace）等团体的英勇努力，使得反帝主义的精神在美国例外主义似乎胜券在握的时期得以延续。这些团体强调了团结一致在任何一种政治气候下的重要性。而随着美国在世界各地无休止的战争中越陷越深,我们也不乏支持这些团体的理由。近年来出现的众多社会运动表明,民众对现状的幻灭感正在不断增加。越来越多的人开始对美帝国主义在国内造成的悲惨状况感到不满。鉴于种族在美帝国主义再生产中的核心地位,本书对美国军国主义与诸如"黑命攸关"等反种族主义运动之间的联系给予了特别关注。将军国主义与这些悲惨状况抑或由此催生的运动联系起来的情况,并不多见。

  我们所表明的是,如果社会运动想要取得成功,就不能将其注意力局限在单一社会议题上。更为重要的是,社会运动如果不能与美国军国主义以及美利坚帝国作斗争,就会在社会变革的努力中落空。自20世纪70年代以来,诸多社会运动试图在避免对帝国和战争进行彻底审查的情形下对一些重要的社会议题进行变革。比如说,废除监狱运动要求以其他方式替代对230万人的大规模监禁,其中近一半是黑人。该运动正确地认为监狱系统是动产奴隶制的延伸,是对黑人劳工的政治压迫和可随意处置制度的产物。但几乎没有监狱废除主义者将减少大规模监禁的要求与缩减美国在海外的军事冒险行动联系起来。然而,美国军队和美国监狱系统是一场更为广泛战争的副产品,这场战争是针对被压迫人民的,是为产生它们的同一社会秩序的利益服务的。监狱很可能被认为是国内施行酷刑的场所,而狱警则是国内的士兵,他们的武器与美国军队拥有的武器一样。[25]

  环境正义运动的情况也是如此。美帝国主义的确把世界的生态环境搞得一团糟,但为何作为世界上最大的污染者之一的美国军队却很少受到环境正义倡导者的谴责?充斥着有毒物质的环境将对环境卫生和人类健康产生负面影响，即便美国自身也不能幸免于难，但在美国军方拒不承认这一看起来显而易见的事实时，环境正义倡导者道德上的愤慨又在哪里呢?[26] 同样，共同为15美元的最低时薪而抗争纵然是一件有价值的事业，但社会运动也并未因美军在迫使其他国家制定强调低工资的自由市场政策中所扮演的角色，而将美军作为抗争的对象。对于美国的军事预算占了所有可自由支配的联邦开支的50%以上，超过教育预算近十倍这样一个事实，维护公共教育的运动也没有提出质疑，也几乎很少反对将贫困学生作为征兵的目标;[27] 或者如康妮·温等学者所指出的，今天的"学校纪律政策有助于为学生创造军事化'监狱式'的环境"。[28]

在执政精英看来，对美国军队固有的德行进行质疑不单单是对战争正当性的威胁，而且，其对于需要战争支持的美国利益和权力体系的合法性也是一种威胁。美国例外主义和清白论的叙事借助于将注意力从美国数万亿美元的军事负担及其与美国种族主义、资本主义和帝国主义野心之间存在的诸多联系上转移的方式，限制了这个国家进步力量和激进力量的努力。

那么，在瓦解美国军国主义上我们应该做些什么呢？首先，进步人士和激进分子需要一个能够把美国挣扎于满足基本需求的广大民众团结起来的方案。正如阿齐兹·拉纳所说，这样的方案将"反对美国的国际警察权——假定的干预权力——并拒绝将任何社群作为服务于国家安全目的的工具"。他的要求很简单：全球致力于社会民主的建设而不是自由市场的资本主义，致力于美国及其盟友的非军事化，确立起"不伤害"的原则（"do no harm" principle），在该原则之下，美国的干预无需再经辩论而是被直接禁止。此外，还包括要求通过发展关注人类需求而非战争和利润的替代机构来改造国家安全机器。[29]

然而，真正彻底的反战运动必须比这更进一步。当然，必须提高对医疗保健、就业和教育的社会民主要求，以满足美国广大民众的物质利益。鉴于大规模监禁、管制和监视在美国社会中所扮演的重要角色，对种族主义和奴隶制的死后生命的反对也必须成为议程的一部分。但是，反对战争和军国主义不应仅仅为了美国社会的非军事化会给生活在美国的人们带来潜在的好处，还应当同世界各地因家园被破坏而背负不可估量债务的人民团结起来，共同抵抗战争和军国主义。这种跨国团结至关重要、必不可少，因为此等破坏的根源在于美国原住民和黑人的困境，而他们的财富和为人的资格也因奴隶制、剥削和种族灭绝而被剥夺。当然，这并不要求我们把奴隶制造成的压迫和美国军队造成的压迫等同起来。恰恰相反，如萨拉·艾哈迈德（Sara Ahmed）所提醒我们的那样："团结并非推定我们为同一件事而抗争，忍受着相同的痛苦，抑或心怀同样的未来。团结包括口头承诺和实际行动，以及意识到即使我们没有相同的体会、相同的生活抑或相同的身体，但我们确实生活在共同的基础之上。"[30]

本书呼吁我们去设想一个不再需要美国军队的新社会，并为之奋斗。这个新社会需要我们摒弃美国例外主义和美国清白论的意识形态。而摒弃这些意识形态不一定意味着要学习新的抑或更多的东西，也不意味着一定要被教导历史上究竟发生了何事，抑或何为美国海外战争的真正驱动力。相反，这需要一个漫长而痛苦的忘却过程。这个忘却的过程是纠结而令人不安的。它之所以令人不安，是因为坚持这些便利且诱人的叙事兹事体大。因此，放弃这些叙事同样兹事体大。要放弃我们对美国例外主义、美国清白论以及"美国"本身的依恋，需要进行一场彻底的变革。这不仅仅要求我们舍弃所有来自"美国性"的政治和经济利益，也不仅仅意味着我们必须承认我们国家的建立方式是错误的，抑或将政治权力让渡给那些在国内外受压迫的人民和国家。更令人不安的是，这需要一种完全不同的思维、感知和感觉方式。这需要以一种完全不同的方式存在于这个世界。

而美国例外主义和美国清白论的意识形态同资本主义、帝国主义、自由主义、迁居殖民主义以及反黑人需要（anti-Black imperatives）之间存在的错综复杂的联系，会使整个忘却过程变得更加困难。这些需要得到了来自华尔街、五角大楼以及国家机构中的强大利益集团的支持。同样的，这些与例外主义和清白论相联系的意识形态以及它们的支持者不仅仅塑造了我们的思想，甚至也深深地影响了我们实际"存在于这个世界"的方式。它们限制了我们思考"其他可能性"的能力。诚然，摒弃美国例外主义和美国清白论的意识形态确实不会导致非正义完全消除，但有一点是毋庸置疑的，那就是我们为集体解放而进行的斗争必须始终抵制那些鼓吹美国是仁慈的、热爱自由的"假新闻"。

也就是说，本书最好被作为一种邀请来阅读，以考虑一旦美国例外主义和美国清白论的意识形态被揭穿和被否定，可能出现的新型问题和新的可能性。设想一个没有这些意识形态的世界，不仅需要我们将之忘却，还需要我们将其消除。许多美国人发现很难以其他方式思考和呼吸。[31] 很难想象一个不再秉持例外主义和清白论的美国的世界，更难想象一个完全没有"美国"的世界，一个个人的主要依恋和忠诚不与民族国家、其边界及其帝国主义行为相联系的世界。打破此等联系需要一种类似叛教行为的灵魂层面的决裂。这将要求我们停止在美国民族主义祭坛上的崇拜，停止祈祷上帝保佑美国，停止追求"更完美的联盟"。这将要求我们放弃林肯眼中的"地球上最后的、最好的希望",而将希望寄托在他处,去探求那些"可能暗含政治潜力,暗示着其他叙事,并使我们能够对多种未来持开放态度"的颠覆性做法。[32] 简言之,放弃我们与"美国"的联系,将迫使我们重新思考我们为谁的生命哀悼,谁是我的邻居,以及什么样的世界是可能的。

后 记

格伦·福特

"正如众多法律学者所言,我有赦免自己的绝对权利……",[255] 唐纳德·特朗普总统在推特上这样写道,以此宣称其拥有赦免自己过去、现在以及未来所有罪行的固有权利——这种做法非常"美国"。特朗普完美地体现了他所领导的这个国家的历史个性和特征。这位地产大亨和富二代发现了治理和历史的另一种情形:美国总统是活生生的、有生命的法律规则之例外(这里指的是美国法律),是唯一算数的法律,除非在他不算数的情形下,而是否算数则由总统决定。对特朗普来说,该情形的真实性是不言而喻的,因为这样符合他的利益。相较而言,国际法则是个无足轻重的东西,是对劣等种族之抱怨和牢骚的编纂。

在特朗普简便的法律构造之下,如果美国总统宣称自己是清白的,则他们就永远是清白的。这个国家一半的人——直到最近才算是唯一重要的、最白的那一半——对特朗普的自我开脱并不觉得有何不妥。美国的绝大部分白人会本能地赦免前任总统犯下的足以玷污国家清白的所有恶劣罪行,因为清白是这些公民坚持认为属于其个人和集体的"美国"遗产和特权。他们非常爱惜清白论这种具有免罪(洗白)功能的灵丹妙药。这使得他们与众不同,让他们有别于那些容易被白人赋予的特征识别出来的"非美国人"。

清白构成了这些美国人身份的核心，这让他们相信自己在这个世界上是独一无二的。他们是一群心怀善意的人：他们不会犯罪，只会"犯错误"，而无论别人是否原谅其所犯之"错误"，他们也都会立即原谅自己。他们常常被那些心怀不轨的人、邪恶的下等人、劣等人、可恶的人围攻，这些人看不到"美国人"到底有多么无辜和善良。

　　他们的美国信条是一种循环往复的精神错乱：制造无数的谎言去为最令人发指的罪行辩护。是的，如果美国人承认发生过这样的事情，那么这些就都是"白人"的罪行，而也正是因为这些是罪行，白人才为自己保留了被宽恕或被遗忘的权利。殖民主义、种族灭绝、大规模奴役人类的罪行以及最终演变为帝国主义的全球罪行，甚至在还未成为历史之前就被抹除得一干二净。历史被改写，甚至在其展开之时就被转变成了谎言，被精心策划以契合谎言大师编造的神话。

　　1776 年，东海岸英国殖民地上的白人迁居者让自己脱离了英国王室的控制，也脱离了自己过去和现在一直被殖民的现实。从那时起，全世界都会注意到"美国人"——这些在两个相连的大陆上占据一小块土地的白皮肤之人，他们为自己保留了"美国人"的称号，像拿到整个半球的所有权让与契约那般到处宣扬——正在建立一个"自由帝国"，而且必须以他们的宏伟事业所宣传的价值来对其进行评判，他们的善行是显而易见和无可争议的。这场伟大事业的探索进展如何，哪些事实可以作为评估该进展的依据抑或哪些可以被看作事实，则由他们进行评判。他们会撰写自己的历史——无论是之前的还是之后的历史——并按照自己的意愿对其加以修改，以此作为新美国人的教义问答书（catechism）。

乔治王，就在昨天还是他们敬爱的君主和保护者，现在却阻碍了"自由"事业。而"自由"事业是人类以往所有努力的终极目标，它允许新美国人可以自由地将其对原住民的战争扩大到阿勒格尼山脉以外，这样"自由"便有了发展的空间［另一个富有远见之人*将其称为"生存空间"（Lebensraum），即为了更高的目标而消灭数以百万计的人，以服务于一个优越的民族］。拥有和投资黑人动产奴隶制度的权利——这个新宣布独立的国家主要公民的主要财富来源——必须得到保障，不容挑战。

英国人在这两方面都是不可信的。一方面，乔治国王没有权力、兴趣抑或远见去约束一个容许谈论逐步废除奴隶制的议会。另一方面，国王"……一直试图煽动我们边疆地带的居民，而众所周知，那些残酷无情的印第安野蛮人奉行一套不分男女老幼一律格杀勿论的战争准则（rules of warfare）"。

这些"战争准则"是"美国人"所熟知的，因为这是他们在"新世界"获得滩头阵地采取的方式。而这个滩头阵地则是规模超乎他们想象的"自由帝国"的发射台。在美国人自己看来，他们的战争是为了完成开化任务，因而所有的抵抗都是对更伟大的人类利益的侵害。当独立战争还在激烈进行时，托马斯·杰斐逊（Thomas Jefferson）告诉他未来主要的土地掠夺者乔治·罗杰斯·克拉克（George Rogers Clark）：在圣战初期试图用武力吞并北部英国殖民地的帝国建设者们被说成是侵略者，这迫使"美国联盟"（American union）建立"一道屏障以防止加拿大大不列颠省的危险扩张，并为自由帝国增添一个广阔而富饶的国家"。

尽管是迁居者们打响了战争第一枪，但美国神话依旧认为英国人是侵略者。加拿大的英国人因为在《独立宣言》发表的前一

---

* 这是特指希特勒。——译者注

年成功地击退了美国佬的入侵,所以他们是诡计多端的坏人。美洲原住民是迈向自由的巨大障碍,因为他们不愿轻易地被"美国人"灭绝。而那些黑人奴隶——其数量在分离出来的殖民地上占非原住居民的1/5——则对他们能为新生的自由帝国进行无偿服务而不够感激。当战争打响时,黑人压倒性地站在了英国王室一边,因为王室给予了那些愿意拿起武器反抗叛军的人实际的自由。而当英国人从切萨皮克湾的约克镇撤离他们被击败的部队并带走5000名黑人士兵以及他们的家人时,乔治·华盛顿的士兵站在岸边叫喊着:"把我们的黑鬼还给我们!"

这些迁居者借为"自由"而战之名奴役了数百万人,杀光了挡在他们"自由之路"上的每一个人,索取和窃取了一块他们甚至没有正确测绘过的大陆。

奥威尔晚了两个世纪*。为了追求无限的积累,建国思想家们颠覆了英语,将人类的每一种价值和愿望都转化成与之相反的东西,所有这些都是为了服务于他们狂热的无限积累事业。

而时至今日,他们依旧在这样做。美国统治者蔑视国际法对其帝国野心所施加的限制,并将他们自己弹出式的伪法律方便原则(pseudo-legal doctrine of convenience)附加在上面:强国有权出于"人道主义"原因对他国事务进行军事干预。当然,这是美国为自己保留的特权。国家主权、边界的不可侵犯性以及所有民族自决的普世权利——规范人类行为的法典是被称为"文明"的东西存在的最佳证据——都被视为如今正在严重衰退的自由帝国的障碍。

文明与21世纪的美利坚帝国就如同美国原住民与18世纪的

---

* 此处为作者的一种讽喻,意思是若英国著名小说家乔治·奥威尔提前两个世纪出生,应会对美国建国思想家们的作为予以强烈的批判。——译者注

白人迁居者国家一样不能共存。正如罗伯托·西尔文特和丹尼·哈方巧妙阐述的那样，美国例外主义的意识形态是白人至上主义的浓缩化和武器化的表达——将犯罪视为与生俱来的权利，无须感到内疚抑或遗憾。当然，唐纳德·特朗普相信自己是清白的，他正在为美国而工作，这是世界上最高尚的事业，因为美国人是最高尚的人。这是一种循环往复的"不言自明的真理"。

你可以拿你的"昭昭天命"来打赌。

注 释

序 言　向强迫我们忘却的暴力反击

[1] Paul Krugman, "Fall of American Empire," *New York Times*, June 18, 2018, cited in Nathan J. Robinson, "Liberalism and Empire," *Current Affairs*, July 17, 2018: https://www.currentaffairs.org/2018/07/liberalism-and-empire.

导 言

[1] Viet Thanh Nguyen, *The Sympathizer* (New York: Grove Press, 2015), 190.

[2] Jasbir Puar, *Terrorist Assemblages: Homonationalism in Queer Times* (Durham: Duke University Press, 2007), xviii.

[3] Mike Wendling, "The (Almost) Complete History of 'Fake News,'" *BBC*, January 22, 2018, https://www.bbc.com/news/blogs-trending-42724320 (accessed June 17, 2018).

[4] Editorial Board, "Blaming America First," *New York Times*, February 7, 2017, https://www.nytimes.com/2017/02/07/opinion/blaming-america-first.html (accessed June 17, 2018).

[5] See Jaap Kooijman, *Fabricating the Absolute Fake: America in Contemporary Pop Culture* (Amsterdam: Amsterdam University Press, 2008), 52.

[6] Tanine Allison, "How to Recognize a War Movie: The Contemporary Science-Fiction Blockbuster as Military Recruitment Film," in *A Companion to the War Film*, ed. Douglas A. Cunningham and John Nelson (Hoboken, NJ: Wiley Blackwell, 2016), 255.

[7] Saidiya V. Hartman and Frank B. Wilderson III. "The Position of the Unthought," *Qui Parle* 13, no. 2 (April 1, 2003): 196.

[8] Natsu Taylor Saito, *Meeting the Enemy: American Exceptionalism and International Law* (New York: New York University Press, 2010), 229.

[9] Nelson Maldonado-Torres, "Fanon and Decolonial Thought," in *Encyclopedia of Educational Philosophy and Theory*, ed. Michael A. Peters (Singapore: Springer, 2017), 800.

[10] Joy James, *Seeking the Beloved Community: A Feminist Race Reader* (Albany:

State University of New York Press, 2013), 285.

〔11〕 Donald Pease, "Preface," in *Literary Counterhistories of US Exceptionalism*, ed. Joseph Darda, special issue, *LIT: Literature Interpretation Theory* 25. 2 (2014): 74.

〔12〕 Hortense J. Spillers, " 'The Little Man at Chehaw Station' Today," *Boundary* 2 30, no. 2 (2003): 6.

〔13〕 Ibid., 7.

〔14〕 Aslı Bâli and Aziz Rana, "Constitutionalism and the American Imperial Imagination," *University of Chicago Law Review*, Vol. 85 Issue 2, (March 2018): 260.

〔15〕 Lisa Lowe, *The Intimacies of Four Continents* (Durham: Duke University Press, 2015), 137.

〔16〕 Ibid., 3.

第一章 "他们为什么要恨我们?"——美国清白与历史记忆

〔1〕 Joy James, *Seeking the Beloved Community*, 199.

〔2〕 Jasbir K. Puar, *Terrorist Assemblages*, 112.

〔3〕 Kyoo Lee, "When Fear Interferes with Freedom: Infantilization of the American Public Seen Through the Lens of Post-9/11 Literature for Children," in *Constructing the Nation: A Race and Nationalism Reader*, ed. Mariana Ortega and Linda Martín Alcoff (Albany: State University of New York Press, 2009), 49.

〔4〕 Aslı Bâli and Aziz Rana, "Constitutionalism," 259.

〔5〕 Joy James, *Seeking the Beloved Community* 198.

〔6〕 K. J. Holsti, "Exceptionalism in American Foreign Policy: Is it Exceptional?" *European Journal of International Relations* 17, no. 3 (2010): 384.

〔7〕 Jason Dittmer, "Captain America's Empire: Reflections on Identity, Popular Culture, and Post-9/11 Geopolitics," *Annals of the Association of American Geographers* 95, No. 3 (Sep., 2005): 630.

〔8〕 Ibid.

〔9〕 Robert Jewett and John Shelton Lawrence, *Captain America and the Crusade Against Evil* (Grand Rapids: Eerdmans, 2004), 34-35.

〔10〕 George W. Bush, "Address to a Joint Session of Congress and the American People," September 20, 2001, http://edition.cnn.com/2001/US/09/20/gen.bush.transcript/ (accessed June 18, 2018).

〔11〕 Donald Pease, "Preface," 75.

〔12〕 Carrie Tirado Bramen, *American Niceness: A Cultural History* (Cambridge: Harvard University Press, 2017), 7-8.

〔13〕 Holsti, "Exceptionalism," 395-396.

〔14〕 Puar, *Terrorist Assemblages*, 113.

〔15〕 Jasbir K. Puar and Amit Rai, "Monster, Terrorist, Fag: The War on Terrorism and the Production of Docile Patriots," *Social Text* 20, No. 3 (2002): 119-120.

〔16〕Ibid., 122.

〔17〕Nikhil Pal Singh, *Race and America's Long War* (Berkeley: University of California Press, 2017), 36.

〔18〕Lisa Lowe, "Metaphors of Globalization," in *Interdisciplinarity and Social Justice: Revisioning Academic Accountability*, ed. Ranu Samantrai, Joe Parker, and Mary Romero (Albany: State University of New York Press, 2010), 51-52.

〔19〕Junaid Rana, "The Racial Infrastructure of the Terror-Industrial Complex," *Social Text* 34, no. 4 (2016): 113.

〔20〕Ibid., 122.

〔21〕Ibid., 125-129.

〔22〕Neferti X. M. Tadiar, "Empire," *Social Text* 100, Vol. 27, No. 3 (Fall 2009): 114.

第二章　征服、种族灭绝与美国的形成

〔1〕Sandy Grande, *Red Pedagogy: Native American Social and Political Thought* (Lanham, MD: Rowman & Littlefield, 2004), 31-32, cited in Andrea Smith, "The Indigenous Dream—A World Without an 'America,'" in *Theological Perspectives for Life, Liberty, and the Pursuit of Happiness: Public Intellectuals for the Twenty-First Century*, eds. Ada María Isasi-Díaz, Mary McClintock Fulkerson, and Rosemary P. Carbine (New York: Palgrave, 2013), 4.

〔2〕"My Dungeon Shook: Letter to My Nephew on the One Hundredth Anniversary of the Emancipation," *The Fire Next Time*, in *James Baldwin: Collected Essays*, ed. Toni Morrison (1963; repr., New York: Library of America, 1998), 292.

〔3〕Dave Zirin, "By Having the Washington Redskins Host a Game on Thanksgiving, NFL Owners Show Their True Colors," *The Nation*, November 17, 2017, https://www.thenation.com/article/by-having-the-washington-rdskins-host-a-game-on-thanksgiving-nfl-owners-show-their-true-colors/ (accessed June 19, 2018).

〔4〕DaShanne Stokes, "5 Studies That Prove Dan Snyder is Wrong About 'Redskins,'" *Indian Country Today*, April 21, 2014, http://indiancountrytodaymedianetwork.com/2014/04/21/5-studies-prove-dan-snyder-wrong-about-redskins (accessed June 19, 2018).

〔5〕C. Richard King, *Redskins: Insult and Brand* (Lincoln, NE: University of Nebraska Press, 2016), 169.

〔6〕Roxanne Dunbar-Ortiz and Dina Gilio-Whitaker, *"All the Real Indians Died Off": And 20 Other Myths About Native Americans* (Boston: Beacon Press, 2016), 8-9.

〔7〕Alexis Shotwell, *Against Purity*, 38-39.

〔8〕Christopher Hitchens, "Minority Report," *The Nation*, Oct. 19, 1995: 5.

〔9〕 See, for example, Andrea Smith, *Conquest: Sexual Violence and American Indian Genocide* (Durham: Duke University Press, 2015).

〔10〕 Saito, *Meeting the Enemy*, 63.

〔11〕 Patrick Wolfe, "Settler Colonialism and the Elimination of the Native," *Journal of Genocide Research* 8, no. 4, (December 2006): 388.

〔12〕 John Two-Hawks, "The First Thanksgiving: It Didn't Happen that Way," *Native Circle*, http://www.nativecircle.com/first-thanksgiving-myth.html (accessed June 19, 2018).

〔13〕 Saito, *Meeting the Enemy*, 69.

〔14〕 "Declaration of Independence," http://www.ushistory.org/declaration/document/index.html (accessed June 18, 2018).

〔15〕 Donald F. Tibbs and Tryon P. Woods, "The Jena Six and Black Punishment: Law and Raw Life in the Domain of Nonexistence," *Seattle Journal for Social Justice*, vol. 7, no. 1 (November 2008): 245, n. 58.

〔16〕 Ibid., 247.

〔17〕 Ibid.

〔18〕 Roxanne Dunbar-Ortiz, *An Indigenous Peoples' History of the United States* (Boston: Beacon Press, 2015), 80.

〔19〕 Ibid.

〔20〕 Ibid., 78-83.

〔21〕 Boyd Cothran, "Enduring Legacy: U.S.-Indigenous Violence and the Making of American Innocence in the Gilded Age," *The Journal of the Gilded Age and Progressive Era* 14 (2015): 567.

〔22〕 Ibid., 567-570.

〔23〕 Ibid., 570.

〔24〕 Ibid., 571.

〔25〕 Sylvia Wynter, "On How We Mistook the Map for the Territory and Reimprisoned Ourselves in Our Unbearable Wrongness of Being, of Désêtre: Black Studies Toward the Human Project," in *Not Only the Master's Tools: African American Studies in Theory and Practice*, ed. Lewis R. Gordon and Jane Anna Gordon (Boulder, CO: Paradigm, 2006), 139-140.

〔26〕 Smith, "The Indigenous Dream," 7-8.

〔27〕 "Free Leonard Peltier," www.whoisleonardpeltier.info/home/about-peltier/activist/ (acessed June 19, 2018).

〔28〕 关于围绕反黑人性（anti-Blackness）与对美洲原住民征服之间诸种关联的"殖民式无知化"（colonial unknowing）进程，详尽分析可参见 Tiffany Lethabo King, "New World Grammars: The 'Unthought' Black Discourses of Conquest," *Theory & Event* 19, no. 4 (2016)。

〔29〕 Kelly Lytle Hernández, *City of Inmates: Conquest, Rebellion, and the Rise of Hu-*

man Caging in Los Angeles, 1771-1965 (Chapel Hill: University of North Carolina Press, 2017), 9.

〔30〕Saito, Meeting the Enemy, 36.

〔31〕Wolfe, "Settler Colonialism," 390.

〔32〕Eve Tuck and K. Wayne Yang, "Decolonization is not a Metaphor," Decolonization: Indigeneity, Education & Society, Vol. 1, No. 1 (2012): 10.

〔33〕Ibid.

〔34〕Lowe, The Intimacies of Four Continents, 20.

〔35〕Tuck and Yang, "Decolonization," 36.

第三章 革命战争对奴隶而言是否具有革命性？
——关于奴隶制及其死后生命的一些思考

〔1〕Saidiya Hartman, Lose Your Mother: A Journey Along the Atlantic Slave Route (New York: Farrar, Straus and Giroux, 2008), 6.

〔2〕Baldwin, The Fire Next Time, 722.

〔3〕Tisa Wenger, Religious Freedom: The Contested History of an American Ideal (Chapel Hill: University of North Carolina Press, 2017), 2.

〔4〕"Universalizing Settler Liberty: An Interview with Aziz Rana," Jacobin, August 4, 2014, https://www.jacobinmag.com/2014/08/the-legacies-of-settler-empire/ (accessed June 19, 2018); see also Aziz Rana, The Two Faces of American Freedom (Cambridge: Harvard University Press, 2014).

〔5〕关于"自由战胜奴役"这样一套自由主义全球叙事的深度论述，参见骆里山的开创性著作《四大洲的亲密性》(The Intimacies of Four Continents) 第3页："我的研究可以看作是一项很少有人会做或者多少有些令人不安的对现代自由主义的谱系学研究。这项研究把自由主义当作一项工程来加以检视。这项工程既包含了对权利、解放、雇佣劳动和自由贸易的普遍承诺，也包含了全球分裂和不对称的事实状态。自由主义传统正是建基于这样一种事实状态，且根据这样一种状态，前述的这些自由仅为一些特定人群保留，而其他人则被完全拒绝享有。在这个意义上，人类（human）的定义和不被此等人类定义延伸覆盖者的定义，这两者之间的现代区分乃是西方自由主义得以可能的前提条件，而非其例外情况。这项谱系学研究还追踪了对个人主义（individualism）、文明（civility）、流动性（mobility）和自由企业（free enterprise）等的自由主义式肯定如何同时创造出征服、管理和治理的新手段和新形式。"

〔6〕Lisa Lowe, "History Hesitant," Social Text 125, Vol. 33, no. 4 (December 2015): 89.

〔7〕Salamishah Tillet, "Jesse Owens, a Film Hero Once Again," New York Times, February 12, 2016, https://www.nytimes.com/2016/02/14/movies/jesse-owens-movie-race.html (accessed June 19, 2018).

〔8〕George Shulman, "Hope and American Politics," Raritan (Winter 2002): 17.

〔9〕 Hartman, *Lose Your Mother*, 40.

〔10〕 See, for example, the *Britannica* encyclopedia entry on "The Founding Fathers and Slavery," *Brittanica*, https://www.britannica.com/topic/The-Founding-Fathers-and-Slavery-1269536 (accessed June 19, 2018).

〔11〕 K. J. Holsti, "Exceptionalism," 397.

〔12〕 James, *Seeking the Beloved Community*, 120-121.

〔13〕 Tibbs and Woods, "Jena Six," 247.

〔14〕 For a brief representative sample, see Angela Y. Davis, *Are Prisons Obsolete*? (New York: Seven Stories Press, 2003); Saidiya Hartman, *Scenes of Subjection: Terror, Slavery, and Self-Making in Nineteenth-Century America* (Oxford: Oxford University Press, 2007); Joy James, "Introduction: Democracy and Captivity," in *The New Abolitionists: (Neo) Slave Narratives and the Contemporary Prison Writing*, ed. Joy James (Albany: State University of New York Press, 2005), xxi-xlii; Sarah Haley, *No Mercy Here: Gender, Punishment, and the Making of Jim Crow Modernity* (Chapel Hill: University of North Carolina Press, 2016); Assata Shakur, "Women in Prison: How We Are," in *The New Abolitionists: (Neo) Slave Narratives and the Contemporary Prison Writing*, ed. Joy James (Albany: State University of New York Press, 2005), 79-90; Dennis Childs, *Slaves of the State: Incarceration from the Chain Gang to the Penitentiary* (Minneapolis: University of Minnesota Press, 2015); Frank B. Wilderson III, *Red, White & Black: Cinema and the Structure of U. S. Antagonisms* (Durham: Duke University Press, 2010).

〔15〕 See Michelle Alexander, *The New Jim Crow: Mass Incarceration in the Age of Colorblindness* (New York: The New Press, 2012) and Angela Davis, *Are Prisons Obsolete*?

〔16〕 David M. Oshinsky, *Worse than Slavery: Parchman Farm and the Ordeal of Jim Crow Justice* (New York: Free Press, 2016), 20.

〔17〕 Calvin L. Warren, *Ontological Terror: Blackness, Nihilism, and Emancipation* (Durham: Duke University Press, 2018), 109.

〔18〕 Gerald Horne, *The Counter-Revolution of 1776: Slave Resistance and the Origins of the United States of America* (New York: New York University Press, 2014), 18.

〔19〕 See Danny Haiphong, "White Supremacy Continues to Provide Protection for Imperialism," *Black Agenda Report*, June 17, 2015, https://blackagendareport.com/white_supremacy_protects_imperialism (accessed: June 19, 2018).

〔20〕 "'Counter-Revolution of 1776': Was U. S. Independence War a Conservative Revolt in Favor of Slavery?" *Democracy Now* (video), June 27, 2014, https://www.democracynow.org/2014/6/27/counter_revolution_of_1776_was_us (accessed June 19, 2018).

〔21〕 Saidiya Hartman, "The Time of Slavery," *The South Atlantic Quarterly*, 101: 4 (2002): 771.

〔22〕 Ibid.

〔23〕Hartman, *Lose Your Mother*, 6.

〔24〕Christina Sharpe, *Monstrous Intimacies: Making Post-Slavery Subjects* (Durham: Duke University Press, 2010), 26.

〔25〕Lisa Lowe, *The Intimacies of Four Continents*, 13; See also Saidiya Hartman, *Scenes of* Subjection; James C. Scott, *Weapons of the Weak: Everyday Forms of Peasant Resistance* (New Haven: Yale University Press, 1987); and Dean Spade, *Normal Life: Administrative Violence, Critical Trans Politics, and the Limits of Law* (Durham: Duke University Press, 2015).

〔26〕关于北美革命如何导致了革命性泛非主义的传播与发展，包括尚未获得充分研究之埃塞俄比亚团（Ethiopian Regiment）的重要性，详细论述可参见 Sylvia Frey, "The American Revolution and the Creation of a Global African World," in *From Toussaint to Tupac The Black International Since the Age of Revolution*, eds. Michael O. West, William G. Martin, and Fanon Che Wilkins (Chapel Hill: University of North Carolina Press, 2009), 47–71。

〔27〕Ibid., 47, 60.

第四章　美国果真拯救了世界吗？——关于第二次世界大战的记忆与错误记忆

〔1〕Saito, *Meeting the Enemy*, 229.

〔2〕*The Fire Next Time*, 292.

〔3〕Lisa Yoneyama, *Cold War Ruins: Transpacific Critique of American Justice and Japanese War Crimes* (Durham: Duke University Press, 2016), 16.

〔4〕Aimé Césaire, *Discourse on Colonialism* (New York: Monthly Review Press, 2000), 36.

〔5〕James Q. Whitman, *Hitler's American Model: The United States and the Making of Nazi Race Law* (Princeton University Press, 2017), 12.

〔6〕Jacques R. Pauwels, *Myth of the Good War: The USA in World War II* (Toronto: Lorimer, 2003), 35.

〔7〕Ibid., 35–37.

〔8〕Ibid., 57.

〔9〕Ibid., 47.

〔10〕Lisa Yoneyama, *Cold War Ruins*, 20. 米山提醒我们记起自己对珍珠港之记忆方式通常会遗漏的一些其他事情："重要的是，仍然构成美国正义战争叙事之支柱的将珍珠港事件描绘成'意外袭击'的叙事，这叙事轻易地抹去了夏威夷当时是美国殖民地的事实。这样的省略否定了一个史实，即日军对美国殖民军事前哨的攻击乃是当时日本战争宣传的一项实例——在此等宣传当中，日本发起的战争是为争取种族与反殖民解放的自由正义之战。" Ibid.

〔11〕Dougal Macdonald, "71st Anniversary of Dresden Fire Bombing: Allied War Crime Prelude to the Cold War," *Global Research*, https://www.globalresearch.ca/71st-anniversary-of-dresden-fire-bombing-allied-war-crime-prelude-to-thecold-war/5507765（accessed June 20, 2018）.

〔12〕关于美国如何试图"运用'撤离'和'重新安置'的委婉修辞使其对日裔美国人的监禁'正常化'",以及种族、性和公民身份的意识形态如何在集中营里得到强化和抗议的精彩论述,可参见 Tina Takemoto,"Looking for Jiro Onuma: A Queer Meditation on the Incarceration of Japanese Americans during World War II," *GLQ: A Journal of Lesbian and Gay Studies*, vol. 20, no. 3（2014）: 241-275。

〔13〕Rob Edwards, "Hiroshima Bomb May Have Carried Hidden Agenda," *New Scientist*, July 21, 2005, https://www.newscientist.com/article/dn7706-hiroshima-bomb-may-have-carried-hidden-agenda/（accessed June 20, 2018）.

〔14〕Ward Wilson, "The Bomb Didn't Beat Japan…Stalin Did," *Foreign Policy*, May 30, 2013, http://foreignpolicy.com/2013/05/30/the-bomb-didnt-beatjapan-stalin-did/（accessed: June 20, 2018）.

第五章　朝鲜战争：一场在美利坚例外主义迷雾中被遗忘的无尽战争

〔1〕Eslanda Robeson to Sorors in Delta Sigma Theta, Aug. 4, 1948, in "Correspondence," PERC; Eslanda Robeson, box 9, folder 17: "Notes for Progressive Party" speech, n. d., in "Writings," PERC; and series E of "Writings," PERC; cited in Barbara Ransby, *Eslanda: The Large and Unconventional Life of Mrs. Paul Robeson*（New Haven: Yale University Press, 2013）, 125.

〔2〕Paul Robeson, Speech given to Civil Rights Congress in New York City, June 28, 1950.

〔3〕关于美国对朝鲜事务之帝国式介入历史的出色阐述,可参见 Stephen Gowans, *Patriots, Traitors and Empires: The Story of Korea's Struggle for Freedom*（Montreal: Baraka Books, 2018）。

〔4〕Nayoung Aimee Kwon, *Intimate Empire: Collaboration and Colonial Modernity in Korea and Japan*（Durham: Duke University Press, 2015）, 210.

〔5〕"US and S Korea accused of war atrocities," *The Guardian*, January 17, 2000, https://www.theguardian.com/world/2000/jan/18/johngittings.martinkettle（accessed June 20, 2018）.

〔6〕Tim Beal, *North Korea: The Struggle Against American Power*（London: Pluto Press, 2005）, 47.

〔7〕Bruce Cumings, "Why Did Truman Really Fire MacArthur?... The Obscure History of Nuclear Weapons and the Korean War Provides the Answer," *History News Network* January 10, 2005, https://historynewsnetwork.org/article/9245（accessed June 20, 2018）.

〔8〕Bruce Cumings, "Nuclear Threats Against North Korea: Consequences of the 'forgotten' war," *Asia Pacific Journal*, vol. 3（1）,（January 13, 2005）: 5, http://www.tlaxcala-int.org/imp.asp?lg=&reference=20285（accessed June 20, 2018）. See also: Conrad Crane, *American Airpower Strategy in Korea* (Lawrence, KS: University Press of Kansas, 2000); and Jon Halliday and Bruce Cumings, *Korea: The Unknown War* (New York: Pantheon Books, 1988).

〔9〕Bruce Cumings, Preface to I. F. Stone's *The Hidden History of the Korean War: 1950-1951* (Boston: Little, Brown & Company, 1988), Cited in Sheldon Richman, Trump's "Fire and Fury" Wouldn't Be the First for North Korea," *Counterpunch*, August 11, 2017, https://www.counterpunch.org/2017/08/11/trumps-fire-and-fury-wouldnt-be-the-first-for-north-korea/ (accessed June 20, 2018).

〔10〕Bruce Cumings, *The Korean War: A History* (New York: Modern Library, 2011), 159.

〔11〕Dong-Choon Kim, "Forgotten War, Forgotten Massacres: The Korean War (1950-1953) as Licensed Mass Killings," *Journal of Genocide Research* 6: 4 (2004): 533.

〔12〕Bruce Cumings, *North Korea: Another Country* (New York: The New Press, 2004), 12-14.

〔13〕Cumings, *The Korean War*, 112.

〔14〕Oliver Holmes, "What is the US military's presence near North Korea?" *The Guardian*, August 9, 2017, https://www.theguardian.com/us-news/2017/aug/09/what-is-the-us-militarys-presence-in-south-east-asia (accessed June 20, 2018).

〔15〕Tessa Morris-Suzuki, "Remembering the Unfinished Conflict: Museums and the Contested Memory of the Korean War," *The Asia-Pacific Journal*, vol. 7 (29), no. 4 (July 20 2009), https://apjjf.org/-Tessa-Morris-Suzuki/3193/article.html (accessed June 20, 2018).

〔16〕See Gavan McCormack, "North Korea and a Rules-Based Order for the Indo-Pacific, East Asia, and the World," *The Asia-Pacific Journal*, vol. 15 (22), no. 3 (November 15, 2017): 5:"美国及其盟国秉持威胁、谴责和拒绝谈判的立场显然是非法和不道德的。"

〔17〕Shane J. Maddock, *Nuclear Apartheid* (Chapel Hill: University of North Carolina Press, 2014), 300.

〔18〕Ibid., 2.

〔19〕正如加文·麦考马克(Gavan McCormack)所指出的:"朝鲜在常规武器方面完全相形见绌,且这种劣势的日益加剧不仅相对美国如此,相对于韩国亦是如此(韩国人口已达朝鲜近2倍的规模,其国内生产总值可能比朝鲜的10倍还多)。朝鲜似乎已经得出结论认为,其唯一合理的防御在于核武器和运载系统。这种看法很难说是不理性的。"("North Korea," 2-3).

〔20〕See Barbara Ransby, Eslanda, 185-187; 203; Vincent J. Intondi, *African Americans Against the Bomb: Nuclear Weapons, Colonialism, and the Black Freedom movement* (Palo Alto: Stanford University Press, 2015), 67-68; Lawrence Lamphere, "Paul Robeson, Freedom Newspaper, and the Korean War," in *Paul Robeson: Essays on His Life and Legacy*, ed. Joseph Dorinson and William Pencak (Jefferson, NC: McFarland & Company, Inc., Publishers, 2002), 133–142; W. E. B. Du Bois, "I Speak for Peace," September 24, 1950, reprinted in Pamphlets and Leaflets by W. E. B. Du Bois, ed. Herbert Aptheker (White Plains: Kraus-Thomson, 1986), cited in Vincent J Intondi, *African Americans Against the Bomb*, 41.

[21] Du Bois, "I Speak for Peace."

第六章　夏洛茨维尔与白人至上主义真正的纪念碑

[1] Kelly Brown Douglas, "Charlottesville And The Truth About America," *Black Theology Project*, August 13, 2017, https://btpbase.org/charlottesville-truth-america/ (accessed June 21, 2018).

[2] Alexis Shotwell, *Against Purity: Living Ethically in Compromised Times* (Minneapolis: University of Minnesota Press, 2016), 38.

[3] Jared Sexton, *Amalgamation Schemes: Antiblackness and the Critique of Multiracialism* (Minneapolis: University of Minnesota Press, 2008), 11. See Frantz Fanon, *The Wretched of the Earth*, trans. Constance Farrington (New York: Grove, 1963); and Colette Guillaumin, *Racism, Sexism, Power, Ideology* (New York: Routledge, 1995).

[4] Theodore W. Allen, *The Invention of the White Race* (New York: Verso, 2012).

[5] See Jared Sexton, "People-of-Color Blindness: Notes on the Afterlives of Slavery," *Social Text* 103, vol. 28, no. 2 (Summer 2010): 31–56.

[6] Yoni Applebaum, "Take the Statues Down," *The Atlantic*, August 13, 2017, https://www.theatlantic.com/politics/archive/2017/08/take-the-statues-down/536727/ (accessed June 21, 2018).

[7] Tibbs and Woods, "Jena Six," 242.

[8] Katie Walker Grimes, *Christ Divided: Antiblackness as Corporate Vice* (Minneapolis: Fortress Press, 2017), xxii–xxiii.

[9] Kirstine Taylor, "Untimely Subjects: White Trash and the Making of Racial Innocence in the Postwar South," *American Quarterly*, vol. 67, no. 1 (March 2015): 55–79.

[10] Ruth Wilson Gilmore, *Golden Gulag: Prisons, Surplus, Crisis, and Opposition in Globalizing California* (Berkeley: University of California Press, 2007), 28.

[11] Peter Wagner and Bernadette Rabuy, "Mass Incarceration: The Whole Pie 2017," *Prison Policy Initiative*, March 14, 2017, https://www.prisonpolicy.org/reports/pie2017.html (accessed June 21, 2018).

[12] Joy James (ed.), *The Angela Y. Davis Reader* (Malden, MA: Blackwell, 1998), 75.

[13] Stephen Dillon, "Possessed by Death The Neoliberal-Carceral State, Black Feminism, and the Afterlife of Slavery," *Radical History Review*, Issue 112 (Winter 2012): 117.

[14] 参见特莱恩·伍兹对阿娃·杜威内（Ava DuVernay）执导的纪录片《第十

三修正案》（*13th*）的讨论。在讨论中，他批评了常见的将这一例外条款标示为一个单纯"漏洞"的自由主义倾向。他写道："第十三修正案并非无意携带了一个机会主义者和种族主义者之类能够跨越不同时代加以利用的'漏洞'。更确切地讲，其中有问题的条款应被称为一项设计属性，而不仅仅是设计缺陷。"Tryon P. Woods, "Campaign Cover Stories & Fungible Blackness, Part 2," *Abolition Journal*, November 8, 2016, https：//abolitionjournal. org/campaign-cover-stories-fungible-blackness-part-2/（accessed June 21, 2018）.

〔15〕 Ibid. See also Calvin Warren, *Ontological Terror*, 92：论及被解放的奴隶，沃伦写道："这种新人是所有白人的财产，是普遍的奴隶。这种转变（解放）实际上只是把支配权从特殊的（单一的主人）移交给普遍的 [白人共同体/共在（Mitsein）]。这种转变在本质上保留了奴隶制。因此，奥兰多·帕特森（Orlando Patterson）的生命概念根本不是给黑人自由的礼物，而是对反黑人统治术的重新配置"。

〔16〕 See Morgan Bassichis, Alexander Lee, and Dean Spade, "Building an Abolitionist Trans & Queer Movement with Everything We've Got," in *Captive Genders*：*Transembodiment and the Prison Industrial Complex*, ed. Eric Stanley and Nat Smith（Oakland：AK Press：2011）, 15–40.

〔17〕 Calvin Schermerhorn, "Slave Trading in a Republic of Credit：Financial Architecture of the US Slave Market, 1815–1840," *Slavery & Abolition*：*A Journal of Slave and Post-Slave Studies*, Volume 36, Issue 4（2015）：586–87.

〔18〕 See "Slave Market," in *Mapping the African American Past*, http：//maap. columbia. edu/place/22（accessed June 21, 2018）.

〔19〕 Alan Singer, "Wall Street Was a Slave Market Before It Was a Financial Center," *Huffington Post*, January 17, 2012, https：//www. huffingtonpost. com/alansinger/wall-street-was-a-slave-m_ b_ 1208536. html（accessed June 21, 2018）.

〔20〕 Zenia Kish and Justin Leroy, "Bonded Life：Technologies of Racial Finance From Slave Insurance to Philanthrocapital," *Cultural Studies* 29, no. 5–6（2015）：630–651. See also Peter James Hudson, *Bankers and Empire*：*How Wall Street Colonized the Caribbean*（Chicago：University of Chicago Press, 2017）；K-Sue Park, "Money, Mortgages, and the Conquest of America," *Law & Social Inquiry*, vol. 41, issue 4（Fall 2016）：1006–1035；and Peter James Hudson "On the History and Historiography of Banking in the Caribbean," *Small Axe* 18, 1（43）（2014）：37. 在该文中，他提倡"一种将银行业历史视为种族资本主义历史的研究路径，通过这种路径可以发现，白人至上的意识形态早已嵌入并一直塑造着北美银行业在该地区的历史和实践"。

〔21〕 Jon Schwarz, "Colin Kaepernick Is Righter Than You Know：The National Anthem Is a Celebration of Slavery," *The Intercept*, August 28, 2016, https：//theintercept. com/2016/08/28/colin-kaepernick-is-righter-than-you-know-thenational-anthem-is-a-celebration-of-slavery/（accessed June 21, 2018）.

〔22〕 Lyra D. Monteiro, "Race-Conscious Casting and the Erasure of the Black Past in

Lin-Manuel Miranda's Hamilton," *The Public Historian* Vol. 38 No. 1, (February 2016): 89-98. 在对这部音乐剧的众多深刻批评中，蒙特罗写道："从第一幕中革命者会面的小酒馆，到汉密尔顿与他未来的妻子伊丽莎相遇的冬季舞会，奴隶角色在剧中的每个场景都有出场的机会。在《决策现场》(*The Room Where It Happens*) 这段令人拍案叫绝的曲目中，由小莱斯利·奥多姆 (Leslie Odom Jr.) 饰演的阿龙·伯尔 (Aaron Burr) 哀叹自己被排除在汉密尔顿、杰斐逊和麦迪逊做出秘密决定的晚宴之外，其'决策现场再无他人'(No one else was in the room where it happened) 这句台词完全抹去了在那个房间里提供晚餐的奴隶们"。她评论说，"这种抹去黑人身体存在的模式贯穿全剧，与此同时，有色人种在革命中的作用也被压制了"（第 94 页）。因此，这部音乐剧强化了典型的反黑人话语。在此等话语中，奴隶处于一种塞蒂亚·哈特曼所说的"不被考虑的位置"(position of the unthought)。See Hartman and Willderson III, "Position of the Unthought."

〔23〕Ishmael Reed, "'Hamilton: the Musical:' Black Actors Dress Up like Slave Traders…and It's Not Halloween," *Counterpunch*, August 21, 2015, https://www.counterpunch.org/2015/08/21/hamilton-the-musical-black-actors-dressup-like-slave-tradersand-its-not-halloween/ (accessed June 21, 2018).

〔24〕Alex Nichols, "You Should Be Terrified That People Who Like 'Hamilton' Run Our Country," *Current Affairs*, July 29, 2016, https://www.currentaffairs.org/2016/07/you-should-be-terrified-that-people-who-like-hamilton-run-ourcountry (accessed: June 21, 2018).

〔25〕Janice Kaplan, "Why Has 'Hamilton' Become Broadway Gold?" *Daily Beast*, August 6, 2015, https://www.thedailybeast.com/why-has-hamilton-becomebroadway-gold (accessed June 21, 2018).

〔26〕"Lin-Manuel Miranda: The Power of Financial Knowledge," *Morgan Stanley*, March 15, 2017, https://www.morganstanley.com/articles/lin-manuel-miranda (accessed June 21, 2018).

〔27〕米兰达企图将亚历山大·汉密尔顿描绘成平民主义者 (populist)，对这一点的敏锐批评，可参见 Jason Frank and Isaac Kramnick, "What 'Hamilton' Forgets About Hamilton," *New York Times*, June 10, 2016, https://www.nytimes.com/2016/06/11/opinion/what-hamilton-forgets-about-alexander-hamilton.html (accessed August 3, 2018)："对下层阶级持蔑视态度的汉密尔顿，对其经济愿景带来的非平等主义和反民主的影响没有丝毫不适。人们不禁要问，理查德·罗杰斯剧院的观众是否会对一部公开肯定这种信念的音乐剧抱有同样的热情。这个国家的创始人当中没有人比他更清楚地设想过一个由财富和权力极不平等所促成之未来帝国的伟大。"

〔28〕Nichols, "You Should Be Terrified That People Who Like 'Hamilton' Run Our Country."

〔29〕Ibid.

〔30〕Hartman and Wilderson, III, "The Position of the Unthought."

〔31〕See Erica Armstrong Dunbar, *Never Caught: The Washingtons' Relentless Pursuit of Their Runaway Slave, Ona Judge* (New York: Simon & Schuster, 2017); and Marcus Rediker, *The Fearless Benjamin Lay: The Quaker Dwarf Who Became the First Revolutionary Abolitionist* (Boston: Beacon Press, 2017).

〔32〕Jodi Byrd and Justin Leroy, "Structures and Events: A Monumental Dialogue," *Bully Bloggers*, September 20, 2017, https://bullybloggers.wordpress.com/2017/09/20/structures-and-events-a-monumental-dialogue/ (accessed June 21, 2018).

第七章　美国梦 VS. 美国现实：黑人财富与功绩制神话

〔1〕Keeanga-Yamahtta Taylor (ed.), *How We Get Free: Black Feminism and the Combahee River Collective* (Chicago: Haymarket Books, 2017), 10-11.

〔2〕Kirstine Taylor, "Untimely Subjects," 56.

〔3〕Tom Shatel, "The Unknown Barry Switzer—Poverty, Tragedy Build Oklahoma Coach into a Winner," *Chicago Tribune*, December 14, 1986, http://articles.chicagotribune.com/1986-12-14/sports/8604030680_1_big-eight-coach-arent-many-coaches-oklahoma (accessed June 21, 2018). 应指出的是，根据维基百科记载，作家拉尔夫·凯伊斯（Ralph Keyes）认为，根据他在书中所做的调查，这条引语并非出于斯维泽，而是出自"某位不知名的作家"，https://en.wikiquote.org/wiki/Barry_Switzer (accessed October 5, 2018)。

〔4〕Daniel R. Smith, "The Meritocracy is a Smokescreen for Inherited Privilege," *The Conversation*, January 10, 2017, http://theconversation.com/the-meritocracyis-a-smokescreen-for-inherited-privilege-70948 (accessed June 21, 2018).

〔5〕See Cheryl I. Harris, "Whiteness as Property," *Harvard Law Review*, vol. 106, no. 8 (June 1993): 1707-1791.

〔6〕关于美国种族之间财富差距的综合性研究，可参见 Thomas M. Shapiro, *Toxic Inequality: How America's Wealth Gap Destroys Mobility, Deepens the Racial Divide, and Threatens Our Future* (New York: Basic Books, 2017)。

〔7〕"The Road to Zero Wealth," *Institute for Policy Studies*, September 11, 2017, http://www.ips-dc.org/wp-content/uploads/2017/09/The-Road-to-Zero-Wealth_FINAL.pdf (accessed June 21, 2018).

〔8〕See Janelle Jones, John Schmitt, and Valerie Wilson, "50 years after the Kerner Commission," *Economic Policy Institute*, February 26, 2018, http://www.epi.org/publication/50-years-after-the-kerner-commission/ (accessed June 21, 2018); and Valerie Wilson and Janelle Jones, "Working Harder or Finding it Harder to Work," *Economic Policy Institute*, February 22, 2018, https://www.epi.org/publication/trends-in-work-hours-and-labor-market-disconnection/ (accessed June 21, 2018).

〔9〕Ryan Cooper and Matt Bruenig, "Foreclosed: Destruction of Black Wealth During the Obama Presidency," *People's Policy Project*, December 2017, http://peoplespolicyproject. org/wp-content/uploads/2017/12/Foreclosed. pdf (accessed June 21, 2018); see Michael Powell, "Bank Accused of Pushing Mortgage Deals on Blacks," *New York Times*, June 6, 2009, http: //www. nytimes. com/2009/06/07/us/07baltimore. html (accessed June 21, 2018); Algernon Austin, "A good credit score did not protect Latino and black borrowers," *Economic Policy Institute*, January 2012, https: //www. epi. org/publication/latino-black-borrowers-high-rate-subprime-mortgages/ (accessed June 21, 2018), cited in Cooper and Bruenig.

〔10〕关于福利改革当中的种族因素，令人信服的历史记录与分析可参见 Frances Fox Piven and Richard Cloward, *Regulating the Poor: The Functions of Public Welfare* (New York: Vintage, 1993); and Kenneth J. Neubeck and Noel A. Cazenave, *Welfare Racism: Playing the Race Card Against America's Poor* (New York: Routledge, 2001)。

〔11〕Antonio Moore, "The Racial Wealth Gap in 60 Seconds," *Inequality. org*, April 10, 2017, https: //inequality. org/research/racial-wealth-gap-60-seconds/ (accessed June 21, 2018); see also Joshua Holland, "The Average Black Family Would Need 228 Years to Build the Wealth of a White Family Today," *The Nation*, August 8, 2016, https: //www. thenation. com/article/the-average-blackfamily-would-need-228-years-to-build-the-wealth-of-a-white-family-today/ (accessed: June 21, 2018).

〔12〕Ivana Kottasová, "The 1% Grabbed 82% of all Wealth Created in 2017," *CNN Money*, January 22, 2018, http: //money. cnn. com/2018/01/21/news/economy/davos-oxfam-inequality-wealth/index. html (accessed June 21, 2018).

〔13〕Heike Paul, *Myths that Made America* (Bielefeld, Germany: Transcript-Verlag, 2014), 369-370.

〔14〕Cooper and Bruenig, "Foreclosed."

〔15〕Lisa Guerrero, "One Nation under a Hoop: Race, Meritocracy, and Messiahs in the NBA," in *Commodified and Criminalized: New Racism and African Americans in Contemporary Sports*, eds. David J. Leonard and C. Richard King (Lanham, MD: Rowman & Littlefield Publishers, 2010), 141.

〔16〕Kooijman, *Fabricating the Absolute Fake*, 48.

〔17〕Yvette Carnell, "Even Black Celebs Are Broke," *Breaking Brown*, April 4, 2016, http: //breakingbrown. com/2016/04/even-black-celebs-broke-martin-actress-tisha-campbell-martin-husband-200-cash/ (accessed June 21, 2018).

〔18〕Matt Taibbi, "Hurricane Sandy and the Myth of the Big Government-vs. -Small-Government Debate," *Rolling Stone*, November 1, 2012, https: //www. rollingstone. com/politics/news/hurricane-sandy-and-the-myth-of-the-big-government-vs-small-government-debate-20121101 (accessed June 21, 2018).

〔19〕Ibid.

〔20〕Christine E. Ahn, "Democratizing American Philanthropy," in *The Revolution Will Not Be Funded: Beyond the Non-Profit Industrial Complex*, ed. INCITE! (Durham:

Duke University Press, 2017), 66.

〔21〕Heike Paul, *Myths*, 378. See also Bassichis, Lee, and Spade, "Building an Abolitionist Trans and Queer Movement with Everything We've Got," 27: "被广为宣传的奥普拉的赠品,以及诸如容貌焕新、新房和新车等一系列以'大获胜'(big wins)为主题的电视节目,协助在我们的社会中创造出一种社会变革乃是个人"慈善"行为而非人民群众为改变权力关系所做之共同努力的形象。这些形象描绘肯定了一个错误的观念,即我们生活在一个功绩制的环境中,坚定的毅力和辛勤的工作是任何个体获得财富和成功的唯一关键。这种形象描绘掩盖了诸如种族贫富差距和群体层面上产生和维持不平等的其他条件等现实,确保了无论个体行动如何,大多数人都不会上升超过或者下跌低于其原有的经济地位。在现实中,历史上改变权力关系的真正的社会变革,唯有在一大群人为了一个共同目标而携手奋斗时才会真的发生。"

〔22〕关于婚姻政策如何为反黑人和反穷人议程服务的出色讨论,包括"阻止非婚生子女获得某些福利和优惠待遇"的反非婚生子女法律如何"在美国被用来专门排斥黑人",参见 Morgan Bassichis and Dean Spade, "Queer Politics and Anti-Blackness," in *Queer Necropolitics*, eds. Jin Haritaworn, Adi Kuntsman, and Silvia Posocco (New York: Routledge, 2014), 197–198。

〔23〕Grimes, *Christ Divided*, 74.

〔24〕Ira Katznelson, *When Affirmative Action Was White: An Untold History of Racial Inequality in Twentieth-Century* (New York: W. W. Norton & Company, 2006), 121.

〔25〕"The King Philosophy," *The King Center*, http://www.thekingcenter.org/king-philosophy#sub4 (accessed: June 21, 2018).

〔26〕Hartman and Wilderson, III, "The Position of the Unthought," 198.

〔27〕Carole Boyce Davies, *Left of Karl Marx: The Political Life of Black Communist Claudia Jones* (Durham: Duke University Press, 2008), 217.

第八章 美帝国主义与"黑命攸关"运动有何相干?

〔1〕Claudia Jones, "For the Unity of Women in the Cause of Peace!" *Political Affairs* 30, no. 2, (February 1951): 157.

〔2〕See Tony Perucci, *Paul Robeson and the Cold War Performance Complex: Race, Madness, Activism* (Ann Arbor: University of Michigan Press, 2012), 162.

〔3〕Tamara K. Nopper and Mariame Kaba, "Itemizing Atrocity," *Jacobin*, August 15, 2014, https://www.jacobinmag.com/2014/08/itemizing-atrocity/ (accessed June 22, 2018).

〔4〕Oren Dorell, "U.S. \$38B Military Aid Package to Israel Sends a Message," *USA Today*, September 14, 2016, https://www.usatoday.com/story/news/world/2016/09/14/united-states-military-aid-israel/90358564/ (accessed June 22, 2018).

〔5〕"The Genocide of the Palestinian People: An International Law and Human Rights Perspective," *Center for Constitutional Rights*, August 25, 2016, https://ccrjustice.org/

genocide-palestinian-people-international-law-and-humanrights-perspective(accessed June 22, 2018).

〔6〕Kali Akuno,"Operation Ghetto Storm," November 2014, http：//www.operation ghettostorm.org/uploads/1/9/1/1/19110795/new_all_14_11_04.pdf(accessed June 22, 2018).

〔7〕Adam Andrzejewski and Thomas W. Smith,"The Militarization of Local Police Departments," *Open the Books* Snapshot Report, May 2016, https：//www.openthebooks.com/assets/1/7/OTB_SnapshotReport_MilitarizationPoliceDepts.pdf(June 22, 2018).

〔8〕Alice Speri,"Israel Security Forces Are Training American Cops Despite History of Rights Abuses," *The Intercept*, September 15, 2017, https：//theintercept.com/2017/09/15/police-israel-cops-training-adl-human-rights-abuses-dcwashington/(accessed June 22, 2018).

〔9〕"Invest-Divest," *The Movement for Black Lives*, https：//policy.m4bl.org/invest-divest/(accessed June 22, 2018).

〔10〕"Black Lives Matter in Palestine to Protest US-Funded 'Genocide,'" *Telesur*, July 31, 2016, https：//www.telesurtv.net/english/news/Black-Lives-Matter-in-Palestine-to-Protest-US-Funded-Genocide-20160731-0009.html(accessed June 22, 2018).

〔11〕See Michael L. Butterworth(ed.), *Sport and Militarism*：*Contemporary Global Perspectives*(New York：Routledge, 2017). 这本文集收录了大量有关这一主题的论文。另见Tricia Jenkins,"The Militarization of American Professional Sports：How the Sports-War Intertext Influences Athletic Ritual and Sports Media," *Journal of Sport and Social Issues* 37, no. 3(2013)：,"在体育活动与战争形成互文的情况下，军队利用体育活动来促进征兵，增强民族团结意识（尤其是在冲突时期），通过庆典和体育仪式来美化其成员，并通过将军事服役比作体育赛事来淡化战斗的严重性。然而，军方并非这种利用体育活动行为唯一的参与者；球迷、体育赛事组织者、媒体，甚至运动员也是同谋"（第258页）。

〔12〕Emma Niles,"How the Pentagon Paid for NFL Displays of Patriotism," *Truthdig*, September 26, 2017, https：//www.truthdig.com/articles/pentagonpaid-nfl-displays-patriotism/(accessed June 22, 2018).

〔13〕Sheryl Gay Stolberg,"Senate Passes $700 Billion Pentagon Bill, More Money Than Trump Sought," *New York Times*, September 18, 2017, https：//www.nytimes.com/2017/09/18/us/politics/senate-pentagon-spending-bill.html(accessed：June 22, 2018).

〔14〕Nick Turse,"Tomgram：Nick Turse, A Wider World of War," *TomDispatch*, December 14, 2017, http：//www.tomdispatch.com/blog/176303/tomgram%3A_nick_turse%2C_a_wider_world_of_war accessed June 22, 2018).

〔15〕Les Neuhaus,"US Military Stretched Thin in 50 African Nations," *Observer*, December 1, 2017, http：//observer.com/2017/12/us-military-has-presence-in-50-of-54-african-countries/(accessed June 22, 2018).

〔16〕David Theo Goldberg, "Militarizing Race," *Social Text* 129, vol. 34, no. 4 (December 2016): 30.

〔17〕正如保罗·哈利勒·索西埃（P. Khalil Saucier）和特莱恩·伍兹所指出的："……如果我们遵循黑人激进主义思想，将'民主'等法律上的抽象概念与物质层面的政治实践联系起来看待……那么，事实将证明，民主深深嵌入在根植于囚禁的奴役当中，并且是社会性寄生（social parasitism）现象的主旋律。只有在深度投资奴隶贸易的西欧社会中，民主才作为一种政治价值首次出现；并且这些社会内部争取民主包容的斗争是以奴隶制同步扩张为前提的。" See "Introduction," in *Conceptual Aphasia in Black: Displacing Racial Formation*, ed. P. Khalil Saucier and Tryon P. Woods (Lanham, MD: Lexington Books, 2016), 14.

〔18〕Michael Harriot, "Google Just Dropped $11,000,000 to Make Sure #BlackLivesMatter," *The Root*, February 24, 2017, https://www.theroot.com/google-just-dropped-11-000-000-million-to-make-sure-b-1792711820 (accessed June 22, 2018).

〔19〕Christina Sharpe, "Blackness, Sexuality, and Entertainment," *American Literary History*, vol. 24, no. 4 (Winter 2012): 829.

〔20〕SeeAndrea J. Ritchie, *Invisible No More: Police Violence Against Black Women and Women of Color* (Boston: Beacon Press, 2017); Joe Macaré, Maya Schenwar, and Alana Yu-lan Price (eds.), *Who Do You Serve, Who Do You Protect? Police Violence and Resistance in the United States* (Chicago: Haymarket Books, 2016); and Kristian Williams, *Our Enemies in Blue Police and Power in America* (Oakland: AK Press, 2015).

〔21〕Barbara Ransby, *Eslanda*, 278.

〔22〕Carole Boyce Davies, *Left of Karl Marx*, 217. See also: Erik S. McDuffie, *Sojourning for Freedom: Black Women, American Communism, and the Making of Black Left Feminism* (Durham: Duke University Press, 2011); and Ashley D. Farmer, *Remaking Black Power* (Chapel Hill: University of North Carolina Press, 2017): "与亚非拉解放斗争及领导人日益频繁的接触，与国内难以解决的黑人贫困问题一起，推动活动家们走向能够解释种族主义、资本主义和帝国主义相互关系的政治思想。……然而，正如这些组织中的女性经常指出的那样，这些活动家鲜有能够解释女性在遭受帝国主义政治和经济压迫方面基于性别之独特经历的"（第184—185页）。

〔23〕参见本书第7章。

〔24〕Tony Perucci, "The Red Mask of Sanity: Paul Robeson, HUAC, and the Sound of Cold War Performance," *TDR/The Drama Review*, vol. 53, issue 4 (Winter 2009): 34. See also Penny M. Von Eschen, *Race Against Empire: Black Americans and Anticolonialism, 1937-1957* (Ithaca: Cornell University Press, 1997), 103, cited in Perucci, "Red Mask," 34.

〔25〕有关国际主义视野对黑人激进思想之重要性的杰出研究，可参见Keisha N. Blain, *Set the World on Fire: Black Nationalist Women and the Global Struggle for Freedom* (Philadelphia: University of Pennsylvania Press, 2018); Robyn C. Spencer, *The Revolution*

Has Come: *Black Power*, *Gender*, *and the Black Panther Party in Oakland* (Durham: Duke University Press, 2016); Ashley D. Farmer, *Remaking Black Power*; Brenda Gayle Plummer, *In Search of Power: African Americans in the Era of Decolonization*, *1956-1974* (Cambridge: Cambridge University Press, 2012); Carol Anderson, *Eyes off the Prize: The United Nations and the African American Struggle for Human Rights* (Cambridge: Cambridge University Press, 2003); and Michael O. West, William G. Martin, Fanon Che Wilkins (eds.) *From Toussaint to Tupac*; *The Black International since the Age of Revolution* Chapel Hill: University of North Carolina Press, 2009)。

[26] "Interview with Angela Davis," *Black Panther*, November 1, 1969, quoted in Robyn C. Spencer, "Merely One Link in the Worldwide Revolution: Internationalism, State Repression, and the Black Panther Party, 1966-1972," in Michael O. West, William G. Martin, and Fanon Che Wilkins (eds.), *From Toussaint to Tupac: The Black International since the Age of Revolution*, 220.

[27] Barbara Ransby, *Eslanda*, 195.

[28] See Sylvia Frey, "American Revolution," 47-71.

[29] For an online archive of the *Third World Alliance* newsletter, *Triple Jeopardy*, see https://www.flickr.com/photos/27628370@N08/sets/72157605547626040/ (accessed June 22, 2018). Special thanks to Robyn Spencer for sharing this link.

[30] Tony Perucci, *Paul Robeson*, 39.

[31] Barbara Ransby, *Eslanda*, 186.

[32] Lisa Lowe, *The Intimacies of Four Continents*, 170.

[33] Billy Perigo, "How the U.S. Used Jazz as a Cold War Secret Weapon," *Time*, December 22, 2017, http://time.com/5056351/cold-war-jazz-ambassadors/ (accessed June 22, 2018).

[34] M. S. Handler, "Malcolm X Seeks U. N. Negro Debate," *New York Times*, August 13, 1964, https://www.nytimes.com/1964/08/13/malcolm-x-seeks-unnegro-debate.html (accessed June 22, 2018).

[35] Joshua Bloom and Waldo E. Martin Jr., *Black against Empire: The History and Politics of the Black Panther Party* (Berkeley: University of California Press, 2016), 1.

[36] Lisa Lowe, *The Intimacies of Four Continents*, 171. 关于贫穷的黑人妇女如何在黑人国际主义组织的思想形成中发挥关键作用的研究，可参见 Keisha N. Blain, *Set the World on Fire*。

[37] Tom Miles, "U.S. Police Killings Reminiscent of Lynching, U. N. Group Says," *Reuters*, September 23, 2016, https://www.reuters.com/article/us-usa-policeun/u-s-police-killings-reminiscent-of-lynching-u-n-group-says-idUSKCN-11T1OS (accessed June 22, 2018).

[38] See https://www.ecns.cn/2015/06-26/170804.shtml.

[39] See homepage of "The Black Alliance for Peace," https://blackalliancefor-

peace. com/#overview（accessed June 22, 2018）.

〔40〕Von Eschen, *Race Against Empire*, 189.

第九章　保护谁的言论自由？保护谁的集会自由？

〔1〕Joy James, *Seeking the Beloved Community*, 167.

〔2〕Thora Siemsen, "On working with archives: An interview with writer Saidiya Hartman," *The Creative Independent*, April 18, 2018, https: //thecreativeindependent. com/people/saidiya-hartman-on-working-with-archives/（accessed June 22, 2018）.

〔3〕Audre Lorde, "A Litany for Survival," in Lorde, *The Black Unicorn*,（New York: W. W. Norton & Co. , 1978）, 31–32.

〔4〕"World Press Freedom Index," *Reporters Without Borders*, https: //rsf. org/en/ranking/2016（accessed June 22, 2018）.

〔5〕Mathew Ingram, "Most Trump Supporters Don't Trust the Media Anymore," *Fortune*, Feburary 1, 2017, http: //fortune. com/2017/02/01/trump-voters-mediatrust/（accessed June 22, 2018）.

〔6〕Dara Lind, "Unite the Right, the Violent White Supremacist Rally in Charlottesville, Explained," *Vox*, August 14, 2017, https: //www. vox. com/2017/8/12/16138246/charlottesville-nazi-rally-right-uva（accessed June 22, 2018）.

〔7〕Dean Spade, *Normal Life*, 2.

〔8〕Huey P. Newton, *War Against the Panthers*: *A Study of Repression in America*（New York: Harlem River Press, 1996）, 4.

〔9〕Ibid. , 10.

〔10〕Bruce Bartlett, *Wrong on Race*: *The Democratic Party's Buried Past*（New York: St. Martin's Griffin, 2008）, 110.

〔11〕Newton, *War*, 3.

〔12〕Chandan Reddy, *Freedom With Violence*（Durham: Duke University Press, 2011）, 2. 关于美国政府的运作方式，即一部分人的自由依赖于国家对另一部分人施加的暴力罪行，另一个事例可参见雷迪对仇恨犯罪立法的讨论："鉴于黑人和拉美裔被逮捕、定罪和监禁的比例过高，我们可以合理假设，这些新的惩罚措施以及为消除仇恨暴力和执行民权法律而对联邦政府警察权力的扩张，将对有色人种的青年产生不成比例的影响，或者至少会强化那些提倡种族化自由主义安全国家之警务实践的意识形态；该等意识形态将这种警务实践作为答案，以回应那些构成美国资本主义标志性特征的基于种族的极度不均衡的财富积累所导致的持续矛盾、冲突和斗争"（第10页）。

〔13〕Davies, *Left of Karl Marx*, 147–149.

〔14〕Ibid. , 185.

〔15〕Cyril Briggs, testimony, in Hearings, 78. "Hearings before the Committee on Un-American Activities, House of Representatives, Eighty-fifth Congress, Second Session, Part

1," September 2 and 3, 1958. Washington, D. C.: U. S. Government Printing Office, 1959. Quoted in Minkah Makalani, *In the Cause of Freedom: Radical Black Internationalism from Harlem to London, 1917-1939* (Chapel Hill: University of North Carolina Press, 2011), 225.

[16] "COINTELPRO Revisited—Spying & Disruption," FBI Domestic Intelligence Activities, August 25, 1967, http://www.whatreallyhappened.com/RANCHO/POLITICS/COINTELPRO/COINTELPRO-FBI.docs.html (accessed June 22, 2018).

[17] See Deborah Elizabeth Whaley, *Black Women in Sequence: Re-inking Comics, Graphic Novels, and Anime* (Seattle: University of Washington Press, 2016), 28-66.

[18] See Barbara Ransby, *Ella Baker and the Black Freedom movement: A Radical Democratic Vision* (Chapel Hill: University of North Carolina Press, 2003), 129-130.

[19] Andrew Lanham, "When W. E. B. Du Bois Was Un-American," *Boston Review*, January 13, 2017, http://bostonreview.net/race-politics/andrew-lanham-whenw-e-b-du-bois-was-un-american (accessed June 22, 2018).

[20] "Complete Transcript of the Martin Luther King, Jr. Assassination Conspiracy Trial," http://www.thekingcenter.org/sites/default/files/KING%20FAMILY%20TRIAL%20TRANSCRIPT.pdf (accessed June 22, 2018).

[21] Danny Haiphong, "Independent Journalist Corner: A Conversation with Daniel Patrick Welch," *Black Agenda Report*, March 7 2018, https://www.blackagendareport.com/independent-journalist-corner-conversation-daniel-patrickwelch (accessed June 22, 2018).

[22] Saucier and Woods, "Introduction," in *Conceptual Aphasia in Black*, 6.

[23] "Black Panther Greatest Threat to U. S. Security," *Desert Sun*, Number 296, July 16, 1969, https://cdnc.ucr.edu/cgi-bin/cdnc?a=d&d=DS19690716.2.89 (accessed June 22, 2018).

[24] "Hoover Memo on Black Panthers' Breakfast for Children Program," *Federal Bureau of Investigation*, May 15, 1969, https://genius.com/Federal-bureau-ofinvestigation-hoover-memo-on-black-panthers-breakfast-for-children-programannotated (accessed June 22, 2018).

[25] See Bloom and Martin, *Black Against Empire*; and Newton, *War Against the Panthers*.

[26] Nikhil Pal Singh, "The Whiteness of Police," *American Quarterly*, vol. 66, no. 4 (December 2014): 1095.

[27] 关于针对妇女和有色人种当中性别错位群体的国家暴力, 特别是执法人员在对妇女的身体进行警务监视和惩罚方面的历史功能, 一份出色的研究可参见 Ritchie, *Invisible No More*。

[28] Benjamin Franklin, "A Conversation Between an Englishmen, a Scotchman and an American on the subject of Slavery," *London Public Advertiser*, January 30, 1770. Quoted in Singh, "The Whiteness of Police," 1098.

〔29〕Eric L. Muller, *American Inquisition：The Hunt for Japanese American Disloyalty in World War II* (Chapel Hill：University of North Carolina Press, 2007), 145.

〔30〕Saucier and Woods, "Introduction," in *Conceptual Aphasia in Black*, 17.

〔31〕Peter Maas, "Obama's Gift to Donald Trump：A Policy of Cracking Down on Journalists and Their Sources," *The Intercept*, April 6, 2016, https：//theintercept.com/2016/04/06/obamas-gift-to-donald-trump-a-policy-of-cracking-down-onjournalists-and-their-sources/ (accessed June 22, 2018).

〔32〕Leighton Akio Woodhouse, "Obama's Deportation Policy Was Even Worse Than We Thought," *The Intercept*, May 15, 2017, https：//theintercept.com/2017/05/15/obamas-deportation-policy-was-even-worse-than-we-thought/ (accessed June 22, 2018).

〔33〕Claudia Rankine, *Citizen：An American Lyric* (London：Penguin Books UK, 2015), 151.

〔34〕See Simone Browne, *Dark Matters* (Durham：Duke University Press, 2015)："《暗物质》这本书源于这样一个问题：如果使新兴的监控研究领域中出现的一些想法与存续至今的跨大西洋档案及其死后生命进行对话，以这种方式使种族继续塑造监控实践结构的诸种方式显现出来，将会发生什么"（第11页）。

〔35〕Lisa Marie Cacho, *Social Death：Racialized Rightlessness and the Criminalization of the Unprotected* (New York：New York University Press, 2012), 6.

〔36〕Ibid.

〔37〕A. Naomi Paik, *Rightlessness：Testimony and Redress in U.S. Prison Camps since World War II* (Chapel Hill：University of North Carolina Press, 2016), 11.

〔38〕关于对警务实践提出替代方案的有用资源，可参见 INCITE! (ed.), *Color of Violence：The INCITE! Anthology* (Durham：Duke University Press, 2016); Andrea Smith, *Conquest*; Ching-In Chen, Jai Dulani, and Leah Lakshmi Piepzna-Samarasinha (eds.), *The Revolution Starts at Home：Confronting Intimate Violence Within Activist Communities* (Oakland：AK Press, 2016)。

〔39〕Kristian Williams, *Our Enemies in Blue*, 149. See also：Ritchie, *Invisible No More*; Jordan T. Camp and Christina Heatherton (eds.), *Policing the Planet：Why the Policing Crisis Led to Black Lives Matter* (Brooklyn：Verso, 2016).

〔40〕See Alondra Nelson, *Body and Soul：The Black Panther Party and the Fight Against Medical Discrimination* (Minneapolis：University of Minnesota Press, 2011)："在黑豹党的描述中，医疗工作综合体所执掌之权力的特征表现为一种将会引发种族灭绝的忽视，这表明该团体对以下两个方面精准的敏感性，即黑人的身体在历史上如何作为施行统治的场所——例如，其将奴隶制带来的痛苦与镰状细胞性贫血疾病的痛苦进行类比时就表现出了这种敏感——以及黑人面临医疗保健权利缩减时的脆弱性。对于这些问题，活动家们用诊所和倡议活动的形式作出了回应"（第187页）。

第十章 我是个忘恩负义的狗杂种吗?

〔1〕Hartman and Wilderson III, "The Position of the Unthought," 193.

〔2〕Christina Sharpe, "The Lie at the Center of Everything," *Black Studies Papers*, 1 (2014): 197.

〔3〕See Travis J. Tritten, "Veterans Groups: NFL Players Who Kneel During National Anthem are 'Ungrateful,'" *Washington Examiner*, September 25, 2017, http://www.washingtonexaminer.com/veterans-groups-nfl-players-who-kneel-duringnational-anthem-are-ungrateful/article/2635521 (accessed June 24, 2018) and Lee Moran, "Samantha Bee Skewers Fox News' Hypocrisy Over NFL Protests," *Huffington Post*, September 28, 2017, https://www.huffingtonpost.com/entry/samantha-bee-nfl-protests-fox-news_us_59cc9828e4b05063fe0f2276 (accessed June 24, 2018).

〔4〕Moran, "Samantha Bee Skewers Fox News' Hypocrisy Over NFL Protests."

〔5〕Brian R. Warnick, "Oppression, Freedom, and the Education of Frederick Douglass," *Philosophical Studies in Education*, vol. 39 (2008): 29.

〔6〕Eugene D. Genovese, Roll, Jordan, *Roll: The World the Slaves Made* (New York: Vintage, 1976).

〔7〕Josh Cole, "The Excuse of Paternalism in the Antebellum South: Ideology or Practice?," Paper written for Dr. Mark Voss-Hubbard HIS4940 "Early American History" class, Fall 2005, 31, http://www.eiu.edu/historia/Cole.pdf (accessed June 24, 2018).

〔8〕Ibid., 38-39.

〔9〕Hartman, "The Time of Slavery," 758.

〔10〕Lisa Lowe, "History Hesitant," 86.

〔11〕Shaun King, "When White Men Keep Lists of 'No-Good Niggers,'" *The Intercept*, September 26, 2017, https://theintercept.com/2017/09/26/nfl-nationalanthem-pittsburgh-steelers-mike-tomlin-pennsylvania-fire-chief-donald-trump/ (accessed June 24, 2018).

〔12〕Ibid.

〔13〕Margaret Biser, "I Used to Lead Tours at a Plantation. You Won't Believe the Questions I Got About Slavery," *Vox*, August 28, 2017, https://www.vox.com/2015/6/29/8847385/what-i-learned-from-leading-tours-about-slavery-at-aplantation (accessed June 24, 2018).

〔14〕Ibid.

〔15〕Thavolia Glymph, *Out of the House of Bondage: The Transformation of the Plantation Household* (Cambridge: Cambridge University Press, 2008).

〔16〕Ibid., 163.

〔17〕Joy James, *Seeking the Beloved* Community," 120-121. 关于英国语境中的类似叙事,可参见 Lisa Lowe, *The Intimacies of Four Continents*, 13, "对于《奴隶贸易法》和

《废除奴隶制法》的通过,自由主义废奴主张的重要性不及被奴役者自身的频繁起义和日常反抗实践"。也参见 Hartman, *Scenes of Subjection*; James C. Scott, *Weapons of the Weak*; and Dean Spade, *Normal Life*。

〔18〕Calvin Warren, *Ontological Terror*, 92.

〔19〕Connie Wun, "Racialized and Gendered Violence Permeates School Discipline," *Truthout*, November 2, 2015, http://www.truth-out.org/news/item/33481-racialized-and-gendered-violence-permeates-school-discipline (accessed June 24, 2018). See also Connie Wun, "Against Captivity: Black Girls and School Discipline Policies in the Afterlife of Slavery," *Educational Policy*, vol. 30, no. 1 (2016): 171-196.

〔20〕Dave Zirin, "The NFL Chose to Tank Its Season Rather Than Sign Colin Kaepernick," *The Nation*, January 2, 2018, https://www.thenation.com/article/the-nfl-chose-to-tank-its-season-rather-than-sign-colin-kaepernick/ (accessed June 24, 2018).

第十一章 上涨的潮水还是下沉的船舶?
——美国经济的衰落与非例外大多数的崛起

〔1〕Neferti X. M. Tadiar, "Remaindered Life of Citizen-Man, Medium of Democracy," *Southeast Asian Studies*, vol. 49, no. 3 (December 2011), 468.

〔2〕Gloria Wekker, *White Innocence: Paradoxes of Colonialism and Race* (Durham: Duke University Press, 2016), 17.

〔3〕Scott A. Sandage, *Born Losers: A History of Failure in America* (Cambridge: Harvard University Press, 2006), 265.

〔4〕Toby Miller, "US Imperialism, Sport, and 'the Most Famous Soldier in the War,'" in *A Companion to Sport*, ed. David L. Andrews and Ben Carrington (Hoboken, NJ: Blackwell Publishing, 2013), 229.

〔5〕See Katznelson, *When Affirmative Action Was White*; Douglas S. Massey and Nancy A. Denton, *American Apartheid: Segregation and the Making of the Underclass* (Cambridge: Harvard University Press, 1993); Richard Rothstein, *The Color of Law: A Forgotten History of How Our Government Segregated America* (New York: W. W. Norton & Company, 2017).

〔6〕Howard Zinn, *A People's History of the United States* (New York: Harper Collins, 2015), 413.

〔7〕Ibid.

〔8〕Ibid., 417.

〔9〕例如,可参见斯蒂芬·狄龙(Stephen Dillon)在其书中对于阿萨塔·莎库尔和安吉拉·戴维斯的讨论:"虽然阿萨塔·莎库尔的文章没有明确指出新自由主义的名称,但我们可以将它解读为,在新自由主义刚刚出现之时,黑人女权主义者对其进行了理论化。20 世纪 70 年代,美国社会和经济生活发生了围绕种族化和性别化的急剧重构。事实上,这正是一篇从因抵制这些变化而被拘留者的角度来叙述此等重构的文章。作为一名曾被抓获的地下黑人解放运动成员,莎库尔在该文中阐明了新自由主

义所要求但又加以消除的话语和（国家）暴力。新自由主义无疑是一种不惜一切代价优先考虑资本的流动和扩张的经济学说，但其机制超出了将市场从国家压制中解放出来的范畴。通过将20世纪70年代的黑人女性主义文本作为尚未挑明的新自由主义理论来阅读，我们可以从一个新的角度来理解新自由主义的形成和实施。莎库尔不仅将新自由主义与迅速扩张的监狱制度联系了起来，她还将当代监狱与动产奴隶制联系起来——这是安吉拉·戴维斯提出的'从奴隶制的监狱到监狱的奴隶制'所理解的一种制度性、情感性和话语性的联系。"Possessed by Death," 114.

〔10〕Ibid., 117-118. See also Lisa Duggan, *The Twilight of Equality? Neoliberalism, Cultural Politics, and the Attack on Democracy* (Boston: Beacon Press, 2003), 1-21, quoted in Dillon, 117.

〔11〕See Social Security Administration, https://www.ssa.gov/cgi-bin/netcomp.cgi?year=2014 (accessed June 24, 2018).

〔12〕Jill Cornfield, "Bankrate Survey: Just 4 in 10 Americans Have Savings They'd Rely on in an Emergency," *Bankrate*, January 12, 2017, https://www.bankrate.com/finance/consumer-index/money-pulse-0117.aspx (accessed June 24, 2018).

〔13〕Jay Shambaugh and Ryan Nunn, "Why Wages Aren't Growing in America," *Harvard Business Review*, October 24, 2017, https://hbr.org/2017/10/why-wagesarent-growing-in-america (accessed June 24, 2018).

〔14〕Jenane Sahadi, "The Richest 10% Hold 76% of the Wealth," *CNN Money*, August 18, 2016, http://money.cnn.com/2016/08/18/pf/wealth-inequality/index.html (accessed June 24, 2018).

〔15〕"Statement on Visit to the USA, by Professor Philip Alston, United Nations Special Rapporteur on Extreme Poverty and Human Rights," *United Nations Human Rights Office of the High Commissioner*, December 15, 2017, http://www.ohchr.org/EN/NewsEvents/Pages/DisplayNews.aspx?NewsID=22533 (accessed June 24, 2018).

〔16〕Anupama Jacob, "The Supplemental Poverty Measure: A Better Measure for Poverty in America?" *Policy Brief for Center for Poverty Research*, University of California Davis, Volume 1, Number 6, https://poverty.ucdavis.edu/sites/main/files/file-attachments/jacob_poverty_measures_brief.pdf (June 24, 2018).

〔17〕Alston, "Statement on Visit to the USA."

〔18〕Jon Jeter, "It's Not the Dow, Stupid! Underpaid Workforce Imperils US and Global Economies," *MintpressNews*, February 2, 2018, https://www.mintpressnews.com/its-not-the-dow-stupid-underpaid-workforce-imperils-us-and-globaleconomies/237090/ (accessed June 24, 2018).

〔19〕"A Pound of Flesh: The Criminalization of Private Debt," *American Civil Liberties Union*, February 2018, https://www.aclu.org/sites/default/files/field_document/022318-debtreport_0.pdf (accessed June 24, 2018).

〔20〕Paula Chakravartty and Denise Ferreira da Silva, "Accumulation, Dispossession, and Debt: The Racial Logic of Global Capitalism—An Introduction," *American Quarterly*, vol. 64, no. 3 (September 2012): 362.

〔21〕See Western Regional Advocacy Project, "Without Housing," 2006, https://wraphome.org//wp-content/uploads/2008/09/2010%20Update%20Without%20Housing.pdf (accessed June 24, 2018).

〔22〕Craig Willse, "Neo-liberal Biopolitics and the Invention of Chronic Homelessness," *Economy and Society* vol. 39, no. 2 (May 2010): 173.

第十二章 "我们不能让囚犯管理监狱"：黑人劳动、白人享受与亿万富豪资本家阶级

〔1〕Hartman, *Scenes of Subjection*, 4.

〔2〕Shakur, "Women in Prison: How We Are," 60, quoted in Dillon, "Possessed by Death," 117.

〔3〕*Malcolm X Speaks: Selected Speeches and Statements*, ed. George Breitman (New York: Grove Press, 1994), 8, quoted in Tryon P. Woods, "A Re-Appraisal of Black Radicalism and Human Rights Doctrine," in R. Khalil Saucier and Tryon P. Woods (eds.), *On Marronage* (Trenton, NJ: Africa World Press, 2015), 270.

〔4〕关于分析体育活动当中的文化政治的学术作品，其代表性样本可参见 Janelle Joseph, *Sport in the Black Atlantic: Crossing and Making Boundaries* (London: Bloomsbury, 2015); Jessica Luther, *Unsportsmanlike Conduct: College Football and the Politics of Rape* (Brooklyn: Akashic Books, 2016); David J. Leonard, *Playing While White: Privilege and Power on and off the Field* (Seattle: University of Washington Press, 2017); David L. Andrews and Michael L. Silk (eds.), *Sport and Neoliberalism Politics, Consumption, and Culture* (Philadelphia: Temple University Press, 2012); David J. Leonard, Kimberly B. George, and Wade Davis (eds.), *Football, Culture and Power* (New York: Routledge, 2016); Michael Silk, *The Cultural Politics of Post-9/11 American Sport: Power, Pedagogy and the Popular* (New York: Routledge, 2011); Stanley I. Thangaraj, Constancio Arnaldo, Christina B. Chin (eds.), *Asian American Sporting Cultures* (New York: New York University Press, 2016); Jorge Iber, Samuel Regalado, Jose Alamillo, and Arnoldo De Leon (eds.), *Latinos in U.S Sport A History of Isolation, Cultural Identity, and Acceptance* (Champaign, IL: Human Kinetics, 2011)。

〔5〕Glymph, *Out of the House of Bondage*, 6.

〔6〕Ibid. 格林弗继续说道："操持家务的意识形态要求被奴役的妇女在为种植园家庭劳作时要像是在为自己的利益工作一样。如果她们不这样做，女主人就很难达到新兴的家务标准。"

〔7〕Ibid.

〔8〕Dillon, "Possessed by Death," 121.

〔9〕Ibid.

〔10〕例如，参见 Robert Elias, *The Empire Strikes Out: How Baseball Sold U. S. Foreign Policy and Promoted the American Way Abroad*（New York: The New Press, 2010）："作为美国扩张主义的合作者，棒球运动也必须是专属于白人的。自 19 世纪 80 年代以来，非裔美国人一直被禁止进入美国职业棒球大联盟，并且到了 1898 年，即美利坚作为冉冉升起之新帝国的开端之年，仅留下最后一个在小联盟中打球的黑人。这不仅关系到谁能打球，还关系到谁能拥有它……棒球帮助强化了对美国外交政策之合理化至关重要的白人至上观念。通过将炮舰和美元外交结合起来，美国占领了一个又一个拉丁美洲国家，通常是为了促进美国在糖、香蕉、采矿业和银行业的金融利益。美国公司经常赞助棒球运动，将其作为外国佬（gringo）优越性的具体证明，藉此对美国给当地人民带来的好处加以颂扬，希望在此过程中使他们的拉丁裔工人美国化"（第 49 页）。See also: James D. Cockcroft, *Latinos in Beisbol: The Hispanic Experience in the Americas*（Danbury, CT: Franklin Watts, 1996）; Gerald R. Gems, "Sports, Colonialism, and United States Imperialism," *Journal of Sport History*, 33: 1（Spring 2006）: 3-25; and Gerald R. Gems, "Sport, War and Ideological Imperialism," *Peace Review*, 11: 4（1999）: 573-78.

〔11〕Gilmore, *Golden Gulag*, 242.

〔12〕Steven W. Thrasher, "Super Slaves," *Radical History Review*, vol. 2016, issue 125（2016）: 172; see William C. Rhoden, *$40 Million Slaves: The Rise, Fall, and Redemption of the Black Athlete*（New York: Broadway Books, 2007）.

〔13〕Matt Taibbi, "The NFL Draft, Decoded," *Men's Journal*, April 19, 2010, https://web.archive.org/web/20100421064046/http://www.mensjournal.com/the-nfldraft-decoded.; quoted in Thrasher, 173; See also Daina Ramey Berry, *The Price For Their Pound of Flesh: The Value of the Enslaved from Womb to Grave, in the Building of a Nation*（Boston: Beacon Press, 2017）.

〔14〕Thomas Oates and Meenakshi Gigi Durham. "The Mismeasure of Masculinity: The Male Body, Race, and Power in the Enumerative Discourses of the NFL Draft," *Patterns of Prejudice*, Vol. 38, No. 3, 2004, 317.

〔15〕Thrasher, "Super Slaves," 174.

〔16〕Ibid., 175.

〔17〕Ibid.

〔18〕Ibid.

〔19〕Ritchie, *Invisible No More*, 42.

〔20〕Kelly Brown Douglas, *Stand Your Ground: Black Bodies and the Justice of God*（Maryknoll, NY: Orbis Books, 2015）, 129.

〔21〕Robin Bernstein, *Racial Innocence: Performing American Childhood from Slavery to Civil Rights*（New York: New York University Press, 2011）, 94.

〔22〕Ibid., 145.

〔23〕Ibid., 243.

〔24〕Donald McRae, "Jaylen Brown: 'Sport is a mechanism of control in America,'"

The Guardian, January 9, 2018, https://www.theguardian.com/sport/2018/jan/09/jaylen-brown-boston-celtics-nba-interview (accessed June 25, 2018).

[25] Shaun King, "The NCAA Says Student-Athletes Shouldn't Be Paid Because the 13th Amendment Allows Unpaid Prison Labor," *The Intercept*, February 22, 2018, https://theintercept.com/2018/02/22/ncaa-student-athletes-unpaidprison/ (accessed June 25, 2018): "这不仅仅是对事实恶劣的过滤呈现（optics）。它触及了全美大学运动联合会对于这个价值数十亿美元之产业的核心看法：不仅涉及对这个产业当中的运动员的看法，还涉及对这个产业核心商业模式的看法。从本质上讲，全美大学运动联合会认为，学生运动员是作为奴隶劳工从事工作的，因而不应得到公平的补偿。"

[26] Hartman, *Scenes of Subjection*, 24. See also Christina Sharpe, "Blackness, Sexuality, and Entertainment," where she comments on the work of Hartman, Hortense Spillers, Frank Wilderson and Tavia Nyong'o who all examine "... a problematic of enjoyment in which pleasure is inseparable from subjection, will indistinguishable from submission, and bodily integrity bound to violence," 827-828.

[27] See chapter 10.

[28] Hartman, *Scenes of Subjection*, 7-8.

[29] Kimberly Juanita Brown, "Saving Mr. Jefferson: Slavery and Denial at Monticello," in *On Marronage*, ed. R. Khalil Saucier and Tryon P. Woods (Trenton, NJ: Africa World Press, 2015), 110.

[30] Lisa Lowe, *The Intimacies of Four Continents*, 150.

[31] Joy James, "Introduction," *The New Abolitionists*, xxiii. See also: Angela Davis, "From the Prison of Slavery to the Slavery of Prison: Frederick Douglass and the Convict Lease System," in *The Angela Y. Davis Reader*; David Oshinsky, *Worse Than Slavery*; Sarah Haley, *No Mercy Here*; Dylan Rodríguez, *Forced Passages: Imprisoned Radical Intellectuals and the U.S. Prison Regime* (Minneapolis: University of Minnesota Press, 2006); Dennis Childs, *Slaves of the State*; Alex Lichtenstein, *Twice the Work of Free Labor: The Political Economy of Convict Labor in the New South* (London: Verso, 1996); Ruth Wilson Gilmore, *Golden Gulags*; Loïc Wacquant, *Punishing the Poor: The Neoliberal Government of Social Insecurity* (Durham: Duke University Press, 2009).

[32] Beth E. Richie, *Arrested Justice: Black Women, Violence, and America's Prison Nation* (New York: New York University Press, 2012), 103.

[33] Maurice L. Johnson II, "A Historical Analysis: The Evolution of Commercial Rap Music," Master's Thesis (Florida State University), 2011, 5.

[34] Connie Wun, "Anti-Blackness as Mundane: Black Girls and Punishment beyond School Discipline," in *Conceptual Aphasia in Black: Displacing Racial Formation*, ed. P. Khalil Saucier and Tryon P. Woods (Lanham, MD: Lexington Books, 2016), 81.

[35] Ibid., 79.

[36] Saidiya Hartman, *Scenes of Subjection*, 206.

〔37〕Wun, "Anti-Blackness as Mundane," 80. See also Monique W. Morris, *Pushout*: *The Criminalization of Black Girls in Schools*（New York: New Press, 2017）.

〔38〕关于洛杉矶监狱中抵抗与反叛的丰富历史，参见凯利·莱特尔·赫尔南德斯在其《囚徒之城》（*City of Inmates*）一书第197页中对"反叛档案"的讨论："因此，反叛档案指引我溯流而上去察看的是，清除之潮如何从这个国家的监禁之核中流淌出来。用迁居殖民主义的术语来说，监禁的膨胀和与之相伴的贫困、驱逐、疾病及早夭等现实，以及在原住民、黑人和棕色人种社区剧增的所有警察杀戮案件，都属于清除行动。从这个角度来看，要打破美国大规模监禁的根源，就需要解决旨在征服的社会结构、它的清除逻辑以及它对我们所有人的意义，尤其是对被作为'以各种方式逐渐消失'之目标群体的原住民和种族化社群的意义。"也参见 Lorenzo Veracini, *Settler Colonialism A Theoretical Overview*（New York: Palgrave Macmillan, 2010）, 16。

〔39〕Stefano Harney and Fred Moten, *The Undercommons*: *Fugitive Planning and Black Study*（New York: Minor Compositions, 2013）, 42.

〔40〕Tryon P. Woods, "Something of the Fever and the Fret: Antiblackness in the Critical Prison Studies Fold," in P. Khalil Saucier and Tryon P. Woods（eds.）, *Conceptual Aphasia in Black*: *Displacing Racial Formation*（Lanham, MD: Lexington Books, 2016）, 149.

第十三章　美国"援助"是援助还是盗窃？——以非洲为例

〔1〕Keeanga-Yamahtta Taylor, *From #BlackLivesMatter to Black Liberation*（Chicago: Haymarket Books, 2016）, 29.

〔2〕Michael Parenti, *The Face of Imperialism*（New York: Routledge, 2011）, 4.

〔3〕James Baldwin, "An Open Letter to My Sister, Angela Y. Davis."

〔4〕Lisa Lowe, *The Intimacies of Four Continents*, 39.

〔5〕See Neferti X. M. Tadiar, "Life-Times of Becoming Human," *Occasion*: *Interdisciplinary Studies in the Humanities*, vol. 3（March 15, 2012）："正是在这一背景下，从"人类战争"（a war to be human）和"在战争中成为人类"（becoming human in a time of war）之间潜在的复杂对立关系出发，我描述并继续思考着我们的政治时刻。"人类战争"最引人注目的构成是美国及其附属军队继续在世界各地发动的政治-军事项目和以全球反恐战争为代表的残忍暴行。这个新的帝国工程为确保和进一步扩大资本主义秩序中人类所享有和遗留的特权和权力而采取的暴力行动有大量的文件记载，然而，令人痛心的是，它被故意忽略了"（第2页）。

〔6〕See Neferti X. M. Tadiar, "Life-Times of Disposability within Global Neoliberalism," *Social Text* 115, vol. 31, no. 2（Summer 2013）: 19-47.

〔7〕See Richard Peet, *Unholy Trinity*: *The IMF, World Bank and WTO*（London: Zed Books, 2009）; Michael Hudson, Super Imperialism: *The Origin and Fundamentals of U.S. World Dominance*（London: Pluton Press, 2003）; Gloria Thomas Emeagwali（ed.）, *Women Pay the Price*（Trenton, NJ: Africa World Press, 1995）; Patrick Bond, *Against Global Apartheid - South Africa Meets the World Bank, IMF and International Finance*（Cape Town: University of Cape Town Press, 2004); Leo Zeilig (ed.), *Class Struggle and Resistance in Africa* (Chicago: Haymarket Books, 2009).

[8] Asad Ismi, *Impoverishing a Continent: The World Bank and the IMF in Africa* (Halifax: Halifax Initiative, 2004), 11-13.

[9] Kwame Nkrumah, *Neo-Colonialism: The Last Stage of Imperialism* (London: Thomas Nelson & Sons, 1965).

[10] Karen McVeigh, "World is Plundering Africa's wealth of 'billions of dollars a year,'" *The Guardian*, May 24, 2017, https://www.theguardian.com/global-development/2017/may/24/world-is-plundering-africa-wealth-billions-of-dollars-a-year (accessed June 25, 2018).

[11] "DR Congo: UN advises prudent use of abundant resources to spur development," *UN News*, October 10, 2011, https://news.un.org/en/story/2011/10/390912-dr-congo-un-advises-prudent-use-abundant-resources-spur-development (accessed June 25, 2018).

[12] Mark Curtis, "Gated Development—is the Gates Foundation always a force for good?" *Global Justice Now*, June 2016, http://www.globaljustice.org.uk/sites/default/files/files/resources/gjn_gates_report_june_2016_web_final_version_2.pdf (accessed June 25, 2018).

[13] Abram Lutes, "Empires of Aid and Compassion: Foundations as Architects of Neoliberalism," *Peripheral Thought*, February 5, 2018, https://peripheralthought.blog/2018/02/05/empires-of-aid-and-compassion-foundations-as-architects-of-neoliberalism/ (accessed June 25, 2018).

[14] Colin Todhunter, "Gates Foundation is spearheading the neoliberal plunder of African agriculture," *Ecologist*, January 21, 2016, https://theecologist.org/2016/jan/21/gates-foundation-spearheading-neoliberal-plunder-african-agriculture (accessed June 25, 2018).

[15] David Pilling, "Chinese investment in Africa: Beijing's testing ground," *Financial Times*, June 13, 2017, https://www.ft.com/content/0f534aa4-4549-11e7-8519-9f94ee97d996 (accessed June 25, 2018).

[16] Maximilian Forte, *Slouching Towards Sirte: NATO's War on Libya and Africa* (Montreal: Baraka Books, 2012), 193.

[17] See Dambisa Moyo, *Dead Aid: Why Aid Is Not Working and How There Is a Better Way for Africa* (New York: Farrar, Straus and Giroux, 2010).

[18] Forte, *Slouching Towards Sirte*, 189.

[19] Anthony Lake, Christine Todd Whitman, Princeton N. Lyman, and J. Stephen Morrison; "More Than Humanitarianism: A Strategic U.S. Approach Toward Africa," *Council on Foreign Relations* Task Force Report, January 2006, retrieved from: https://www.cfr.org/report/more-humanitarianism (accessed June 25, 2018), 8.

[20] Forte, *Slouching Towards Sirte*, 198 and 21. See also: William T. Cavanaugh,

"The Unfreedom of the Free Market," in David L. Schindler and Doug Bandow (eds.), *Wealth, Poverty, and Human Destiny* (Wilmington, DE: ISI Books, 2003).

〔21〕关于美军非洲司令部的出色概述，特别是其在美国入侵利比亚中扮演的角色，可参见 chapter 4 of Maximilian Forte, *Slouching Towards Sirte*。

〔22〕Khaled Al-Kassimi, "The U.S informal empire: US African Command (AFRICOM) expanding the US economic-frontier by discursively securitizing Africa using exceptional speech acts," *African Journal of Political Science and International Relations*, vol.11, 11 (November 2017): 301-316.

〔23〕Forte, *Slouching Towards Sirte*, 237, cited in Al-Kassimi, "The U.S informal empire," 309.

〔24〕See AFRICOM's mission statement: http://www.africom.mil/ (accessed June 25, 2018).

〔25〕See Forte, *Slouching Towards Sirte*.

〔26〕Brad Hoff, "Hillary Emails Reveal True Motive for Libya Intervention," *Foreign Policy Journal*, January 6, 2016, https://www.foreignpolicyjournal.com/2016/01/06/new-hillary-emails-reveal-true-motive-for-libya-intervention/ (accessed June 25, 2018).

〔27〕Forte, *Slouching Towards Sirte*, 258.

〔28〕Thomas Mountain, "30,000 Bombs Over Libya," *Counterpunch*, September 2, 2011, https://www.counterpunch.org/2011/09/02/30000-bombs-over-libya/ (accessed June 25, 2018).

〔29〕See Forte, *Slouching Towards Sirte*, 260. 在该书中，他揭露了美国将卡扎菲的反对者称作"反抗者"（rebels）这种做法中的双重标准："相反，在阿富汗，北约和美国（就像他们在巴基斯坦所做的那样）资助、训练和武装卡尔伊政权攻击'他自己的人民'，并一直给武装反对者贴上'恐怖分子'或'叛乱分子'（insurgents）的标签。"

〔30〕Ibid., 207.

〔31〕Joeva Rock, "Militarized Humanitarianism in Africa," *Foreign Policy in Focus*, May 14, 2014, http://fpif.org/militarized-humanitarianism-africa/ (accessed June 25, 2018).

〔32〕Scott Shane, "Western Companies See Prospects for Business in Libya," *New York Times*, October 28, 2011, http://www.nytimes.com/2011/10/29/world/africa/western-companies-see-libya-as-ripe-at-last-for-business.html (accessed June 25, 2018).

〔33〕See Forte, *Slouching Towards Sirte*, 190.

〔34〕Ibid., 196.

〔35〕Ibid.

〔36〕Ibid., 237.

〔37〕Al-Kassimi, "The U.S Informal Empire," 306.

〔38〕Whaley, *Black Women in Sequence*, 115.

第十四章　美国真的在乎人权吗？

[1] Joy James, *Seeking the Beloved Community*, 274.

[2] Keeanga-Yamahtta Taylor, *From #BlackLivesMatter to Black Liberation*, 8.

[3] Michael Parenti, "Foreword," in Gregory Elich, *Strange Liberators: Militarism, Mayhem, and the Pursuit of Profit* (Coral Springs, FL: Llumina Press, 2006), iii.

[4] Dave Zirin and Jules Boycoff, "The US is not fit to host the Olympics," *Al Jazeera*, September 10, 2015, http://america.aljazeera.com/opinions/2015/9/theus-is-not-fit-to-host-the-olympics.html (accessed June 25, 2018).

[5] 关于"同意"（consent）和"仁慈的同化"（benevolent assimilation）的语言如何被用来掩盖美国在菲律宾的帝国主义军事暴力的精彩研究，可参见 Victor Román Mendoza, *Metroimperial Intimacies: Fantasy, Racial-Sexual Governance, and the Philippines in U.S. Imperialism*, 1899-1913 (Durham: Duke University Press, 2015), 21 and 24："当时盛行的菲律宾'同意'接受美国治理的话语暗示了一种互惠分级债券基金（mutual hierarchical bonds）的关系（互惠分级债券基金为金融专业术语，其中'互惠'强调了个别投资者通过聘用投资专家达成预期收益目标的一面，'分级'则强调了个别投资者与专家投资者在投资风险承担与收益计算方式上不同的一面，比如个别投资者通过把钱借给专家投资者可以获得固定的利息收益，而专家投资者利用自有资金和个别投资者的借款投资，在支付个别投资者利息后获取剩余投资收益。此处应是用来比喻菲律宾的发展对于美国专业治理能力的依赖关系。——译者注）。事实证明，这种当时没有其他殖民列强采用的比喻是美国例外主义话语必不可少的组成部分。"

[6] Joy James, *Seeking the Beloved Community*, 275.

[7] Forte, *Slouching Towards Sirte*, 305.

[8] Ibid.

[9] 关于对人权实践和话语的两个值得注意的批评，可参见 Randall Williams, *The Divided World: Human Rights and Its Violence* (Minneapolis: University of Minnesota Press, 2010); and Nicola Perugini and Neve Gordon, *The Human Right to Dominate* (Oxford: Oxford University Press, 2015)。

[10] Edward S. Herman and David Peterson, *The Politics of Genocide* (New York: Monthly Review Press, 2011), 22-23.

[11] Forte, *Slouching Towards Sirte*, 297-298.

[12] Daniel Kovalik, "Samantha Power, Henry Kissinger & Imperial Delusions," *Counterpunch*, June 16, 2016, https://www.counterpunch.org/2016/06/16/samantha-power-henry-kissinger-imperial-delusions/ (accessed June 25, 2018).

[13] Herman and Peterson, *The Politics of Genocide*, 30-31.

[14] Vanessa Beeley, "Examining the Truth about Syria and the White Helmets," *The Wall Will Fall*, January 30, 2018, https://thewallwillfall.org/2018/01/30/examining-the-truth-about-syria-and-the-white-helmets/ (accessed June 25, 2018).

〔15〕Stephen Gowans, *Washington's Long War on Syria* (Montreal: Baraka Books, 2017).

〔16〕Williams, *The Divided World*, xxxi.

〔17〕Alana Abramson, "Here's How Many Nuclear Weapons the U. S. Has," *Time*, August 9, 2017, http://time.com/4893175/united-states-nuclear-weapons/ (accessed June 25, 2018).

〔18〕Forte, *Slouching Towards Sirte*, 257.

〔19〕关于美国如何操纵残疾人权利的话语以促进其帝国目标的重要讨论，可参见 Jasbir K. Puar, *The Right to Maim: Debility, Capacity, Disability* (Durham: Duke University Press, 2017), 71-72："……（残疾人）例外主义使美国在残疾人权利意识、专用设施和社会融入方面成为一个先进且进步的国家，与此同时，却将在现代性方面落后和无能的印记投射到别处的他者身上。然而，关于美国对例外主义的这种跨国调用——不仅作为一种他者化（Othering）的过程，以保留其作为'体能健全中心主义现代性'（ableist modernity）（以体能健全者为中心，对体能或智能较差的人不作特别照顾。——译者注）创始人和仲裁者的版权；而且更强力有效地作为一种我称之为'衰弱生命政治'（biopolitics of debilitation）的伪装——是如何运作的，研究比较少。"

〔20〕Michael Parenti, "The Logic of U. S. Intervention," in *Masters of War: Militarism and Blowback in the Era of American Empire*, ed. Carl Boggs (New York: Routledge, 2003), 24.

〔21〕Forte, *Slouching Towards Sirte*, 291.

〔22〕Glenn Greenwald, "Trump's Support and Praise of Despots Is Central to the U. S. Tradition, Not a Deviation From It," *The Intercept*, May 2, 2017, https://theintercept.com/2017/05/02/trumps-support-and-praise-of-despots-is-centralto-the-u-s-tradition-not-a-deviation-from-it/ (accessed June 25, 2018).

〔23〕Rich Whitney, "US Provides Military Assistance to 73 Percent of World's Dictatorships," *Truthout*, September 23, 2017, http://www.truth-out.org/news/item/42020-us-provides-military-assistance-to-73-percent-of-world-s-dictatorships (accessed June 25, 2018).

〔24〕Forte, *Slouching Towards Sirte*, 304.

〔25〕Perugini and Gordon, *The Human Right to Dominate*, 13.

〔26〕See "The blockade remains in force and is tightening," *Granma*, October 25, 2017, http://en.granma.cu/cuba/2017-10-25/the-blockade-remains-in-force-andis-tightening (accessed June 25, 2018).

〔27〕例如，参见马克西米利安·福尔特在其书中引言所论："如果我们对自己诚实，我们还应该考虑其他规范和实践，比如古巴的社会主义国际主义。在后一种情形中，古巴对安哥拉的援助并没有带来永久性的军事基地；古巴的援助是应安哥拉请求做出的，且双方对此援助作为一种团结行动的性质理解一致；古巴动员向安哥拉派遣军队和医生的行动并没有带来任何有利可图的矿产采掘收益；而且，安哥拉的主权并

没有受到损害,相反,它受到了古巴的捍卫。因此,对干预的利害关系、目的、方法和整个政治都需要清楚地加以彻底思考和阐释。不应该再有任何反射性的'呐喊':'必须做点什么''我们不能袖手旁观'等——复杂的局势需要成熟和政治敏锐,而不是琐碎的激情。" Maximilian Forte (ed.), *Good Intentions*: *Norms and Practices of Imperial Humanitarianism* (Montreal: Alert Press, 2014), 28-29.

〔28〕Forte, *Slouching Towards Sirte*, 279.

〔29〕Ibid.

〔30〕Bryan Schatz, "The Obama Years Have Been Very Good to America's Weapons Makers," *Salon*, March/April 2016, https://www.motherjones.com/politics/2016/05/obama-international-arms-weapons-deals/ (accessed June 25, 2018).

〔31〕Adam Weinstein, "The Real Largest State Sponsor Of Terrorism," *Huffington Post*, March 16, 2017, https://www.huffingtonpost.com/entry/the-real-largeststate-sponsor-of-terrorism_ us_ 58cafc26e4b00705db4da8aa (accessed June 25, 2018).

〔32〕See Jakob Reimann, "One Last Chance for Peace in Yemen," *Foreign Policy in Focus*, May 4, 2016, http://fpif.org/one-last-chance-peace-yemen/ (accessed June 25, 2018).

〔33〕Medea Benjamin, "U. S. Weapons Sales Are Drenched in Yemeni Blood," *Foreign Policy in Focus*, August 24, 2016, http://fpif.org/u-s-weapons-sales-drenchedyemeni-blood/ (accessed June 25, 2018).

〔34〕Whitney Webb, "U. S.' Role In Saudi's War On Yemen May Include Torture," *Mint Press News*, June 24, 2017, https://www.mintpressnews.com/unitedstatessaudi-war-yemen-torture/229215/ (accessed June 25, 2018).

〔35〕Keeanga-Yamahtta Taylor, *From #BlackLivesMatter to Black Liberation*, 29.

〔36〕Forte, *Good Intentions*, 17.

〔37〕关于处理如何"在帝国中生存并与之共存"(live in and with empire)这一问题的有用学术资源,可参见 Carole McGranahan and John F. Collins (eds.) *Ethnographies of U. S. Empire* (Durham: Duke University Press, 2018)。

第十五章　人道主义激情:美国企业媒体和白人救世主心态

〔1〕"Don't Liberate Me," in *Color of Violence*, ed. INCITE!, 118.

〔2〕Teju Cole, "The White-Savior Industrial Complex," *The Atlantic*, March 21, 2012, https://www.theatlantic.com/international/archive/2012/03/the-white-savior-industrial-complex/254843/ (accessed June 25, 2018).

〔3〕Césaire, Aimé. *Discourse on Colonialism*, 39.

〔4〕Richard Stupart, "7 Worst International Aid Ideas," *Matador Network*, February 20, 2012, https://matadornetwork.com/change/7-worst-international-aid-ideas/ (accessed June 25, 2018).

〔5〕Ibid.

[6] Inderpal Grewal, *Saving the Security State: Exceptional Citizens in Twenty-First Century America* (Durham: Duke University Press, 2017), 60.

[7] Ibid., 66.

[8] Cole, "The White-Savior Industrial Complex."

[9] Ibid.

[10] "Malala Yousafzai Fast Facts," *CNN*, March 29, 2018, https://www.cnn.com/2015/08/20/world/malala-yousafzai-fast-facts/index.html (accessed June 25, 2018).

[11] Jeffrey St. Clair and Alexander Cockburn, "How Jimmy Carter and I Started the Mujahideen," *Counterpunch*, January 15, 1998, https://www.counterpunch.org/1998/01/15/how-jimmy-carter-and-i-started-the-mujahideen/ (accessed June 25, 2018).

[12] Grewal, *Saving the Security State*, 77.

[13] James Risen, "U.S. Identifies Vast Mineral Riches in Afghanistan," *New York Times*, June 13, 2010, http://www.nytimes.com/2010/06/14/world/asia/14minerals.html (accessed June 25, 2018).

[14] Nerida Chazal and Adam Pocrnic, "Kony 2012: Intervention Narratives and the Saviour Subject," *International Journal for Crime, Justice and Social Democracy*, 5 (1) (2016), 103.

[15] Sverker Finnström, "KONY 2012, Military Humanitarianism, and the Magic of Occult Economies," *Africa Spectrum*, vol. 47, no. 2/3 (2012), 130-131.

[16] "Uganda: US Help Against Rebels Overdue," *Al Jazeera*, October 15, 2011, https://www.aljazeera.com/news/africa/2011/10/2011101591032110944.html (accessed June 25, 2018).

[17] Keir Forgie, "US Imperialism and Disaster Capitalism in Haiti," in *Good Intentions*, ed. Maximilian Forte, 58.

[18] Ibid., 70.

[19] "Haitian Workers Fight for Higher Minimum Wage Suppressed by Clinton's State Department," *Telesur*, May 22, 2017, https://www.telesurtv.net/english/news/Haitians-Workers-Fight-for-Higher-Minimum-Wage-Suppressed-byClintons-State-Department-20170522-0037.html (accessed June 25, 2018).

[20] Afua Hirsch, "Oxfam Abuse Scandal is Built on the Aid Industry's White Saviour Mentality," *The Guardian*, February 20, 2018, https://www.theguardian.com/commentisfree/2018/feb/20/oxfam-abuse-scandal-haiti-colonialism (accessed June 25, 2018).

[21] Virgil Hawkins, "The Price of Inaction: The Media and Humanitarian Intervention," *Journal of Humanitarian Assistance*, May 14, 2001, https://sites.tufts.edu/jha/archives/1504 (accessed June 25, 2018).

[22] See Dylan Rodriguez, "The Meaning of 'Disaster' Under the Dominance of White Life," in *What Lies Beneath: Katrina, Race, and the State of the Nation*, ed. South End Press Collective (Boston: South End Press, 2007).

〔23〕See Grewal, *Saving the Security State*, 33-48.

〔24〕Ibid., 46.

〔25〕See Jordan Flaherty, *Floodlines: Community and Resistance from Katrina to the Jena Six* (Chicago: Haymarket Books, 2010).

〔26〕Paul Buchheit, "Morbid Inequality: Now Just SIX Men Have as Much Wealth as Half the World's Population," *Common Dreams*, February 20, 2017, https://www.commondreams.org/views/2017/02/20/morbid-inequality-now-just-sixmen-have-much-wealth-half-worlds-population (accessed June 25, 2018).

〔27〕Richard Stupart, "7 Worst International Aid Ideas."

〔28〕Belén Fernández, "Celebrity 'Charity': A Gift For a Vicious System," *Al Jazeera*, December 3, 2017, https://www.aljazeera.com/indepth/opinion/celebrity-charity-gift-vicious-system-171203082049847.html (accessed June 25, 2018).

〔29〕Ifi Amadiume, *Male Daughters, Female Husbands: Gender and Sex in an African Society* (London: Zed Books, 1987), 7; cited in Maximilian Forte, "Introduction," in *Good Intentions*, ed. Maximilian Forte, 26-27.

〔30〕"Introduction," in *Good Intentions*, ed. Maximilian Forte, 26.

〔31〕Ben Suriano and William T. Cavanaugh, "The Nation State Project, Schizophrenic Globalization, and the Eucharist: An Interview with William T. Cavanaugh," *The Other Journal*, December 11, 2007, https://theotherjournal.com/2007/12/11/the-nation-state-project-schizophrenic-globalization-and-theeucharist-an-interview-with-william-t-cavanaugh/ (accessed June 25, 2018).

〔32〕See INCITE! (ed.) *The Revolution Will Not Be Funded: Beyond the Non-Profit Industrial Complex* (Durham: Duke University Press, 2017).

〔33〕See Julie Wark and Daniel Raventós, *Against Charity* (Oakland: AK Press, 2018).

第十六章　如果不好，就怪俄罗斯

〔1〕Holsti, "Exceptionalism in American Foreign Policy," 384.

〔2〕Boyd Cothran, *Remembering the Modoc War: Redemptive Violence and the Making of American Innocence* (Chapel Hill, University of North Carolina Press, 2014), 197.

〔3〕Dylan Rodriguez, *Forced Passages*, 47

〔4〕Aaron Mehta, "The Pentagon is planning for war with China and Russia—can it handle both?" *Defense News*, January 30, 2018, https://www.defensenews.com/pentagon/2018/01/30/the-pentagon-is-planning-for-war-with-china-andrussia-can-it-handle-both/ (accessed June 25, 2018).

〔5〕若要详细了解在大选中拒绝投票如何起到有效的反帝国主义作用，可参见Jason Goldfarb, "The Case For Not Voting: In Defense of the Lazy, Ungrateful, and Uniformed," *Counterpunch*, June 17, 2016, https://www.counterpunch.org/2016/06/17/the-case-for-not-voting-in-defense-of-the-lazy-ungrateful-and-uniformed/（accessed June 25,2018）. 尤其引人注目的是戈德法布破除了以下的迷思："投票是您的责任""如果您不投票就不能抱怨""投票给两害相权取其轻的""如果每个人都选择不投票，该怎么办？""如果您不参与此流程就无法实现变革"等。

〔6〕Roger Harris, "The Real Problem With US Elections Isn't Russia," *Counterpunch*, January 5, 2018, https：//www.counterpunch.org/2018/01/05/the-real-problemwith-us-elections-isnt-russia/（accessed June 25, 2018）.

〔7〕Jon Schwarz, "Jimmy Carter：The U.S. Is an 'Oligarchy With Unlimited Political Bribery,'" *The Intercept*, July 30, 2015, https：//theintercept.com/2015/07/30/jimmy-carter-u-s-oligarchy-unlimited-political-bribery/（accessed June 25, 2018）.

〔8〕Michael Doran, "The Real Collusion Story," *National Review*, March 13, 2018, https：//www.nationalreview.com/2018/03/russia-collusion-real-story-hillaryclinton-dnc-fbi-media/（accessed June 25, 2018）.

〔9〕Adam Entous, Devlin Barrett, and Rosalind S. Helderman, "Clinton campaign, DNC paid for research that led to Russia dossier," *Washington Post*, October 24, 2017, https：//www.washingtonpost.com/world/nationalsecurity/clinton-campaign-dnc-paid-for-research-that-led-to-russiadossier/2017/10/24/226fabf0-b8e4-11e7-a908-a3470754bbb9_story.html?utm_term=.242846282a10（accessed June 25, 2018）.

〔10〕Daniel Kovalik, *The Plot to Scapegoat Russia：How the CIA and the Deep State Have Conspired to Vilify Putin*（New York：Skyhorse Publishing, 2017）, 165.

〔11〕Aamer Madhani, Brad Heath, and John Kelly, "WikiLeaks: CIA hacking group 'UMBRAGE' stockpiled techniques from other hackers," *USA Today*, March 7, 2017, https：//www.usatoday.com/story/news/2017/03/07/wikileaks-cia-hackinggroup-umbrage-stockpiled-techniques-other-hackers/98867462/（accessed June 25, 2018）.

〔12〕Eric Bradner, "John Brennan defends CIA after torture report in rare press conference," *CNN*, December 12, 2014, http：//www.cnn.com/2014/12/11/politics/john-brennan-defends-cia-after-torture-report/index.html（accessed June 25, 2018）.

〔13〕Stephen Kinzer, "Trump Is Gutting the National Endowment for Democracy, and That's a Good Thing," *Common Dreams*, March 15, 2018, https：//www.commondreams.org/views/2018/03/15/trump-gutting-national-endowmentdemocracy-and-thats-good-thing（accessed June 25, 2018）.

〔14〕Ibid.

〔15〕"Background to 'Assessing Russian Activities and Intentions in Recent US Elections：The Analytic Process and CyberIncident Attribution," *Office of the Director of National Intelligence*, January 6, 2017, https：//www.dni.gov/files/documents/ICA_2017_01.pdf（accessed June 25, 2018）.

〔16〕Ibid.

〔17〕Joseph Tanfani, "Russians targeted election systems in 21 states, but didn't change any results, officials say," *Los Angeles Times*, June 21, 2017, http：//www. latimes. com/politics/washington/la-na-essential-washington-updates-russians-targetedelection-systems-in-1498059012-htmlstory. html (accessed June 25, 2018).

〔18〕Aaron Maté, "MSNBC's Rachel Maddow Sees a 'Russia Connection' Lurking Around Every Corner," *The Intercept*, April 12, 2017, https：//theintercept. com/2017/04/12/msnbcs-rachel-maddow-sees-a-russia-connection-lurkingaround-every-corner/ (accessed June 25, 2018).

〔19〕Matt Taibbi, "The New Blacklist," *Rolling Stone*, March 5, 2018, https：//www. rollingstone. com/politics/taibbi-russiagate-trump-putin-mueller-and-targeting-dissent-w517486 (accessed June 25, 2018).

〔20〕Kevin Johnson, "FBI probing release of CIA hacking tools," *USA Today*, March 8, 2017, ttps：//www. rollingstone. com/politics/taibbi-russiagate-trump-putinmueller-and-targeting-dissent-w517486 (accessed June 25, 2018).

〔21〕Patrick Martin, "The CIA Democrats：Part one," *World Socialist Website*, March 7, 2018, https：//www. wsws. org/en/articles/2018/03/07/dems-m07. html (accessed June 25, 2018).

〔22〕Tony Perucci, *Paul Robeson and the Cold War Performance Complex*, 27.

〔23〕Gerald Horne, *Paul Robeson：The Artist as Revolutionary* (London：Pluto Press, 2016), 112.

〔24〕Ibid., 60.

〔25〕See Ransby, *Eslanda*.

第十七章　拯救美国例外主义：巴拉克·奥巴马、希拉里·克林顿与包容性政治

〔1〕Keeanga-Yamahtta Taylor (ed.), *How We Get Free*, 10.

〔2〕Hoda Katebi, "On International Working Women's Day, Please Understand Complexity," *Joojoo Azad*, March 8, 2018, http：//www. joojooazad. com/2018/03/on-international-working-womens-day. html (accessed June 25, 2018).

〔3〕Liza Featherstone, "Hillary Clinton's Faux Feminism," *Truthout*, February 28, 2016, http：//www. truth-out. org/opinion/item/35006-hillary-clinton-s-faux-feminism (accessed June 25, 2018).

〔4〕Donald E. Pease, *The New American Exceptionalism* (Minneapolis：University of Minnesota Press, 2009), 210.

〔5〕Ibid., 210.

〔6〕Pierre Wilbert Orelus, *Race, Power, and the Obama Legacy* (New York：Routledge, 2016), 138-139.

〔7〕Keeanga-Yamahtta Taylor, "Black Faces in High Places," *Jacobin*, May 4, 2015, https：//www. jacobinmag. com/2015/05/baltimore-uprising-protests-freddiegray-blackpoliticians(accessed June 25, 2018).

〔8〕Featherstone,"*Hillary Clinton's Faux Feminism.*"

〔9〕See Richie, *Arrested Justice.*

〔10〕Diana Johnstone, *Queen of Chaos*: *The Misadventures of Hillary Clinton* (Petrolia, CA: Counterpunch, 2015), 26.

〔11〕Hillary Clinton, "Why America is Exceptional," *Time*, October 13, 2016, http://time.com/collection-post/4521509/2016-election-clinton-exceptionalism/ (accessed June 25, 2018).

〔12〕Nicholas Kristof, "Trump's Threat to Democracy," *New York Times*, January 10, 2018, https://www.nytimes.com/2018/01/10/opinion/trumps-how-democracies-die.html (accessed June 25, 2018).

〔13〕对于这种对唐纳德·特朗普之前的自由主义怀旧的进一步批评,可参见Jedediah Purdy, "Normcore," *Dissent*, Summer 2018, https://www.dissentmagazine.org/article/normcore-trump-resistance-books-crisis-of-democracy (accessed August 3, 2018):"民主危机流派的共同点在于都未能理解这一点,即目前的时刻不是反常的离开,而是回到了基础——可以说回到了历史的常态。"

〔14〕Martin Gilens and Benjamin I. Page, "Testing Theories of American Politics: Elites, Interest Groups, and Average Citizens," *Perspectives on Politics*, vol. 12, issue 3 (September 2014), 564-581.

第十八章 包容性的暴力

〔1〕Dean Spade, *Normal Life*, 139.

〔2〕Keeanga-Yamahtta Taylor (ed.), *How We Get Free*, 12.

〔3〕Lisa Lowe, *The Intimacies of Four Continents*, 6-7:"在当代,我们看到了人类殖民划分的长期性,在这种情况下,受国家保护的公民生活与对违反人类生活、被置于人类社会之外的人口的诋毁是联系在一起的。此外,虽然暴力具有被排除在人类普遍性之外的特征,但它也伴随着融入或同化人类的过程。此等暴力留下了一条轨迹,但当它回归时就会打破意在确立普遍性的自由主义政治、社会和文化的封闭结构。种族作为殖民差异的标志是一个持久的过程,通过这个过程,人类被自由主义形式普遍化和自由化,而为这种自由创造可能条件的民族则被同化或遗忘。因此,现代自由主义的谱系也是现代种族的谱系;种族差异和区别界定了人类的界限,并作为证明自由主义普遍性暴力的剩余物而继续存在。"

〔4〕Eli Massey and Yasmin Nair, "Inclusion in the Atrocious," *Current Affairs*, March 22, 2018, https://www.currentaffairs.org/2018/03/inclusion-in-theatrocious (accessed June 25, 2018).

〔5〕Gordon Lubold, "U.S. Spent \$5.6 Trillion on Wars in Middle East and Asia: Study," *Wall Street Journal*, November 8, 2017, https://www.wsj.com/articles/study-estimates-war-costs-at-5-6-trillion-1510106400 (accessed June 25, 2018).

〔6〕Dean Spade, "Under the Cover of Gay Rights," 37 N. Y. U. *Review of Law and Social Change* 79, (2013): 87.

〔7〕Glenn Greenwald, "GCHQ's Rainbow Lights: Exploiting Social Issues for Militarism and Imperialism," *The Intercept*, May 18, 2015, https://theintercept.com/2015/05/18/exploitation-social-issues-generate-support-militarism-imperialism/ (accessed June 25, 2018).

〔8〕See "Stand With Us Booklets and Brochures," http://www.standwithus.com/booklets/ (accessed June 25, 2018).

〔9〕Dean Spade, "The Right Wing Is Leveraging Trans Issues to Promote Militarism," *Truthout*, April 5, 2017, http://www.truth-out.org/opinion/item/40109-theright-wing-is-leveraging-trans-issues-to-promote-militarism (accessed June 25, 2018).

〔10〕See http://www.standwithus.com/booklets/lgbt/ (accessed June 25, 2018).

〔11〕See, for example, the website, "If Americans Knew," http://ifamericaknew.org/ (accessed June 25, 2018).

〔12〕Spade, "Under the Cover of Gay Rights," 92. See also Reddy, *FreedomWithViolence*.

〔13〕Spade, *Normal Life*, 149.

〔14〕Dean Spade, "Their Laws Will Never Make Us Safer," in *Against Equality: Queer Revolution, Not Mere Inclusion*, ed. Ryan Conrad (Oakland: AK Press, 2014), 5.

第十九章　旗帜、战斗机和仪式：为国家而献身

〔1〕Hoda Katebi, "Please Keep Your American Flags off my Hijab," *JooJoo Azad*, January 23, 2017, http://www.joojooazad.com/2017/01/keep-your-american-flags-off-my-hijab.html (accessed June 25, 2018).

〔2〕Taylor, *From #BlackLivesMatter to Black Liberation*, 29.

〔3〕Carolyn Marvin and David W. Ingle, *Blood Sacrifice and the Nation: Totem Rituals and the American Flag* (Cambridge: Cambridge University Press, 1999), 85. See also William T. Cavanaugh, *The Myth of Religious Violence: Secular Ideology and the Roots of Modern Conflict* (Oxford: Oxford University Press, 2009).

〔4〕William T. Cavanuagh, "The Root of Evil," *America Magazine*, July 29-August 5, 2013, https://www.americamagazine.org/issue/root-evil (accessed June 25, 2018).

〔5〕Carolyn Marvin and David W. Ingle, "Blood Sacrifice and the Nation: Revisiting Civil Religion," *Journal of the American Academy of Religion*, vol. LXIV, issue 4 (October 1 1996): 770.

〔6〕Goldberg, "Militarizing Race," 33.

〔7〕Tom Secker and Matthew Alford, "EXCLUSIVE: Documents expose how Hollywood promotes war on behalf of the Pentagon, CIA and NSA," *Medium*, July4, 2017, https://medium.com/insurge-intelligence/exclusive-documents-expose-direct-us-military-intelligence-influence-on-1-800-movies-and-tv-shows-36433107c307（accessed June 25, 2018）.

〔8〕Allison,"How to Recognize a War Film," 256.

〔9〕Ibid. , 257.

〔10〕Mia Fischer,"Commemorating 9/11 NFL-Style：Insights Into America's Culture of Militarism," *Journal of Sport & Social Issues*, 38（3）, 2014, 214.

〔11〕Michael L. Butterworth and Stormi D. Moskal,"American Football, Flags, and-Fun：The Bell Helicopter Armed Forces Bowl and the Rhetorical Production of Militarism," *Communication, Culture & Critique* 2（2009）：429.

〔12〕See http：//www. armedforcesbowl. com/（accessed June 25, 2018）.

〔13〕Sarah Lazare,"The Untold Story of Memorial Day：Former Slaves Honoring and Mourning the Dead," *AlterNet*, May 30, 2016, https：//www. alternet. org/civil-liberties/untold-story-memorial-day-former-slaves-honoring-and-mourn-ing-dead（accessed June 25, 2018）.

〔14〕Sylvester A. Johnson,"African Americans, the Racial State, and the Cultus of War：Sacrifice and Citizenship," *Social Text* 129, vol. 34, no. 4,（December 2016）：62.

〔15〕Alasdair MacIntyre,"A Partial Response to My Critics," in *After MacIntyre：Critical Perspectives on the Work of Alasdair MacIntyre*, ed. John Horton and Susan Mendus（Notre Dame, IN：University of Notre Dame Press, 1994）, 303, cited in William T. Cavanaugh, *Migrations of the Holy：God, State, and the Political Meaning of the Church*（Grand Rapids：Eerdmans, 2011）, 36—37. See also Paul W. Kahn, *Political Theology：Four New Chapters on the Concept of Sovereignty*（New York：Columbia University Press, 2012）, 23："在危机中，世俗国家毫不犹豫地用神圣的语言谈论牺牲、爱国主义、民族主义和祖国，这种现象在今日仍屡见不鲜。"卡恩写道，"国家的领土成为神圣的土地，维护国家的历史是神圣的职责，国旗是值得为之牺牲的圣物"。

〔16〕James Carden,"New Study：The Communities Most Affected by War Turned to Trump in 2016," *The Nation*, July 13, 2017, https：//www. thenation. com/article/new-study-communities-most-affected-by-war-turned-to-trump-in-2016/（accessed June 25, 2018）.

〔17〕Frederick Douglass,"What to the Slave is the Fourth of July?" July 5, 1852, http：//teachingamericanhistory. org/library/document/what-to-the-slave-is-the-fourth-of-july/（accessed June 25, 2018）.

〔18〕Zareena Grewal,"Lights, Camera, Suspension：Freezing the Frame on the Mahmoud Abdul-Rauf-Anthem Controversy," *Souls：A Critical Journal of Black Politics, Culture, and Society*, 9：2（2007）：109-122.

〔19〕Hoda Katebi,"Please Keep Your American Flags off my Hijab."

〔20〕Ibid.

第二十章 对边界、归属感和民族国家的质疑

[1] Toni Morrison, *Playing in the Dark* (New York: Vintage Books, 1992), 46.

[2] Lisa Lowe, *Immigrant Acts: On Asian American Cultural Politics* (Durham, NC: Duke University Press, 1996), 2.

[3] Tamara K. Nopper, "Strangers to the Economy: Black Work and the Wages of Non-Blackness," in *Conceptual Aphasia in Black: Displacing Racial Formation*, ed. P. Khalil Saucier and Tryon P. Woods (Lanham, MD: Lexington Books, 2016), 101.

[4] See Mariana Ortega and Linda Martin Alcoff, *Constructing the Nation: A Race and Nationalism Reader* (New York: State University of New York Press, 2009); 以及 Mayant hi L. Fernando, "Exceptional Citizens: Secular Muslim Women and the Politics of Difference in France," *Social Anthropology*, vol. 17, issue 4 (2009): 379-392.

[5] Martha d. Escobar, "No One is Criminal," in *Abolition Now! Ten Years of Strategy and Struggle Against the Prison Industrial Complex*, ed. Critical Resistance (Oakland: AK Press, 2008), 64. See also Martha D. Escobar, *Captivity Beyond Prisons: Criminalization Experiences of Latina (Im) migrants* (Austin: University of Texas Press, 2016), 63.

[6] See, for example, "Strangers to the Economy," 87-102; and Katie Grimes' chapter, "Nonwhiteness Will Not Save Us: The Persistence of Antiblackness in the 'Brown' Twenty-First Century," in Grimes, *Christ Divided*, 147-176.

[7] Escobar, "No One is Criminal," 57.

[8] Ibid., 63.

[9] Lisa Lowe, "The Gender of Sovereignty," *S&F Online*, issue 6.3 (Summer 2008), http://sfonline.barnard.edu/immigration/print_lowe.htm (accessed June 25, 2018).

[10] See Woodhouse, "Obama's Deportation Policy Was Even Worse Than We Thought."

[11] Aviva Chomsky, "Clinton and Obama Laid the Groundwork for Donald Trump's War on Immigrants," *The Nation*, April 25, 2017, https://www.thenation.com/article/clinton-and-obama-laid-the-groundwork-for-donald-trumps-war-on-immigrants/ (accessed June 25, 2018).

[12] Dara Lind, "Hillary Clinton wants child migrants sent back. Here's what that would look like," *Vox*, June 19, 2014, https://www.vox.com/2014/6/19/5819076/hillary-clinton-deport-send-back-message-asylum-unaccompanied-expedited-border (accessed June 25, 2018).

[13] 关于美国身份和同性恋移民档案交叉重合的优质资源，可参见 Martin F. Manalansan IV, "The 'Stuff' of Archives: Mess, Migration, and Queer Lives," *Radical History Review*, issue 120 (Fall 2014): 94-107; and Nayan Shah, *Stranger Intimacy: Contesting Race, Sexuality, and the Law in the North American West* (Berkeley: University of Califor-

nia Press, 2011)。

[14] Lisa Lowe, *Immigrant Acts*, 22.

[15] Kelly Lytle Hernandez, ""Amnesty or Abolition? Felons, illegals, and the case for a new abolition movement," *Boom: A Journal of California*, vol. 1, no. 4 (2011): 57.

[16] Ibid., 56.

[17] "America's mass deportation system is rooted in racism," *The Conversation*, February 26, 2017, https://theconversation.com/americas-mass-deportation-system-is-rooted-in-racism-73426 (accessed June 25, 2018).

[18] 关于美国边境巡逻队辉煌历史的概述，可参见 Kelly Lytle Hernandez, *Migra! A History of the U. S. Border Patrol* (Berkeley: University of California Press, 2010)。

[19] See Tina Takemoto, "Looking for Jiro Onuma."

[20] Joel Olson, *The Abolition of White Democracy* (Minneapolis: University of Minnesota Press, 2004), xxi.

[21] 对于多元文化主义最敏锐的批判之一，可参见 Vincent Lloyd's discussion of Sylvia Wynter in Vincent W. Lloyd, *Religion of the Field Negro: On Black Secularism and Black Theology* (New York: Fordham University Press, 2016), 93。

[22] Raul Al-qaraz Ochoa, "Legalization Kills Revolution: The Case Against Citizenship," *Un Pueblo Sin Fronteras*, December 27, 2010, https://antifronteras.wordpress.com/2010/12/27/legalization-kills-revolution-the-case-against-citi-zenship/ (accessed June 25, 2018).

[23] 对自由主义、种族和性别化运动的政治如何在巴勒斯坦背景下运作的深刻分析，可参见 Hagar Kotef, *Movement and the Ordering of Freedom: On Liberal Governances of Mobility* (Durham: Duke University Press, 2015)。

[24] David Bacon, "When NAFTA was passed two decades ago, its boosters promised it would bring 'First World' status for the Mexican people. Instead, it prompted a great migration north," *Political Research Associates*, October 11, 2014, https://www.politicalresearch.org/2014/10/11/globalization-and-nafta-caused-migration-from-mexico/ (accessed June 25, 2018).

[25] James North, "How the US's Foreign Policy Created an Immigrant Refugee Crisis on Its Own Southern Border," *The Nation*, July 9, 2014, https://www.thenation.com/article/how-uss-foreign-policy-created-immigrant-refugee-crisis-its-own-southern-border/ (accessed June 25, 2018).

[26] Lisa Lowe, *The Intimacies of Four Continents*, 6.

[27] Andrea Smith, "The Indigenous Dream, 11."

[28] Paisley Currah, "The State," *Transgender Studies Quarterly*, 1 (1-2) (2014), 197.

[29] Bianca C. Williams, *The Pursuit of Happiness: Black Women, Diasporic Dreams, and the Politics of Emotional Transformation* (Durham: Duke University Press, 2018), 7.

〔30〕Ibid., 11.

〔31〕关于原住民社区如何寻求非殖民化和创建步骤以从民族国家（在此指墨西哥）创建完全的社区自治的一个优秀例子，可参见 Mariana Mora, *Kuxlejal Politics: Indigenous Autonomy, Race, and Decolonizing Research in Zapatista Communities* (Austin: University of Texas Press, 2018)。

〔32〕Andrea Smith, "Foreword," in Harsha Walia, *Undoing Border Imperialism* (Oakland: AK Press, 2013), xiii.

第二十一章 结论：美国军队究竟为谁服务？

〔1〕Christina Sharpe, *In the Wake: On Blackness and Being* (Durham: Duke University Press, 2016), 22.

〔2〕Hartman, *Lose Your Mother*, 100.

〔3〕"Introduction," in *Octavia's Brood: Science Fiction Stories from Social Justice Movements*, ed. Adrienne Maree Brown and Walidah Imarisha (Oakland: AKPress, 2015), 3.

〔4〕Rory Fanning, "Why Do We Keep Thanking the Troops?" *TomDispatch.com*, October 26, 2014, http://www.tomdispatch.com/post/175912/tomgram%3A_rory_fanning,_why_do_we_keep_thanking_the_troops/ (accessed June25, 2018).

〔5〕"Actor Morgan Freeman says the US is 'at war' with Russia," BBC, September 21, 2017, http://www.bbc.com/news/av/world-europe-41345249/actor-morgan-freeman-says-the-us-is-at-war-with-russia (accessed June 25, 2018).

〔6〕Trevor McCrisken, *American Exceptionalism and the Legacy of Vietnam: US Foreign Policy Since 1974* (New York: Palgrave, 2003), 190.

〔7〕Maximilian Forte, "A Flickr of Militarization: Photographic Regulation, Symbolic Consecration, and the Strategic Communication of 'Good Intentions,'" in *Good Intentions*, 188.

〔8〕Belén Fernández, "Iraq, 15 years on: A toxic US legacy," *Middle East Eye*, March 16, 2018, http://www.middleeasteye.net/columns/iraq-15-years-toxic-us-legacy-1536228276 (accessed June 25, 2018).

〔9〕Department of Justice Report, March 23, 2015, https://www.justice.gov/opa/pr/department-justice-releases-report-philadelphia-police-departments-use-deadly-force (accessed June 25, 2018).

〔10〕See Dylan Rodriguez, "'Mass Incarceration' Reform as Police Endorsement," *Black Agenda Report*, February 28, 2018, https://www.blackagendareport.com/mass-incarceration-reform-police-endorsement (accessed June 25, 2018). See also Micol Seigel, *Violence Work: State Power and the Limits of Police* (Durham: Duke University Press, 2018).

〔11〕Lisa Lowe, "Reckoning Nation and Empire: Asian American Critique," in *A Concise Companion to American Studies*, ed. John Carlos Rowe (West Sussex, U.K.; Malden, MA: Wiley-Blackwell, 2010), 231.

〔12〕Ibid.

〔13〕Saidiya Hartman,"Slavery, Human Rights, and Personhood," presented at "Human Rights and the Humanities," *National Humanities Center*, March 20, 2014.

〔14〕"Will losing health insurance mean more US deaths? Experts say yes," *The Guardian*, June 24, 2017, https://www.theguardian.com/us-news/2017/jun/24/us-healthcare-republican-bill-no-coverage-death (accessed June 25, 2018).

〔15〕"Study: US Is an Oligarchy, not a Democracy," *BBC*, April 17, 2014, http://www.bbc.com/news/blogs-echochambers-27074746 (accessed June 25, 2018).

〔16〕Alston, "Statement on Visit to the USA."

〔17〕Greg Robb, "Why American Capitalism Doesn't Work for All Americans, says Nobel winner Angus Deaton," *Marketwatch*, December 14, 2017, https://www.marketwatch.com/story/nobel-prize-winning-economist-angus-deaton-model-of-american-capitalism-that-lifted-working-class-seems-to-be-broken-2017-12-13 (accessed June 25, 2018).

〔18〕Gregg Zoroya, "Pentagon Report Justifies Deployment of Military Spy Drones over the U.S.," *USA Today*, March 9, 2016, https://www.usatoday.com/story/news/nation/2016/03/09/pentagon-admits-has-deployed-military-spy-drones-over-us/81474702/ (accessed June 25, 2018).

〔19〕Fanning, "Why Do We Keep Thanking the Troops?"

〔20〕Vincent Emanuele, "Veterans Day in Trump's America," *Counterpunch*, November 11, 2016, https://www.counterpunch.org/2016/11/11/veterans-day-in-trumps-america/ (accessed June 25, 2018). 有关"洛克希德·马丁公司恐吓我们在国防上花费更多钱的活动"的详细研究,可参见 William D. Hartung, *Prophets of War: Lockheed Martin and the Making of the Military-Industrial Complex* (New York: Nation Books, 2012), 270。

〔21〕Sarah Jaffe, "Trump's Austerity Budget Increases Military Recruiters' Power to Prey on Youth," (Interview with Rory Fanning), *Truthout*, March 24, 2017, http://www.truth-out.org/opinion/item/39978-trump-s-austerity-budget-increases-military-recruiters-power-to-prey-on-youth (accessed June 25, 2018).

〔22〕Henry A. Giroux, "Disney, Militarization and the National Security State After 9/11," *Truthout*, August 23, 2011, http://www.truth-out.org/news/item/2879:disney-militarization-and-the-national-security-state-after-911 (accessed June 25, 2018).

〔23〕See, for example, Keisha N. Blain, *Set the World on Fire*; Anne Garland Mahler, *From the Tricontinental to the Global South: Race, Radicalism, and Transnational Solidarity* (Durham: Duke University Press, 2018); Gerald Horne, *Facing the Rising Sun: African Americans, Japan, and the Rise of Afro-Asian Solidarity* (New York: NYU Press, 2018).

〔24〕Simeon Man, "Aloha, Vietnam: Race and Empire in Hawai'i's Vietnam War," *American Quarterly*, vol. 67, no. 4 (December 2015): 1105; see Haunani-Kay Trask, "Birth of the Modern Hawaiian Movement," *Hawaiian Journal of History*, vol. 21 (1987): 127. See also Simeon Man, *Soldiering through Empire: Race and the Making of the Decolonizing Pacific* (Berkeley: University of California Press, 2018).

〔25〕Daniel Moattar, "Prisons Are Using Military-Grade Tear Gas to Punish People," *The Nation*, April 28, 2016, https://www.thenation.com/article/prisons-are-using-military-grade-tear-gas-to-punish-inmates/ (accessed June 25, 2018).

〔26〕Belén Fernández, "Iraq, 15 years on."

〔27〕Sarah Jaffe, "Trump's Austerity Budget."

〔28〕Connie Wun, "Against Captivity," 173.

〔29〕Aziz Rana, "The Left's Missing Foreign Policy," *N+1*, March 28, 2018, https://nplusonemag.com/online-only/online-only/the-lefts-missing-foreign-policy/ (accessed June 25, 2018).

〔30〕Sara Ahmed, *The Cultural Politics of Emotion* (New York: Routledge, 2004), 189.

〔31〕See Warren, *Ontological Terror*, 172, and Ashon T. Crawley, *Blackpentecostal Breath: The Aesthetics of Possibility* (New York: Fordham University Press, 2016).

〔32〕Manalansan IV, "The 'Stuff' of Archives," 106.

索 引

2000 presidential election, 4
2016presidential election, 174, 177 – 178, 194–195, 201

Abdul–Rauf, Mahmoud, 219–220 Abu Ghraib prison scandal, 7 Acheson, Dean, 48
Adhami, Ridwan, 220
Afghanistan, 6–7, 77, 161–162, 244
Africa, 131–142, 163
African Blood Brotherhood, 92 AFRICOM, 138–141, 173
Ahmed, Sara, 253
Ahn, Christine, 69–70
aid, 131–142
AIM. *See* American Indian Movement (AIM)
Albright, Madeline, 149
Alger, Horatio, 64, 67
Algeria, 84, 134
Al–Kassimi, Khaled, 138
Allende, Salvador, 2, 177
Allison, Tanine, 213
Al Qaeda, 144
Alston, Philip, 115
Alt–Right, 88

Amadiume, Ifi, 170
American Civil Liberties Union (ACLU), 88–89
American Dream, 64–72, 113, 122–123, 129
American Indian Movement (AIM), 18–19, 250
American Inquisition: The Hunt for Japanese American Disloyalty in World War II (Muller), 96
American Niceness: A Cultural History (Bramen), 5
American Revolution, 23–26, 28–29, 265n26
Anti–Coolie Act, 228 Aristide, Jean Paul, 166 Armed Forces Bowl, 214–215 assimilationism, 226

Baker, Ella, 82, 93
Baldwin, James, 11, 22, 33, 131
Bâli, Asli, 3
BAP. *See* Black Alliance for Peace (BAP)
baseball, 287n10
basketball, 67–68, 122–123, 126
Bassichis, Morgan, 70
BDS. *See* Boycott, Divestment, and Sanctions (BDS) movement
Bee, Samantha, 101
Belafonte, Harry, 121
Bell, Herman, 31
"benign ignorance," 12–13
Bernstein, Robin, 125
Bill and Melinda Gates Foundation (BMGF),

136–137

Bin Laden, Osama, 18

Black Alliance for Peace (BAP), 85

Black Freedom, 67, 82–84, 91, 93, 95, 121, 145–146, 156–157, 202

"Black Identity Extremists," 9

Black internationalism, 80–81, 83–85

Black labor, 120–130

Black liberation, 31, 84, 93, 114, 231

Black Lives Matter, 27, 31–32, 56, 74–86, 96, 179, 183

Black Panther (film), 213, 248

Black Panther Party, 82, 84, 90, 94, 145, 249–250, 282n40

Black Power, 84, 114

Black Radical Tradition, 81

Black wealth, 63–73

Bloomberg, Michael, 197

Blum, William, 179

Boko Haram, 144

Bolsonaro, Jair, 152

Border Patrol, 229

borders, 222–235

Born Losers: A History of Failure in America (Sandage), 110–111

Boycoff, Jules, 143–144

Boycott, Divestment, and Sanctions (BDS) movement, 205

Bramen, Tirado, 5

Brennan, John, 176–177

Briggs, Cyril, 92–93

Brown, Jaylen, 126

Brown, Kimberley Juanita, 127

Brown, Michael, 31, 74, 124–125

Brzezinsky, Zbigniew, 162

Buffett, Warren, 197

Biser, Margaret, 105–106

Black Codes, 27, 55

Bullimer, Elisabeth, 162

Bush, George W., 2, 4, 38, 187, 191, 199, 214, 225–226

Bush, Prescott, 38

Butler, Octavia, 61

Butterworth, Michael, 214

Byrd, Jodi, 61–62

Caceres, Berta, 191

Cacho, Lisa Marie, 97

Cambodia, 240

Campbell-Martin, Tisha, 69

capital, 56–57

capitalism, 33–34, 64, 69, 72–73, 110–115, 118–119, 127–130, 171, 199, 223, 245

Captain America, 4, 213

Cargill, 136–137

Caribbean, 29

Carroll, Pete, 105

Carter, Alprentice Bunchy, 94

Carter, Jimmy, 175

Cavanaugh, William, 170–171, 211–212

Central Intelligence Agency (CIA), 134–135, 155, 176–177, 180, 204, 213, 248

Césaire, Aimé, 37, 158

Chakravartty Paula, 116

Charlottesville Unite the Right rally, 51–62

Chavez, Hugo, 175, 177

Chazal, Nerida, 163–164

Child Soldiers Prevention Act, 164

Chile, 2, 177

China, 44, 46–47, 84, 91, 137–138, 144, 173–174, 228–229, 238

Chomsky, Noam, 205

Churchill, Winston, 46

civil liberties, 6–7

Clapper, James, 176–177, 238

Clark,

George Rogers, 257 Clarke, Mark, 94
Clinton, Bill, 8, 66, 128-129, 166, 180, 188, 201, 225
Clinton, Hillary, 118, 133, 137, 139, 166, 174-176, 179-180, 194-198, 200, 202-204, 226, 231
Cold War, 3, 44, 83
Cole, Josh, 103-104
Cole, Teju, 158, 161
colonialism, settler, 14-15, 19-20
Columbus Day, 18-19, 215
Communist Party, 91-93, 183-184 "Concert for Valor," 246-247 Confederate war memorials, 52-53 Congo, 134-135

Cooper, Anderson, 168 Cooper, Anna Julia, 61 Cothran, Boyd, 17-18, 172 Counterintelligence Program (COINTELPRO), 93-95
Crane, Conrad, 46
Cuba, 142, 152-154, 187, 223, 295n29
Cuban, Mark, 197
Cumings, Bruce, 46-47
Currah, Paisley, 233
Cvetic, Matt, 183

DACA. *See* Deferred Action for Childhood Arrivals (DACA)
Davies, Carole Boyce, 92, 277n22 Davis, Angela, 27, 55
Dean, William, 46
deaths, from American military, 77 debt, 115-116
Declaration of Independence, 15, 23 Deferred Action for Childhood Arrivals (DACA), 227 Democratic Leadership Council (DLC), 188
Democratic National Committee (DNC),

174, 180
Democratic Party, 81, 118, 181-182, 188, 196, 199, 224, 226-228
De Niro, Robert, 214
Dillon, Stephen, 55, 114, 122, 285n9
Dittmer, Jason, 4, 213
DLC. *See* Democratic Leadership Council (DLC)
Douglas, Kelly Brown, 51, 125
Douglass, Frederick, 102, 218, 228
Dresden bombings, 39-40
Du Bois, W. E. B., 50, 61, 82-84, 93
Dunbar-Ortiz, Roxanne, 12
Duncan, Arne, 169 DuVernay, Ava, 269n14

East Timor, 148
economic decline, 109-119
education, 65-66, 192
election of 2000, 4 Elias, Robert, 287n10
Eliot, T. S., 159
Ellis, Sarah Kate, 203 Emancipation Proclamation, 24
Emanuele, Vincent, 247-248
Eminem, 81
Escobar, Martha, 224-225
Espionage Act, 190
Espionage and Sedition Act, 91 Ethiopia, 82

Fabricating the Absolute Fake: American in Contemporary Pop Culture (Kooijman), 68
"fake news," 179-180
Fanning, Rory, 236-237, 246-247
Fanon, Frantz, 28
FBI. *See* Federal Bureau of Investigation (FBI)
Featherstone, Liza, 186
Federal Bureau of Investigation (FBI), 9, 177

Fernández, Belén, 170 Ferreira da Silva, Denise, 116 films, 212−214
financial crisis, 65, 116
Finnström, Sverker, 164
Fischer, Mia, 214
flag worship, 211−212, 220. *See also* Kaepernick, Colin Flint, Michigan, 245
Flynn, Michael, 180−181
football, 11−12, 76−77, 81, 84−85, 100−102, 104−105, 107, 120−125, 128, 214
Ford, Henry, 38
foreign aid, 131−142
Forgie, Keir, 165
Forte, Maximilian, 138−141, 146−147, 151−152, 156, 170−171, 240, 295n29
Founding Fathers, 15, 18, 24, 28−29, 60−61
Franklin, Benjamin, 66, 96 freedom of assembly, 87−99 freedom of press, 87−88 freedom of speech, 87−99 Freeman, Martin, 248
Freeman, Morgan, 238
"Free Speech Movement," 88 Frey, Sylvia, 31
Fusion GPS, 176

Gaddafi, Muammar, 79, 139−140, 292n29
Garner, Erica, 30
Garvey, Marcus, 91
Gates, Bill, 136, 142
Gates Foundation, 136−137
gay rights, 204−208
Gaza, 150−151
General Intelligence Division (GID), 90−91
genocide, 11−21
Genovese, Eugene, 103
George, King of England, 256−257 Ghana, 134, 145

GI Bill, 71, 112
GID. *See* General Intelligence Division (GID)
Gilio-Whitaker, Dina, 12
Gilmore, Ruth Wilson, 54, 122−123
Gingrich, Newt, 101
Girlfriends Tours International, 234 Giroux, Henry, 248
globalization, 223
Glymph, Thavolia, 106, 121 Goldberg, David Theo, 77−78 Goldman, Emma, 91
Gore, Al, 4
Gowans, Stephen, 150
Grande, Sandy, 11
Gray, Freddie, 193
Great Depression, 112
Greenwald, Glenn, 152, 204
Grewal, Inderpal, 159−162
Grewal, Zareena, 219
Grimes, Katie, 54, 71
Guatemala, 77
Guerrero, Lisa, 67−68

Haiti, 161, 165−166, 240
Halliday, Jon, 46
Hamilton (musical), 58−61 Hamilton, Alexander, 272n27 Hamod, David, 140
Hampton, Fred, 94

Hansberry, Lorraine, 50
Harris-Perry, Melissa, 193
Hartman, Saidiya, 22, 25, 60, 72, 87, 100, 104, 120, 126−127, 236
hate crime legislation, 207−208 Hawaii, 249−250
Hawkins, Virgil, 166−167 health care, 115−116, 282n40 Herman, Edward S., 146−148 Hiroshima, 40
Hitchens, Christopher, 12−13

Hitler, Adolf, 37-39
holidays, 215-216
Holsti, K. J., 3-5, 26, 172
homelessness, 117
Hoover, Herbert, 38
Hoover, J. Edgar, 93, 184
Horne, Gerald, 28, 184
House Un-American Activities Committee (HUAC), 92, 184
How Democracies Die (Levitsky and Ziblatt), 198
HUAC. *See* House Un-American Activities Committee (HUAC)
Hudson, Peter James, 270n20 Huggins, John, 94
Hulk, The (film), 213 human rights, 143-157
Hurricane Katrina, 168-169
Hutton, Bobby, 94

ignorance, benign, 12-13 Illegal Immigration Reform and Immigrant Responsibility Act, 225
Imarisha, Walidah, 236
immigration, 37, 70, 100, 187, 222-235
incarceration, 19, 54-55, 128-129, 208-209, 241
inclusion
politics of, 186-200
violenceof, 201-209, 232 *Independence Day* (film), 213 "Indian Wars," 18 Indigenous people, 11-21
Indigenous Peoples' Day, 18-19 individualism, 15-16, 66-70, 110-111, 161
Indonesia, 148
Ingle, David, 211-212
Ingraham, Laura, 126
International Monetary Fund (IMF), 134-135, 141
Intimacies of Four Continents, The (Lowe), 30
Invisible Children, 163-164
Iran, 150, 155, 205
Iraq, 6-7, 77, 149-150, 178, 244, 247-248
Islamophobia, 218-219
Israel, 75, 150-151, 205-206
Italy, 82
Iverson, Allen, 68

jail. *See* incarceration
James, Joy, 1, 3, 26, 87, 128, 143, 145
James, LeBron, 126
Japan, nuclear bombing of, 40 Japanese internment, 40, 266n12

Jay-Z, 121
Jefferson, Thomas, 34-35, 52-53, 60
Jericho Movement, 95
Jim Crow, 27, 80, 84, 146, 183
Johnson, Edgar, 47
Johnson, Sylvester, 216
Jolie, Angelina, 169
Jones, Claudia, 73-74, 80, 82, 92
Jones, Jerry, 125
Jordan, Michael, 68
Judge, Ona, 61

Kaba, Mariame, 74
Kaepernick, Colin, 76, 78-79, 81, 84-86, 104-105, 107, 124-125, 220
Katebi, Hoda, 186, 210, 220
Katznelson, Ira, 71 Key, Francis Scott, 57
Kim, Dong-Choon, 47
Kim Jong-un, 42-43, 48 King, C. Richard, 12

King, Martin Luther, Jr. , 72, 85, 93, 193, 202, 221, 223
King, Shaun, 105
Kinzer, Stephen, 177
Kish, Zenia, 57
Knox, Henry, 16-17
Kony, Joseph, 163
Kony 2012, 163-165
Kooijman, Jaap, 68
Korean War, 42-50
Korea: The Unknown War (Cumings and Halliday), 46
Kovalik, Dan, 148, 176
Kristof, Nicholas, 198
Ku Klux Klan (KKK), 52, 93-94, 219
Kuwait, 149
Kweli, Talib, 200
Kwon, Nayoung Aimee, 44

labor, Black, 120-130
labor unions, 113-114
Lee, Kyoo, 3
Lee, Robert E. , 52, 60
Lemay, Curtis, 46
Lend-Lease program, 38
Leroy, Justin, 57
Levitsky, Steven, 198
liberalism, 15-16, 263n5
Libya, 77, 79, 139-140, 150, 155, 191, 195, 244, 292n29
Lincoln, Abraham, 17, 26, 106
Lorde, Audre, 87
Lose Your Mother: A Journey Along the Atlantic Slave Route (Hartman), 25
Lowe, Lisa, 9, 20-21, 30, 83-84, 127, 203, 222, 232, 301n3
Lumumba, Patrice, 134
Lytle Hernández, Kelly, 19, 228, 289n38

MacIntyre, Alasdair, 217
Maddock. Shane, 49-50
Maddow, Rachel, 178
Malcolm X, 64, 84, 94, 120, 145, 193
Man, Simeon, 249-250
Manifest Destiny, 16, 34
Manning, Chelsea, 88, 197
Marshall, George, 48
Marshall Plan, 47
Martin, Trayvon, 125
Marvin, Carolyn, 211-212
Massey, Eli, 203
materialization, 234-235
Matthews, Connie, 82
Matthew Shepard, James ByrdJr. Hate Crimes Prevention Act, 207
Mattis, James, 174
McCarran Internal Security Act, 92 McCarthy, Joseph, 92
McCarthyism, 91-93
McChrystal, Stanley, 162 McCormack, Gavan, 268n19 McCrisken, Trevor, 239
McNair, Bob, 120-121, 128-129
media, corporate, 158-171
meritocracy, 63-73
Merkel, Angela, 97
militarism, 210 - 212, 214 - 217, 223, 236-254
militarization, of society, 77-78 Miller, Toby, 111-112
Miranda, Lin-Manuel, 58 Mississippi Freedom Democratic Party, 82
Modoc War, 17
Moeller, Robert, 141
Monroe Doctrine, 34 Monteiro, Lyra, 58, 271n22 Mooney, James, 38

Moore, Maya, 125
Morell, Michael, 197
Morrison, Toni, 61, 222
Morris-Suzuki, Tessa, 48-49
Mortenson, Greg, 162
Moskal, Stormi, 214
Moten, Fred, 130
Movement for Black Lives, 75 movies, 212-213
Moyo, Dambisa, 137
Muller, Eric, 96
Museveni, Yoweri, 164
Muslims, 218-219
Mycoskie, Blake, 158-159
Myths that Made America (Paul), 66

Nagasaki, 40
Nair, Yasmin, 203
National Basketball Association (NBA), 67-68
National Collegiate Athletics Association (NCAA), 214-215, 288n25
National Defense Authorization Act, 6, 207
National Endowment for Democracy (NED), 177
National Football League (NFL), 11-12, 76, 81, 84-85, 100-102, 104-105, 107, 120-121, 123-124, 128, 214
nationalism, 59, 211
National Labor Relations Act, 113 National Security Agency (NSA), 9, 96-97, 177, 190
NED. *See* National Endowment for Democracy (NED)
neocolonialism, 135
neoliberalism, 56, 109, 114, 117, 234
New Deal, 35
Newton, Huey P., 84, 90-91, 94

Nichols, Alex, 59-60
9/11 attacks. *See* September 11 attacks
Nkrumah, Kwame, 134-135 nongovernmental organizations (NGOs), 135-137, 165-166
nonprofit sector, 69-70
Nopper, Tamara, 74, 222 North American Free Trade Agreement (NAFTA), 56, 133, 188, 195, 228, 232, 306n24
North Atlantic Treaty Organization (NATO), 79, 174
North Korea, 42-43, 84, 181, 268n19
NSA. *See* National Security Agency (NSA)
Nuclear Apartheid: The Quest for American Atomic Supremacy From World War II to the Present (Maddock), 49-50
nuclear weapons, 40, 42-43

Obama, Barack, 10, 31, 61, 67, 75, 77, 96-97, 139, 147, 155-156, 164, 169, 174, 176, 188-194, 197-200, 202-204, 217, 226-227, 232, 246
Occupy Wall Street, 71
Ochoa, Raul Al-qaraz, 230-231 Oded Yinon Plan, 206
oil, 38
Olympic Games, 143-144
Operation Wetback, 229
Orelus, Pierre, 191-192
Ormes, Jackie, 93
Oshinsky, David, 27
other, 9, 16
Our Enemies in Blue: Police and Power in America (Williams), 98
Out of the House of Bondage: The Transformation of the Plantation Household (Glymph), 121

Owens, Jesse, 24-25

Page, Carter, 176
Pakistan, 161-162
Palestine, 75
Palmer Raids, 91
Pan-Africanism, 31, 134, 265n26
Parenti, Michael, 131, 143, 151
Patriot Act, 6, 187
patriotism, 35, 76-77
Paul, Heike, 66-67, 70
Peal Harbor, 38
Pease, Donald, 4-5, 189
Pelosi, Nancy, 235
People's History of the United States, A (Zinn), 113
Perruci, Tony, 80, 83, 183 Personal Responsibility and Work Opportunity Act, 225
Peterson, David, 146-148
Philippines, 240
pinkwashing, 205-206
Pinochet, Augusto, 2
Pocrnic, Adam, 163 - 164 "Poor People's Campaign," 72

poverty, 115, 117-118, 217, 231-232
Power, Samantha, 147-149
PREA. *See* Prison Rape Elimination Act (PREA)
presidential election of 2000, 4
presidential election of 2016, 174, 177-178, 194-195, 201
prison. *See* incarceration Prison Rape Elimination Act (PREA), 208-209
private enterprise, 110
Problem from Hell, A : America and the Age of Genocide (Power), 147-148
propaganda, 60 - 61, 76, 92, 156,
199, 240
Puar, Jasbir, 1, 7, 294n21
Putin, Vladimir, 173, 177, 180, 198

Quantitative Easing, 69

"Race" (film), 24-25
Racial Innocence : Performing American Childhood from Slavery to Civil Rights (Bernstein), 125
racism, 8, 26, 29 - 31, 47 - 49, 53 - 57, 60 - 61, 76, 78 - 81, 84 - 86, 101 - 102, 168, 173, 198, 218-219, 223, 228-229
Rai, Amit, 7
Rana, Aziz, 3, 9-10, 24, 192
Rana, Junaid, 9
Ransby, Barbara, 82, 84
Rawlings-Blake, Stephanie, 193
Reagan, Ronald, 114
Reddy, Chandan, 91, 280n12 "Red Scare," 47, 91-92 Redskins (football team), 11-12 Reed, Ishmael, 58
Republican Party, 175, 180, 190, 199 Responsibility to Protect (R2P), 139, 150-151
Richie, Beth, 128
"rising tide" ideology, 109 - 110 Robeson, Eslanda, 42, 50, 61, 80, 83
Robeson, Paul, 42, 50, 61, 74, 82 - 83, 183-184
Robinson, Cedric, 127
Rodriguez, Dylan, 172
Roosevelt, Franklin, 113
Rosenberg, Ethel, 92
Rosenberg, Julius, 92
Russia, 144, 172 - 185, 187, 198, 204 - 205, 238. *See also* Soviet Union
Russian Revolution, 82, 91

Rwanda, 136

Sadler, Jason, 158-159
Saito, Natsu Taylor, 14, 19, 33
Sandage, Scott, 110-111
Sanders, Bernie, 72, 118-119, 174-175, 180, 196
Saucier, P. Khalil, 96, 277n17 Saudi Arabia, 152-155
Saving the Security State: Exceptional Citizens in Twenty-First-Century America (Grewal), 159 savior complex, 34-35
Schermerhorn, Calvin, 56
September 11 attacks, 1-5, 214
settler colonialism, 14-15, 19-20
Sexton, Jared, 51
Shakur, Assata, 120, 285n9 Sharpe, Christina, 30, 79, 100, 236
Sharpton, Al, 193
Shotwell, Alexis, 12-13, 51
Shulman George, 25
Singh, Nikhil Pal, 8-9, 95
slavery, 22-33, 52-53, 56-57, 82, 90, 102-107, 111-112, 122, 126-127, 257
Slavery Abolition Act, 30 Slave Trade Act, 30
Smith, Andrea, 18, 232-233, 235
Smith, Daniel, 64
Smith, Paul, 105
Smith Act, 92
Snowden, Edward, 88, 197
Snyder, Dan, 12, 125
Somerset, James, 29
South Africa, 153-154
South America, 34
South Korea, 42-43, 49
Soviet Union, 38-40, 44-45, 83, 91, 161-162, 173. *See also* Russia

Spade, Dean, 70, 89-90, 201, 205-207
Spencer, Richard, 88
Spencer, Robyn, 81-82
Spillers, Hortense, 28
sports, 122-126, 214, 276n11, 288n25. *See also* football
Standing Rock Sioux, 19 StandWithUs, 205-206
Steele Dossier, 176
Stokes, DaShanne, 12
Strub, Phil, 212-213
Structural Adjustment Programs (SAP), 134-136
Stupart, Richard, 159
surveillance, 96-97, 190 Switzer, Barry, 63, 272n3
Syria, 142, 150, 155-156, 173, 191, 193, 195

Tadiar, Neferti X. M., 10, 109, 290n5
Taibbi, Matt, 69, 123, 179-180
Taliban, 161-162
Taylor, Keeanga-Yamahtta, 63, 109, 131, 143, 186, 201, 210
Taylor, Kirstine, 54, 63
Taylor, Moses, 57
TeenageMutant Ninja Turtles (film), 2
Telecommunications Act, 128-129
terrorism, 7, 9-10, 144, 214. *See also* September 11 attacks; War on Terror
Thanksgiving, 12, 14-15
Third World Women's Alliance, 82 Thirteenth Amendment, 24, 27, 128
Thrasher, Steven, 123-124 Tibbs, Donald F., 16 Tillet, Salamishah, 24-25
Tomlin, Mike, 105
Tomorrow Never Dies (film), 213 TOMS Shoes, 158, 169

transgender community, 203 Treaty of Greenville, 17

trickle down economics, 109 Truman, Harry, 46, 184

Trump, Donald, 42-43, 48, 52-53, 60, 77, 81, 88, 100-102, 105, 118, 126, 132-133, 156, 173-178, 180-181, 185, 196-200, 203, 209-210, 219-220, 223, 255, 301n13

Tuck, Eve, 20

Two Faces of American Freedom, The (Rana), 24

Two-Hawks, John, 15

Uganda, 136, 164

Ukraine, 152, 174, 191

unions, 113-114

United Arab Emirates (UAE), 155

United States

as lovable, 5

as oligarchy, 199-200

as victim, 3-4

US Africa Command (AFRICOM), 138-141, 173

US-Dakota War, 17

Venezuela, 142

Veterans Day, 215

victim, United States as, 3-4 Vietnam, 77, 84, 213

Violent Crime Control Act, 56 Von Eschen, Penny M., 85

Wahhabism, 154

Warnick, Brian, 102-103

War on Terror, 2-3, 6-10, 18, 190, 214

Warren, Calvin, 28, 107, 270n15

Washington, George, 16-17, 25-26, 52, 60-61

Washington Redskins, 11-12

wealth, 63-73, 121, 199, 274n21

wealth inequality, 115

Wekker, Gloria, 109

welfare reform, 56, 66 Wells, Ida B., 61 Wenger, Tisa, 23

West, Kanye, 69

When Affirmative Action Was White (Katznelson), 71

"White Man's Burden," 147 "white rights," 88

White Savior Industrial Complex, 158-171

whitesupremacy, 10, 38, 51-62, 78, 102-103, 122

Whitman, James, 37

WikiLeaks, 139, 174-175, 180, 197

Williams, Bianca C., 234 Williams, Brian, 181

Williams, Kristian, 98

Willse, Craig, 117-118

Wilson, Darren, 74-75, 124

Wilson, Woodrow, 91

Winfrey, Oprah, 68

Wolfe, Patrick, 14, 20

Woods, Tryon P., 16, 55, 96, 130, 269n14, 277n17

World Bank, 134, 141-142 World War I, 34

World War II, 33-41, 84, 112-113

Wun, Connie, 107, 129

Wynter, Sylvia, 18

Yang, K. Wayne, 20 Yemen, 155

Yiannopoulos, Milo, 88 Yonemaya, Lisa, 36, 266n10 Yousafzai, Malala, 161-162

Yugoslavia, 8

Zaire, 134
Ziblatt, Daniel, 198
Zinn, Howard, 113
Zirin, Dave, 11, 107, 143-144
Craig, 117-118
Wilson, Darren, 74-75, 124
Wilson, Woodrow, 91
Winfrey, Oprah, 68
Wolfe, Patrick, 14, 20
Woods, Tryon P., 16, 55, 96, 130, 269n14, 277n17
World Bank, 134, 141-142 World War I, 34
World War II, 33-41, 84, 112-113

Wun, Connie, 107, 129
Wynter, Sylvia, 18

Yang, K. Wayne, 20 Yemen, 155
Yiannopoulos, Milo, 88 Yonemaya, Lisa, 36, 266n10 Yousafzai, Malala, 161-162
Yugoslavia, 8

Zaire, 134
Ziblatt, Daniel, 198
Zinn, Howard, 113
Zirin, Dave, 11, 107, 143-144

American Exceptionalism and American Innocence: A People's History of Fake News—from the Revolutionary War to the War on Terror by Roberto Sirvent and Danny Haiphong

Copyright © Skyhorse Publishing, Inc. 2019

All rights reserved.

版权登记号：图字：01-2022-5708 号

图书在版编目（CIP）数据

双标帝国：从独立战争到反恐战争／（美）罗伯托·西尔文特，（美）丹尼·哈方著；魏磊杰，郭宪功译. -- 北京：当代世界出版社，2022. 10

书名原文：American Exceptionalism and American Innocence

ISBN 978-7-5090-1676-3

Ⅰ. ①双… Ⅱ. ①罗… ②丹… ③魏… ④郭… Ⅲ. ①政治-研究-美国 Ⅳ. ①D771.2

中国版本图书馆 CIP 数据核字（2022）第 152469 号

书　　名	双标帝国：从独立战争到反恐战争
出版发行	当代世界出版社
地　　址	北京市东城区地安门东大街 70-9 号
邮　　箱	ddsjchubanshe@163.com
编务电话	（010）83907528
发行电话	（010）83908410
经　　销	新华书店
印　　刷	北京中科印刷有限公司
开　　本	710 毫米×965 毫米　1/16
印　　张	25.25
字　　数	295 千字
版　　次	2022 年 10 月第 1 版
印　　次	2022 年 10 月第 1 次
书　　号	978-7-5090-1676-3
定　　价	79.00 元

如发现印装质量问题，请与承印厂联系调换。
版权所有，翻印必究；未经许可，不得转载！